高校土木工程专业规划教材

路基路面施工

王贵春　曾建民　编

中国建筑工业出版社

图书在版编目（CIP）数据

路基路面施工/王贵春等编. —北京：中国建筑工业出版社，2008
高校土木工程专业规划教材
ISBN 978-7-112-10269-3

Ⅰ. 路… Ⅱ. 王… Ⅲ. ①公路路基-工程施工-高等学校-教材②路面-工程施工-高等学校-教材 Ⅳ. TU416

中国版本图书馆 CIP 数据核字（2008）第 119823 号

本书以最新公路工程施工有关技术规范为依据，紧密结合国内外公路建设的研究成果和实践经验，较系统地介绍了公路工程路基路面施工的最新技术。内容包括绪论、一般路基施工、特殊路基施工、路基防护工程施工、路面基层施工、沥青路面施工及水泥混凝土路面施工。

本书内容全面、叙述简明，适合用作高等学校交通土建类本科生教材，也可供从事公路、市政、水利水电、铁路工程及其他相关工程施工和管理的技术人员阅读，同时可作为职工技术培训教材。

* * *

责任编辑：王 跃 吉万旺
责任设计：董建平
责任校对：关 健 王金珠

高校土木工程专业规划教材
路基路面施工
王贵春 曾建民 编
*
中国建筑工业出版社出版、发行（北京西郊百万庄）
各地新华书店、建筑书店经销
北京红光制版公司制版
北京圣夫亚美印刷有限公司印刷
*
开本：787×1092 毫米 1/16 印张：16¾ 字数：408 千字
2008 年 9 月第一版 2018 年 3 月第三次印刷
定价：28.00 元
ISBN 978-7-112-10269-3
（17072）

版权所有 翻印必究
如有印装质量问题，可寄本社退换
（邮政编码 100037）

前　言

近年来，我国交通事业发展迅速，对技术进步和人才培养都提出了迫切要求。本书的编写，是为了适应交通事业发展的需要，在高等院校本科生多年教学实践的基础上，以最新公路工程施工有关技术规范为依据，并紧密结合国内外公路建设的研究成果和实践经验而完成的。编写过程中，为适应教学需要，力求做到层次分明、条理清晰、叙述简明扼要。同时，为兼顾广大工程技术人员的需要，便于指导工程施工，力求全面系统地介绍公路工程施工的新技术和有关成果。

路基路面施工是高等院校交通土建专业的重要课程，涉及土力学、水力学、岩石力学、建筑材料、路基路面工程设计及工程管理等多门学科，同时也是一门实践性很强的课程，除课堂教学之外，还应组织学生参观实习及进行课程设计，从而提高学生的感性认识，增加理解能力，巩固所学内容。

本书内容共分七章，第一章为绪论，介绍路基路面施工的预备知识；第二、三、四章介绍路基工程及其防护工程的施工技术；第五章介绍路面基层施工技术；第六、七章分别介绍沥青路面和水泥混凝土路面的施工技术。路基路面各种结构物施工的材料选择、施工方法、施工工艺、施工要点是本书的主线，也是教学工作的重点内容及读者需要重点掌握的部分。其余内容围绕主线展开，力争主次分明、内容翔实。

每章末尾附有一定数量的复习思考题，意在督导学生加强课后复习，同时，也想通过这些题目把每章的主要和重点内容罗列成纲，便于读者通过复习，抓住主线，带动全篇，起到事半功倍的学习效果。

教学工作可根据学时情况对本书内容适当取舍，灵活安排。如果学时紧张，可不讲授第二章第四、五、六节，第三章，第四章第四节，第五章第六、七节，第六章第四、六节及第七章第六、七节的内容。

本书第一至第五章及第六章前四节由郑州大学王贵春编写，第六章第五、六节和第七章由郑州市西绕城公路建设发展有限公司曾建民编写，王贵春负责全书统稿。在编写过程中，笔者参阅了相关规范和论著，值此书即将出版之际，特向有关作者表示感谢。限于编者水平，书中不妥之处在所难免，欢迎广大读者提出宝贵意见，以便修改完善。

目 录

第一章 绪论 ... 1
- 第一节 路基路面施工简介 ... 1
- 第二节 施工准备 ... 4
- 第三节 施工组织设计 ... 6
- 复习思考题 ... 10

第二章 一般路基施工 ... 11
- 第一节 准备工作与填料要求 ... 11
- 第二节 路堤施工 ... 14
- 第三节 路堑施工 ... 28
- 第四节 冬季、雨期施工 ... 36
- 第五节 施工安全与环境保护 ... 37
- 第六节 路基整修与交工验收 ... 39
- 复习思考题 ... 40

第三章 特殊路基施工 ... 41
- 第一节 特殊土质地区路基施工 ... 41
- 第二节 冻土地区及冰雪地段路基施工 ... 51
- 第三节 不稳定土地区路基施工 ... 56
- 第四节 水泽区路基施工 ... 60
- 复习思考题 ... 62

第四章 路基防护工程施工 ... 63
- 第一节 软土地基加固 ... 63
- 第二节 边坡防护技术 ... 77
- 第三节 沿河路基防护技术 ... 82
- 第四节 支挡结构施工 ... 86
- 第五节 排水系统施工 ... 97
- 复习思考题 ... 104

第五章 路面基层施工 ... 105
- 第一节 概述 ... 105
- 第二节 水泥稳定土基层施工 ... 107
- 第三节 石灰稳定土基层施工 ... 120
- 第四节 石灰工业废渣稳定土基层施工 ... 127
- 第五节 级配碎、砾石基层施工 ... 135
- 第六节 填隙碎石基层施工 ... 141

第七节　质量管理与检查验收……………………………………………… 143
　　复习思考题………………………………………………………………… 150
第六章　沥青路面施工……………………………………………………… 151
　　第一节　沥青路面的分类及技术要求……………………………………… 151
　　第二节　热拌沥青混合料路面施工………………………………………… 166
　　第三节　沥青路面层铺法施工……………………………………………… 182
　　第四节　冷拌沥青混合料路面施工………………………………………… 187
　　第五节　透层、粘层和封层施工…………………………………………… 188
　　第六节　质量控制与检查验收……………………………………………… 193
　　复习思考题………………………………………………………………… 204
第七章　水泥混凝土路面施工……………………………………………… 205
　　第一节　技术要求与配合比设计…………………………………………… 205
　　第二节　施工准备…………………………………………………………… 219
　　第三节　混凝土搅拌与运输………………………………………………… 223
　　第四节　混凝土路面铺筑…………………………………………………… 227
　　第五节　接缝、抗滑构造施工及养护……………………………………… 245
　　第六节　特殊季节施工、安全生产与施工环保…………………………… 252
　　第七节　质量控制与检查验收……………………………………………… 255
　　复习思考题………………………………………………………………… 259
参考文献……………………………………………………………………… 261

第一章 绪 论

路基路面是公路工程的重要组成部分，它与桥梁、涵洞和隧道等构成公路工程的主体。为了有效地保证路基路面抵抗车辆荷载的作用和自然因素的影响，除主体工程外，还应修建防护工程。路基路面施工就是遵循一定的程序，按照有关规范和要求，将设计内容转变成工程实体的过程。

施工单位在正式开工之前，应积极做好各项准备工作，创造有利的施工条件，使工程施工能够连续、均衡、有序地进行，提高施工效率，确保工程质量和施工工期。

为了达到上述目标，施工单位应做好施工组织设计工作，即在正式开工前，对公路建筑产品生产过程的生产诸要素进行合理组织，在统筹考虑施工活动的人力、资金、材料、机械设备和施工方法等因素的基础上，对整个工程的施工进度和资源使用作出科学合理的安排。

第一节 路基路面施工简介

本节在简要介绍路基路面基本概念的基础上，阐述路基路面施工的主要内容和基本方法以及施工与设计、监理的关系。

一、路基路面的基本概念

路基是路面、路肩、边坡及其上面各种设施的基础。它是按照线路的平面位置和设计高程在地面上填筑或开挖成具有一定断面形式的带状构造物，有路堤、路堑和半填半挖路基。路基作为路面的基础，承受由路面传来的车辆荷载，同时遭受各种自然因素的侵蚀，因此应具有足够的抵抗破坏和变形的能力，即具有足够的承载力和刚度。

路面是道路的表面部分，它是按照设计要求铺筑在路基上的单层或多层结构。对于较高等级的公路，路面结构不仅有面层，同时还包括基层甚至垫层。按照铺筑路面的材料划分，主要有各种沥青面层和水泥混凝土面板。此外，对于特殊路段及较低等级公路，也采用各种块料和碎、砾石作为路面的面层。路面的基层主要有各种无机结合料稳定类材料和粒料类基层。路面直接承受车辆荷载和自然因素的作用，除要求具有足够的承载力、刚度和稳定性外，还应具有良好的平整性、耐磨性和抗滑性。

防护工程是对主体工程进行防护和加固，以保证路基路面的承载力和稳定性，从而维持正常的交通运输和行车安全。防护工程包括地基加固、路基坡面防护、冲刷防护、支挡结构和路基路面排水设施等。

路基排水设施是相对独立于路基主体工程的，路面排水设施与路面结构是结合在一起的。

二、路基路面施工的主要内容

路基路面工程施工由路基施工和路面施工两大部分组成。正式开工之前，施工单位要做好施工准备和施工组织设计工作。按工程结构划分，路基施工包括一般路基施工、特殊路基施工和路基工程防护工程施工。路面施工包括路面基层施工、沥青路面施工和混凝土路面施工。

(一)路基施工

从工作性质来看，公路路基施工主要是土石方工程。土石方路基施工包括施工准备、填筑路堤、挖掘路堑、特殊地区路基施工、边坡防护、支挡结构物的修筑和排水系统施工等工作。实际工程施工中，小桥涵工程也往往被列入路基工程施工中，但桥涵施工技术不属于本书的范畴。

1. 一般路基施工

路基施工准备包括场地清理、施工组织设计等工作。填筑路堤包括基底处理、材料选择、运土填筑、碾压、边坡处理等工序。路堑施工包括土石方开挖、边坡处理及合理弃土等内容。

2. 特殊路基施工

特殊地区路基施工主要是对路基施工中的特殊情况进行正确处理，包括特殊土质地区路基施工、冻土及雪害地区路基施工、不稳定土地区路基施工及水泽区路基施工。

3. 防护工程施工

为了防止路基滑坡，确保其稳定性，兼顾美观和环境保护，应对路基进行防护工程施工，包括地基加固、边坡防护、冲刷防护及支挡结构施工。水是造成路基毁坏的重要因素之一，因此，路基排水系统的施工是路基施工中的重要组成部分。

(二)路面施工

1. 基层施工

路面基层施工有路拌法和中心站集中厂拌法施工两种。路拌法施工主要包括材料选择、混合料组成设计、施工准备、运料、摊铺、拌和、整形、碾压、接缝和掉头处理以及路面养护等工序。中心站集中厂拌法施工是将混合料统一拌和后，再运到施工现场进行摊铺，其他各项工序与路拌法施工类似。

2. 沥青路面施工

沥青路面施工主要有热拌沥青混合料路面施工、层铺法施工及冷拌沥青混合料路面施工。其中热拌沥青混合料路面施工适用于以沥青混凝土和沥青碎石为筑路材料的较高等级的路面，包括施工准备、混合料组成设计、混合料的拌制、运输、摊铺、碾压成型及接缝处理等工序。层铺法适用于沥青贯入式和沥青表面处治路面施工，包括施工准备、浇洒透层沥青、铺撒矿料、洒布沥青、碾压及初期养护等工序。冷拌沥青混合料路面施工是在常温下对混合料进行拌制、运输、摊铺及碾压工作。

3. 水泥混凝土路面施工

水泥混凝土路面施工包括材料选择、施工准备、混凝土拌合物的搅拌、运输、铺筑、接缝和抗滑构造施工、养护等工序。

三、路基路面施工的基本方法

(一)路基施工

路基施工作业主要是土石方开挖、运输、填筑、压实和修整等工作。其施工方法按采取的手段和措施主要分为以下几种。

1. 人工及人工配合简易机械化施工

人工施工是施工人员利用手工工具进行作业，劳动强度大、劳动力需求量多，而且进度慢、效率低，工程质量难以保证，适用于很小规模的工程、分散零星的土石方工程以及受各种条件限制无法使用机械进行操作的情况。人工施工也普遍应用于排水、砌筑及防护工程。

人工配合简易机械化施工是使用机具和简易机械进行操作，工艺简单、节省资金，工作效率较人工施工显著提高，工人的劳动强度也明显降低，适合于小规模及特殊环境下的工程施工。

2. 机械化施工

机械化施工是指施工单位经过合理选配、科学组织，将推土机、挖掘机、铲运机、运输车辆、平地机、压路机和松土机等各种大型施工机械有机地组合起来并应用于工程施工过程中，从而快速高质地完成路基工程施工的方法。机械化施工不仅体现在机械化的程度及机械数量的多少，更重要的是机械的合理配套和有机组合，科学的施工组织和高水平的施工管理，使各种人力和机械设备充分发挥作用。

3. 爆破法施工

爆破法是利用炸药爆炸所释放出的巨大能量，使周围土石介质受到破坏或移位，从而有利于进一步施工的方法。有效的爆破法施工可以降低劳动强度，加快施工进度，大大提高生产效率。爆破法适用于路堑施工，特别是大规模坚硬石质路堑开挖。在软土地基处理强制换填技术中有时也采用爆破法，参见第二章第三节及第四章第一节。爆破法施工应严格按设计文件和有关规定进行，确保人身安全，防止对周围建筑物和环境造成破坏。

实际工程施工中，施工单位应根据工程特点、施工环境、工期要求、施工单位现有机械设备情况等综合考虑，合理选择施工方法。为了节省材料，提高施工效率，应铺筑试验路段，积极采用新材料、新工艺和新技术。

（二）路面施工

路面施工作业主要包括混合料拌制、运输、摊铺、压实、修整及养护等内容。路面不同结构的施工方法各有特点。

1. 路面基层施工

根据混合料拌和地点的不同，路面基层施工有路拌法和中心站集中厂拌法施工两种。路拌法施工是先将集料和结合料运送并摊铺到路基上，然后用专用拌和机或农用旋转机和多铧犁等机械就地进行拌和，再碾压成型的施工方法。中心站集中厂拌法施工是指在固定的拌和厂拌制混合料，然后再运送到施工现场进行摊铺及碾压成型的施工方法。

2. 沥青路面施工

按施工工艺的不同，沥青路面施工主要有热拌沥青混合料路面施工、层铺法沥青路面施工及冷拌沥青混合料路面施工。其中前两者应用较为普遍。热拌沥青混合料路面施工是利用拌和机、摊铺机及压路机等机械设备将混合料在拌和厂于热态下进行拌和，然后运送到施工现场进行热铺及热压的施工方法，适用于沥青混凝土及热拌沥青碎石路面施工。层铺法施工是分层洒布沥青和铺撒矿料，然后进行碾压的施工方法，适用于沥青表面处治及沥青贯入式路面施工。冷拌沥青混合料路面施工是在常温状态下完成混合料的拌制、摊铺及碾压的施工方法，适用于较低等级公路采用乳化沥青时的路面施工。

3. 混凝土路面施工

混凝土路面施工是利用搅拌机、摊铺机、接缝及抗滑构造施工设备等对混合料进行搅拌、运输、摊铺成型，并完成接缝及抗滑构造施工的过程。其中混合料的铺筑是最主要工序，按铺筑设备的不同，混凝土路面施工可分为滑模式摊铺机施工、三辊轴机组施工、轨道摊铺机施工和小型机具施工。

四、施工与设计、监理的关系

设计是施工的基础，施工是将设计成果转变成工程产品的过程。施工必须符合设计文件的要求，设计必须考虑施工的可行性。工程结构设计与施工方法密切相关，施工方法不同，选择的施工机械也就不同，从而施工荷载也就不同。施工方法与施工机械的选择是工程设计的先决条件，也是编制工程概、预算的基础。在施工全部过程中，施工单位要接受监理单位的监理工作。

施工单位在开工前应将编制好的施工组织设计方案报监理工程师审批，并按批准的施工组织设计积极做好施工前的准备工作。当各项工作准备就绪时，施工单位应填报"工程开工申请单"，并附有施工进度计划及说明。监理工程师在详细调查后，确认施工单位提出的进度计划是可行的，则下达开工令。

第二节 施 工 准 备

路基路面施工准备包括组织准备、物质准备和技术准备，本节简单介绍路基路面施工准备的基本内容。在实际工程施工中，各结构部分施工前还需要一些具体的准备工作，这些内容将在后面的有关章节中详细论述。

一、组织准备

组织准备是建立工程施工指挥管理机构，即项目经理部。其职能是对工程施工进行规划管理，确保各职能部门高效灵活运转，有效地处理各种问题，合理安排人力、物力，实现在保证质量的前提下，节省投资，按期完成工程项目管理目标。组建项目经理部应坚持以下原则。

1. 统一领导，分级管理

项目经理部必须有统一的指挥，这是保证项目管理有序进行的首要条件。但是，由于工程项目规模庞大，技术复杂，管理面广，必须进行分级管理。这样既能保证项目经理部最高领导层的统一指挥，又能充分发挥各级组织机构的基本职能。项目经理负责全面管理工作，项目总工程师负责工程质量与技术管理工作。项目经理部下设质检、工程、材料、试验室、财务、政工及后勤等管理部门。根据工程特点，可按工程项目类别分别设置路基、路面、小桥涵及防护工程等专业组。以上各管理部门和专业组分别负责组织相应工程项目的施工。

分级管理要贯彻下级服从上级的原则。各个管理机构实行逐级指挥和逐级负责，尽量避免多头指挥和越级指挥。因此，组建组织机构时，要认真考虑管理层次和管理幅度，妥善解决集权与分权的问题。合理建立组织机构，能保证高级管理人员摆脱琐事困扰，集中精力解决重大问题。同时下级管理人员和广大职工能够充分发挥专业特长，负责完成大量具体工作。

2. 合理分工，密切协作

为提高管理的专业化程度和工作效率，项目各级组织机构必须合理分工，划清职责范围，明确工作目标，避免推诿扯皮、指挥不灵。人员设置以能实现施工项目所要求的工作任务为原则，力求一专多能，一人多职，避免机构臃肿、人浮于事及官僚主义等现象。在合理分工的基础上，各级组织机构要密切协作，相互配合，确保管理机构有效灵活地运转，实现项目管理的总目标。

二、物质准备

物质准备包括生产生活临时设施的准备，施工机械设备和试验设备的配置，各种建筑材料的采集、调配、运输和储存等。

1. 修建、置办临时生产生活设施

（1）施工现场应设有临时房屋，包括经理部办公室、监理工程师办公室、会议室、宿舍、食堂、机房、实验室及材料库等。可根据工程具体情况及周围环境，临时建设或租赁。

（2）根据需要设置一个或多个生产场地，包括构件预制场、钢筋加工场、木工场、搅拌站、水池、材料堆放场、停车场、维修场、油库、发电机房等。

（3）修建施工便道、生产生活水电设施及消防安全设施。

（4）根据工程规模及经理部机构情况，置办办公设备，包括通信设施、交通工具、电脑、复印机及资料柜等日常办公用品。

2. 配置施工机械设备和试验设备

（1）土石方机械：常用的有推土机、铲运机、平地机、挖掘机、装载机、凿岩机、松土器、爆破器材、空气压缩机及自卸汽车等。

（2）压实机械：常用的有光轮压路机、振动压路机、轮胎压路机、羊角碾及夯击设备。

（3）路面施工设备：拌和设备、摊铺机械、精光机及纹理制作机等。

（4）试验设备：包括击实试验仪、马歇尔试验仪、各种材料检测及强度检验仪等。

3. 各种建筑材料的采集、调配、运输和储存

（1）根据设计图纸及工程进度要求，确定所需各种材料的种类、规格和数量，编制各种材料的需求计划。

（2）根据材料需求计划，编制材料的采购、调配及运输计划。在运输计划中，要选择运输方式，确定运输能力。

（3）做好各种材料的进场质量检验、数量核对及存放保管等工作。

三、技术准备

1. 调查研究、收集自然和社会技术经济资料，为施工组织设计提供基础

（1）收集自然条件资料，包括地形、地貌、地质、水文地质及气象资料。了解自然条件是为编制施工组织设计提供详实的资料，防范不利因素，利用有利条件，实现科学组织，确保合理施工。

（2）收集当地技术经济条件资料，包括地方建筑工业和企业的分布状况、地方资源情况、交通运输条件、水电供应条件、劳动力资源情况、生活设施情况及设备租赁前景等。调查当地技术经济条件，这是为了在充分了解当地各种经济因素的基础上，合理地制定施

工现场平面规划并在施工过程中充分利用其中有利因素。

2．熟悉、审查设计资料

（1）审查图纸：审查图纸是否正确、完整并符合国家有关的技术政策、规范、标准及批准的设计文件精神。审查设计条件与现场实际情况是否一致。

（2）理解设计意图：熟悉设计图纸，深入理解设计意图，特别要对设计中考虑的施工方法进行认真研究。对设计中的矛盾和不妥之处，应作好记录。

（3）图纸会审及技术交底：施工单位负责人应参加由建设单位组织的图纸会审及技术交底会议。近一步理解设计内容，并向设计单位提出设计中存在的问题，提出改进和处理意见和建议。设计单位在认真分析研究之后，应作出决定或之后及时予以答复。施工单位负责人应把会议精神向本单位有关人员传达。

3．施工现场的准备

（1）测量放样：恢复中桩，路基放样，划定路基填挖边界桩，复测中桩高程及横断面。

（2）现场调查：调查施工现场各种既有建筑物和设施，及时采取措施，消除潜在不利因素的影响，保证施工连续进行。

（3）调查取土场与弃土场：调查其位置、品质、数量和属权，为保证工程质量，加快工程进度提供有利条件。

（4）复核工程量：根据现场实测结果计算工程量，并与设计文件相比较。如果发现二者相差较大，应申请设计变更。

（5）排水：建设临时排水设施，保证施工不受水害影响，或根据设计要求，结合施工期间排水要求，建设永久排水系统。

4．编制施工组织设计

施工组织设计是施工准备阶段的主要内容。施工单位应根据设计文件要求、当地自然条件、社会经济条件及工程本身的特点编制施工组织设计。

5．试验

施工单位应对拟在施工中使用的各种材料进行试验，以确定这些材料是否合格，从而使工程施工采用合格材料，保证工程质量。

6．编制施工预算及资金筹措

施工预算是施工单位以单位工程为对象，根据施工图纸和施工定额等资料编制的计划文件，主要作为控制材料消耗和成本支出的依据。施工预算是施工准备阶段的一项重要内容，应在开工前编制完成。及时筹措资金是工程施工得以顺利进行的经济保障。资金筹措可通过扩大再生产、动员预付款、银行信贷、股份制及公司自筹等措施来完成。

第三节　施工组织设计

路基路面施工组织设计是路基路面施工准备阶段的核心内容，也是对工程施工实行科学管理的重要手段。编制路基路面施工组织设计就是在统筹规划的基础上，合理地确定施工顺序，正确地选择施工方法和施工机械，科学地组织人力物力，使工程施工在一定的时间、空间内，有组织、有计划、有秩序地进行，从而保证施工质量、加快施工进度和节省工程投资。

一、施工组织设计的原则

施工阶段的施工组织设计主要由承包人进行编制。根据公路工程项目的特点，施工组织设计的编制应遵循下列原则。

1. 严格执行工程建设程序和施工程序，遵守施工规范

施工组织设计是开工前的一项重要内容，要认真按照基本建设程序办事，根据国家有关规定、规程和规范，施工合同要求，有关部门的指示精神、批准的设计文件和施工工期要求安排施工进度。要深入调查施工现场自然条件和所在地区社会技术经济条件，结合施工单位的具体情况，制定施工方案，保质保量按时完成施工任务。

2. 尊重科学、合理安排施工计划

合理安排施工计划，使工程施工在整个工期内连续、均衡地进行。公路工程施工战线长，情况复杂，沿线可能有一个或多个控制工程。对整个项目的控制工程要提前开工，集中技术力量、施工人员和设备，确保其工程质量和进度。同时，要合理安排其他工程的施工，使全线工程尽量同时按期完成，为后续工程或投入使用创造良好的条件，迅速发挥投资效益。要因地制宜，扬长避短，充分利用沿线地区有利条件，贯彻勤俭节约的原则。正确处理时间与空间的关系，合理安排施工顺序。协调好供应与消耗的关系，做到人尽其力、物尽其用。做好专业化分工并加强相互协作，注意工艺与设备配套，选择最佳技术经济方案。根据工程特点，尽量安排平行流水作业法。对于复杂工程项目，应用网络计划技术确立最佳施工组织方案。

3. 采用先进技术，节约投资，保证施工质量与安全

尽量采用先进的施工技术，提高工程质量，加快施工进度，提高劳动效率。要注意主导机械与配套机械的合理搭配，充分发挥机械的效率。在满足工程施工的前提下，尽量减小临时设施的数量、规模和成本。合理安排材料的采购、运输和储存。严格遵守施工技术规范及操作规程，建立健全施工质量技术和操作安全措施。

二、施工组织设计的任务

根据施工项目的规模、特点，施工组织设计可分为施工组织总设计，单位工程施工组织设计和分部、分项工程施工组织设计。施工组织总设计是以整个工程为对象，以设计单位编制的初步施工组织设计为依据，由总承包商编制的全局性施工总指导性文件。它是粗线条的，可作为编制单位工程施工组织设计的依据。单位工程施工组织设计是施工单位以单位工程为对象，以施工图设计为基础，以施工组织总设计为依据编制的对单位工程的全面施工具有指导作用的技术性文件。分部、分项工程施工组织设计是以分部、分项工程为对象，以单位工程施工组织设计为依据而编制的施工方案或技术措施。

施工组织设计根据工程实施阶段划分为初步施工组织设计、指导性施工组织设计和实施性施工组织设计。

1. 初步施工组织设计

初步施工组织设计是设计单位结合工程设计和编制概、预算的需要，在设计阶段编制的施工组织设计。初步施工组织设计的任务是设计出施工的大致轮廓计划，初步选定施工方案，拟定施工程序，安排施工时间。虽然初步施工组织设计尚不够详细和完善，但它是工程施工的战略规划，也是编制指导性施工组织设计的基础，应力求切合实际。

2. 指导性施工组织设计

指导性施工组织设计是施工单位在投标至开工之前这一阶段，根据工程招标文件的要求，结合本单位的具体情况，经过不断修订和完善而逐步编制完成的施工组织设计。指导性施工组织设计是施工单位经过深入理解设计文件之后，在充分调查沿线地区自然条件和社会技术经济条件的基础上编制而成的。因此，它比初步施工组织设计更详细和完善，具有全面指导工程施工的作用。

指导性施工组织设计的任务包括确定施工顺序、选择施工方法和施工机械。做好施工进度计划和劳动力、机械设备和材料供应计划，以便于合理地组织劳动力和施工机械设备，最大限度地发挥机械效率。做好施工准备工作，合理设计生产生活设施。设计和规划施工现场总平面布置图，建立并完善保证工程质量及施工安全、缩短工期和降低工程造价的措施。

指导性施工组织设计是工程施工的总纲领，整个施工过程要严格按照这个计划进行。

3. 实施性施工组织设计

实施性施工组织设计是施工单位在开工前，在指导性施工组织设计的基础上，为完成具体施工任务，对单位工程和分部工程编制的施工组织设计。其主要任务为：

（1）编制以工作日为基本时间单位的施工进度计划。应力求详尽具体，操作性强，使工程施工直接按照计划进行。

（2）根据施工进度计划，具体规定出每日所需劳动力、机械设备和材料的数量，并规定班组及机械在作业过程中的移动路线及日程。

（3）在选择施工方法时，要结合实际情况，认真考虑工程项目的具体施工细节，使工程施工能按照所设定的施工方法确定工序、组织劳动力和机械设备。

（4）在确定工序、组织劳动力和机械设备时，既要保证工程施工的需求，又要做到人尽其力，物尽其用，提高工作效率。同时，要注意到便于实行分项承包和结算，确保施工质量和操作安全。

（5）编制施工计划要留有余地。受各种因素影响，工程施工有时被迫中断。因此，应事先安排一些机动工程，避免劳动力和机械设备在被迫停工时处于闲置状态。

编制实施性施工组织设计要力求详尽具体，但要避免琐碎繁杂。

三、确定施工方案

确定施工方案是施工组织设计的核心内容。施工方案选择得正确与否，直接关系到施工组织设计的优劣，也是关系到工程本身的质量、成本和工期，甚至成败的关键。选择和确定施工方案，要结合工程具体情况和施工单位自身条件，充分考虑方案的可行性，做到技术先进、经济合理、操作安全。确定施工方案包括确定施工顺序、选定施工方法、选择施工机械、安排施工段组织及流水作业、部署施工力量等。

1. 确定施工顺序

施工顺序是指单位工程中各分部、分项工程施工的先后顺序。选择施工顺序，要遵循工程本身的客观规律，实行科学安排。确定施工顺序必须注意满足施工工艺的客观要求、施工方法与施工机械的要求、施工组织的要求、施工质量的要求、当地气候条件的要求及安全操作的要求。

2. 选择施工方法

正确选择施工方法是确定施工方案的核心内容。对各分部、分项工程，要从若干可实现的施工方法中，选择适合本项目的技术上先进、经济上合理且施工工期短的方法。在满足工期要求的前提下，尽量选用成本低的施工方法。即结合具体情况，兼顾各种因素，突出以经济原则为主的原则。

3. 选择施工机械

机械化施工是路基路面工程施工所不可或缺的，合理选择施工机械是确定施工方案的重要内容。要根据工程的特点，各种机械的性能，综合考虑。首先选择主导机械，然后再选择配套机械。比如，热拌沥青混合料路面施工，混合料摊铺机和拌和机是主导机械，应首先选定，然后再根据主导机械选择配套机械。选择机械设备时，应注意各种机械的生产能力相互协调一致，充分发挥它们的效能。

4. 合理部署施工力量，尽量采用平行、流水作业，缩短工期

施工力量主要指劳动力和机械设备。要根据选定的施工方法和施工机械，注意到工作量的大小和工作面的多少，全面考虑，综合部署施工力量。采用平行、流水作业，可以缩短工期，充分利用工作面，最大限度地发挥劳动力的技能。使工程施工连续、均衡而又有序地进行。

四、编制施工进度和资源调配计划

施工进度计划是以确定的施工方案为基础，根据工期和技术物资的供应条件，遵循各施工过程合理的工艺顺序而编制的。它的任务是统筹安排各项施工活动，为各施工过程指出一个明确的施工日期。资源调配计划主要包括劳动力、机械设备、材料供应与运输计划，是以施工方案和进度计划为基础而编制的，主要是安排各种资源的进场及退场时间。

1. 施工进度计划

制定施工进度计划首先应划分作业工序、计算工作量并确定所需劳动力和机械台班数。然后确定各分项工程或作业项目的施工天数，作出施工进度安排，编制施工进度图。施工进度计划常用横道图法表示，对于复杂情况，用网络计划表示。编制施工进度计划时通常应编制施工准备工作计划。

2. 施工准备工作计划

施工准备工作计划包括技术准备和现场准备工作计划。技术准备是在深刻理解设计意图的基础上，为正式开工准备技术条件；现场准备是为开工提供物质条件。施工准备工作计划与施工进度计划构成一个有机的整体，为资源调配计划提供基础。

3. 劳动力需求计划

根据施工准备工作计划和施工进度计划，计算所需劳动力人数，并编制劳动力需求计划。主要是根据工程开展情况，合理安排劳动力的数量和进、退场时间。施工准备及刚开工阶段，调入少量人员。随着工程施工逐步展开，进场人员逐渐增多并在一定时期内保持相对稳定。随着工程施工接近完成，人员逐步撤离现场，留少量人员进行扫尾工作。

4. 机械设备需求计划

根据已确定的施工方案和进度计划，选定施工设备的种类、规格及数量，同时安排好进、退场时间。尽量提高机械工作效率，避免闲置。

5. 材料供应计划

根据施工进度计划中每月计划完成的各项工程量，确定各种材料的消耗量，并考虑库

存情况，制定材料供应计划。

6. 场外运输计划

场外运输是指将工程施工所需的各种物资从产地或交货地点运到施工现场的仓库或储料场。场外运输计划主要是正确选择运输方式和运输工具，以期达到降低费用、增加速度的目的。

五、施工现场平面总体布置

施工现场总平面图设计是施工组织设计的一项重要内容。如本章第二节所述，在施工现场，需要建设各种生产生活临时设施，把它们和主体工程在空间上进行经济合理的布置，对于充分利用地形地貌，最大限度地发挥人力物力，顺利执行施工进度计划，节省工程投资，均具有重要意义。施工现场平面总体布置应本着便于施工、节省投资和确保安全的原则，对施工现场的临时设施作出平面图设计。

1. 场内道路

场内道路的布置应与加工厂、仓库的位置综合考虑，并与场外道路衔接。尽量利用已有的和永久性道路，要注意利用临时修建的道路把仓库、储料场与施工点连接起来。

2. 仓库的位置

仓库一般布置在临近公路且靠近施工点的位置，其结构设计应便于装卸货物。砂石料场、工具库、车库及机械停车场均应布置在离工地不远之处，以便于施工。油库、炸药库等应布置在人员稀少、较为边远的地方。

3. 临时办公、生活设施

临时办公、生活设施的布置应注意环境保护，体现以人为本的精神，便于全体职员工作生活。例如，工人的宿舍、文化生活设施应避免布置在低洼潮湿、有较严重环境污染、对身体有害之处。

4. 临时水电管线和其他动力线

尽量利用已有管线，临时修建的管线应遵循最短距离的原则。供电高压线路在进入工地之前，应设置变电站，避免高压线穿越工地。自备发电站应设在工地中心或主要用电区，供电线路应避免与其他管线同路或距离太近。消防设施应符合相关规定，过冬水管要有防冻措施，排水管道应可靠，山地施工应有排洪设施。

复 习 思 考 题

1. 路基路面施工包括哪些主要内容？
2. 路基路面施工有哪些基本方法？
3. 简述施工与设计和监理的关系。
4. 路基路面施工准备包括哪些内容？
5. 路基路面施工组织设计包括哪些内容？

第二章 一般路基施工

路基是路面的基础，路基工程质量的好坏将直接影响路面的使用质量。路基的损坏常与路基沉降、压实度不满足要求、材料强度偏低以及路基排水不畅等因素有关，且路基的损坏不易修复。因此保持路基的承载力和稳定性对路基路面工程的正常使用是必不可少的。本章阐述一般路基施工，包括路基施工准备、填料选择、路堤填筑、路堑开挖、冬季施工、雨期施工、施工安全、环境保护以及路基整修与交工验收等内容。特殊地区路基施工和路基防护工程施工将分别在第三章和第四章讲述。

第一节 准备工作与填料要求

路基施工前的具体准备工作主要有路基放样、基底与填料试验、场地清理、试验路段的铺筑，同时作好临时排水设施的规划。对路基填料的要求主要是控制粒径的大小及有机质的含量。不符合要求的材料不得直接填筑路堤，确需使用时，应进行有效处理。

一、开工前的准备工作

（一）路基放样

路基放样包括路基中线和横断面放样，是正确进行施工组织的前提，同时，纵横断面复测与补测可复核地面标高、工程量。

1. 中线放样

路基开工前，进行全段中线放样并固定路线主要控制桩，高速公路、一级公路宜采用坐标法进行测量放样。中线放样时，注意路线中线与结构物中心、相邻施工段的中线闭合，发现问题及时查明原因，进行处理。设计图纸和实际放样不符时，应查明原因后进行处理。

2. 路基放样

路基施工前，对原地面进行复测，核对或补充横断面，发现问题时，及时进行处理。应设置标识桩，对路基用地界、路堤坡脚、路堑坡顶、取土坑、护坡道、弃土堆等的具体位置标识清楚。对深挖高填路段，每挖填3～5m或者一个边坡平台（碎落台），复测中线和横断面。高速公路和一级公路施工中，标高控制桩间距不宜大于200m。施工过程中，保护好所有控制桩点，并及时恢复被破坏的桩点。每项测量成果必须进行复核，并将原始记录存档。

3. 恢复路基中线的方法

具体方法是：按每20～25m整桩号和曲线起止点等控制路基中心的各点测设中心桩，桩面用红漆写明里程桩号。在中心线垂直方向1m外钉一标志桩，并写上里程。根据近似计算结果，测设路基边坡线，测量出各桩左、中、右三点的高程，作好记录，计算出各桩号左右两侧的路基填筑高度。按路基设计顶面宽度加余宽300～500mm（以保证边坡密度和压路机械的安全而增加的宽度），放边线点，再用白灰沿边线播撒形成两条白色的边线作为填土范围的明显标记。分层计算路基的设计宽度，以备在施工中根据施工进度随时放填土边线，满足施工需要。

（二）基底土与填料试验

为确保工程质量，把好材料关，路基施工前，按照有关规定和要求，建立试验室。对路基基底土进行相关试验。每千米至少取2个点，土质变化大时，视具体情况增加取样点数，从而确认基底土层能够满足设计和有关规范的要求。

土的压实特性随土的性质不同而变化，应及时对来源不同、性质不同的拟作为路堤填料的材料进行复查和取样试验。土的试验项目包括天然含水量、液限、塑限、标准击实试验、CBR试验等，必要时应作颗粒分析、相对密度、有机质含量、易溶盐含量、冻胀和膨胀量等试验。

使用特殊材料作为填料时，应按相关标准作相应试验，确保路基的承载力、稳定性和耐久性。必要时还应进行环境影响评估，经批准后方可使用。

（三）场地清理

场地清理是对公路用地范围内原有构造物按设计要求进行清理，并对植物、表层土进行处理，防止路堤沿基底发生滑动及由于植物和腐殖质土引起路基沉陷。

填筑路堤时，如果不清除地面上的草木残株，一旦植物腐烂变质，地基将发生松软及不均匀沉降等现象，导致路基失稳。因此，在填筑路堤前，应在原地面上进行伐树、除根及锄草工作。特别是二级及二级以上公路和路堤填筑高度小于1.0m时，应注意将路基范围内的树根、草丛全部挖除并将坑穴填平夯实。

如果基底表层土系腐殖土，应将腐殖土换填成优质土，换填厚度视具体情况而定，一般不低于300mm，并予以分层压实，使压实度达到规范要求。有些清除物，如腐殖土，可在路基填筑后取回作为护坡保护层使用，也可作为中央分隔带及绿化带的回填土。

（四）试验路段

1. 试验路段的范围

对二级及二级以上公路路堤、填石路堤、土石路堤、特殊地段路堤、特殊填料路堤和拟采用新技术、新工艺、新材料的路基应进行试验路段施工。试验路段应选择在地质条件、断面形式等工程特点具有代表性的地段，路段长度不宜小于100m。

2. 试验路段施工的内容

通过填料试验，检验路堤填筑材料是否符合要求，并完成检测报告等。通过压实试验，确定压实工艺主要参数，包括机械组合、压实机械规格、松铺厚度、碾压遍数、碾压速度、最佳含水量及碾压时含水量允许偏差等。通过试验段填筑，确定过程质量控制方法和指标、质量评价指标和标准以及优化后的施工组织方案和工艺。并对试验作好原始记录和过程记录，对施工设计图提出修改建议等。

（五）临时排水

路基施工应做好施工期临时排水总体规划和建设，临时排水设施应与永久性排水设施综合考虑，并与工程影响范围内的自然排水系统相协调。

二、填料要求

填土质量是影响路堤承载力和稳定性的主要因素之一，特别要注意含水量的调节。

（一）土质路堤填料

1. 填料的选择

（1）尽量就地取材，合理利用挖方土料：利用挖方土料填筑路堤，既经济，又方便，但要保证土料具有良好的级配和一定的粘结能力，易于压实，基本不受水浸软化和冻害影响。

（2）优先使用砂质土：对于透水性良好的碎石、砾石、粗砂、中砂和设计未超过规定极限值的砂质粉土、黏质粉土和黏土等，均可用于填筑路堤。

（3）严格控制使用对路基质量有影响的填料：避免使用含草皮、生活垃圾、树根及腐殖质的土作为路基填料。泥炭、淤泥、冻土、强膨胀土、有机质土及易溶盐超过允许含量的土，不得直接用于填筑路基。液限大于50%、塑性指数大于26、含水量不适宜直接压实的细粒土，透水性差，干时坚硬，不易挖掘，并具有较大的可塑性、黏性和膨胀性，毛细现象很显著，浸水后能较长时间保持水分，承载力很小，不得直接作为路堤填料。确需使用时，应采取技术措施进行处理，经检验满足设计要求后方可使用。粉质土不宜直接填筑于路床，不得直接填筑于冰冻地区的路床及浸水部分的路堤。

（4）填料强度和粒径：应符合表2-1的规定。

路基填料最小强度和最大粒径要求   表2-1

填料应用部位	（路床顶面以下深度）(m)	填料最小强度（CBR）(%)			填料最大粒径(mm)
		高速、一级公路	二级公路	三、四级公路	
路堤	上路床（0~0.30）	8	6	5	100
	下路床（0.30~0.80）	5	4	3	100
	上路堤（0.80~1.50）	4	3	3	150
	下路堤（>1.50）	3	2	2	150
零填及挖方路基	0~0.30	8	6	5	100
	0.30~0.80	5	4	3	100

注：1. 表列强度按现行《公路土工试验规程》规定的浸水96h的CBR试验方法测定；
2. 三、四级公路铺筑沥青混凝土和水泥混凝土路面时，应采用二级公路的规定；
3. 表中上、下路堤填料最大粒径150mm的规定不适用于填石路堤和土石路堤。

2. 填料的处治

当附近没有合适的土质，从远处运来又不经济时，要对土体进行处理。

（1）调节含水量：即调到最佳含水量。含水量高时，要翻晒，挖沟排水；含水量低时，要加水对土体进行润湿。加水润湿工作要尽量在取土场进行，如果在路堤上直接洒水，要留有润湿的时间。

（2）化学稳定处理：将土、石灰及水泥按一定比例混拌均匀后铺平压实。适用含水量高、强度不足的情况。

（二）其他路堤填料

1. 石质和土石路堤

（1）尽量选用强度高的石料：膨胀性岩石、易溶性岩石不宜直接用于路堤填筑，强风化石料、崩解性岩石和岩化岩石不得直接用于路堤填筑。

（2）合理控制填料粒径：对于填石路堤，填料粒径应不大于500mm，并不宜超过层厚的2/3，不均匀系数宜为15～20。路床底面以下400mm范围内，填料粒径应小于150mm。路床填料粒径应小于100mm。对于土石路堤，中硬、硬质石料的最大粒径不得大于压实层厚度的2/3，强风化及软质石料，其CBR值应符合表2-1的规定，石料最大粒径不得大于压实层的厚度。

2. 高填方路堤

高填方路堤填料宜优先采用强度高、水稳性好的材料，或采用轻质材料。浸水部分，应采用水稳性和透水性均好的材料。

3. 桥涵及结构物的回填

填料宜采用透水性材料、轻质材料、无机结合料稳定类材料等，非透水材料不得直接用于回填。

4. 粉煤灰轻质路堤

（1）烧失量：用于高速公路、一级公路路堤的粉煤灰，烧失量宜小于20%；烧失量超过标准的粉煤灰应作对比试验，分析论证后采用。

（2）材料质量的控制：粉煤灰的粒径易在0.001～1.18mm之间，小于0.075mm的颗粒含量宜大于45%。粉煤灰中不得含团块、腐殖质及其他杂质。包边土和顶面封层的填料，宜采用塑性指数不大于12的黏性土。隔离层和土质护坡盲沟所用砂砾料、矿碴料等，最大粒径应小于75mm，4.75mm以下细料含量小于50%，含泥量小于5%。

第二节 路堤施工

路堤施工是指在基底处理的基础上，对路堤的填筑与压实。路堤存在沉降与稳定的问题，对填料选择、基底处理、压实标准等方面都有严格的要求。在施工过程中，必须广泛采用新材料、新工艺、新设备和新检测手段，采用机械化施工，注意环境保护，对特殊情况采取可靠技术措施，确保路基的稳定与耐久性。

基底是天然土体与人工构筑路堤的相接部分，是路基结构的薄弱环节，对路堤整体稳定性影响很大。因此，路堤施工必须对基底进行处理。路基压实是使路基土逐渐密实的过程，是保证路基质量的重要环节。路基压实包括对路堤、路堑和路基基底的压实。等级越高的公路，对路基压实的要求也越高。

一、施工取土

路基填方取土，须根据设计要求，结合路基排水和当地土地规划、环境保护要求进行，不得任意挖取。施工取土应不占或少占良田，尽量利用荒坡、荒地，取土深度应结合地下水等因素综合考虑，利于复耕。原地面耕植土应先集中存放，以利再用。

当设计无明确规定，自行选定取土方案时，应符合有关技术要求。地面横向坡度陡于1:10时，取土坑应设在路堤上侧。取土坑不宜设置在桥头两侧，其与路基之间的距离，应满足路基边坡稳定性的要求。取土坑与路基坡脚之间的护坡道应平整密实，表面设1%～2%向外倾斜的横坡。取土坑兼作排水沟时，其底面宜高出附近水域的常水位或与永久排水系统及桥涵出水口的标高相适应，纵坡不宜小于0.2%，平坦地段不宜小于0.1%。线外取土坑与排水沟、鱼塘、水库等蓄水（排洪）设施连接时，应采取防冲刷、防污染的措施。对取土造成的裸露面，采取整治或防护措施。

二、土质路堤施工

(一) 基底处理

路堤填筑之前，应按设计要求和有关规定对基底进行处理。

1. 一般方法与要求

在路堤填筑前首先对原有地面进行清理，对于存在的不平之处予以整平，然后进行碾压（填前碾压），达到规范要求的压实度。二级及二级以上公路路堤基底的压实度不小于90%；三、四级公路不小于85%。路基填土高度小于路面和路床总厚度时，基底按设计要求处理。如发现草碳层、鼠洞、裂缝和溶洞等，在清除沉积物后，用合格填料分层回填，分层压实，堵塞洞穴，防止日后塌陷。对于泉眼或露头地下水，采取有效导排措施后方可填筑路堤。遇有地下水位较高、陡坡地段等情况，均按设计要求进行处理。

2. 对耕地和水田要特殊处理

路堤基底为耕地时，在填筑路堤之前进行整平压实。当有机质及其他杂质含量较高时，应换填干土，以便于压实。水田表面往往存在一松软薄层，如果直接在上面填土，机械通行性差，作业困难且填土也不能充分压实。如果填土较高，且能够充分压实，可直接填筑。第一层土应填至 0.5~1.0m 厚，便于机械通行，以后各层可按规定厚度填铺。如果填土较薄时，第一层土不能填得太厚，否则，无法保证压实效果，应设置排水沟保持土底层干燥，然后再进行填筑及压实作业。如果水位过高，设置排水沟效果不佳，则设置砂垫层，便于机械行走，防止毛细水上升。如果填土基底有小池塘或泉眼，则敷设暗排水管等排水设施，或者用耐水性强的道碴或碎石填充压实到原水位的高度以上，在填土后进行有效排水，防止浸入填土。

3. 坡面基底的处理

为避免路堤在坡面基底产生滑移，应对坡面基底进行适当处理。根据坡度不同，分别采取措施。当坡度小于 1/5 时，按无坡面基底情况填筑路堤。当坡度介于 1/5 和 1/2.5 之间时，则将坡面基底做成台阶，一般宽度不小于 2m，高度不小于 1m，且台阶顶面应做成向堤内倾斜 4%~6% 的坡度。当坡度大于 1/2.5 时，则对外坡脚采取防护措施，如修筑护墙、护脚等。

(二) 路堤填筑

1. 路堤填筑的基本方法

路堤填筑是把填料运送到路堤范围内，然后进行摊铺、整平、碾压及修整的过程。路堤的填筑常用方法有以下几种。

(1) 水平分层填筑法：填筑时按照横断面全宽，从低处开始，一层一层地向上填筑，如图 2-1 所示。每填筑一层后，压实达到标准后，再填筑上一层，如此往复，直至达到路堤设计标高为止。这种方法是填筑路堤的最基本方法。

(2) 纵向分层填筑法：用推土机从挖方处取料，填筑附近的路堤。施工中沿纵坡方向分层，逐层填土并压实，如图 2-2 所示。这种方法适合于原地面纵坡大于 12% 的情况。

(3) 横向填筑法：从路基的两端或一端，按填土的整个断面（全宽和全高）填筑向前推进。这种方法适合于特殊情况，如深谷、陡坡、断岩、泥沼等无法自下而上填以及大型压实机械无法进场等情况，如图 2-3 所示。施工中要选择沉陷量小的材料并选用高效能压实机械，在底部宜采取夯实的方法。

（4）联合填筑法：在下部用横向填筑法，在上部采用水平分层填筑法，如图2-4所示。这种方法有利于使上面的土层得到充分压实，是对单纯横向填筑法的改进。

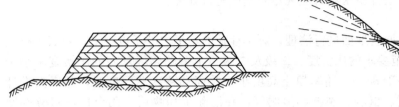

图2-1 水平分层填筑法

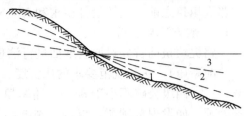

图2-2 纵向分层填筑法（图中数据为填筑顺序）

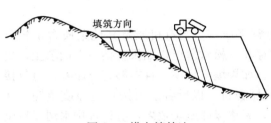

图2-3 横向填筑法

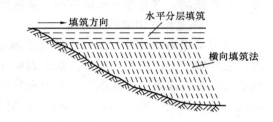

图2-4 联合填筑法

上述方法中，施工时应优先采用水平分层填筑法。其他方法施工质量不易得到保证，检测也较为困难，只有在水平分层填筑法受条件限制无法应用时才考虑采用。

2. 布土、摊铺及整形

（1）布土：合理的土方调配和运土路线是非常重要的，应根据取土场位置及地形确定经济、合理的运土路线。布土时应根据压路机能达到的压实厚度（规范规定或经监理工程师同意的厚度）计算卸车数量，例如，每层填土压实厚度不大于200mm时，一车$8m^3$的土，可摊铺$30m^2$。自卸汽车从取土场把土运到铺筑现场，从一端开始，左右成排，前后成行等距离布土。掌握好布土的位置和稀疏密度，可以提高摊铺速度。

（2）摊铺：按规定厚度进行摊铺，如果用推土机进行摊铺，松铺系数一般为1.2～1.3；如果用平地机进行摊铺，松铺系数一般为1.1～1.2。不同的土质应根据实际情况确定松铺系数。

（3）整形：当一段路基填土（50m以上）由推土机摊平并经复测符合要求时就可用平地机进行整平工作。平地机整平方法是由路中线开始向道路两侧推进，如此往返三次，一般就可以达到平整度的要求。在整平时注意路基的纵坡和横坡，尤其是在雨期施工时，横坡应该适当加大以利于路基排水。

3. 路堤填筑施工要点

（1）性质不同的填料，应水平分层、分段填筑，分层压实。同一水平层路基的全宽应采用同一种填料，不得混合填筑。每种填料的填筑层压实后的连续厚度不宜小于500mm。填筑路床顶最后一层时，压实后的厚度应不小于100mm。

（2）将对潮湿或冻融敏感性小的填料填筑在路基上层，强度较小的填料应填筑在下层。在有地下水的路段或临水路基范围内，宜填筑透水性好的填料。

(3) 在透水性不好的压实层上填筑透水性较好的填料前,应在其表面设 2%～4% 的双向横坡,并采取相应的防水措施。不得在由透水性较好的填料所填筑的路堤边坡上覆盖透水性不好的填料。

(4) 每种填料的松铺厚度应通过试验确定。每一填筑层压实后的宽度不得小于设计宽度。

(5) 路堤填筑时,应从最低处起分层填筑,逐层压实;当原地面纵坡大于 12% 或横坡陡于 1:5 时,应按设计要求挖台阶,或设置坡度向内并大于 4%、宽度大于 2m 的台阶。

(6) 填方分几个作业段施工时,接头部位如不能交替填筑,则先填路段,应按 1:1 坡度分层留台阶;如能交替填筑,则应分层相互交替搭接,搭接长度不小于 2m。

(三) 路堤机械化施工

应考虑工程特点、土石种类及数量、地形、填挖高度、运距、气候条件、工期等因素,经济合理地选择施工机械。填方压实应配备专用碾压机具。

1. 推土机作业

推土机作业由切土、运土、卸土、回空等过程组成一个循环。影响作业效率的主要因素是前两个环节。其作业方式有以下几种。

(1) 横向填筑：推土机在路基一侧或两侧取土场取土,直接将土沿横向推运至路基范围内,是一种水平分层填筑方法。这种方法一般沿线路分段进行,可单机或多机作业,推土机运行路线如图 2-5 所示。适合于运土线路较短且路堤较矮的情况。

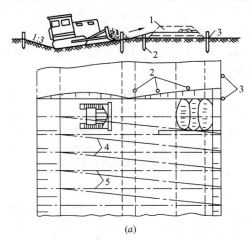 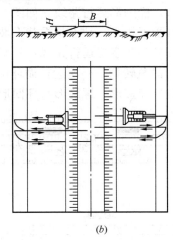

图 2-5 推土机填筑路堤

(a) 单侧取土；(b) 双侧取土；

1—路堤；2—标控桩；3—高标杆（间距 10m）；4、5—推土机作业路线

B—路基宽度；H—路基高度

(2) 纵向填筑：推土机沿纵向挖掘路堑,直接填筑路堤。填筑作业沿纵向分层。适用于原地面有纵坡（坡度不宜过大）,且运土距离不远的情况,如图 2-6 所示。这种方法属于纵向分层填筑法,施工中应注意避免超挖和欠挖且注意填料符合要求。

（3）综合作业法：将上述两种方法结合起来，即先用横向填筑法将土运送到路堤上，再用纵向填筑法沿路基方向推平并分层碾压，如图 2-7 所示。

图 2-6　推土机纵向挖掘
路堑直接填筑路堤

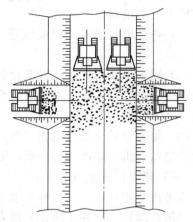

图 2-7　推土机综合作业法填筑路堤

2. 铲运机作业

铲运机作业填筑路堤的基本方法与推土机大致类似，仅因现场作业条件不同而有所区别。铲运机能铲能运，适合于运土距离较远的情况，其运行路线灵活多变，可根据工程具体情况灵活选用，提高工作效率。

（1）椭圆形运行路线：如图 2-8（a）所示。其优点是布置灵活，运行方向可随时改变，且受干扰小。缺点是重载上坡时转向角大，转弯半径较小。

（2）"8"字形运行路线：是两个椭圆形的连接，如图 2-8（b）所示。路线中减少了两个 180°的急转弯，一次运行循环可以完成两次运土。

（3）穿梭形、螺旋形与环回形运行路线：铲运机可以连续相间地在路堤两侧取土，在

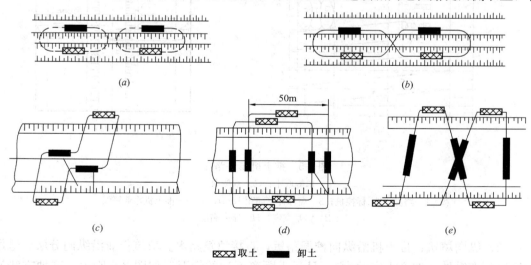

图 2-8　全堤宽循环作业
（a）椭圆形；（b）"8"字形；（c）穿梭形；（d）螺旋形；（e）环回形

路堤全宽上均匀铺撒,其运行路线如图 2-8 (c)、(d)、(e) 所示,分别称为穿梭形、螺旋形和环回形。其优点是空载行驶距离短,在一个循环中完成两次运土。其缺点是一次循环有 4 次转弯,运行时间增加,且不能应用于单侧取土的情况。

3. 挖掘机(或装载机)与运输车辆联合作业

用正铲、反铲和抓斗挖掘机或装载机与运输车辆联合作业进行路堤填筑施工,适用于取土场较远或施工环境特殊的情况。挖掘机或装载机与运输车辆的联合作业把填土运上路堤,然后再由其他机械进行整平和碾压。各种机械设备配合使用,从而提高生产效率。

(四)路堤边坡施工

路堤边坡施工是路堤施工的重要环节。由于路堤边坡不易得到充分压实,且容易发生超填欠填及失稳等现象,因此其施工难度较大。施工中应掌握要点,采取有效临时防水措施,保持边坡稳定,用平地机或推土机完成坡面整形。

1. 边坡填筑

(1) 放样:根据中线桩和设计文件完成路基放样,定好路基边坡位置、坡度和标高等,确定路基轮廓。

(2) 做式样:按照设计要求,在适当地段做出边坡标准式样,其他地段施工以标准段为参照,防止边坡尺寸及位置发生错误。

(3) 随时测量:对高路堤施工,每完成一段,就及时进行测量,发现问题,及时解决。对高路堤变坡点处,加强测量检查。

(4) 留有余地:路堤填筑时,边坡尺寸与设计要求相比,应有一定的余量,使边坡经过修整后恰好满足设计要求。

2. 保持边坡稳定

边坡施工须采取有效措施,防止雨水作用及其他因素导致边坡失稳。

(1) 爆破作业:在爆破施工时,严格控制打眼方向及装药量,防止爆破作业影响边坡稳定。

(2) 压实边坡:边坡压实必须达到设计及规范要求,防止因雨水等因素引起破坏。路堤边坡一般先放粗坡,然后用 3t 以上的振动压路机从填土坡脚处开始由下往上卷振压实,如图 2-9 所示。压路机放下时,停止振动,防止边坡上的填料被振松而滑动。对于坡度较缓且土质良好的情况,也可以采用推土机在斜坡上往复行驶进行压实。另一种方法是填土时适当加大宽度和高度,然后分层填筑压实,再用平地机或其他方法铲除多余部分,从而保证边坡位置路堤的压实度。

(3) 加强临时排水:可根据施工过程中降雨的情况,采取有效的临时排水措施,防止因遭雨水洗剥和渗透而导致的边坡滑移现象。

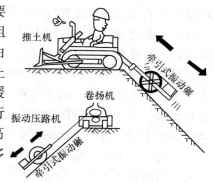

图 2-9 用振动式压路机
(拖式)压实边坡

3. 坡面整形

路基填筑压实后,要进行路基整形作业。路基整形主要是顶面和边坡整形,而边坡整形是路基整形的难点,作业较为复杂,可用平地机或推土机完成。

(1) 平地机坡面整形：可采用一台或多台平地机作业。施工中先在作业段两端做好标准坡面，以便刮削时参考；或用线绳连接两端标准坡面相同位置点，随时检查、指导平地机作业情况，尽量防止超刮和欠刮。一旦超刮，应用人工夯实的方法超高回填，再做刮削。

(2) 推土机坡面整形：在坡度较缓（小于1：2.5）的情况下，可考虑用推土机进行坡面整形作业。由于推土机作业时，机车在坡面上行驶（平地机是在路堤顶面或坡脚以外的原地面上行驶），操作人员不易观察到坡面的情况，因此，推土机作业技术难度高，对操作者要求也高，不易掌握。为了保证整形质量，多布设一些标准坡，并采取措施对坡面进行监测，作好控制。一般情况下，用推土机对坡面整形的质量明显不如平地机整形的质量。

(五) 路堤压实

1. 几个基本概念

(1) 密实度：亦称理论密实度，是指固体颗粒排列的紧密程度，孔隙率和干密度等是表征密实度的两个指标。

(2) 干密度：空气中单位体积土的质量。某种土的密实度越大，其干密度也越大。所以有时用干密度表示土的密实度，但二者在物理意义上是有不同的。

(3) 标准最大干密度：是指用标准击实试验方法，在最佳含水量条件下得到的干密度，简称最大干密度。

(4) 压实度：亦称干密度系数或相对密实度。是指筑路材料压实后的干密度与其标准最大干密度之比，用百分率表示。现场施工中，一般情况下，土压实后的干密度很难达到标准最大干密度。

2. 影响路基压实的主要因素

(1) 土的含水量：试验结果表明，在一定压实功能的作用下，含水量不同，土的干密度也不同。在某一含水量下，干密度达到最大值，这个含水量就是最佳含水量。当土的含水量低于或超过最佳含水量时，土的干密度均不能达到最大值。那么，含水量是如何影响土的干密度的呢？含水量较小时，土颗粒间内摩擦阻力大，抵抗外力的能力强，土的密实度低，干密度小。

当含水量逐渐增加时，水分在土颗粒间起到润滑作用，内摩阻力减小。在外力作用下，土颗粒重新排列，趋于更紧密，土的密实度提高，干密度增大，并在最佳含水量附近达到最大。当含水量继续增加，超过最佳含水量时，起润滑作用的水分已经足够。多余的水分促使土颗粒分离，土的密实度降低，干密度减小，不易于压实。

不过，在大多数情况下，土在天然状态下的含水量很接近于最佳含水量。这就要求施工时要对刚卸下来的土快速摊平压实。

(2) 土质：不同的土质，压实难易程度不同。非黏质土易于压实，且其最佳含水量较低，最大干密度较大。黏质土、粉质土压实效果较差，且最佳含水量偏高，最大干密度偏小。

(3) 压实功能：是指碾压次数和荷重。注意：压实功能不等于物理学上功和能的概念。压实功能对最佳含水量和密实度有影响，增加压实功能可降低最佳含水量，使最大干密度的值增加。但是，不能无限地增加压实功能，因为对任何一种土，当密实度超过某一值时，想继续提高它的密实度，往往需要增加很大的压实功能。增加很大的压实功能，而使密实度增加很小的幅值，这显然是得不偿失的。不仅如此，过多地增加压实功能，还可能造成土体承受的压力超过土的抗压极限强度，导致土体破坏。所以，对路基土进行压实时，要控制压实功能不致太大，至少不能使土体发生破坏现象。

（4）碾压时的温度：类似于最佳含水量，碾压土的温度也有一个最佳范围，一般在20℃左右时，压实效果最好。温度对最佳含水量也有影响。

（5）压实土层的厚度：土体受压时，有效压实深度近似为碾压设备最小横向尺寸的二倍。超过这个深度，土的变形所受影响甚小。所以，施加压实功能，对有效压实深度以下部分的土体起不到压实作用。有效压实深度与土质、含水量及压实机械的构造有关。所以，对某种特定的土，应控制碾压厚度。因为是填筑一层，碾压一层，所以，要控制每层填土的厚度。

（6）地基或下承层强度：保证地基或下承层强度是路基压实达到良好效果的必要条件。当地基或下承层强度不足时，通常采取有效的处理措施：①在填筑路堤之前，先碾压地基；②对软土地基进行加固处理；③对路堑处路槽的碾压，先铲除300～400mm原状土，碾压地基后，再分层填筑压实。

（7）碾压机具和方法：①碾压机具：不同机具，压力传布有效深度不同。一般情况下，夯击效果最好，振动压路机次之，普通压路机（光轮压路机和轮胎压路机）再次之。②机具质量和碾压遍数：压实机具的质量和碾压遍数不同，压实效果也不同。压实机具质量较小时，碾压遍数越多，压实效果越好。但超过一定遍数后，效果变得极不明显。压实机具质量大时，土的密实度随着碾压遍数的增加迅速增加。但超过某一极限后，土的变形即急剧增加而达到破坏。③碾压速度：碾压速度越慢，碾压效果越好。

3. 压实度标准

压实度标准包括两个方面，一是确定标准最大干密度的方法，二是确定工程所要求的压实度。标准最大干密度，目前多采用重型击实试验方法来获得。重型标准击实试验对锤击参数、试筒尺寸及击打方法都有明确的规定。试验采用内径为100mm、高为127mm的试筒，用锤击面直径为50mm、锤重为45N、落高为450mm的落锤分5层击打土样（要求土粒最大粒径小于25mm），每层击打27次，然后计算土样的干密度，即为土样的最大干密度。工程所要求的压实度，亦称压实度标准。一般现场路基土压实后的干密度达不到标准最大干密度的值，但要规定达到标准最大干密度的某一个百分率。比如，对高等级公路，路床的压实度标准为不小于96%。填土不同，公路等级不同，压实度标准也不同。土质路堤压实度标准应符合表2-2的规定。

4. 路基压实的方法与质量控制

（1）确定不同种类填土的最大干密度和最佳含水量：只有确定了土的最佳含水量，才能有目的地对含水量进行调解，使之处于最佳值附近，从而才能保证路基压实达到最好的效果。路基施工战线长，对填土最佳含水量的确定要分段进行。

只有在最佳含水量状态下，才能确定标准最大干密度，并进而根据压实度标准，确定现场路基土应达到的干密度，指导路基压实。

（2）检查控制填土的含水量：因含水量是影响路基压实的最主要因素，因此，要对填土的含水量进行检察并对含水量进行控制。对于细粒土、砂类土和砾石土，不论使用何种压实机械，其压实时的含水量均应控制在最佳含水量±2%以内。因此，碾压前应对填土的含水量进行检验，如果含水量小，应加水。如果含水量大，则需晾晒或掺加（换填）干土。

土质路基压实度标准　　　　表 2-2

填挖类型		路床顶面以下深度(m)	压实度（%）		
			高速、一级公路	二级公路	三、四级公路
路堤	上路床	0～0.30	≥96	≥95	≥94
	下路床	0.30～0.80	≥96	≥95	≥94
	上路堤	0.80～1.50	≥94	≥94	≥93
	下路堤	>1.50	≥93	≥92	≥90
零填及挖方路基		0～0.30	≥96	≥95	≥94
		0.30～0.80	≥96	≥95	—

注：1. 表列压实度以现行《公路土工试验规程》重型击实试验法为准；
　　2. 三、四级公路铺筑水泥混凝土路面或沥青混凝土路面时，其压实度应采用二级公路的规定值；
　　3. 路堤采用特殊填料或处于特殊气候地区时，压实度标准根据试验路段在保证路基强度要求的前提下可适当降低；
　　4. 特别干旱地区的压实度标准可降低 2%～3%。

（3）正确选择和使用压实机械：选择压实机械应考虑土质及其状态、压实工作面和机械特性。不同的压实机械，对不同的土，压实效果也不同。有时，填土与压实机械相互适应，有时二者不适应。要保证压实机械的重量不能使土体破坏。工作面宽窄不同，机械类型也应有所不同。高速公路和一级公路路基填土压实宜采用振动压路机或 35～55t 轮胎压路机进行。采用振动压路机时，第一遍静压，然后由弱振至强振进行振动压实。使用压路机应遵循先轻后重、先慢后快的原则，以分别适应强度要求，防止松土被机械推走。

（4）分层填筑、分层碾压：即填筑一层，碾压一层。厚度要适宜，过厚，压实深度达不到底部；过薄，生产效率太低。对于细粒土，当厚度小于等于 250mm 时，用 12～15t 光轮压路机；当厚度大于 250mm 且小于等于 600mm 时，用 22～25t 光轮压路机。施工中应保证每层填土平整，并设置横坡，控制好碾压遍数，达到要求的压实度。

（5）全宽填筑，全宽碾压：增加横向整体性，避免纵向裂缝。注意碾压方向，在直线段，先两侧，后中间；在小半径曲线段，由内侧向外侧，纵向进退式进行。轮迹要重叠，对振动压路机，一般重叠 0.4～0.5m；对三轮压路机，一般应重叠后轮宽的 1/2。前后相邻两区段宜重叠 1.0～1.5m，应做到无漏压、无死角，确保碾压均匀。

（6）加强质量检查：特别注意填方地段基底、路堤、路堑路床及桥涵处回填土的压实。路堤高度小于路床（800mm）高度时，基底部分与路床压实度标准相同。路堤填筑一层，检查一层，检验每一层的压实度，合格后方可填筑其上面的一层。路床顶面完成后，还应进行弯沉值检验。零填路基及路堑路床的压实度要满足压实标准，必要时换填土，并分层填筑压实。桥涵处回填土因受环境限制，往往得不到充分压实，造成错台，影响行车。施工中，对结构物回填土宜采用小型手扶振动夯或手扶振动压路机进行压实，但对涵顶填土 50m 内，则采用轻型静载压路机压实，要分层填筑，分层压实，分层检查，确保达到规定的压实度。

5. 压实度检测

（1）现场测定土密度的方法：由压实度的定义可知，压实度由土的最大干密度和压实后的干密度所决定。对于同一种土样，土的最大干密度是基本固定的，因此，准确测量现场压实后土的密度对正确评定压实度是至关重要的。常用测量路基土密度的方法有环刀法、灌砂法及核子密度仪法。

①环刀法：用一定容积的环刀，切割代表性的土样，使土样充满其中，称量后计算干密度。环刀法是一种破坏性的方法，也是测量现场密度的传统方法，国内习惯采用的环刀容积通常为200cm³，环刀高度通常约50mm。环刀法设备简单、使用方便，但此法只适用于不含集料的黏性土。

②灌砂法：在拟测量的地点，以层厚为开挖深度，凿一试洞，开挖时将全部土料集中于一个带盖容器中，并采取密封措施保持含水量，及时称量其质量，并取有代表性的样品做含水量试验，然后采取灌砂法测量试洞的容积。灌砂法也是一种破坏性的方法，适用于细粒土和中粒土的情况。

③核子密度仪法：利用放射性元素（γ射线和中子射线）测量土的密度和含水量。这种方法明显直观、操作方便迅捷，不损坏道路结构，可以满足现场施工快速和无损检测的要求。

（2）压实度检测注意事项：①用灌砂法检测压实度时，取土样的底面位置为每一压实层底部；用环刀法试验时，环刀中部处于压实层厚的1/2深度；用核子密度仪试验时，应根据其类型，按说明书要求办理。②施工过程中，每一压实层均应检验压实度，检测频率为每1000m²至少检验2点，不足1000m²时检验2点，必要时可根据需要增加检验点。

（六）施工质量标准

路堤填筑至设计标高并整修完成后，其施工质量应符合表2-3的规定。

土质路堤施工质量标准 表2-3

序号	检查项目	规定值或允许偏差		检查方法或频率
		高速、一级公路	二、三、四级公路	
1	路基压实度	符合规定		施工记录
2	弯沉	不大于设计值		—
3	纵断面高程(mm)	+10，-15	+10，-20	每200m测4个断面
4	中线偏位(mm)	50	100	每200m测4点，弯道加HY、YH两点
5	宽度	不小于设计值		每200m测4处
6	平整度(mm)	15	20	3m直尺；每200m测2处×10尺
7	横坡(%)	±0.3	±0.5	每200m测4个断面
8	边坡坡度	不陡于设计坡度		每200m抽查4处

三、填石路堤施工

（一）基底处理

除满足土质路堤施工基底处理的要求外，承载力应满足设计要求。在非岩石地基上，填筑填石路堤前，应按设计要求设置过渡层。

（二）路堤施工

1. 压实度标准

对路床部分，填料应达到最大压实干密度。在规定深度范围内，以12t振动压路机碾压。当压实层顶面稳定，不再下沉（无明显轮迹）时，可认为达到最大压实干密度。对路床以下部分的路堤，我国最新路基施工规范（JTG F10—2006）规定以孔隙率确定填石路堤的压实度标准，见表2-4。

填石路堤压实质量标准　　　　　　　　　　　　　　　　　表 2-4

分　区	路面底面以下深度（m）	孔　隙　率（%）		
		硬质石料	中硬石料	软质石料
上路堤	0.8~1.50	≤23	≤22	≤20
下路堤	>1.50	≤25	≤24	≤22

2. 施工方法

（1）修筑试验路段，确定能使路床达到最大压实干密度和满足表2-4填石路堤孔隙率标准的松铺厚度、压实机械型号及组合、压实速度及压实遍数、沉降差等参数。

（2）在碾压之前，用大型推土机对填料摊铺平整，个别不平之处，用人工配合以细石屑找平。岩性相差较大的填料应分层或分段填筑。严禁将软质石料和硬质石料混合使用。用中硬、硬质石料填筑路堤时，要码砌边坡，码砌边坡的石料强度、尺寸及码砌厚度需符合设计要求，并尽量保持边坡码砌与路堤填筑同步进行。填石路堤顶面与细粒土填土层之间按设计要求设置过渡层。

（3）二级及二级以上公路的填石路堤应分层填筑压实。二级以下砂石路面公路在陡峻山坡地段施工特别困难时，可采用倾填的方式将石料填筑于路堤下部，但在路床底面以下不小于1.0m范围内仍应分层填筑压实。

（4）路基压实，采用12t以上的重型振动压路机或工作质量2.5t以上的夯锤或25t以上的轮胎压路机，才能达到理想压实状态，采用自重不小于18t的振动压路机效果较为理想。当缺乏上述压实机械时，可采用重型静载光轮压路机，但应适当减小每层填筑厚度和石料粒径。适宜的压实厚度应根据试验确定，但不得大于0.5m。当采用重型振动压路机或夯锤压实填石路堤时，可加厚至1.0m。

（5）其余注意事项与土质路基相同，如压实方向遵循先两侧后中间、先慢后快及轮迹重叠等原则。

3. 施工质量标准

填石路堤施工过程中的每一压实层，可用试验路段确定的工艺流程和工艺参数，控制压实过程；用试验路段确定的沉降差指标检测压实质量。填石路堤填筑至设计标高并整修完成后，其施工质量应符合表2-5的规定。填石路堤成型后的外观质量标准为：路堤表面无明显孔洞，大粒径石料不松动，铁锹挖动困难，边坡码砌紧贴、密实，无明显孔洞、松动，砌块间承接面向内倾斜，坡面平顺。

填石路堤施工质量标准　　　　　　　　　　　　　　　　　表 2-5

项次	检测项目	规定值或允许偏差		检查方法和频率
		高速、一级公路	其他等级公路	
1	压实度	符合试验路段确定的施工工艺		施工记录
		沉降差小于或等于试验路段确定的沉降差		水准仪：每40m检测一个断面，每个断面检测5~9点

续表

项次	检测项目	规定值或允许偏差		检查方法和频率
		高速、一级公路	其他等级公路	
2	纵断面高程（mm）	+10，-20	+10，-30	水准仪：每200m测4个断面
3	弯沉	不大于设计值		—
4	中线偏位（mm）	50	100	经纬仪：每200m测4点，弯道加HY、YH两点
5	宽度	不小于设计值		米尺：每200m测4处
6	平整度（mm）	20	30	3m直尺：每200m测4点×10尺
7	横坡（％）	±0.3	±0.5	水准仪：每200m测4个断面
8	边坡 坡度	不陡于设计值		每200m抽查4处
	平顺度	符合设计要求		

四、土石混填路堤施工

（一）基底处理

除满足土质路堤施工基底处理的要求外，在陡、斜坡地段，土石路堤靠山一侧应按设计要求，做好排水和防渗处理。

（二）路堤施工

土石路堤的压实方法与技术要求，应根据混合料中巨粒土的含量多少确定。当混合料中巨粒土（粒径大于200mm的颗粒）含量多于70％时，其压实作业接近于填石路堤，应按填石路堤施工的方法和要求进行。当混合料中巨粒土的含量低于50％时，其压实作业接近于填土路堤，应按前述填土路堤的方法和要求进行。

1. 压实度标准

与填石路堤路床部分压实标准的确定方法相同。

2. 施工方法

（1）根据土石混合材料的类别分别进行试验路段施工，确定能达到填料最大压实干密度的松铺厚度、压实机械型号及组合、压实速度及压实遍数、沉降差等参数。

（2）土石路堤应遵循分层填筑、分层压实的原则。压实机械尽量选用自重不小于18t的振动压路机。碾压前，使大粒径石料均匀分散在填料中，用小粒径石料、土和石渣填充石料中的孔隙。压实后透水性差异大的土石混合料，分层或分段填筑，尽量不采取分幅填筑的方法。当不得已分幅填筑时，将压实后渗水性能良好的土石混合料填筑于路堤两侧。土石混合料来自不同料场，其岩性或土石比例相差较大时，分层或分段填筑。即在同一层或同一段中，使用相同料场的土石混合料。

（3）填料由土石混合料变为其他填料时，土石混合料最后一层的压实厚度应小于300mm，该层填料最大粒径应小于150mm，确保压实后该层表面无孔洞。用中硬、硬质石料的土石料填筑路堤时，应码砌边坡。码砌边坡的石料强度、尺寸及码砌厚度需符合设计要求。尽量保持边坡码砌与路堤填筑同步进行。软质石料的土石路堤边坡按土质路堤边坡处理。

3. 施工质量控制

对于中硬、硬质石料土石路堤按填石路堤的方法和标准控制施工质量。对于软质石料填筑的土石路堤，按填土路堤的方法和标准控制施工质量。土石路堤的外观质量标准同填石路堤。

五、高填方路堤施工

（一）基底处理

高填方路堤的基底承受路堤土本身的荷载很大，除满足一般土质路堤施工基底处理的要求外，对基底按设计要求压实，设计无要求时，基底的压实度不应小于90%。当场地狭窄时，压实工作应采用小型的手扶式振动压路机或振动夯进行。当场地较宽广时应采用自行式20t以上的振动压路机碾压。对于基底承载力不满足设计要求的情况，应按设计要求进行地基加固处理，以达到设计要求。覆盖层较浅的岩石地基，宜清除覆盖层。

（二）路堤施工

高填方路堤应提前施工，以免影响整个工程进度。施工中预留路堤高度与宽度，并进行动态监测，宜进行沉降观测，控制填筑速率。施工中要采用振动式压实机械压实路堤填土。

六、桥涵及结构物回填

（一）桥涵及结构物回填处路基的特点

桥涵台背及结构物处路基回填土沉降量往往偏大，导致跳车现象，是常见路基病害之一。构造物施工后，台背等处的回填土往往因为压实机械的作业面狭小而不宜得到充分压实，导致该处路基的压缩沉降。台背等处路堤填筑高度通常较大，导致地基沉降量较其他路段大。路基与台背连接处，往往产生小裂缝，雨水渗入缝隙后，导致该处路基沉降量偏大，也会产生病害。

（二）回填与压实

1. 基坑回填

基坑回填必须在隐蔽工程验收合格后方可进行，并应分层填筑，分层压实，分层厚度宜为100～200mm。二级及二级以上公路，采用小型夯实机具时，基坑回填的分层压实厚度不宜大于150mm，并应达到要求的压实度。

2. 台背及其与路堤间的回填

二级及二级以上公路应按设计要求做好过渡段，其压实度应不小于96%，并按设计要求做好纵向和横向排水系统。二级以下公路的路堤与回填的连接部，应按设计要求留台阶。台背回填部分的路床应与路堤路床同步填筑。桥台背和锥坡的回填施工宜同步进行，一次填足并保证压实整修后能达到设计宽度要求。

3. 涵洞回填施工

洞身两侧，要对称分层回填压实，填料粒径宜小于150mm。两侧及顶面填土时，应采取措施防止压实过程对涵洞产生不利后果。涵洞等小型结构物的施工，也可在路基施工之后进行。即先不考虑结构物，进行路基填筑和压实，然后再于结构物处挖开，进行结构物的施工。这种做法可以避免结构物两侧局部回填造成的缺陷。

七、半填半挖及堤堑过渡段路基施工

（一）基底处理

对于半填半挖路基，从填方坡脚处起向上设置向内侧倾斜的台阶，台阶宽度不小于

2m。在挖方一侧,台阶应与每个行车道宽度一致,位置重合。对于路堤和路堑过渡段,也要合理设置台阶。应清除山坡上的孤石、石笋和石质山坡原地面松散风化层,按设计开凿台阶。在有地下水或地面水汇流的地段,采用合理措施导排水流。

(二)施工要点

填筑路堤时,应认真处理横向、纵向及原地面等结合界面,确保路基的整体性。路基应从最低标高处的台阶开始分层填筑,分层压实。路基填筑过程中,应及时清理设计边坡外的松土、弃土。高度小于800mm的路堤、零填及挖方路床的加固换填宜选用水稳定性较好的材料。

八、轻质填料路堤施工

(一)粉煤灰路堤

1. 粉煤灰储运

调解粉煤灰含水量宜在储灰场或灰池进行。在粉煤灰运输、装卸、堆放过程中,采取有效措施防止扬尘、流失及环境污染。储灰场地应排水通畅、地面硬化。大储灰场应设置雨水沉淀池。堆场应安装洒水设备,防止干灰飞扬。

2. 路堤施工

(1)填筑:施工前铺筑试验路段,取得经验。施工应避免在0℃以下或大风季节进行,性质不同的粉煤灰分别堆放、分别填筑,在施工过程中及时洒水,防止干灰飞扬,并按设计要求铺筑隔离层,其界面横坡与路堤横坡相同。粉煤灰路堤采用水平分层填筑施工,当分成不同作业段施工时,先填地段分层预留台阶,每个压实层相互搭接,搭接长度一般大于1.5m,相邻作业段接头范围内的压实度需达到规定要求。土质包边土的施工应与粉煤灰填筑同步进行。

(2)碾压:做到当天摊铺、当天碾压。压实遵循先轻后重、先低后高的原则。

(3)施工防护:铺筑上层时,宜采取洒水润湿,控制卸料车行驶路线、速度、调头、紧急制动等措施,防止压实层松散。暂时不能铺筑上层时,一般情况下,禁止车辆通行,并洒水润湿,防止表面干燥松散。施工间隔较长时,在上面覆盖适当厚度的封闭土层并压实,横坡稍大于路拱。当铺筑至粉煤灰路堤顶层时,及时做封层。做好粉煤灰与其他结构物接触面的防护。

3. 压实度标准

粉煤灰路堤压实度应符合表2-6的规定。

粉煤灰路堤压实度标准 表2-6

填料应用部位		压实度(%)	
(路床顶面以下深度)(m)		二级及二级以上公路	其他等级公路
上路床	0.0~0.30	≥95	≥93
下路床	0.30~0.80	≥93	≥90
上路堤	0.80~1.50	≥92	≥87
下路堤	>1.50	≥90	≥87

注:1. 表列压实度以现行《公路土工试验规程》重型击实试验法为准;
  2. 特别干旱或潮湿地区的压实度标准可降低1%~2%;
  3. 包边土和顶面封层压实度应符合表2-2的规定。

（二）EPS 路堤

EPS（Expanded Polystyrene）是膨胀性聚苯乙烯泡沫塑料的缩写。EPS 块体在工地堆放时，要采取措施防火、防风、防水、防化学物质侵蚀，避免阳光直射。要保证垫层厚度均匀、密实，垫层宽度超过路基边缘 0.5～1m。

1. EPS 块体铺筑

（1）非标准尺寸 EPS 块体尽量在车间加工，如不得已在现场加工时，用电热丝进行切割。保持施工基面干燥，逐层错缝铺设 EPS 块体，允许偏差范围内的缝隙或高差，可用砂或无收缩水泥砂浆找平。严禁重型机械直接在 EPS 块体上行驶。

（2）与其他路堤相接处，EPS 路堤呈台阶状铺设。最底层块体与垫层之间、同一层块体侧面之间、不同层的块体之间的连接要牢固，连接件要进行防锈处理。EPS 块体顶面的钢筋混凝土板、土工膜或土工织物等，全部覆盖 EPS 块体，并向土质护坡延伸 0.5～1.0m。路堤两边的土质护坡，坡面法向厚度不小于 0.25m，分层碾压夯实，防渗土工膜分级回包。

2. EPS 路堤施工质量

EPS 路堤施工质量应符合表 2-7 的规定。

EPS 路堤质量标准　　　　　　　　表 2-7

序号	检测项目		规定值或允许偏差	检查方法及频率
1	EPS 块体尺寸	长度	1/100	卷尺丈量，抽样频率：<2000m³ 抽检 2 块，2000～5000m³ 抽检 3 块，5000～10000m³ 抽检 4 块，≥10000m³ 每 2000m³ 抽检 1 块
		宽度	1/100	
		厚度	1/100	
2	EPS 块体密度		≥设计值	天平，抽样频率同序号 1
3	基底压实度		≥设计值	环刀法或灌砂法，每 1000m² 检测 2 点
4	垫层平整度（mm）		10	3m 直尺，每 20m 检查 3 点
5	EPS 块体之间平整度（mm）		20	3m 直尺，每 20m 检查 3 点
6	EPS 块体之间缝隙、错台（mm）		10	卷尺丈量，每 20m 检查 1 点
7	EPS 块体路堤顶面横坡（%）		±0.5	水准仪，每 20m 检查 6 点
8	护坡宽度		≥设计值	卷尺丈量，每 40m 检查 1 点
9	钢筋混凝土板厚度（mm）		+10，-5	卷尺丈量，量板边，每块 2 点
10	钢筋混凝土板宽度（mm）		20	卷尺丈量，每 100m 检查 2 点
11	钢筋混凝土板强度		符合设计要求	抗压试验，每工作台班留 2 组试件
12	钢筋网间距（mm）		±10	卷尺丈量

注：路线曲线部分的 EPS 块体缝隙不得大于 50mm。

第三节　路堑施工

路堑开挖是路基施工中最主要的内容之一，主要采用机械化施工。施工是按一定的方法挖掘土体并将其运送到弃土地点，不存在填料选择、基底处理和分层压实等问题，程序较为简单。但是，路堑是由天然地层构成的，从施工经验和公路使用角度来看，路堑地段往往容易发生问题。由于地质情况千变万化及水患影响,路堑地段施工中可能发生塌方、落石及滑坡等现象。因此,路堑施工应保证排水顺畅,合理设置横向截水沟及纵坡。注意开挖顺序,遵循自上而下的原则,及时完成防护设施,防止崩塌。合理弃土,及时清除散料并对软土地段采取稳定处理措施。

一、土质路堑施工

(一)路堑开挖方法

路堑的开挖方法应根据路堑的深度和纵向长度,以及地形、土质、土方调配情况和开挖机械设备等因素确定,以加快施工进度和提高工作效率。

1. 横挖法

从路堑的一端或两端在横断面全宽范围内逐渐向前开挖。这种方法适用于较短的路堑。

(1)全断面横挖法:路堑深度不大时可以一次挖到设计标高,这种方法称为全断面横挖法,如图2-10(a)所示。

(2)分层横挖法:路堑深度较大时可分成几个台阶开挖,各层要有独立的出土通道和临时排水设施,这种方法称为分层横挖法,如图2-10(b)所示。分层横挖使得工作面纵向拉开,多层多向出土,可以容纳较多的施工机械,使施工速度加快。

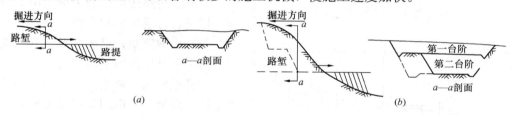

图2-10 横挖法

以上两种方法由于是在路堑横断面上进行,所以称为横挖法。

2. 纵挖法

纵挖法是将路堑分层,沿纵向依次开挖,适用于较长的路堑。

(1)分层纵挖法:如果路堑的宽度及深度都不大,可以将路堑分成深度不大的土层(每层贯穿于路堑全宽)纵向挖掘,称为分层纵挖法,如图2-11(a)所示。

(2)通道纵挖法:如果路堑的宽度及深度都比较大,可在每层开挖过程中,先挖出一条通道,然后开挖两旁,称为通道纵挖法,如图2-11(b)所示。通道可作为机械通行或出口路线,以加快施工速度。

(3)分段纵挖法:如果路堑很长,可在适当位置将路堑的一侧横向挖穿,把路堑分成几段,各段再采用上述纵向开挖,称为分段纵挖法,如图2-11(c)所示。分段纵挖法适用于傍山长路堑。

(二)路堑机械化施工

1. 推土机作业

(1)平地两侧弃土,横向开挖:推土机以路堑中线为界,向两侧按"穿梭"作业法,将从路堑中挖出的土送至两侧弃土堆,然后再做专门的清理与平整,如图2-12所示。作业深度以2m以内为宜,如果开挖深度超过2m,则需与其他机械配合施工。

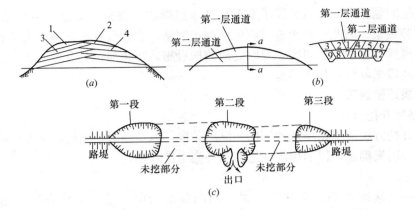

图 2-11 纵挖法
(a) 分层纵挖法（图中数字为挖掘顺序）；(b) 通道纵挖法（图中数字为拓宽顺序）；
(c) 分段纵挖法

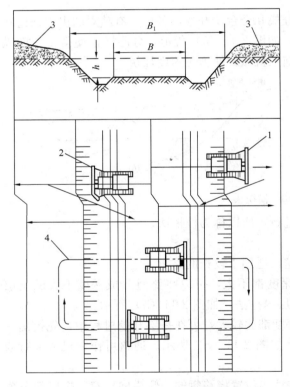

图 2-12 推土机两侧弃土横向开挖
1、2—两台推土机"穿梭法"作业；
3—弃土堆；4—环行作业法

对于上述施工作业，推土机也可以采用环形作业路线，如图 2-12 所示。推土时，推土机可按椭圆形或螺旋形路线运行，这种运行路线可以利用推土机本身对弃土堆进行分层压实和平整。

(2) 山坡路堑，纵向开挖：分开挖傍山半路堑和开挖深路堑两种情况。

①开挖傍山半路堑。开挖傍山半（半填半挖）路堑，一般用斜铲推土机，如山坡坡度不大，也可采用直铲推土机。用斜铲开挖时，首先调整好铲刀的水平角和倾角。开挖工作宜从路堑的上部开始，沿路中线方向行驶，逐渐由上而下、分段分层逐步将土壤推下至填筑路堤处。由于推土机沿山边施工，为确保安全，在施工过程中，推土机要始终在坚实稳固的土壤上行驶，并要保持道路靠山的一侧低于外侧，行驶的纵坡坡度不应超过推土机的最大爬坡角度（25°以下）。在山腹或崖下作业时，应注意做好预防崖壁坍塌的工作，发现险情及时排除。在岸边或陡壁边作业时，应根据地势情况，保证推土机具有一定的安全作业距离，以防止滑陷、跌落等恶性事故。

用直铲推土机开挖时，推土机沿垂直于道路中线的方向行驶，将上坡处的土壤推送到填筑路堤处。在推送土壤时，为保证安全，推土机的铲刀应离边坡边缘 1~2m，不准将铲刀抵靠边坡的边缘。

②开挖深路堑。纵向开挖深路堑一般与填筑路堤相结合进行施工。施工前,要在开挖的原地面线顶端和挖填相间的零点处设立醒目的标志。推土机从路堑的顶部开始,逐层下挖并推送到需填筑路堤的部位。开挖时,可用1~2台推土机平行路堑中线纵向分层开挖,如图2-13(a)所示。当把路堑挖到一半深度后,另用1~2台推土机横向分层切削路堑斜坡,如图2-13(b)所示。将从斜坡上挖下的土壤送到下面,再由下面的推土机纵向推送到填土区。这样用多台推土机联合施工,直到路堑与路堤全面完工为止。这种深路堑的开挖顺序,如图2-13(c)所示,而且每层可按槽式推土法开挖,并尽量利用地形做下坡推土。

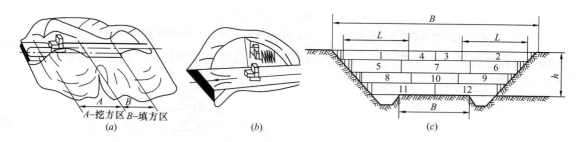

图2-13 推土机开挖深路堑作业
(a)推土机纵向推填;(b)纵向横向协作推填;(c)开挖顺序(图中数字为开挖顺序)

2. 铲运机作业

有横向弃土开挖和纵向移挖作填两种方式。路堑开挖应从两侧开始分层进行,每层厚150~200mm,这样既能控制边坡,又能使弃土场保持平整,同时还应沿路堑两侧做出排水纵坡。

(1)横向弃土开挖:推土机从路堑铲土,在一侧或两侧弃土,其运行路线类似于路堤横向填筑时的情况。下列情况宜采用横向弃土开挖:路堑地面有显著横坡,而上游一侧须设置弃土堆,阻挡地面水流入路堑;路堑中纵向运土距离太长,超过铲运机的经济运距,严重影响功效;无需利用土方或挖出的土方有剩余;长路堑由于施工条件限制,机械只承担其中一段,两端又无法纵向送土。

(2)纵向移挖作填:当需要将挖方运送到路堑口外相邻处的路堤时,铲运机可从路堑两端分别开挖就近填筑路堤。开挖逐渐向路堑内段延伸,而填筑路堤也相应向远处延伸。当延伸到路堑中部,长度在30m以内时,可以用迂回运行圈的方法,作纵向贯通运行,往返交替向两端挖运,如图2-14(a)所示。

铲运机开挖路堑作业,应从两侧向中部进行,如图2-14(b)所示。既方便施工,又有利于排水。施工中应避免超挖欠挖,防止增加边坡修整的工作量。

3. 挖掘机作业

挖掘机开挖路堑,一般与运输车辆联合作业。

(1)正铲挖掘机开挖路堑:开挖作业可采用全断面开挖和分层开挖两种方法,若路堑深度小于5m,可采用全断面开挖,挖掘机一次向前开挖路堑全宽至设计标高,运输车辆与挖掘机在同一平面内并列布置,或在挖掘机后侧,如图2-15所示。

若路堑深度大于5m,宜采用分层开挖,挖掘机在纵向行程中,先把路堑开通一部分,

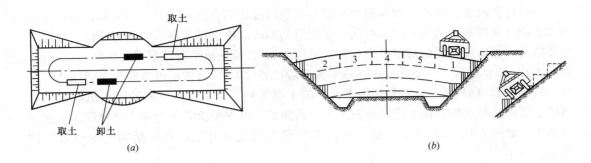

图 2-14 铲运机开挖路堑作业
(a) 铲运机纵向移挖作填示意图；(b) 铲运机开挖路堑的顺序（图中数字为开挖顺序）

运输车辆在挖掘机一侧布置，并与开挖路线平行，如此往返几个行程，直至将路堑全部开通，如图2-16所示。

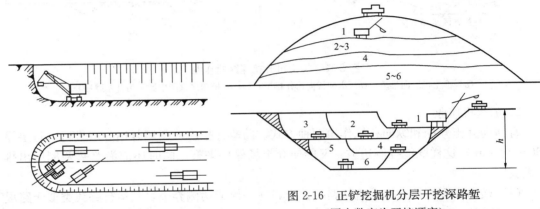

图 2-15 正铲挖掘机全断面开挖路堑

图 2-16 正铲挖掘机分层开挖深路堑
（图中数字为开挖顺序）

挖掘机开挖后在边坡上留下的土角，可由推土机修整。

(2) 反铲挖掘机开挖路堑：反铲挖掘机只能挖掘停机面以下的土壤，开挖作业时，停在路堑顶部两侧进行，一般只适用于开挖深度在挖掘范围内的路堑。可根据现场情况采用沟端或沟侧的作业方法。

(3) 拉铲挖掘机开挖路堑：用拉铲挖掘机开挖路堑作业时，若卸料半径能达到两侧弃土堆位置，则挖掘机可停在路堑中心线上，采取沟端挖掘的方法进行，如图2-17（a）所示。否则挖掘机应停在路堑侧面，分两个开挖道进行作业，如图2-17（b）所示。当开挖一侧弃土的路堑，挖掘机沿路堑边缘移动时，为了确保安全，其内侧履带应与路堑边缘保持1.0~1.5m的距离。

（三）边坡作业

无论采取哪种开挖方法，在挖掘时都应利用挖掘机械把边坡做好，也就是在挖掘的过程中，边挖边做坡。否则，一旦挖掘深度过大，机械将无法做坡，给施工造成困难。与路堤边坡作业类似，路堑边坡作业也要注意边坡坡度符合设计和规范要求、准确放样、随时测量、做好标准坡等。但路堑边坡较路堤复杂，主要表现为土质的多样化，边坡修整应从开挖面往下分段整修，每开挖2~3m，宜对新开挖边坡进行刷新。因此，在挖掘的过程

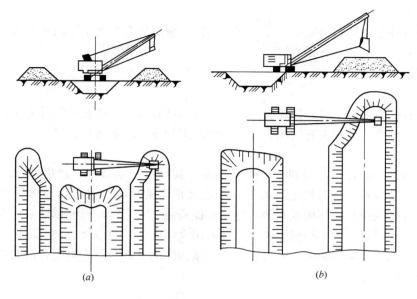

图 2-17 拉铲挖掘机沟端开挖路堑
(a) 两侧弃土；(b) 单侧弃土

中，测量人员应该及时按照图纸要求把边坡开挖线放好，并应根据挖掘的深度随时指挥调整开挖线，力争利用机械一次做好边坡，减少人工的做坡量，或适当留有余量，然后通过铲除多余部分完成整形。

（四）路堑施工要点

1. 路堑开挖

（1）填料土方分类开挖分类使用，非填料材料按弃方要求处理。土方开挖自上而下进行，不能超挖，不能掏底开挖，确保施工安全。开挖过程中要保持边坡稳定。开挖至边线前，预留一定的宽度，预留的宽度应保证刷坡过程中设计边坡线外的土层不受扰动。

（2）路基开挖过程中，对设计边坡坡度、截水沟及边沟的位置及尺寸等的修改，要及时按规定报批。边坡上稳定的孤石应保留。开挖至零填、路堑路床部分后，尽快进行路床施工。如因各种原因不能及时进行，则需在设计路床顶面标高以上预留至少 300mm 厚以上的保护层。

（3）在挖至接近断面设计线时，应随时复核路基的标高和宽度，防止超挖和欠挖。现代公路工程，通常在挖出路堑的粗略外形后，采用平地机整修边坡和边沟。

2. 排水及排水设施

（1）采取临时排水措施，确保施工作业面不积水。在路堑施工过程中，为防积水，要避免路堑中部下凹。在整个开挖段上，应设置排水纵坡以利于排水。

（2）边沟与截水沟的开挖要从下游向上游进行。截水沟通过地面凹处时，将凹处填平夯实。边沟及截水沟开挖后，及时进行防渗处理，避免渗漏、积水和冲刷边坡和路基。

（3）对施工过程中遇到的地下水，要采取排导措施，将水引入路基排水系统，不能随意堵塞泉眼。路床上含水量高或为含水层时，应采取设置渗沟、换填、改良土质、土工织物等处理措施，路床填料应具有良好的透水性。

3. 优选施工方案

土质路基开挖，应根据地面坡度、开挖断面、纵向长度及出土方向等因素，结合土方调配，选用安全、经济的开挖方案。

二、石质路堑施工

（一）开挖方法

常用的开挖方法有三种，即爆破法、松土法和破碎法。具体选用哪种方法，应根据岩石类别、风化程度、节理发育情况、施工条件及工程量大小等进行选择。

1. 爆破法

用爆炸能量炸碎岩石，以利于开挖或移运。其特点是功效高、速度快，对环境有影响。适用于硬质岩石，且对周围环境不至于造成危害的情况。当岩石整体性强，路堑较深，对周围环境及建筑物不构成威胁，能显著提高施工效率时，可谨慎地采用大爆破。对非整体性岩石，尽量采用中小型爆破，不宜采用大爆破，以免危及边坡稳定性。并同时注意爆破施工对周围环境的影响。环境保护是关系到生态平衡乃至人类生存的大问题，任何时候都不能掉以轻心。

2. 松土法

利用岩体的裂缝和结构面，用推土机牵引松土器将岩体翻松，再装运到其他地方，避免了爆破作业的危险性，有利于边坡稳定和附近建筑物的安全，适用于所有非整体性硬质岩石。路堑开挖尽量采用松土法，不采用大爆破法开挖。要注意开挖效率，根据岩石情况，选择合适的松土器和方法。对较坚硬的岩石，要采取一定的有效措施。

3. 破碎法

利用破碎机凿碎岩块，然后挖运，施工效率较差。适用于裂缝多、岩石体积较小的情况。属于爆破法和松土法的辅助方法，用于前两种方法受环境等因素限制不能采用的场合。

（二）施工要点

1. 开挖方案

根据岩石的类别、风化程度、岩层产状、岩体断裂构造、施工环境等因素确定石方开挖方案。深挖路基施工，应逐级开挖，逐级按设计要求进行防护。

2. 爆破作业

爆破作业必须符合安全规程。用爆破法开挖石方，应先查明空中缆线、地下管线的位置，开挖边界线外可能受爆破影响的建筑物结构类型、居民居住情况等，然后制定详细的爆破技术安全方案。爆破施工组织设计应按相关要求报批。禁止使用峒室爆破进行石方开挖，近边坡部分尽量采用光面爆破或预裂爆破。

一般情况下，石方爆破开挖的程序为：爆破影响调查与评估→爆破施工组织设计→培训考核、技术交底→主管部门批准→清理爆破区施工现场的危石等→炮眼钻孔作业→爆破器材检查测试→炮孔检查合格→装炸药及安装引爆器材→布设安全警戒岗→堵塞炮孔→撤离施爆警戒区和飞石、振动影响区的人、畜等→发布爆破作业信号→爆破作业→清除盲炮→解除警戒→测定、检查爆破效果。其中爆破效果包括飞石、地震波和施爆区内构造物的损伤、损失等。

3. 边坡作业

挖方边坡应从开挖面往下分段整修,每下挖2~3m,宜对新挖边坡刷坡,同时清除危石及松动石块。岩石边坡开挖,要作好地质调查,注意实际情况与设计文件的差别,最好一次爆破成型,避免超挖,要清除边坡上松石、危石。对于软岩,尽量采用非爆破方法,用镐、风镐等开挖;对于硬岩,尽量采用小爆破,防止剩下的岩盘松动。对于碎石类边坡,要结合土质、地质水文等条件确定边坡坡度。坡度要适宜,坡度过陡,边坡不稳定;坡度过缓,雨水浸蚀严重。同时根据具体情况,做好边坡防护工作,保持边坡稳定性。

4. 路床清理及验收

凿除欠挖部分,对超挖部分,采用无机结合料稳定碎石或级配碎石填平碾压密实,严禁用细粒土找平。石质路床底面有地下水时,可设置渗沟进行排导。石质路床的边沟应与路床同步施工。

三、深挖路堑施工

(一) 开挖方法

深挖路堑是指挖方深度大于或等于20m的路堑。

1. 准备工作

详细复核设计文件、了解工程地质资料,补充调查工程地质情况,根据详细的工程地质情况及工程特点,编制施工组织设计。

2. 土质高路堑

边坡严格按照设计的坡度进行施工,既不能过缓,也不能过陡。但如果实际情况与设计情况不符,特别是土质较松散时,应提出修改设计的意见,申请设计变更,待批准后实施,以确保路堑边坡稳定。施工中应设置平台(碎落台),并采取防护(石砌护坡等)措施。

碎落台除了能够防止边坡散碎土料滑入边沟以外,还能增加边坡稳定性,一举两得。碎落台应设有纵坡和横坡,利于排水。若设置碎落台以后,边坡稳定性仍得不到满足,则需采取防护措施,如护坡、挡土墙等。

慎用爆破法施工,避免采取掏洞取土的方法,保证边坡稳定和施工安全。

3. 石质高路堑

注意爆破方法,尽量采用中、小型爆破,不得已采用大爆破时,应确保边坡稳定,对周围环境和建筑物不构成威胁。

(二) 施工要点

根据设计文件的边坡防护方案,编制详细的施工方案,做好边坡防护工作。施工过程中,应根据开挖情况,随时进行地质核查,并对边坡稳定性进行监测。如实际情况与设计不符,应会同设计单位进行处理。应根据地形特征设置边坡控制点。

四、弃土要求

1. 弃土地点

弃土不得占用耕地,沿河弃土不能影响排洪、通航及加剧对河岸的冲刷。不得向水库、湖泊、岩溶漏斗及暗河口处弃土,禁止在贴近桥墩台、涵洞口处弃土。

2. 弃土堆

沿线弃土堆应符合设计要求,设计要求不明确时,应符合下列规定:

(1) 弃土应相对集中堆放,并与周围环境相协调。

(2) 弃土堆的几何尺寸、压实程度、位置,应保证路基边坡和弃土堆自身的稳定。弃土堆的边坡不陡于1:1.5,顶面向外设不小于2%的横坡,其内侧高度不宜大于3m。

(3) 在地面横坡陡于1:5的路段,不得在高于路堑边坡顶的山坡上方设弃土堆。

(4) 在山坡上侧的弃土堆,应连续而不间断,并在弃土堆上侧设置截水沟。山坡下侧的弃土堆,应每隔50~100m设宽度不小于1m的缺口排水,排水主流方向不得对地面结构物及农田等造成不利影响,必要时可设人工沟渠导引排水。弃土堆坡脚应进行防护和加固。

3. 压实与防护

弃土应按设计要求进行压实,并及时完成弃土场的防护、排水工程。

第四节　冬季、雨期施工

冬季、雨期施工需根据季节特点和施工段的地质地形条件,制定合理的施工方案,做好各项准备工作,修建临时排水设施,并与永久排水设施衔接顺畅。同时,加强安全管理,制定安全预案,加强气象信息的收集工作,避免灾害和事故发生。

一、冬季施工

在反复冻融地区,昼夜平均温度在-3℃以下,且连续10天以上,或者昼夜平均温度虽在-3℃以上,但冻土没有完全融化时,均应按冬季施工处理。高速公路、一级公路的土质路堤和地质不良地区二级及二级以下公路路堤,河滩低洼地带,可被水淹没的填土路堤一般不在冬季进行施工。土质路堤路床以下1m范围内,不在冬季进行施工。半填半挖地段、挖填方交界处不在冬季进行施工。冬季路基施工应采取措施,及时排放雨雪水及路堑开挖时出现的地下水。河滩地段可利用冬季水位低,开挖基坑修建防护工程,但应采取措施保证工程质量。

(一) 基底处理

在冻结前完成表层清理,挖好台阶,并采取保温措施防止冻结。填筑前将基底范围内的积雪和冰块清除干净。对需要换填土地段或坑洼处需补土的基底要选用适宜的填料回填,并及时进行整平压实。基底处理后立即采取保温措施防止冻结。

(二) 路堤施工

选用未冻结的砂类土、碎石、卵石土、石渣等透水性良好的材料作路堤填料。不使用含水量过大的黏性土。按横断面全宽水平分层填筑路堤,每层松铺厚度比正常施工减少20%~30%,且松铺厚度不得超过300mm。当天填土,当天完成碾压。中途停止填筑时,整平填层和边坡并进行覆盖防冻,恢复施工时将表层冰雪清除,并补充压实。

当填筑标高距路床底面1m时,碾压密实后停止填筑,在顶面覆盖防冻保温层,待冬季过后整理复压,再分层填至设计标高。冬季过后必须对填方路堤进行补充压实,压实度应达到现行规范的相关要求。

(三) 路堑施工

挖方边坡不得一次挖到设计线,应预留一定厚度的覆盖层,待到正常施工季节后再修整到设计坡面。路基挖至路床顶面以上1m时,完成临时排水沟后,应停止开挖,待冬季过后再施工。

二、雨期施工

（一）路基排水

雨期施工应综合规划、重点解决防排水问题、合理设置现场防排水系统，采取有效措施，及时引排地面水。要把临时排水和永久排水衔接好，把水引入沿线桥涵及排水沟渠，形成完整的排水系统，保证雨期施工场地不被淹没，不积水，雨后尽快恢复施工。

对施工临时挤占的沟渠、河道采取措施保证不降低原有的排水能力。路堤填筑的每一层表面设 2%～4% 的排水横坡。在已填路堤路肩处，采取设置纵向临时挡水土埂、每隔一定距离设出水口和排水槽等措施，引排雨水至排水系统。雨期路堑施工尽量分层开挖，每挖一层均应设置纵横排水坡，确保排水畅通。

（二）基底处理

在雨期前将基底处理好，孔洞、坑洼处填平夯实，整平基底，并设纵横排水坡。低洼地段，在雨期前将原地面处理好，并将填筑作业面填筑到可能的最高积水位 0.5m 以上。

（三）路堤施工

选用透水性好的碎（卵）石土、砂砾、碎石渣和砂类土等作为填料。利用挖方土作填料，当含水量符合要求时，随挖随填及时压实。不能使用含水量过大难以晾晒的土作雨期施工填料。取土坑要满足路基稳定的要求。路堤应分层填筑，并及时完成分层压实。

雨期路堤施工要抓紧晴好天气，争取在较短时间内填筑一层。雨来临之前应对新填松土层进行碾压封水，防止水灌路基。

（四）路堑施工

为防止地面水冲坏已成边坡，或破坏路床，挖边坡时不一次挖到设计坡面，预留一定厚度的覆盖层，待雨期过后再修整到设计坡面。当路堑挖至路床顶面以上 300～500mm 时，停止开挖，并在两侧挖好临时排水沟，待雨期过后再施工。在雨期开挖岩石路基，宜水平设置炮眼。

挖方地段由于路基强度不够，处治不当，路堑处的路面往往出现病害，必要时采取超挖回填压实进行处治，如土质不良，则采取换填或掺灰改良等措施。回填或换填的厚度及填料按设计要求施工。挖方基底如出现溶洞、夹层及不良土质等特殊情况，应经研究采取特殊处理措施。

（五）结构物基坑

结构物基础在雨期开挖后未能及时施工时，对基础采取砂浆封底及时排水等防浸泡措施，必要时在雨后对基坑地基承载力再次检测，以确定是否满足设计要求。

（六）施工安全预案

路基雨期施工前，应制定雨期施工安全预案，做好防洪抢险的准备工作。

第五节 施工安全与环境保护

路基施工中必须坚持以人为本及生态可持续发展的原则，注意安全和环境保护。工程开工前必须进行现场调查，根据施工地段的具体情况，制定相应的安全技术和环境保护措施。施工中应及时掌握气象预报，做好防范工作。路基施工前，应了解施工范围内地下埋设的各种管线、电缆、光缆等情况并与相关部门联系，制定合理的安全保护措施。对施工现场易发生安全事故的特殊部位加强防范，保证安全防护设施到位，确保施工安全。

一、施工安全

路基施工必须制定路基施工安全预案，确保施工人员人身安全，防止事故发生。

（一）现场用电与施工便道

施工现场的临时用电要符合有关规范的要求，夜间施工时，现场应设有保证施工安全要求的照明设施。施工便道、便桥应设立警示和交通标志，必要时应设专人维护、指挥交通。施工车辆必须遵守道路交通法规。

（二）操作规程

施工作业人员，必须遵守本工种的各项安全技术操作规程。作业人员、进入现场人员必须按规定佩戴和使用劳动防护用品。由人工配合机械进行辅助作业时，作业人员应注意观察，严禁在机械正在作业的范围内进行辅助作业。多台机械同时作业时，各机械之间应注意保持必要的安全距离。机械在路基边坡、边沟、基坑边缘、不稳定体（地段）上作业时，应采取必要的安全措施。

（三）挖土

在靠近结构物附近挖土时，必须采取安全防护措施。对于在路基范围内暂时不能迁移的结构物，应留出土台，土台周围应设警示标志。结构物基坑开挖，应根据土质、水文和开挖深度等选择安全的边坡坡度或支撑防护，在施工过程中进行监测，并及时采取相应的处理措施。开挖弃土或坑边材料的堆放不得影响基坑的稳定。沟槽（基坑）开挖深度超过2m时，其边缘上面作业应按高处作业要求进行安全防护并设置警告标志。开挖沟槽（基坑）位于现场通道或居民区附近时，应设置安全护栏。

（四）围堰、脚手架及提升起重设备

采用围堰法施工沿河路基防护基础时，应制定针对出现洪水、渗漏水、流砂、涌砂、围堰变形等情况的安全预案。作业高度超过1.2m时，应设置脚手架，脚手架应通过专业设计，必须进行承载力、刚度及稳定性等方面的验算。施工过程中，对脚手架应经常检查，发现松动、变形或沉陷应及时加固。用提升架运送石料时，应有专人指挥和操作，严禁超负荷运行。严禁使用提升架载人，临时起吊设备的制作、安装必须符合国家相关规定。

（五）砌筑与喷浆

砌筑作业时，脚手架下不得有人操作及停留，不得重叠作业。砌筑护坡时，严禁在坡面上行走，不得采用从上到下自由滚落的方式运输材料。喷浆作业时应密切注意压力表变化，出现异常时，应停机、断电、停风，并及时排除故障。作业区内严禁在喷浆嘴前方站人。

（六）预应力张拉及预制构件安装

预应力张拉时，预应力张拉设备必须安装牢固，千斤顶近旁严禁站人，无关人员不得进入现场。预制构件安装前，应根据现场条件制定详细的吊装方案，所有起重设备必须符合国家关于特种设备的安全管理规定。

（七）拆除作业

拆除作业应制定安全可靠的拆除方案。拆除的废弃物应运到指定地点。

（八）爆破作业

爆破工程设计应制定安全技术操作规程，爆破作业应严格执行现行《爆破安全规程》

的规定，确保安全。爆破作业人员必须持证上岗。进行爆破器材保管、加工、运输及爆破作业的人员，不得穿戴易产生静电的衣物。按规定要求进行检验爆破器材，失效和不符合技术条件要求的不得使用。选择炮位时，使炮孔避开正对的电线、路口、结构物。严禁在残眼上打孔。

爆破时，清点爆炸数与装炮数量是否相符。发生哑炮时，必须按相关规定进行处理。如发现危坡、危石等，按规定及时处理，处理前，在现场设立警戒或危险标志，无关人员不得接近。清方过程中，发现有哑炮、残药、雷管时，必须及时请爆破人员进行处理。已装药的炮孔必须当班爆破。夜间不宜进行爆破作业。遇雷雨时停止爆破作业，所有作业人员立即撤离爆破区。

二、环境保护

（一）防止水土污染和流失

施工前，制定相应的预防水土污染和水土流失措施，考虑土地资源的合理利用，缩短临时占地使用时间。在崩塌滑坡危险区和泥石流易发区严禁取土、挖砂、采石。施工过程中，各种排水沟渠的水流不得直接排放到饮用水源、农田、鱼塘中。不得随意丢弃生产及生活垃圾，垃圾的掩埋或处理按当地环保部门的要求进行。不得随意排放含油废水及生活污水。使用工业废渣填筑路基，当废渣中含有可溶性有害物质，可能造成土质、水污染时，应采取措施，予以处理。在自然保护区、森林、草原、湿地及风景名胜区进行施工时，应遵守国家环境保护的相关规定。

（二）噪声、空气污染的防治

在居民聚居区或其他噪声敏感建筑物附近施工时，当噪声超过规定时，及时采取措施，减少施工活动对沿线居民的干扰。对施工作业人员，在噪声较大的现场作业时，采取有效防护措施。路基施工过程中采取措施控制扬尘、废气排放等。路基施工堆料场、拌和站、材料加工厂等设于主要风向的下风处的空旷地区。当无法满足上述要求时，需采取必要的环保措施。粉状材料运输应采取措施防止材料散落。粉煤灰、石灰等在露天堆存时，采取防尘、防水措施。采用粉状材料作为路基填料或对路基填料进行现场改良施工时，避免在大风天作业，施工人员应配戴防尘口罩等劳动保护用品，并采取环境保护措施。

（三）生物保护

施工前，采取相应措施对位于路基范围内的珍稀植物进行保护。施工中严禁随意采摘、破坏野生植物资源及捕猎野生动物。在有国家级保护的野生动物出没路段，按规定做好相关保护工作。砍伐林木必须符合相关法规的要求，不得随意砍伐。在草、木较密集的地区施工时，遵守护林防火规定。

（四）文物保护

在文物保护区周围进行施工时，制定相应的保护措施，严防损毁文物古迹。施工中发现文物时，暂停施工，保护好现场，并立即报告当地文物管理部门研究处理，不能隐瞒不报或私自处置。

第六节　路基整修与交工验收

为了使路基工程达到或者优于设计文件和现行规范规定的技术标准和质量标准，要对填筑后的路基进行整修。路基交工验收前，施工单位对外观质量和局部缺陷进行整修或处理。同时路基整修也包括自检后的整修和交工验收后的整修。路基工程交工前，由施工单位申请，有关部门应按有关规定和标准组织人员对工程进行验收。

一、路基整修

路基顶面表层的整修，应根据质量缺陷的具体情况采用合理的方案、工艺进行。补填的土层压实厚度应不小于100mm，压实后表面应平整，不得松散、起皮。一般情况下，由于路面与路基施工的不连续性，路基顶面表层在多种因素影响下会产生不同类型的局部质量缺陷。为保证路床与路面的整体性，防止出现"夹层"，应采取有针对性的处理措施。

整修后的坡面应顺适、美观、牢固，坡度符合设计要求。路堤超宽的部分在取得甲方、监理、设计单位批准后，可不完全切除，但应采取适当措施和工艺保持边坡平整顺适、稳定。在施工过程中，应及时测量路堤宽度，严防路堤压实后宽度不够。

交工前，应对所有结构物本身以及可能引起隐患的因素进行检查、排除。防护与支挡工程应检查石料风化情况、泄水孔是否通畅、结构物是否有变形位移等，如果有质量缺陷应进行处理。

永久性排水系统的沟、槽，表面应整齐，沟底平整，排水畅通不渗漏。如有质量缺陷应进行处理。应对临时工程和设施进行合理处置，使之与原地形以及自然环境协调。

二、交工验收

中间检查验收是保证工程质量的重要环节。出现的质量事故、质量问题要按规定程序进行处理，发现的质量缺陷根据规范要求或设计要求进行返工或者处理。分项工程、分部工程、单位工程完成后，应按有关规定进行中间检查验收。

交工验收前应恢复施工段内的导线点、水准点以及验收中要求和可能需要的其他标志桩。交工验收前应按照现行《公路路基施工技术规范》及《公路工程质量检验评定标准》的要求进行自检，自检合格后，编制符合要求的交工资料，申请进行交工验收。

交工验收应按照交通运输部《公路工程竣（交）工验收办法》和标准的有关规定执行。设计文件和现行《公路路基施工技术规范》要求进行监测的项目，应按要求进行跟踪监测。

复 习 思 考 题

1. 路基施工开工前需做哪些准备工作？
2. 路堤施工对填料有哪些要求？
3. 路基施工如何进行基底处理？
4. 路堤填筑有哪几种方法？每种方法的含义是什么？路堤施工要点是什么？
5. 路堤机械化施工包括哪些内容？
6. 路堤边坡施工有哪些注意事项？
7. 什么是压实度？什么是最大干密度？影响路堤压实的因素有哪些？如何保证路堤压实质量？
8. 为指导路基压实施工，为什么要测定填土的最大干密度和最佳含水量？
9. 填石路堤与土石混填路堤如何确定压实标准？
10. 路堑开挖包括哪些方法？每种方法的含义是什么？
11. 路堑机械化施工包括哪些内容？路堑施工要点有哪些内容？
12. 石质路堑开挖有哪些方法？施工要点是什么？

第三章 特殊路基施工

我国幅员辽阔，地质情况变化多端，气候条件也差别很大，因此公路路基施工要考虑其特殊性。特殊路基施工分成特殊性质土路基施工、冻土及冰雪地区路基施工、不稳定土地区路基施工和水泽区路基施工。特殊地区路基施工，应根据其特点和具体情况以及必要的基础试验资料，进行经济、技术综合考虑，因地制宜地编制专项施工组织设计，批准后实施。

特殊地区路基处治一般要注意对地质资料、土工试验的详细检查，对设计图纸和实践经验的调查研究。认真完成室内试验和现场试验，对重要工程尤其注意。精细施工并注意现场的监测和数据的收集。反复分析，验证设计，监测工程安全。

施工中如实际地质情况与设计不符或设计处治方案因故不能实施，要按有关规定办理。采用新技术、新工艺、新设备、新材料时，必须制定相应的工艺、质量标准。

特殊地区路基施工除符合本章规定外，还应遵循第二章一般路基施工的有关要求。

第一节 特殊土质地区路基施工

湿黏土、红黏土、中弱膨胀土，无论压实后含水量大小，长期受自然界影响，一般情况下，其含水量基本稳定在塑限附近。用这类土作为路基填料，在路基运营过程中，路基必然吸水，使得土体膨胀，压实度降低，造成路基不稳定、强度降低，甚至达不到路基最小强度要求，路基强度、稳定性均存在问题。而且这种土废弃、改良利用的成本都比较大。

鉴于上述原因，用湿黏土、红黏土和中、弱膨胀土作为填料直接填筑时，不得作为二级及二级以上公路路床、零填及挖方路基0~0.80m范围内的填料，也不得作为三、四级公路上路床、零填及挖方路基0~0.30m范围内的填料。液限控制在40%~70%之间且CBR值满足表2-1的规定。碾压时填料的稠度控制在1.1~1.3之间。压实度标准可比表2-2的规定值降低1%~5%，具体数值根据试验确定。

一、湿黏土路基施工
（一）材料要求与基底处理

用湿黏土填筑路堤时，若填料不符合上述有关要求，则需对填料进行处治，处治后需符合表2-1的规定，压实质量要符合表2-2的规定。在同一压实层上，必须用同类填料填筑。

路堤填筑时，每层宜设2%~3%的横坡。当天的填土，尽量在当天完成压实。填筑层压实后，采取措施防止路基工作面曝晒失水。基底为软土时，要按设计要求进行处治。

（二）路基施工

1. 水稻田地段路基施工

水稻田排水疏干是十分重要的工序，施工前采取措施排除公路用地范围内的地表水。疏干地表水确有困难时，按设计要求进行处治。水稻田地段路基施工，不得影响农田排灌。

浆砌截水沟、边沟连通，可防止地面水流入或浸入路堑冲刷边坡。浆砌边沟可作为田地和道路分离的重要标志。

二级及二级以上公路路堑段，要在边坡顶适当距离外，筑埝并挖截水沟；土质、风化岩石边坡，采用浆砌护墙或护坡，路堑路段边沟宜加大尺寸并采用浆砌措施加固。

2. 河、塘、湖地段路堤施工

浸水路堤是受水浸润作用的路堤部分，除承受普通路堤所承受的外力和自重外，还要承受水的浮力和渗透动水压力的作用。因此，路堤填料宜选用水稳定性好、塑性指数不大于6、压缩性小、不易风化的透水性填料，分层填筑，分层压实，分层松铺厚度不大于300mm，压实度应符合设计要求，当设计无规定时，应符合表2-2的规定。

渗透动水压力D作用于浸润线以下土体的重心，平行于水力降坡I，作用力为：

$$D = I \cdot \Omega_\beta \cdot \rho \tag{3-1}$$

式中 I——渗透水力坡降；

　　Ω_β——浸润曲线与滑动面之间的土体面积（m^2）；

　　ρ——水的密度。

土的渗透性具有高度的不均匀性和各向异性性质，见表3-1。必须按设计要求挑选填料和控制压实标准。

土的渗透性分类　　　　　表3-1

透水程度（cm/s）	渗透性				
	高	中	低	极低	实际不透水
渗透系数k	$>10^{-1}$	$10^{-1} \sim 10^{-3}$	$10^{-3} \sim 10^{-5}$	$10^{-5} \sim 10^{-7}$	$<10^{-7}$

例如，干净砾石的k值可达30cm/s，纯黏土则小于10^{-9}cm/s，中等透水性的土（如砂质粉土、粉质黏土等）在水位骤降时，对边坡稳定性影响较大。

软弱地基或土基应慎重处理，处理不当，则路基易出现沉陷和失稳，例如一般的固结快剪试验，对于含水量$w=60\%$的淤泥、软黏土，黏聚力$c=0.007$MPa；对于$w=45\%$的淤泥质土，$c=0.013$MPa；假定安全系数为1.3，填土极限高度内摩擦角$\varphi=0$，根据地基强度公式$h_1=(\pi+2)c/\rho_1$，取$\rho_1=2 \times 10^3$kg/m^3，则限填土高度分别为1.4m和2.6m，超过此限值，路基即将出现异常现象。边坡和堤脚易受水流的冲刷和冲淘，必须按设计要求采取预防措施。

在洪水淹没地段的路堤两侧不得取土；三、四级公路，特殊情况下，可在下游一侧距路堤安全距离外取土。两侧水位差较大的河滩路堤，根据具体情况，宜放缓下游一侧边坡，设滤水趾和反滤层，在基底设隔渗墙或隔渗层。防洪工程要在洪水期前完成，施工期间要注意防洪。

3. 多雨潮湿地区路基施工

多雨潮湿地区是指一级区划Ⅳ、Ⅴ区范围内二级区划中的中湿区和过湿区。本区的主要特点是的降水量大，平均年降水量在1000mm以上，经常有泥石流、山洪暴发、泥泞、滑坡等自然灾害发生。特别是水稻田地区，地下水位高、排水困难、经常降雨，因此土壤过湿，含水量比压实最佳含水量高很多，由此而造成修筑路基按规定要求压实困难。故应采取各种技术处理措施以达到质量要求。

多雨潮湿地区，应按设计要求对基底过湿土层进行处理。施工中应注意排水。机具停放地、库房、生活区域要选在地势较高不易被水淹的地点，并有完善的排水防洪设施。

采用含水量大的土填筑路堤一般难以达到要求的压实度，所以需要换填或者掺入外加剂。土的天然稠度是指土的液限与天然含水量之差与塑性指数之比，即：

$$w_c = \frac{w_L - w}{w_L - w_p} = \frac{w_L - w}{I_p} \qquad (3-2)$$

式中 w_c——土的天然稠度；

w_L——土的液限（%）；

w——土的天然含水量（%）；

w_p——土的塑限（%）；

I_p——土的塑性指数（%）。

路基干湿状态与稠度关系见表3-2。

路基干湿状态与稠度关系 表3-2

路基干湿状态	干 燥	中 湿	潮 湿	过 湿
稠度 w_c	$w_c \geq w_{c1}$	$w_{c1} > w_c \geq w_{c2}$	$w_{c2} > w_c \geq w_{c3}$	$w_{c3} > w_c$

注：w_{c1}——干燥和中湿状态路基的分界稠度；

w_{c2}——中湿和潮湿状态路基的分界稠度；

w_{c3}——潮湿和过湿状态路基的分界稠度。

土潮湿状况分级见表3-3。

土潮湿状况分级表 表3-3

土湿度分级 稠 度	液 塑	极软塑	软 塑	硬 塑
w_c	0～0.25	0.25～0.50	0.5～0.75	0.75～1.0

二、软土地区路基施工

在软土上修建路基，通常对地基进行加固处理，以提高地基承载力，避免地基在施工后发生沉降。软土地基加固技术，将在第四章第一节讨论。这里先讨论软土地区路基施工的有关内容。

（一）软土地区路堤施工方法

软土地区路堤施工计划中宜考虑地基固结工期。施工时不宜破坏软土地基表层硬壳层。路堤压实宽度不小于设计值，坡度要符合设计要求。

填筑过程中，路堤中心线地面沉降速率每昼夜不大于10～15mm，坡脚水平位移速率每昼夜不大于5mm。结合沉降和位移发展趋势对观测结果进行综合分析。填筑速率以水平位移控制为主，超过标准，立即停止填筑。

采用排水固结法施工时，桥台、涵洞、通道以及加固工程应在预压沉降完成后方可进行施工。路堤与桥台衔接部位、路堤与锥坡预压填土同步填筑与碾压，填料宜选用透水性材料。

按设计要求的预压荷载、预压时间进行预压。在预压期内，除添加由于沉降而引起的需要填补的土方外，严禁其他作业。

在软土地基上直接填筑路堤时，水面以下部分要选择透水性好的填料，水面以上可用一般土或轻质材料填筑。填筑路基的土宜从取土场取用。必须在两侧取土时，取土坑距路堤坡脚的距离应满足路堤稳定的要求。反压护道施工宜与路堤同时填筑。分开填筑时，必须在路堤达到临界高度前完成反压护道施工。

（二）路堤施工观测

1. 观测要求

在软土地基上修筑公路路堤，最突出的问题是稳定和沉降。为掌握路堤在施工期的变形动态，施工期间必须进行动态观测。动态观测项目除设计有明确的要求外，一般视工程的重要性和地基的特殊性，以及观测对施工的影响程度等来确定。高速公路、一级公路或二级公路设计车速高，路面平整性要求高，因此，规定施工过程中必须进行沉降和稳定观测，一方面保证路堤在施工中的安全和稳定，另一方面能正确预测工后沉降，使工后沉降控制在设计的允许范围之内。

观测项目、内容和频率应符合设计要求。二级及二级以上公路路堤施工中，必须进行沉降和稳定的动态观测，要求见表3-4。

沉降和稳定动态观测　　　　　　　　　　　　　　　表3-4

观测项目	常用仪具名称	观测内容及目的
地表沉降量	地表型沉降计（沉降板）	根据测定数据调整填土速率；预测沉降趋势，确定预压卸载时间和结构物及路面施工时间；提供施工期间沉降土方量的计算依据
地表水平位移量及隆起量	地表水平位移桩（边桩）	监测地表水平位移及隆起情况，以确保路堤施工的安全和稳定
地下土体分层水平位移量	地下水平位移计（测斜管）	用作掌握分层位移量，推定土体剪切破坏的位置，必要时采用

观测仪表应在软土地基处理之后埋设，并在观测到稳定的初始值后，方可进行路堤填筑。

2. 观测点的设置

观测点应设置在需要观测的位置，它将直接反映出测点处地基变形情况，因此，测点的设置位置不仅要根据设计要求，同时还应针对施工掌握的地质、地形等情况调整或增设。

地基条件差、地形变化大、实际问题多的部位和土质调查点附近应需设置观测点。沉降和稳定等观测点最好设在同一横断面上，这样有利于测点看护，便于集中观测，统一观测频率，更重要的是便于各观测项目数据的综合分析。

测点保护工作十分重要，很多试验由于观测后期对测点保护不力，或不保护，致使测点破坏或管子阻塞而无法继续观测，造成前功尽弃。因此，保护好测点，旨在使观测工作能够善始善终，取得满意成果。

3. 观测频率

观测频率应与位移速率相适应，位移越小，观测频率也越要慢；反之位移越大，观测频率越要加快，一般路堤在极限高度以下，位移较小，观测次数可少些。极限高度以上填筑时，路堤极易失稳，因此，要求每填一层均要观测，间歇期要增加测次；当位移曲线骤然变大时，更要跟踪观测，分析原因，并考虑是否需要采取措施。

施工期间，应按设计要求进行沉降和稳定的跟踪观测，观测频率应与沉降、稳定的变形速率相适应，每填筑一层应观测一次；如果两次填筑间隔时间较长，每3天至少观测一次。路堤填筑完成后，堆载预压期间观测应视地基稳定情况而定，半月或每月观测一次，直至预压期结束。

如地基稳定出现异常，则立即停止加载并采取措施处理，待路堤恢复稳定后，方可继续填筑。

4. 稳定性观测

一般路段沿纵向每100～200m设置一个观测断面，同时，每一路段应不少于3个断面；桥头路段应设置2～3个观测断面；桥头纵向坡脚、填挖交界的填方端、沿河等特殊路段均应增设观测点。

位移观测边桩，应根据需要埋设在路堤两侧坡脚或坡脚以外3～5m处，并结合稳定分析，在预测可能的滑裂面与地面的切面位置布设测点，一般在坡脚以外1～10m范围内设置3～4个位移边桩。同一观测断面的边桩应埋在同一横轴线上。边桩应埋置稳固。

校核基点四周必须采用保护措施，并定期与工作基点桩校核。地面位移观测仪器的测距精度为±5mm，测角精度为2″。沿河、临河等凌空面大而稳定性很差的路段，必要时需进行地基土体内部水平位移的观测。

5. 沉降观测

在施工路段的原地面上一般埋设沉降板进行高程观测。沉降板埋置于路基中心、路肩及坡趾的基底。沉降板观测仪器要求：往返水准测量精度为1mm/km。

用于观测水平位移标点桩、校核基点桩亦同时用于沉降观测，埋设于坡趾及以外的标点边桩一般兼测地面沉降。

堆载预压期间观测应视地基稳定情况而定，一般情况下，第一个月每3天观测1次，第二、三个月每7天观测一次，从第四个月起每15天观测1次，直至预压期结束。

6. 保护观测标志

工作标点桩、沉降板观测标、工作基点桩、校核基点桩在观测期均必须采取有效措施加以保护。还应在标杆上有醒目的警示标志。

三、红黏土地区路基施工

红黏土（red clay）是碳酸盐类岩石在亚热带温湿气候条件下经风化后形成的褐红色黏性土。压实后水稳性较好，强度较高。

（一）材料要求

压缩系数大于$0.5MPa^{-1}$的红黏土不得直接用于填筑路堤。不符合规定的红黏土拟作为路基填料时，要进行处理，处理后的各项技术指标及压实质量应符合有关规定和要求。对红黏土的处理方法有多种：

（1）掺加砂砾：能改善高液限土（红黏土）的液限、塑性指数以及CBR值，当粗粒料含量大于35%～40%时一般能达到标准土质的填筑要求。随着砂砾含量的增加，对裂缝的抑制作用愈来愈明显，抗裂性能得到相应提高。

（2）化学改良（掺入石灰、水泥等外加剂）：可有效降低含水量，提高强度，同时又可降低塑性指数，提高水稳性。

（3）包边法：将不能直接填筑路堤的红黏土进行隔水封闭。外包材料为水稳性较好的低液限土。但是对于碾压稠度偏低（小于1.15）导致难以压实的红黏土应避免采用此法。该法宜用于下路堤填筑。

（二）路堤填筑

路堤施工前，做好临时排水及防渗设施，截断流向路堤作业区的水源，疏干地表水。

1. 路堤填筑

（1）尽量避免雨期施工，不得已在雨期施工时，要防止松土被雨淋湿。施工中保持作业面横坡不小于3%。雨后作业面，经晾干且重新压实合格后方可进行下道工序的施工。

（2）填料应随挖随用。摊铺后必须及时碾压，做到当天摊铺当天完成碾压。

（3）路堤填筑要连续，碾压完成后，采取措施防止路堤作业面曝晒失水。

2. 包边法施工

（1）包边材料：选用透水性较小的低液限黏土、石灰土等，CBR应符合表2-1的规定。严禁用粉土、砂土等低塑性土包边。

（2）分层填筑：先摊铺包边土，后摊铺红黏土。碾压前，应控制两种填料的各自含水量，使两种填料在同一压实工艺下能达到压实标准。包边土的压实度要符合表2-2的规定。

（3）碾压顺序：碾压应从两边往中间进行，对不同填料的结合处要增加碾压遍数1～2遍。超高弯道的碾压应自低处向高处进行。

3. 边坡施工

路堑边坡按设计要求及时进行防护和综合排水施工。挖方边坡坡脚按设计要求及时施工支挡结构物。

四、膨胀土地区路基施工

膨胀土是指土中黏粒成分主要由亲水性矿物组成，同时具有吸水膨胀、失水收缩两种变形的高液限黏土。凡是同时具备下列两个条件的黏土即可判断为膨胀土：液限大于或等于40%；自由膨胀率大于或等于40%。膨胀土根据其膨胀率大致可分为强、中、弱三级。

（一）材料要求

强膨胀土难于捣碎压实，不能用作路堤填料。中、弱膨胀土改性后作为路堤填料已在公路建设中普遍使用，并取得成功。在使用时都是在膨胀土中掺一定量的石灰，对土进行改性，即"砂化"，主要使膨胀土砂化降低塑性指数、含水量，便于粉碎、压实，同时也为降低膨胀土的膨胀量，提高膨胀土的强度和水稳定性。

用于二级及二级以上公路路堤填料时，改性处理后胀缩总率应不大于0.7%。胀缩总率不超过0.7%的弱膨胀土可直接填筑。

（二）基底处理

对于二级及二级以上公路，高度不足1m的路堤，按设计要求采取换填或改性处理等措施处治。表层为过湿土，按设计要求采取换填或进行固化处理等措施处治。填土高度小于路面和路床的总厚度，基底为膨胀土时，宜挖除地表0.30～0.60m的膨胀土，并将路床换填为非膨胀土或掺灰处理。若为强膨胀土，挖除深度应达到大气影响深度。

（三）路基施工

膨胀土地区路基施工，要避开雨期作业，加强现场排水，基底和已填筑的路基不得被水浸泡。施工要分段进行，各道工序应紧密衔接，连续完成。路基边坡按设计要求修整，并应及时进行防护施工。

1. 路堑施工

先施工截、排水设施，将水引至路幅以外。边坡施工过程中，必要时，宜采取临时防水封闭措施保持土体原状含水量。边坡施工应避开雨期作业，以防边坡遇水膨胀破坏。边坡不得一次挖到设计线，应预留厚度300～500mm，待路堑完成时，再分段削去边坡预留部分，并立即进行加固和封闭处理，完成边坡防护。路床底标高以下应按照设计要求进行处理。宜用支挡结构对强膨胀土边坡进行防护。支挡结构基坑需采取措施防止曝晒或浸水，基础埋深应在大气风化作用影响深度以下。

2. 路堤填筑

膨胀土路基填筑松铺厚度不得大于300mm；土块粒径应小于37.5mm。填筑膨胀土路堤时，要及时对路堤边坡及顶面进行防护。路基完成后，当年不能铺筑路面时，按设计要求做封层，其厚度不小于200mm，横坡不小于2%。

五、黄土地区路基施工

黄土地区路基施工，应做好施工期排水，将水迅速引离路基。黄土路堤的边坡容易遭受雨水冲淘，防水措施极为重要，故成型后的路堤应及时拍紧、整平、刷顺，做好排水防护工程，防止受雨水的浸害。

（一）基底处理

若基底为非湿陷性黄土，且无地下水时，可按一般路基施工的规定进行基底处理。若地基为一般湿陷性黄土，应采取措施拦截、排除地表水。地下排水构造物与地面排水沟渠必须采取防渗措施，路侧严禁积水。若地基黄土具有强湿陷性或较高的压缩性，应按设计要求进行处理。提高土层的承载力，减少路堤下沉量。

（二）路基施工

1. 路堤填筑

路床填料不得使用老黄土，不得含有粒径大于100mm的块料。在填筑横跨沟堑的路基土方时，应做好纵横向界面的处理。黄土路堤边坡应拍实，并应及时予以防护，防止路表水冲刷。

浸水路堤不得用黄土填筑。黄土地区多半干旱少雨，水源困难。高岗土一般偏干，低于或稍低于最佳含水量，采用15t以上重型压实机具，控制层厚，可以获得满意的压实效果，低洼地和农业灌溉区含水量一般偏大，一级以上公路施工为争取时间，通常采用加入石灰的处理方法，十分有效，拌合一般采用稳定土拌合机，其压实厚度不宜大于200mm。

2. 路堑施工

黄土是一种特殊的土，遇水之后强度变化很大。高速公路、一级公路交通量大，平整度要求较高，为确保高速行车舒适，营运中路床不产生变形，故对上路床的土质提出了强度的规定。

路堑路床土质应符合设计要求，密实度不足时，应采取措施碾压至要求的压实度。路堑施工前,应做好堑顶地表排水导流工程。路堑施工期间,开挖作业面应保持干燥。路堑施工中,如边坡地质与设计不符,可提出修改边坡坡度。

3. 黄土陷穴处理

黄土经水的冲蚀形成的暗沟、暗洞、暗穴等统称陷穴,它的危害很大。黄土陷穴是由黄土的某些特性(垂直节理、多孔性、大孔性、含可溶盐等)所引起的一种物理地质现象。

路基范围内的陷穴,应在其发源地点对陷穴进口进行封填,并截排周围地表水。现有的陷穴、暗穴,可采用灌砂、灌浆、开挖回填、导洞和竖井等措施进行填充。陷穴表面的防渗处理层厚度不宜小于300mm,并将流向陷穴的附近地面水引离。挖方边坡顶以外50m范围内、路堤坡脚以外20m范围内的黄土陷穴宜进行处理。挖方边坡顶以外的陷穴,若倾向路基,应作适当处理。对串珠状陷穴应彻底进行处治。

六、盐渍土地区路基施工

盐渍土地区的路基主要病害是溶蚀、盐胀、冻胀及翻浆。在雨期,盐分被带走,形成雨洞、洞穴及塌陷;在冬期盐胀使路面出现不平、开裂变形、边坡松散及风化脱落。施工中要做好填料选择、路基压实及防护工作。

(一)材料要求

1. 路堤填料

需符合表3-5的规定。

盐渍土地区路堤填料的可用性　　表3-5

公路等级			高速公路、一级公路			二级公路			三、四级公路	
填土层位			0～0.80m	0.80～1.50m	1.50m以下	0～0.80m	0.80～1.50m	1.50m以下	0～0.80m	0.80～1.50m
土类	细粒土	弱盐渍土	×	○	○	□₁	○	○	○	○
		中盐渍土	×	×	○	□₁	○	○	□₃	○
		强盐渍土	×	×	□₁	×	□₂	□₃	×	□₁
		过盐渍土	×	×	×	×	×	□₂	×	□₂
	粗粒土	弱盐渍土	×	□₁	○	□₁	○	○	□₁	○
		中盐渍土	×	×	□₁	×	□₁	○	×	□₄
		强盐渍土	×	×	×	×	□₂	□₁	×	□₂
		过盐渍土	×	×	×	×	×	□₂	×	×

注:表中○表示可用;×表示不可用;□表示部分可用;□₁表示氯盐渍土及亚氯盐渍土;□₂表示强烈干旱地区的氯盐渍土及亚氯盐渍土经过论证可用;□₃表示粉土质(砂)、黏土质(砂)不可用;□₄表示水文地质条件差时的硫酸盐渍土及亚硫酸盐渍土不可用。

强烈干旱地区的盐渍土经过论证酌情选用。

2. 填料的含盐量及其均匀性

加强对填料含盐量及其均匀性的控制检测,路床以下每1000m³填料、路床部分每500m³填料应至少作一组测试,每组3个土样,填方不足上列数量时,亦应做一组试件。

3. 石膏土作填料

用石膏土作填料时，应先破坏其蜂窝状结构。

（二）基底处理

1. 表土处理

表土不符合表3-5的规定时，应挖除；路堤高度小于表3-6的规定时，除应将基底土挖除外，并应按设计要求换填透水性较好的土。

盐渍土地区路堤最小高度　　　　　　　　　表3-6

土质类别	高出地面（m）		高出地下水位或地表长期积水位（m）	
	弱、中盐渍土	强、过盐渍土	弱、中盐渍土	强、过盐渍土
砾类土	0.4	0.6	1.0	1.1
砂类土	0.6	1.0	1.3	1.4
黏性土	1.0	1.3	1.8	2.0
粉性土	1.3	1.5	2.1	2.3

注：1. 二级公路最小高度可为表中数值的1.2～1.5倍；
　　2. 一级公路、高速公路最小高度可为表中数值的2倍。

2. 含水量

含水量超过液限的原地基土，需按设计要求将基底以下1m全部换填为透水性材料；含水量界于液限和塑限之间时，按设计要求换填100～300mm厚的透水性材料；含水量在塑限以下时，可直接填筑黏性土。

3. 换填软土

按设计要求，用透水性好的粗粒土换填地下水位以下的软弱土体，高度宜高出地下水位300mm以上。

4. 设置隔断层

在内陆盆地干旱地区，路面为沥青混凝土、水泥混凝土或沥青表处时，应按设计要求在路堤下部设置封闭性隔断层。

5. 铲除表面盐渍土

地表为过盐渍土的细粒土、有盐结皮和松散土层时，应将其铲除，铲除的深度通过试验确定。地表过盐渍土层过厚时，如仅铲除一部分，则应设置封闭隔断层，隔断层宜设置在路床顶以下800mm处；若存在盐胀现象，隔断层应设在产生盐胀的深度以下。

（三）路基施工

1. 分层填筑、分层压实

盐渍土路堤应分层填筑、分层压实，每层松铺厚度不宜大于200mm，砂类土松铺厚度不宜大于300mm。碾压时要严格控制含水量，碾压含水量不宜大于最佳含水量1个百分点。雨天不得施工。

2. 施工顺序

盐渍土路堤的施工，应从基底处理开始，连续施工。在设置隔断层的地段，宜一次做到隔断层的顶部。

3. 施工季节

地下水位高的黏性盐渍土地区，宜在夏季施工；砂性盐渍土地区，宜在春季和夏初施工；强盐渍土地区，宜在表层含盐量较低的春季施工。

（四）排水设施施工

1. 水的危害

盐渍土地区水对盐土所造成的溶蚀是影响路基稳定的主要因素，雨水、融雪水的地面径流以及人为的排、灌水、流动水和积水携盐侵入路基，使路基土体聚积过量的含盐水分导致路基失稳破坏，因此施工中应及时合理地做好排水系统。

2. 排水设施施工

施工中及时合理设置排水设施，路基及其附近不得积水。取土坑底面高出地下水位至少150mm，底面向路堤外侧应有2%～3%排水横坡。在排水困难地段或取土坑有可能被水淹没时，在取土坑外采取适当处治措施。在地下水位较高地段，加深两侧边沟或排水沟，以降低路基下的地下水位。盐渍土地区的地下排水管与地面排水沟渠，必须采取防渗措施。盐渍土地区不宜采用渗沟。

七、风积沙及沙漠地区路基施工

施工作业应尽量避开风季。注意保护所有标志桩、点，防止被风刮倒或沙埋。应遵循边施工边防护的原则，土方施工、防护工程、防沙工程应配套完成。

地表清理时，不得随意破坏路线两侧植被和地表硬壳，注意保护沙漠环境。流动性沙漠地区，应采用高效并且具有一定防风沙性能的施工机械。路基的填、挖应完成一段，防护一段，确保路基的强度和稳定。

（一）取土和弃土

1. 取土坑

设在背风侧路堤坡脚处5m以外，必须两侧取土时，封闭或摊平取土坑。粗砂平地一般不宜取土。

2. 合理布置取土坑，保护自然环境

取土坑应布设合理，减少对植被和原地貌的大面积破坏，取料结束后应整平，恢复原有植被。

3. 弃土位置

应根据地形情况，弃于背风侧低洼处，并大致整平。

（二）路基施工

1. 填方路堤

当基底为非风积沙时，应按设计要求进行换填。风积沙填料应不含有机质、黏土块、杂草和其他有害物质。路堤填筑宜采用水平分层填筑方式，按照横断面全宽堆筑。

2. 挖方路基

挖方深度大于2m的路基两侧及半填半挖路段两侧路基宜加宽1～2m。流动沙漠路基边坡按设计坡度整平，并按设计要求进行固沙处理。

3. 土工布

土工布横向搭接宽度不小于300mm，纵向搭接长度不小于500mm，搭接部用有效方法连接土工布展铺好后，宜采用振动压路机静压一遍，增强沙基表层密度，然后方可铺筑垫层。

4. 压实标准

沙漠路基宜采用振动压实机械进行碾压。沙漠路基压实度可采用表3-7规定。

沙漠路基压实度标准 表3-7

填挖类型		路床顶面以下深度（m）	压实度（%）	
			高速公路、一级公路	其他等级公路
路 堤	上路床	0～0.30	≥95	≥93
	下路床	0.30～0.80	≥95	≥93
	上路堤	0.80～1.50	≥93	≥90
	下路堤	＞1.50	≥90	≥90
零填及挖方路基		0～0.30	≥95	≥93
		0.30～0.80	≥95	≥93

（三）防沙工程

1. 防沙工程施工原则

防沙工程本着"因地制宜、就地取材、因害设防、综合治理"的原则进行，要注意保护施工区域的天然植被，工程建设和防沙治沙应同步进行。

2. 覆盖地表

采用天然砂砾或黏土等覆盖地表面时，粒径应不大于63mm。

3. 植物防沙

严格按设计所要求的树苗（或灌木种类）和设计的种植间距尺寸及布置形式进行栽种。利用各种草类、截枝条全面铺压或带状铺草、平铺杂草固沙施工时，须用草绳或枝条纵横固结，或者用沙砾压盖，防止风毁。草方格应纵横成行、线条清晰。

4. 栅栏设置

先于固沙方格或同步施工，路基两侧应同时施工，无条件时，可先施工迎风侧。

第二节 冻土地区及冰雪地段路基施工

冻土（frozen soil）：温度低于0℃且含有冰晶的土。冻土地区包括季节性冻土地区和多年冻土地区。冰雪地段、涎流冰地段和雪害地段。

一、季节性冻土地区路基施工

季节性冻土（seasonal frozen soil）：冬季冻结春季融化的土层。自地表面至冻结层底面的厚度称冻结深度。路堤填筑高度小于冻土深度的路堤为全冻路堤。路基冻害除设计原因外，施工的问题也很多，如对路基抗冻设计意图不理解，对冻害的条件不掌握，对出现的冻害问题不研究、不处理等。因此，施工要遵循按设计要求，在开工前对冰冻条件及路基的抗冻情况进行调查、核对，合理选择施工方法，采取合理有效的抗冻措施。

冻胀路基施工过程中，应经常检查冻害状况，发现冻胀、软弹、变形、纵向横向裂缝及翻浆等病害时应及时处理。路基填挖交界过渡段基底，根据填、挖段不同的冻胀量进行处理，使挖方终点的冻胀量和填方段的冻胀量基本一致。

（一）填料要求

路床填料宜优先选择矿渣、炉渣、粉煤灰、砂、砂砾石及碎石等抗冻稳定性较好的材料。路基上、下路床是冻胀最严重的部位，实践证明，上述材料及粗粒土填筑的路基多年来很少有冻胀发生。

路床或上路堤采用粉土、黏土填筑时，可按设计要求使用石灰、水泥、土壤固化剂等单独或混合进行稳定处理，填料的改善或处理应根据路基抗冻胀性能要求，结合填料性质经试验确定。使用石灰、水泥及粉煤灰等稳定剂改善路基土是解决冻胀的有效方法，但是稳定材料掺量要适当，过多造成浪费，过少达不到改善目的，所以要通过试验确定。

冻土、非透水性过湿土不得直接填筑下路堤。确需使用时，需经过处理后方可填筑路基。

（二）路基施工

1. 路堤填筑

非全冻路堤在冻深范围内的填筑应注意下列各项：

（1）排水设施：全冻路堤施工前，应在路堤两侧先完成排水沟或边沟，应结合永久排水设计完成渗沟、渗井等地下排水设施。

（2）分层填筑：冻深范围内的填土严禁混杂，冻胀性质不同的土，应分层填筑；同一类土的填筑，总厚度不宜小于600mm；抗冻性强的土应填在高层位。

（3）控制含水量：同一层土的含水量应基本一致，允许偏差为2个百分点。

（4）排水横坡：施工期间每层土顶面应设置不小于2.5%的排水横坡。

2. 开挖路堑

冻胀土挖方段路基采用换填砂砾处理，仍然出现冻害问题，试验研究证明，冻害的主要原因是换填材料中，易冻胀的粉性、黏性颗粒含量过多，换填工艺不合理，换填深度不够，填料的压实度达不到要求，排水设施达不到排水的效果，这些都是导致路基冻胀病害多的原因。因此，施工中应注意这些问题。

（1）路床换填：路床地基土挖除、换填深度应符合设计要求。分层开挖，一般宜从外侧向内侧挖掘，最后一层应从内向外挖掘。使用粗颗粒填料换填时，填料应均匀，小于0.075mm的含量应不大于5%。

采用石灰、水泥对填料进行改性处理时，注意掺拌均匀，改性剂的剂量应符合设计要求或经试验确定。换填分层填筑，压实度达到规定要求。

（2）排水设施：施工前应完成截水沟，填筑拦水埝，填平坡顶的冲沟、水坑。施工中，采取措施阻止边界外的水流入路基中；保持排水沟通畅，将水迅速排出路基之外。填挖交界段设置过渡边沟。在路基开挖面接近设计标高时，及时施工地下排水构造物，尽快形成各式沟、管、井、涵等，组成完整、有效的排水系统，严禁路基完成后才进行地下排水构造物施工。

（3）防止超挖：石质挖方、零填路段不宜超挖。为防止出现冻裂、软弹或下沉现象，超挖或清除软层后的凸凹面，严禁用挖方料和未经稳定处理的混合料回填，岩面凸出部分应凿除，超挖的坑槽及岩石凹面可用贫水泥混凝土浇筑，混凝土最小厚度应大于80mm。

二、多年冻土地区路基施工

多年冻土（permafrost）是指持续三年或三年以上的冻结不融的土层。其表层冬冻夏融，称季节融化层。多年冻土层顶面距地表的深度，称冻土上限，是多年冻土地区道路设计的重要数据。

(一)施工原则

1. 一般规定

(1) 三种施工措施：根据多年冻土地区冻土的具体条件，分别采取保持冻结、容许融化或者保护冻层的措施。

(2) 路基排水：因为流水温度是大于0℃的，可使冻土融化，路基排水应满足保持路基及周围冻土处于冻结状态的要求。

(3) 路基填土高度：要达到防止翻浆与不超过路基允许冻胀值所要求的最小填土高度。

(4) 控制材料性质：严格控制填料的含水量、材质和压实度，用黏性材料时要控制材料是否呈融化状态。

2. 精心施工

严格做好路基的侧向保护、基底处理、填料选择和路基压实，可降低融化下沉系数或冻胀系数。

3. 路基形式

尽量采用路堤形式，尽可能避免零填或浅挖断面，这样路堤的基底能处于常年冻结状态，保证了路堤基底的冻土强度和稳定性。

4. 制定施工方案：施工前核查沿线冻土情况、地面水、地下水以及有无其他的热融（湖、塘）、冰丘、冰锥等不良地质情况，结合设计要求制定施工方案。

(二)路堤填筑

1. 保持冻土

施工过程中，采取措施保持路基及周围冻土处于冻结状态，防止冻土的抗压强度降低，使路基施工后仍处于热学稳定状态。可根据设计要求和实际情况对基底应采取换填、设置毛细水隔断层等措施。

2. 取土

宜设置集中取土场，取土位置宜在路堤坡脚500m以外。斜坡地表上的路堤，取土坑设在上坡一侧。取土坑深度不得超过当地多年冻土上限以上土层厚度的80%，在坑底设纵横坡和排水口，并对取土坑的外露面进行处理。

3. 填料

选用保温、隔水性能均较好的填料，严禁使用塑性指数大于12、液限大于32%的细粒土和富含腐殖质的土及冻土。高含冰的土不宜用于路基填料。采用黏性土或透水性不良土填筑路堤时，应控制土的含水量，碾压时含水量控制在最佳含水量±2个百分点范围内。通过热融湖（塘）的路堤，水下部分必须用透水性良好的填料填筑，填筑高度应高于最高水位0.5m以上。

4. 路堤填筑

靠近基底部位有饱冰冻土层且有可能融化时，宜设保温护道和护脚。根据设计要求采用土工格栅等技术措施，增加路基整体性和强度。路基分层填筑、分层碾压，压实度应符合表2-1的规定。

(三)路堑开挖

地下水发育地段，路基边沟应有防渗措施。挡水堰等构造物施工应按设计要求采取加固措施。加固土质边坡的铺砌厚度应满足设计和保温要求。饱冰冻土、含土冰层地段路堑,可根据设计要求换填足够厚度的水稳性好的填料。施工应速度快,保温措施有效。

(四) 其他不良地质地段

冰锥、冰丘地段路基施工,应按设计要求做好排水。松软基底两侧宜设反压护道。沼泽冻土地段路堤下部应按设计做好隔离层或隔温层,并保护好两侧地表植被。冻胀丘较重地段,应在上游主流处按设计要求做好地下渗沟,将水引到一定距离外的地面积冰场。

三、涎流冰地段路基施工

涎流冰可分为山坡涎流冰与河谷涎流冰,主要分布在寒冷地区和高塞山区。河谷涎流冰则是沿沟谷漫流的泉水和冰雪融水冻结形成。涎流冰应重点调查各种水源在寒冷季节形成的冰流量和流动范围。它发育蔓延阶段,可能形成冰坎、冰槽甚至堵塞桥涵,形成地面冰体漫淤路面。融化阶段时能渗浸路基路面,降低强度,导致翻浆;融雪洪流通过受阻时易引起路基水毁。治理的措施可以归结为采用人工调治构造物、明疏、暗排、堵截、封闭、蓄汇等方法。

(一) 路基施工

1. 施工方案

施工前,应对当地地形、地质、气象,涎流冰的水源、类型及规模、危害情况,当地防治经验等进行调查核对,确定合理的处置措施及施工方案。施工中注意吸取当地防治经验,有助于采取有效的防治措施,避免涎流冰的危害。

在一般寒冷和严寒地区,常采用集水渗井、渗池、排水暗管和渗沟等防治措施,集水井适用于设在较集中的山坡地下水露头处,渗池适用于汇集较分散的山坡地下水,排水部分在产砂石地区可用渗沟,在不产砂石地区可用暗管;出水口必要时可设置保温和加固措施,保温材料可因地制宜采用树枝、秫秸、炉渣、泥炭、青苔等或土工织物、聚氯乙烯等新型建材,加固措施如边坡可用浆砌片石。

2. 尽量保护自然排水系统,因势利导修建排水设施

施工中尽量减少对原有自然排水系统的影响。在修建排、挡、截等结构物时,不得随意挖掘取土,并注意保留(护)原自然形成的疏水系统。

对于距公路一定范围内山坡上的泉水形成的涎流冰,由于泉水常年不断,形成涎流冰的量也就较大,一般用截、导、渗的方法治理。先要确定水的发源地,找出"泉眼"位置,如果是单个泉眼,可做保温盲沟,排至路基的下方;如果是多个泉眼,须依地形将所有泉眼的水用截水沟或保温渗沟将水汇集到一个较大的渗池内,然后用保温盲沟或排水管排到路基的下方。

3. 路基施工

路基施工除满足一般路基施工的要求以外,还应注意以下各点:

(1) 在冰冻或高寒的涎流冰地区,路基宜选用水稳性良好的砂砾石土作为填料。

(2) 采用浆砌片(块)石砌筑的挡冰墙,砌筑砂浆必须密实、饱满,达到设计强度前不得浸水遭受冻胀破坏。干砌时,应使用大块石砌筑。挡冰墙外的聚冰坑按设计要求进行施工。土质地段的聚冰坑,按设计要求砌筑,并做好防渗施工。

(3) 在施工过程中,要对涎流冰进行监控。

(二) 地下排水设施施工

按设计要求在冻结深度以下，并在不低于路面以下 2m 处做好地下排水设施的隔水层或反滤层。在地下排水结构开挖过程中，采用有利于排水的方法分层进行，随时排出地下渗水和流水。上口通过封闭式渗池与含水层衔接，下口于路基下侧边坡坡面以外排出，出水口应有保温措施。地下排水设施要在路基完工前完成。

四、雪害地段路基施工

（一）施工原则

1. 审核图纸、现场调查

充分理解和掌握防雪工程的设计意图，进行详细现场勘察，核查公路沿线雪害的类型、范围、规模、分布位置等。

2. 保护环境、科学施工

本着不破坏自然景观及生态环境的原则，采用科学的施工工艺，尽量减少在施工过程中造成额外的公路雪害。及时清理现场，严禁随意破坏地表植被。雪崩地段施工应制定安全预案。

3. 查明地质，加强排水

在修筑高路堤、开挖储雪场及整修山坡的施工中，应及时查明工程地质及水文地质变化情况，并据此采取相应措施。路基排水应充分考虑春季融雪水的渗透作用，根据当地稳定积雪深度及融雪水的情况，采取措施保证路基的稳定及构造物的抗冻融性。路基的纵横向排水、防水系统要完善，保证融雪水顺畅排出。

4. 优选材料、防护边坡

积雪地段路基及构造物应采用水稳性和抗冻融性较好的材料，对填料的性能指标及其均匀性应加强施工控制检测，保证雪害地段路基及防雪工程的稳定性。适时进行坡面防护施工，防止温度变化、春融雪水作用破坏边坡坡面。

（二）雪崩地段路基施工

1. 监测

配备专门的观测仪器和人员进行监测，及时预报警示山体塌方、碎石跌落、降雨降雪天气、大量地下水涌出等可能造成的山体变化情况，及时监测施工机械运转震动造成的坍塌、碎落及山体滑坡。制定安全预案，避免施工安全事故。

2. 施工顺序

在同一个雪崩区，防雪工程应从雪崩源头开始施工，上一个单项工程完成后方可开始相邻的下一个单项工程施工。其他类似工程亦应按此要求依次施工。

3. 挖方施工

沿等高线开挖水平台阶，按从上到下的顺序开挖台阶，废方堆于台阶下方。修筑钢筋混凝土或浆砌圬工防雪走廊时，原地基及回填土压实度应不小于 95％。应注意结构物的防水、排水及冻融要求，墙后填土应与山坡相顺接。

4. 稳雪栅栏

可沿等高线设置，且宜设置多排。最高一排栅栏应尽可能在雪崩裂点附近及雪檐下方，应保证基础的稳定性及锚固钢筋的锚固要求，回填土压实度应不小于 95％，栅栏与坡面的交角应严格按设计要求施工。防雪林的布设应从雪崩源头开始到雪崩运动区，从上到下分期种植适合当地环境的速生树种。

（三）风吹雪地段路基施工

1. 整平地表

清除路基两侧距边坡坡脚不小于30m范围内的废方及障碍物，并对地表进行整平，否则，应设置防雪设施。

2. 取土坑

根据当地主风向、风速等情况选择取土坑的位置。在单一风向的路段，取土坑宜设在路堤背风侧，与路堤边坡坡脚最小距离50m。在有两向交替风作用的路段，宜集中设置取土坑，与路堤边坡坡脚最小距离100m，施工完成后将其边坡修成缓坡，使其平行于主风向的断面平顺通畅。根据需要，填方路堤的取土坑也可用作储雪场。

3. 弃土位置

风吹雪路段路基弃方位置，应位于背风坡一侧、大于100m的低地或距路堑坡顶的距离不小于100m，并将其整理平顺。

4. 超挖处理

石方路堑（包括积雪平台）超挖处理应符合以下规定：

（1）严禁使用劣质开山料或覆盖土回填；

（2）选用水稳性和抗冻融性好的材料回填超挖部分，压实度符合表2-2的规定；

（3）超挖部分不规则或超挖深度超过80mm时，用混凝土填补找平；

（4）边坡、积雪平台按以上要求施工整理，并设置向路基坡脚外侧倾斜的2%的坡度，将积雪平台内进行硬化处理。

5. 路基压实与边坡施工

土质路堑或遇水崩解软化的风化泥质页岩类路堑的路床（包括积雪平台）压实度应符合表2-2的规定，积雪平台应设向外倾斜的2%的坡度，路基边坡应严格按防雪设计要求施工，将废方或障碍物清理到设计指定的位置。挖方路基边坡一般不陡于1∶4。当外侧剩余台地工程量不大时，宜全部挖除。

第三节 不稳定土地区路基施工

不稳定土地区包括滑坡地段、崩塌与岩堆地段、泥石流地区、岩溶地区和采空地区。不稳定地段路基施工，主要是对不稳定土进行整治，确保路基稳定。

一、滑坡地段路基施工

（一）滑坡的形式

滑坡可分成浅层流动性滑坡、小规模的圆形滑动、大规模的圆形滑动和岩石滑坡几种形式：

1. 浅层流动性滑坡

属堆积层滑坡，堆积层在地面水或地下水的影响下，或坡脚被切割（人工开挖或河流冲刷等）而形成滑坡。滑坡体一般多沿下伏的基岩顶面、不同地质年代或不同成因的堆积物的接触面、或堆积层本身的松散层面滑动。滑坡体厚度一般从几米到几十米。

2. 小规模的圆形滑动

发生在均质或非均质黏土层中的滑坡，滑动面呈现圆弧形，一般滑坡厚度小于10m，

滑坡体规模小于 $1000m^3$。

3. 大规模的圆形滑动

多发生在均质或非均质的黏土层中，滑动面呈圆形，滑坡体厚度从中层（$10\sim20m$）到深层（$20m$ 以上），滑坡规模从中型（$10000\sim100000m^3$）到大型（$100000\sim1000000m^3$ 以上）。

4. 岩石滑坡

发生在各种基岩岩层中的滑坡，它多沿岩层层面或其构造软弱面滑动。

（二）滑坡整治

1. 制定合理施工方案

滑坡治理应结合滑坡发生的实际情况，采用有关的施工措施，从而有效治理滑坡。根据工程的目的是直接抵抗滑坡推力还是通过消除滑坡诱发因素的间接效果，可将滑坡治理工程技术措施分为减滑工程和抗滑工程。

2. 施工季节

滑坡整治宜在旱季施工。需要在冬期施工时，应了解当地气候、水文情况，严格按照冬期施工的有关规定实施。

3. 封闭裂隙，设置截水沟

滑坡整治，应及时采取技术措施封闭滑坡体上的裂隙，应在滑坡边缘一定距离外的稳定地层上，按设计要求并结合实际情况修筑一条或数条环形截水沟，截水沟应有防渗措施。

4. 保护生态

滑坡整治完成后，应及时恢复植被。

5. 削坡减载

这种方法简单易行，在滑坡整治中使用比较广泛，效果也好。但减重后应验算滑面从残存滑体薄弱部分剪出的可能性。不合理的削坡有时反而会进一步降低滑坡的稳定性。采用削坡减载方案整治滑坡时，减载应自上而下进行，严禁超挖或乱挖，严禁爆破减载。

6. 加填压脚

采用这种方案整治滑坡时，只能在抗滑段加重反压，并且做好地下排水，不得因为加填压脚土而堵塞原有地下水出口。

（三）路基施工

1. 施工安全

滑坡地段施工前，应制定应对滑坡或边坡危害的安全预案，施工过程中应进行监测。

2. 保护其他设施及河流

路基施工应注意对滑坡区内其他工程和设施的保护。在滑坡区内有河流时，应尽量避免因滑坡工程的施工使河流改道或压缩河道。

3. 加强排水及检查巡视

施工时应采取措施截断流向滑坡体的地表水、地下水及临时用水。降雨前后及降雨过程中，应加强对施工现场的检查巡视。

4. 防止滑坡

在滑坡体得到处理之前，严禁在其上面增加荷载，严禁在滑坡前缘减载。

（四）抗滑支挡工程施工

1. 抗滑支挡结构的形式

主要有抗滑片石垛、抗滑挡墙、抗滑桩、抗剪键、锚杆、锚索等。对于风化物及堆积物等黏性土滑坡的整治，用抗滑支挡来稳定滑坡，尤其是采用抗滑桩这类耗资较大的支挡结构时，其可行性和经济性都必须慎重研究。

2. 施工方案与工序

采用不同类型抗滑支挡结构整治措施时，应有合理的施工方法和施工程序。在上一道工序达到设计要求之前，不得进行下一道工序。

3. 核查实际地质情况

首件工程施工中，应核查实际地质情况并进行地质编录。

4. 排水设施施工

当墙后有支撑渗沟及排水工程时，应先期施工。不论是采用减滑工程还是抗滑工程，都必须做好地下水和地表水的处理。目前的治水措施主要采用截、排、护和填的方法。

5. 抗滑支挡结构物的尺寸和位置

符合设计要求完成施工，严禁擅自减小结构尺寸、减短抗滑桩桩长、减短锚索长度等。施工中遇到异常地质情况时，应会同有关单位进行处理。

6. 施工技术要求

用抗滑支挡结构来稳定滑坡时，各种支挡结构物的基础必须置于滑动面以下，并嵌入稳定地层，满足设计要求的深度。抗滑桩、抗滑挡墙等重要开挖工程，除设计特许外，务必采用跳槽开挖的施工工艺。根据情况可跳一槽或者两槽进行施工，严禁全断面开挖。并应加强支撑，随挖随砌，及时回填。

二、崩塌与岩堆地段路基施工

（一）路基施工

崩塌与岩堆地段路基施工中，必须采取有效措施，预防岩石塌落，确保安全。施工中必须按设计要求做好截、排水、防渗设施，处理好岩堆地段的渗入水及地下水。岩堆地区路基施工，不宜扰动岩堆体、破坏原有的边坡。填筑路堤时，不宜使用振动碾压设备。对单个危岩，根据地形和岩层情况采用相应的处理措施。地面坡度陡于1：1.5时，对较大孤石进行处理。在岩堆上进行路堤施工，要清除表层堆积物并挖台阶。

（二）岩堆治理

在较大而稳定性较好的岩堆上修筑路基，应按设计要求采取治理岩堆的措施。岩堆中松散岩块一般占70%以上，稳定性不好，因此，路基通过岩堆地区主要是使岩堆保持稳定。可注入水泥砂浆、修建护面墙、挡土墙等措施稳定岩堆。对较大而稳定性较差的岩堆，应按设计要求采用综合治理措施，可先修筑下挡墙，再分阶梯形成边坡或修筑护面墙，然后在岩堆体内分段注入水泥砂浆等。同时，在处理岩堆时，做好地表水及地下水的处理工作。

三、泥石流地区路基施工

按泥石流发生的激发因素一般分为雨洪泥石流、冰川泥石流和冰川－雨洪泥石流。

（一）路基施工

1. 确定适宜的施工方案

施工前，结合设计文件，详细调查泥石流的成因、规模、特征、活动规律、危害程度等相关情况，核实泥石流形成区、流动区和堆积区，确定适宜的施工方案。

2. 监测

泥石流地区路基施工，应设置专职巡查人员，监测泥石流动态，遇有异常情况应及时处理，确保施工安全。

3. 防护

采用桥梁形式跨越泥石流地段时，设计要求采取防护加固措施。

（二）泥石流整治

1. 整治方案

泥石流的防治工程通常用于泥石流规模较大、爆发不很频繁、松散固体物质和水动力条件相对集中的地区。针对不同类型的泥石流，其防治工程的主体也不同，相应工程措施的方案也应有所侧重，一般分为以下三类：

（1）治水为主的方案：利用蓄水、引水和截水等工程措施控制地表洪水径流，削减水动力条件，使水土分离。

（2）治土为主的方案：利用拦挡、支护工程，拦蓄泥石流固体物质，稳定沟岸，防止崩塌或滑坡以提供形成泥石流的固体源。

（3）排导为主的方案：利用排洪道、渡槽等排泄建筑物将泥石流排走，或修建导流堤、分流堤、护岸、丁坝等调治建筑物，使泥石流沿一定方向和路线通过。

2. 排导构造物

采用排泄道、排导沟、明洞、涵洞、渡槽等排导功能为主的结构进行泥石流处治时，排导构造物基础应牢固，强度、断面与高度应符合设计要求。平面线形应圆滑、渐变，上下游应有足够长的衔接段，行进段沟槽不宜过分压缩，出口不宜突然放宽。流向改变处的转折角不宜超过15°，避免因急弯突然收缩和扩大而造成淤塞。行进段和出口段的纵坡应满足设计要求或大于沟槽的淤积平衡坡度。

3. 永久性调治构造物

采用浆砌片（块）石时，选用质地坚硬、不易风化的片（块）石，将基础置于设计要求的深度，强度符合设计要求。

4. 植被治理

利用植被治理泥石流时，选择生长期短、见效快、根须发达、适宜本地区生长的植物品种。

四、岩溶地区路基施工

（一）路基施工

1. 核查地质情况

施工前，结合设计，详细核查岩溶分布、地形、地表水、地下水活动规律及设计处治方案的可行性和完整性，严禁随意堵塞溶洞。

2. 基底处理

对路基基底范围内的石笋、石牙进行处理。流水量大的暗洞及消水洞，用桥涵跨越时，应确保基础稳定。

3. 加强排水

溶洞中经常有水通过，不论溶洞在什么位置，必须将水流排出路基。处理时，应做到溶洞内流出或渗出的水不能影响路基的稳定，也不能使流出的溶洞水浸洞或浸泡路基，造成路基变软强度下降。治理岩溶水的有效方法就是把流出的水用暗沟（或渗沟）排出路基，保证路基在最小填筑高度范围内不受水的影响。

（二）干溶洞的处理

在路基边坡上的干溶洞，应清除洞内沉积物并用干砌或浆砌片石堵塞。路基基底下的干溶洞，可结合设计要求，铲除溶洞石笋，整平基底，直接用砂砾石、碎石、干（浆）砌片石等回填密实。当溶洞顶板太薄或者顶板较破碎，按设计要求进行加固时，应严格控制加固质量，确保强度。当溶洞顶板较完整、厚度较大时，应根据设计要求，确定处理方案。采用桥涵跨越通过时，桥涵基础必须置于有足够承载能力的稳定地基上。

（三）溶泉或壅水的处理

路基上方的溶泉或壅水，应按设计先做好排水涵（管）。路基基底下有溶泉或壅水，应采取排导措施保证路基不受浸害；当修建水泥混凝土、沥青路面等路面时，按设计要求采取措施防止因温差作用而使水汽上升，聚集在路面基层下。

五、采空地区路基施工

采空地区指地下开采矿物、挖掘等造成地下空洞的地区。

（一）路基施工

施工前，结合设计详查路幅内采空区类型（平洞、竖井或斜井）、水文地质、地下水高度和顶板地层厚度，复核设计方案的可行性，编制施工组织设计，完善处治措施。

如果路基基底采空区有地下水渗出，不能采取堵塞水流出的方法，而是设法将水排走远离路基。采空区内流出或渗出的水不能影响路基的稳定，也不能使路基受到水的浸润和浸泡，以免使路基变软，强度下降。因此最有效的办法就是把流出的水用暗沟（或渗沟）排出路基，保证路基在最小填筑高度范围内不受水的影响。路基边沟及排水沟底部，应采取措施防止地表水渗漏到采空区内。

（二）采空区处治

采空区路基基底采用砂砾石、碎石、干（浆）砌片石等回填时，填料质量和填筑压实度应符合设计要求，片石强度满足设计要求。开挖回填处治采空区，应按设计要求的处理长度、宽度、深度进行处理。采空区采用充填注浆处理时，处理后地基应满足设计对沉降稳定的要求。

第四节　水泽区路基施工

水泽区包括沿河地区、沿溪地区、水库地区及滨海地区。

一、沿河、沿溪地区路基施工

（一）路基施工

沿河沿溪地区路基施工应根据设计要求和现场情况，合理选择施工方法。路基弃方应妥善处理，严禁向河中倾弃。

沿河、沿溪地区的高填方、半挖半填、拓宽路段的新老交界面应按设计要求采取措施保证路基稳定，峡谷地段宜采用石质填料。受水位涨落影响及常水位以下路堤，宜用水稳性好、不易风化的透水性材料填筑，粒径不宜大于300mm。

（二）路基排水

沿河、沿溪地区发生的病害主要是水毁破坏，其主要表现形式就是路基的侧蚀坍塌，由于河溪中洪水对公路侧坡脚的冲刷、淘蚀而导致路基坍塌。主要原因是沿河沿溪段公路边坡未设置防护工程或防护工程设置不当。因此，沿河沿溪路段边坡防护工程的设计施工都是非常重要的。

路基边坡有潜水或渗水层时，应参照第四章第五节有关规定按设计要求设置排水设施，将水引出路基范围之外。

二、水库地区路基施工

（一）填料要求

路堤填料宜选择透水性较好的材料。边坡防护材料及库区浸水路堤填料应采用强度较高，不易风化的硬质石料。在冰冻地区的护坡采用片石防护时，应选择抗冻性好的石料。在水库上游地段，护坡基础埋深应符合设计要求。

（二）路堤施工

库区路基施工，应采取措施减少对水库水体及周围环境的污染。根据设计线位与库岸的位置关系，合理选择施工方法。沿水库边缘修筑的路基，或路基离岸10m以内时，应按设计要求预先对库岸进行防护。

对于库区浸水路堤施工，路堤外侧边坡的码砌厚度应满足设计要求，码砌石块粒径宜大于300mm，错缝台阶式砌筑，块体紧贴边坡、块体接触面向内倾斜，路堤边坡符合设计要求。路基较高且浸水较深的路段，可在靠水库库心一侧的迎水坡面护脚上设置片石石垛，石块尺寸应不小于码砌厚度。

三、滨海地区路基施工

滨海地区路基施工应根据设计要求和现场水文地质情况，合理选择施工方法。特别要注意潮位、海浪、海流等情况，并采用水稳性较好的材料填筑路堤。

（一）斜坡式路堤施工

在滨海路堤的建造中，斜坡式路堤是一种经常被采用的结构形式。斜坡式路堤的特点是：结构简单、施工方便、具有较高的整体稳定性。斜坡式路堤和波浪相互作用的特点为波浪在坡面上爬升，然后破碎，其能量被吸收或消散。

斜坡式路堤施工要采取措施保证路堤填料不被海流冲移、浸蚀。护坡采用条石、块石或混凝土人工块体、土工合成材料时，所采用的材料质量必须满足相关要求，坡面平整，块体接触面向内倾斜，紧贴坡面。胸墙应在路堤的沉降基本完成以后再修筑。

（二）直墙式路堤施工

直墙式路堤也是滨海路堤常见的一种结构形式。其优点在于其内侧可以兼作码头，并在水深较大时，比斜坡式路堤节省建筑材料。它的缺点是消除波能的效果差。

直墙式路堤应采用石块填筑，石块的大小应以石块能够沉达到位，且能确保路堤安全稳定为原则。采用抛石方法可形成明基床或暗基床。明基床是指在水底原地面上直接抛块石，经整平后作为重力式码头或防波堤等的地基传力层。暗基床是指在水底原地面以下挖槽后抛填块石，经整平后作为重力式码头或防波堤等的地基传力层。基床应满足设计要求。

复 习 思 考 题

1. 用湿黏土、红黏土和中、弱膨胀土填筑路堤有哪些限制和要求?
2. 软土地区路基施工观测包括哪些内容?
3. 黄土地区路基施工有哪些注意事项?
4. 盐渍土地区路基施工如何进行基底处理?
5. 风积沙及沙漠地区路基施工的要点是什么?
6. 季节性冻土地区路基施工对填料有哪些要求?
7. 多年冻土地区路基施工的原则是什么?
8. 涎流冰及雪害地段如何进行路基施工?
9. 如何整治滑坡,抗滑支挡工程施工有哪些要点?
10. 如何整治泥石流?
11. 滨海地区路基施工有哪几种方式?

第四章　路基防护工程施工

本章内容包括软土地基加固、边坡防护及排水系统施工技术。现场调查结果表明，路基防护出现问题较多的主要原因有两方面，一方面是防护构造物没有置于稳定的基础和坡体上，另一方面是对水的破坏作用防范不利。故施工中应对防护基础及水的作用高度重视，必须将防护设施置于稳定的基础和坡体上，处治好防排水系统，减少病害和经济损失。

施工过程中，由于某些土质、软质岩石及不良地层易受雨雪浸泡和冰冻胀融等影响，造成路基软化、边坡塌陷或大面积滑坡，需要花费较多的时间和较大的投入进行整治，所以应采取有效的防护与加固措施，确保护坡的工程质量。

路基防护工程宜与路基挖填方工程紧密、合理衔接，开挖一级防护一级，并及时进行养护。各类防护和加固工程应置于稳定的基础或坡体上。根据开挖坡面地质水文情况逐段核实路基防护设计方案，尽量采用边坡自然稳定下的植物防护或不设防护。

第一节　软土地基加固

地理环境不同，土质的强度、压缩性和透水性等性能有很大差异。公路工程沿线遇到诸如淤泥、淤泥质土等软土地基的情况是屡见不鲜的。在软土上修建路基，通常对地基进行加固处理，以提高地基承载力，避免地基在施工后发生沉降。

近年来，国内外地基处理技术迅速发展，处理方法越来越多，已有的方法不断改进，新的方法陆续涌现。在公路工程方面经过多年来的优选和实践，除在一些试验工程还选用一些新的方法外，较多的工程则选用常规的、传统的方法，即置换、固结排水和振动挤密等方法。这些方法的特点是技术可靠、经济适用、施工容易、效果显著且不受时空限制，值得推广应用。这里介绍对一般软土地基处理的常见方法。

实际施工过程中，应针对不同地基土的特点，根据不同处理方法的加固机理，合理地选择地基加固方法。本着因地制宜，就地取材的原则，选用软土地基处治材料和方案。

一、换填法

换填法是以优质土置换软土，确保填土稳定和减少沉降量。有开挖换填、强制换填和抛石挤淤三种方法。其施工都比较容易，多数情况下能在短时间内达到所要求的目的。从可靠性来说人工挖掘置换法较优。

（一）开挖换填

1. 加固方法

直接将地基表层的淤泥、软土挖掉，换填以碎石、砂砾等优质材料，从而彻底消除隐患。该方法工艺简单，适用于地基软土层较薄的情况。

2. 施工要点

(1) 边坡稳定性：根据软土层厚度及工期要求等，可选择全部开挖和部分开挖换填。前者是挖除全部需要处理的软土，而后者则仅挖除表层最软土。开挖过程中要采取有效措施，确保边坡稳定性。

(2) 材料要求及回填方法：回填选用水稳性或透水性好的材料，并分层填筑压实。

（二）强制换填

1. 加固方法

利用路堤荷载将软土强制挤出，或把炸药装入软土层，通过爆破作用将软土挤出，再置换良好的填筑材料，达到加固地基的目的。前者称为路堤荷载强制换填法，后者称为爆破换填法。爆破换填法换填深度大，功效较高，但对周围环境及建筑物有较大影响，适用于淤泥层较厚，工期较紧的情况。

2. 施工要点

(1) 填筑顺序：采用路堤强制换填法时，应从路堤中线起逐渐向外侧填筑，尽量避免在路堤下面残留软土而产生不均匀沉降。

(2) 安全施工：采用爆破换填法时，应确保不对周围环境及建筑物构成破坏。

(3) 防止回淤：根据爆破与填土的先后顺序，爆破换填法可分为先填后爆法和先爆后填法。先填后爆法先在原地面上填筑低于极限高度的路堤，再于基底下面爆破。该方法随爆随填，避免了回淤，但要控制好炸药，使之既能炸开淤泥或软土，又不至于扬弃已填的路堤。通常，可通过多次爆破使路堤逐渐下沉，及时清除两侧挤出隆起的软土，保证爆破效果。先爆后填法先将软土炸开，再填筑路堤。该方法要做到爆后即填，防止回淤。

（三）抛石挤淤

1. 加固方法

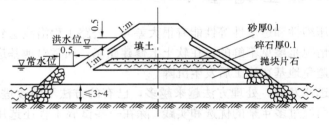

图 4-1 抛石挤淤断面图（尺寸单位：m）

在路堤底部抛投一定数量的片石，将淤泥挤出路基范围，从而提高地基的强度，如图 4-1 所示。该方法工艺简单、施工速度快，一般适用于泥沼及软土厚度小于 3.0m，且其软土层位于水下，更换土壤施工困难或基底直接落在含水量极高的淤泥上，稠度远超过液限，呈流动状态的情况。通常认为，抛石是经济、适用的。当淤泥较厚、较稠时选用本法须慎重。

2. 施工要点

(1) 材料要求：抛石料一般以不易风化的片石为宜，片石厚度或直径通常不小于 30cm。

(2) 抛石顺序：软土地层平坦、成流动状态时，填筑应沿路基中线向前呈三角形方式抛投片石，再渐次向两侧全宽范围扩展。当软土层横坡陡于 1∶10 时，应自高侧向低侧填筑，并在低侧坡脚外一定宽度内同时抛填形成片石平台。

(3) 表面要平整密实：片石抛填高出软土层后，用较小石块填塞垫平，并碾压密实。

(4) 铺设土工织物：为了防止排淤中土基的破坏使路堤的整体性受到过大的影响，抛石挤淤后，可在路堤底、地表上铺设网状土工织物。为达到排水及隔离的作用，网状材料或土工布应铺在砂或砂垫层下。

二、表层处治法

表层处治法用于地表面极软弱的情况。该法是通过排水、敷设或增添材料等办法,提高地表强度,防止地基局部剪切变形,保证施工机械作业,同时尽可能把填土荷载均匀地分布于地基上。属于这类处理方法的有:表层排水、砂垫层、土工聚合物、稳定剂处治等方法。

(一)表层排水

1. 加固方法

填筑路堤之前,在地表面开挖沟槽,排除地表水,同时降低地基表层土的含水率,以保障施工机械通行。用透水性良好的沙砾或碎石回填开挖的沟槽,以使开挖出的沟槽在施工中达到盲沟的效果。这种方法适合于土质较好但因含水量过大而导致的软土地基。

2. 施工要点

(1)水沟布置:要全面考虑地形与土质情况,保证排水畅通,防止地表水、渗透水浸入填土。

(2)沟槽间距:可适当加密,以增大排水能力,即使有部分沟槽被切断也不会妨碍整体排水。

(3)沟槽尺寸:一般取宽 0.5m,深 0.5~1.0m。填土之前在沟槽内用透水良好的砂(砂砾)回填成为盲沟。纵向盲沟一般沿道路纵向开挖,横向盲沟一般间距 10m~15m 布置。沟槽内埋设多孔排水管时,必须用优质反滤层加以保护。

(二)砂垫层

1. 加固方法与原理

砂垫层法是在软土地基上铺设厚 0.5~1.2m 的砂层,如图 4-2 所示。砂垫层为软土地基中水分的排出提供了一个水平的上部排水层,对泥沼地基起到

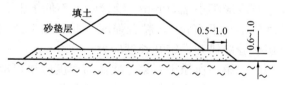

图 4-2 砂垫层断面图(尺寸单位:m)

了排水固结的作用。在进行填土及地基处理施工时,为施工机械提供良好的通行条件。同时,砂垫层又成为路堤填土的底部排水层,以降低填土内的水位。软土层较薄时,砂垫层可单独设置;软土层较厚时,则与其他措施联合使用以达到较好的排水固结效果。砂垫层法施工简单、不需要特殊机械设备,占地较少,适用于软土层不是很厚、路堤高度小于 2 倍极限填土高度的情况。软土地基加固的多种方法均与砂垫层法联合使用。

2. 施工要点

(1)材料要求:垫层材料一般以中、粗砂和含泥量少于 5% 为宜,也可采用粒径小于 50mm 且有足够强度的天然级配砂砾料,以保证有效的排水效果和机械通行能力。

(2)分层摊铺压实:摊铺作业一般采用自卸汽车与推土机联合操作,要尽量做到均匀一致。砂砾层铺设,应在控制最佳含水量(约 8%~12%)状态下,采用振动碾压方法碾压密实。摊铺厚度为 250~350mm,压实机具宜采用自重 60~100kN 的压路机。

(3)垫层厚度要适宜:为了保证处治效果,应适当地增加厚度。但厚度过大,施工困难且不经济,应根据具体情况考虑与其他方法并用。砂垫层宽度比路基底略宽 0.5~1.0m,两侧应采用适当防护措施。

(4)端部要妥善处理:用透水性差的粉土作填料时,其坡脚附近的砂垫层一旦被土覆

盖，就有可能妨碍侧向排水，因此，对砂垫层的端部要妥善处理。

（三）土工聚合物

1. 加固方法与原理

土工聚合物，亦称土工合成材料，主要有化纤无纺布、土工布、土工格栅等。土工聚合物法是将此类材料铺设于软基表面，在土中起到反滤、排水、隔离和补强的作用。当地基土层不均匀，可能发生局部不均匀沉降和侧向变位时，可利用所敷垫材料的抗剪和抗拉力，来增强施工机械的通行，均匀地支承填土荷载、减少地基局部沉降和侧向变位，以提高地基的支承能力，从而有效地解决软土地基加固问题。该方法可单独使用，也可以联合使用。

2. 施工要点

（1）摊铺要求：下承层应平整，摊铺时应拉直、平顺，紧贴下承层，不得扭曲、折皱。在斜坡上摊铺时，应保持一定松紧度。

（2）选用合适的敷垫材料：注意地基表层强度，施工机械重量，以及填土荷载大小和宽度等，据以选用合适的敷垫材料。施工机械通过区域，使局部地段产生较大的拉压力，应特别补强。

（3）边缘处理：铺设土工聚合物，四周应超过填土边缘，端部卷入填土内，上面用填土压紧。

（4）土工合成材料的连接：采用搭接时，搭接长度宜为300～600mm；采用缝接时，缝接宽度应不小于50mm，缝接强度不低于土工合成材料的抗拉强度；采用粘结时，粘合宽度应不小于50mm，粘合强度不低于土工合成材料的抗拉强度。双层土工合成材料上、下层接缝应错开，错开长度应大于500mm。

（5）第一次撒土：第一次撒布厚度应尽可能薄些，并要求用透水性好的河砂为材料。含砾石时，要注意不使土工聚合物受损，出现受损时应及时修补或更换。

（四）稳定剂处治

1. 加固方法与原理

对于表层为黏性土时，在表层黏性土内掺入添加剂，改善地基的压缩性能和强度特性，以利于施工机械的行驶，同时也可达到提高填土稳定及固结的效果。添加材料通常使用的是生石灰、熟石灰和水泥。石灰类添加材料通过现场拌和或厂拌，除了降低土壤含水量、产生团粒效果外，对被固结的土随着时间的推移会发生化学性固结，使黏土成分发生质的变化，从而促进土体稳定。

2. 施工要点

（1）稳定剂的储存：工地存放的水泥不宜太多，且应采取必要的防水、防潮措施。

（2）压实：要达到规定的压实度，用水泥或熟石灰稳定处治土，在最后一次拌和后立即压实。生石灰消解过程伴随体积膨胀，在此期间进行碾压，不可能获得预期效果。因此在固结时要掌握发热温度、准确判断消解结束时间。在拌和时进行初压，石灰消解后再次碾压。

（3）固结与养护：用水泥或熟石灰处理，在拌和一结束即产生固结。用生石灰处理，从拌和时的初步碾压到生石灰消解结束，要进行二次固结，若强度足够可不必养护。但因土质或施工条件不同，被处理过的土质强度增长也各不相同，大体上以养护一周后的强度为所要求的固结强度。

三、竖向排水法

竖向排水法亦称为排水固结法，包括砂井、袋装砂井和塑料排水板法，因其均为竖向排水体，经加载预压后，软土中的水分流向排水体向上移动并通过地基上面的砂垫层排出路基范围，土体得到固结，抗剪强度增加，因而被称为竖向排水法或排水固结法。排水固结法能够解决两个问题：一个是使地基的沉降在施工阶段基本完成，使道路在使用期间不致产生不利的沉降；另一个是加速地基土抗剪强度的增长，从而提高地基的承载力和稳定性。竖向排水法需与其他方法联合使用。

（一）砂井

1. 加固方法与原理

在软土层中设置竖向排水井，一般由粗砂或中砂构成。将下端装有埋入式桩靴的钢管打入土中，然后从上端灌入砂子，分层夯实，并同时将管向上拔起，直至桩孔灌满砂，形成砂井。这样，砂井与上面的砂垫层构成排水通道，达到使地基软土加速排水固结的目的，如图4-3所示。

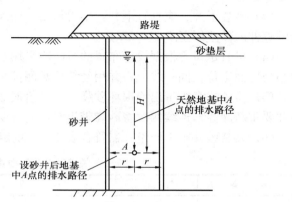

图4-3 地基 A 点通过砂井缩短排水路径示意图

砂井排水法根据砂井的施工方法不同，可分为打入式、振动式、螺旋钻式及水射式等。本法很少单独使用，多与砂垫层法、加载法或缓速填土法并用，对层厚大的均质黏土地质最为有效，对泥炭质地基效果稍差。

2. 施工要点

（1）砂的质量：砂井中的砂，在固结过程中起到排水通路的作用，因此，必须长期发挥良好的透水性能。通常采用干净优质的粗砂。

（2）铺砂垫层：在砂井施工之前，地表面先铺一砂垫层。并设置排水沟，使填土内不致有较高的地下水位。

（3）砂井质量：砂井必须连续、密实、不出现缩颈现象并与砂垫层紧密连接，确保排水路线畅通。

（4）砂井布置：合理布置沙井的长度、直径和间距，保证排水效果。

（5）成井方法：有打入式、振动沉桩式、射水式及螺旋钻进式等。无论何种方式一般的沉入深度为15~20m，超过这一深度工程费用明显增大。

（二）袋装砂井法

1. 加固方法与原理

一般用直径70cm的塑料编制袋内装粗砂、中砂，装实后直接打入土中。在含水量大、孔隙比大、压缩性高、软土深厚的软土地基中打入砂袋作为排水通道以增加土层的排水途径，缩短排水的距离。在上部荷载的作用下，土颗粒间的孔隙水通过软土层中的砂井排出地层外面，加速地基的固结与沉降，以提高软土路基的承载力和抗剪能力，从而保证路堤和地基的稳定。袋装砂井工艺简单、经济适用，在公路工程中得到广泛应用。

2. 施工要点

（1）材料要求：砂桩中的砂粒要注意粒径粗些、杂质少些，中、粗砂中大于 0.6mm 颗粒的含量宜占总重的 50% 以上，含泥量不大于 3%，渗透系数大于 5×10^{-2} mm/s。砂袋的渗透系数应不小于砂的渗透系数。防止堆放场地的泥土污染砂源，确保砂井排水能力。砂袋露天堆放时应有遮盖，不得长时间曝晒。

（2）铺砂垫层：在路拱横坡上按设计要求和砂垫层施工要求均匀等厚地铺设砂垫层，并使之与砂井连接，以利于排水。砂袋在孔口外的长度，应能顺直伸入砂垫层至少 300mm。

（3）砂袋下井：应垂直下井，不得扭结、缩颈、断裂、磨损。砂袋在孔口外的长度应能顺直伸入砂垫层至少 300mm。

（4）机具定位：根据设计布置的行间距采用小木桩正确定位，机具定位时要保证锤击中心与地面定位在同一线上，并用经纬仪观测控制导向架的垂直度。

（5）避免拔套管带出或损坏砂袋：拔套管时若带出或损坏砂袋，则机具要重新定位，砂井要重新灌注。连续两次将砂袋带出时，应查明原因并处理后再施工。

（6）袋装砂井施工质量：需符合表 4-1 的规定。

袋装砂井施工质量标准　　　　　　　　　　表 4-1

序　号	项　　目	允许偏差	检查方法和频率
1	井距（mm）	±150	抽查 3%
2	井长	不小于设计值	查施工记录
3	井径（mm）	+10，0	挖验 3%
4	竖直度（%）	1.5	查施工记录
5	灌砂率（%）	+5	查施工记录

（三）塑料排水板

1. 加固方法与原理

用专业插板机，将塑料排水板插入软土层中，排水板即构成竖向排水体，并与上面的砂垫层构成有效的排水通道。塑料排水板由芯板和滤膜组成，芯板两侧设有竖向沟槽，芯板由滤膜包裹。塑料排水板所用的材料不同，其构造也各有所异，如图 4-4 所示。土层中的渗流水穿过滤膜渗入到沟槽内，沿沟槽上移到垫层并排出路基范围。

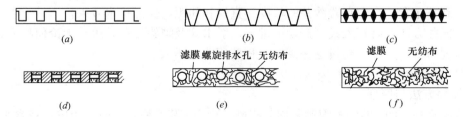

图 4-4　塑料排水板断面结构

插板机多为振动打入式，其结构包括导架、驱动套管下沉的振动锤、绞车以及安放排水板的卷筒和防风装置等，如图 4-5 所示。插板机的配备数量可根据工程具体情况选定。

2. 施工要点

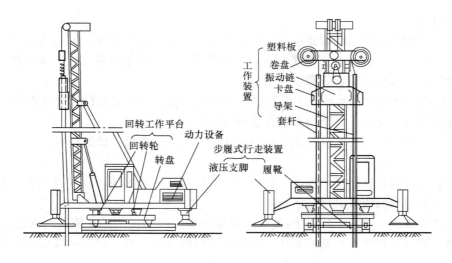

图 4-5　LJB-6 型步履式插板机

(1) 塑料排水板的质量：其技术、质量指标要符合设计要求。露天堆放有遮盖措施，不得长时间曝晒。

(2) 防止损坏滤膜：要采取有效措施防止损坏塑料排水板的滤膜，用砂回填打入排水板时形成的孔洞，不能用土块回填，防止淤泥进入板芯堵塞沟槽，影响排水效果。

(3) 插入排水板：塑料排水板不要搭接，插入土中时应按设计要求位置和深度垂直而下，不要让其偏斜和减短。其上端应能伸入砂垫层 500mm 以上，预留段应及时弯折埋于砂垫层中，与砂垫层贯通，并采取保护措施。

(4) 避免上拔套管带出排水板：上拔套管应避免将塑料板带出，防止泥土掉入套管，一旦掉入，要及时处理。如果将塑料板带上 2m 以上，应补插。

(5) 塑料排水板施工质量：需符合表 4-2 的规定。

塑料排水板施工质量标准　　　　　　　　　　表 4-2

序　号	检查项目	允许偏差	检查方法和频率
1	板距（mm）	±150	抽查 3%
2	板长	不小于设计值	抽查 3%
3	竖直度（%）	1.5	查施工记录

四、预压法

（一）堆载预压

1. 加固方法与原理

堆载法，亦称加载法，是在软土地基上施加一定的静载，加速软土中孔隙水的排出，使地基得以加固，从而使其提高承载力的一种方法。软土在受到荷载作用时，随着时间的推移，孔隙水减少，土颗粒间隙逐渐减小，地基沉降，土体密实，承载能力大幅度提高，从而达到加固软土地基的目的。本法的主要目的是使铺装完成后路面残余沉降量控制在允许值以内。孔隙水能否从软土中顺利排出，是加固效果好坏的关键。

2. 施工要点

(1) 可选用等载预压和超载预压：根据软土性质及工期要求等，可灵活地采取等载预压法或超载预压法。前者填土高度与路堤设计值相同，可避免卸载之烦，而后者填土高度大于设计值，加固地基后要卸载。

(2) 保持地基稳定：本法施工以不损伤支承荷载的地基稳定为宜，对难以保证稳定或加载重量很大时，应考虑与竖向排水井法或慢速加载法并用。

(3) 可与竖向排水法联合使用：联合使用时，填土加载前，修筑路拱，有利于砂垫层横向排水。

(4) 修筑边沟，保持排水畅通：控制好沟底标高，使其畅通，确保地下水或雨水进入边沟后，顺利排入河流或其他排水道内。

(5) 动态观测：由于沉降-时间关系一般是难以预测的，所以在施工时应进行全面的动态观测，随时注意防止地基的破坏，根据所获得的观测资料，确定卸载后的残余沉降量和卸荷时间。

(二) 真空预压法、真空堆载联合预压法

1. 加固方法

真空预压法依靠真空抽气设备，使密封膜下的软弱地基产生真空负压力，使得土颗粒间的自由水、空气沿着纵向排水通道，上升到软基上部的砂垫层内，由砂垫层内过滤管再排到软基密封膜以外，从而使土体固结、土体强度增长，如图4-6所示。

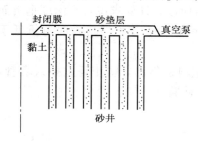

图4-6 真空预压法的原理

真空预压法具有加固费用低、加固工期短、无环境污染等特点，工程中得到广泛应用，适用于含水量高、孔隙比大、渗透系数和固结系数较小的黏性土。当真空预压不足以使土体承载力达到要求时，在真空抽气稳定后，由堆载预压来补充，使土体承载力达到要求，这种方法称为真空堆载联合预压法。真空预压法与排水板堆载预压法相比，其主要优点是加荷时间短、工艺简单、造价低，地基不存在失稳问题，通常在设计荷载不超过80kPa的地基上采用是较适宜的。

2. 施工要点

(1) 施工顺序：先进行表土开挖整平场地，设置排水通道，在软基表面铺设砂垫层，然后布设竖向排水系统，再设置抽真空装置及膜内外管道。

(2) 正确选择砂垫层材料：垫层材料宜采用中、粗砂，泥土杂质含量小于5%，严禁砂中混有尖石等锋利硬物。密封膜厚度宜为0.12～0.17mm，密封膜每边长度应大于加固区相应边3～4m。施工中要避免损坏密封膜，合理确定密封膜的厚度、各边长度和数量，确保膜的密封性。薄膜加工后不得存在热穿、热合不紧等现象，不宜有交叉热合缝。每个加固区用2～3层密封膜，具体层数可根据密封膜性能确定。

(3) 不得架空滤管：滤管周围用砂填实，严禁架空。滤管不得透砂，距泥面、砂垫层顶面的距离均应大于50mm。

(4) 密封沟与围堰：沿加固边界开挖密封沟，其深度应低于地下水位并切断透水层，内外坡应平滑。沟底宽度应大于400mm，密封膜与沟底黏土之间应进行密封处理。密封沟回填料应为不含杂质的纯黏土，不得损害密封膜。筑堰位置应跨密封沟的外沟沿，堰体应密实牢固。铺膜前，应把出膜弯管与滤管连接好，并培实砂子，同时处理好出口的连接。

（5）测量真空度：真空表测头应埋设于砂垫层中间，每块加固区不少于2个真空度测点，真空管出口须防止弯折或断裂。

（6）抽真空：抽真空持续时间应符合设计要求，设计无规定可持续2～5个月。覆盖厚度宜为200～400mm，膜下真空压力应持续稳定在80kPa以上。注意观察负压对其相邻结构物的影响。

（7）真空堆载联合预压加载：真空堆载联合预压时，填筑加载宜在抽真空30～40d后或按设计规定进行，可进行多级加载。填筑加载过程中应保持抽真空状态，路堤填筑到设计值后继续抽真空，直到路基沉降达到设计要求为止。为防止损害密封膜，在膜顶先用人工铺筑30cm的中粗砂，然后再用机械上料进行堆载。

（8）施工监测：做好真空度、地面沉降量、深层沉降、水平位移、孔隙水压力和地下水位的现场测试工作，掌握变化情况，作为检验和评价预压效果的依据，并随时分析，如发现异常，应及时采取措施，以免影响最终的加固效果。真空压力每隔4小时观测一次，表面沉降每2天测一次。当连续5d实测地面沉降小于0.5mm/d，地基固结度已达到设计要求的80%时，经验收，即可终止抽真空。停泵卸荷后24h，应测量地表回弹值。

五、反压护道法

1. 加固方法与原理

反压护道法是指在路堤两侧填筑一定宽度和高度的护道，在这个侧向附加荷重的约束作用下，防止路堤基底的淤

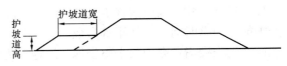

图4-7 反压护道断面图

泥或泥炭向两侧挤出和隆起，从而保证路堤稳定的措施，如图4-7所示。反压护道施工简便，也不需要控制填土速率，但占地多，用土量大，同时后期沉降较大，给养护工作造成困难。一般适用于非耕作区和取土方便的地段。

2. 施工要点

（1）反压护道的高度和宽度：为了保证反压护道本身的稳定，它的高度不宜过高，设计时，反压护道采用路堤高度的1/3～1/2时比较经济合理。反压护道的宽度，一般采用圆弧稳定分析法验算决定。

（2）反压护道形式：反压护道一般采用单级式护道，当沼泽的下卧层面比较平坦时，路基两侧采用相同宽度的反压护道，只有当其下卧岩层面具有明显的横向坡度时，才采用上方较窄、下方较宽的不对称反压护道。

（3）均衡填筑：施工时，两侧反压护道应与路堤同时填筑，并应均衡铺填。

六、慢速加载法

1. 加固方法与原理

慢速加载法亦称为分期施工法，是指路堤填筑一定高度，其稳定性安全系数达到预定的下限值后，放置一段时间，使软土地基在填筑路堤荷载及时间的自然作用下固结而增加

剪切强度，而后进行第二阶段的路堤填筑，在其安全系数下降到预定下限值后再放置一段时间，重复上述过程，直到填筑达到路堤设计高度为止。这种方法类似于一般路堤的自然沉降，无需特殊机械和额外费用，适用于工期足够长的情况。

2. 施工要点

（1）确定合理的填土速度：随时了解和掌握地基稳定和固结程度，并据此确定合理的填土速度。

（2）注意最大填土高度，确保地基稳定：每一阶段的施工均有一最大填土高度，超过这一高度，分阶段施工仍不能保证路堤稳定性。

七、强夯法及强夯置换法

（一）强夯法

1. 加固方法与原理

强夯法，即强力夯实法，也称为动力固结法。通过重锤自由落下，在极短时间内对土体施加一个巨大的冲击能量，并转化成各种波，使土体强制压缩、振密、排水固结和预压变形，从而使土颗粒趋于更加稳固状态，以达到地基加固的目的，这种方法即为强夯法，适用于松散土、杂填土及液化地基。

2. 施工要点

（1）采取防振措施：强夯时对周围建筑物的振动影响较大，应采取隔振、防振措施，尽量消除对邻近建筑物的影响。当处理地基范围外有较多建筑物且不能采取有效防振措施时应慎用此法。

（2）试夯：施工前应选择有代表性，且面积不小于 $500m^2$ 的路段进行试夯，确定最佳夯击能、间歇时间、夯间距等参数。

（3）地表处治：夯击前平整场地，遇地表为细粒土，且地下水位较高的情况，应铺垫层。选择透水性好的砂、砂砾、碎石土等作为垫层材料。

（4）保证夯击质量、合理确定夯击次数：施工前应检查锤重和落距，单击夯击能量应符合设计要求。夯击前，应对夯点放样并复核，夯完后检查夯坑位置，发现偏差或漏夯应及时纠正。夯击次数应按现场试夯得到的夯击次数和夯沉量关系曲线确定。

（5）做好夯击记录：对每个夯点的夯沉量做好夯击记录，强夯施工完成后，应通过标准贯入、静力触探等原位测试，检查夯击后地基承载能力是否达到设计要求。

（二）强夯置换法

1. 加固方法与原理

如果在夯击过程中，利用巨大的夯击能量将块石、片石、碎石、矿渣等坚硬的粗颗粒材料夯入被加固土层并使之沉底形成石层或桩体，与周围土体形成复合地基，加快土体固结，提高土体抗剪强度，从而提高地基承载力，这种方法称为强夯置换法。该方法费用低、施工简单，适用于软塑、流塑的黏性土。

2. 施工要点

（1）防震措施、试夯及地表处治：要求同强夯法。

（2）置换材料：采用级配良好的块（片）石、碎石、矿渣等坚硬的粗颗粒材料，粒径不宜大于夯锤底面直径的 0.2 倍，含泥量不宜大于 10%，粒径大于 300mm 的颗粒含量不宜大于总质量的30%。

（3）测量：强夯置换施工中，标出第一遍夯点位置，测量地面高程及夯前锤底高程。

（4）夯击记录：夯击并逐击记录夯坑深度，当夯坑过深而发生起锤困难时，停夯后向坑内填料直至坑顶填平，记录填料数量，如此重复直至满足规定的夯击次数及控制标准，完成一个墩体的夯击。

（5）夯击顺序：按由内而外、隔行跳夯击打的原则完成全部夯点的施工。推平地基，用低能量进行满夯，将表层松土夯实，并测量夯后地基高程，按设计铺筑垫层，并分层碾压密实。

（6）施工过程质量控制：单击夯击能量应符合设计要求。夯击前，对夯点放样进行复核，夯完后检查夯坑位置，发现偏差或漏夯应及时纠正。按设计要求检查每个夯点的夯击次数和每击沉降量及夯墩的置换深度。

（7）质量检验标准：动力触探试验检查置换墩着底情况及承载力。检验数量不小于墩点数1%，且不少于3点。置换墩直径与深度应符合设计要求。

八、挤密桩法

用挤密桩法与后面将要论述的加固土桩法加固的地基均属于复合地基。复合地基是指天然地基在地基处理过程中部分土体得到增强，或被置换，或在天然地基中设置加筋材料，加固区是由天然地基土体和增强体两部分组成的人工地基。根据复合地基荷载传递机理将复合地基分成水平向增强体复合地基和竖向增强体复合地基两类。前者指土工聚合物复合地基，后者指各种桩体复合地基。根据加固地基原理不同，桩体复合地基可分成挤密桩法与加固土桩法。复合地基法具有施工速度快、加固深度大、效果好、能有效地解决差异沉降、对周围环境污染少等特点，路堤施工条件可得到大大改善，所以适用于湿陷性黄土、素填土等多种软土层。

挤密桩法是指软基成孔后，将砂、碎石、灰土或水泥粉煤灰碎石（CFG）等材料填入孔内并分层压实，形成直径较大的桩体，或直接在外力作用下将预制混凝土桩压入软基中（静压管桩），或利用沉管灌注成桩（沉管灌注桩）。桩体同原地基一起形成复合地基。在成孔、回填及压桩、沉管灌注过程中，桩体使周围土体变得密实、加速软土固结，同时防止砂土液化，且承受较大部分的路堤荷载。常见的挤密桩有砂桩、碎石桩及CFG桩等。

（一）砂桩

1. 加固方法与原理

孔中灌砂，即形成砂桩。砂桩的作用是将地基土挤紧，与地基土组成复合地基，并径较大，间距较小，可有效地防止砂土基底的振动液化。砂桩同时具有排水作用，适用于松砂、杂填土多的地段。

2. 施工要点

（1）材料要求：采用中、粗砂，大于0.6mm颗粒含量宜占总重的50%以上，含泥量应小于3%，渗透系数大于5×10^{-2}mm/s。也可使用砂砾混合料，含泥量应小于5%。

（2）加固范围：砂桩加固的范围一般比路基宽一些，为考虑应力在土中的扩散作用，规定要宽出基础各边长度1m。

（3）桩径与桩距：在通常情况下，桩径可取20～30cm。砂桩的排列一般为梅花形，其桩距可通过计算确定，一般为直径的3～5倍。

（4）桩长：当软土层较薄，砂桩可穿透软土层，软土层厚度即为砂桩长度。如果软土层很厚，可先假定一砂桩长度，然后验算桩底处软土的应力，其值要小于或等于软土的允许承载力即可。

（5）灌砂要求：地面下1～2m土层应超量投砂，通过压挤提高表层砂的密实程度。成桩过程应连续。实际灌砂量未达到设计用量时，应进行处理。

（6）砂桩施工质量：需符合表4-3的规定。

砂桩施工质量标准　　表4-3

序号	检查项目	允许偏差	检查方法和频率
1	桩距（mm）	±150	抽查3%
2	桩长	不小于设计值	查施工记录
3	桩径	不小于设计值	抽查3%
4	竖直度（%）	1.5	查施工记录
5	灌砂量	不小于设计值	查施工记录

（二）碎石桩

1. 加固方法与原理

利用一种单向或双向振动的冲头，边喷高压水流边下沉成孔，然后边填入碎石边振实，形成碎石桩。桩体和原来的黏性土构成复合地基，以提高地基承载力和减小沉降。这种加固技术称为振冲置换法或碎石桩法。与排水固结法相比，加固期短，可以采用快速连续加载方法施工路堤，对缩短工期十分有利。适用于地基土的不排水抗剪强度大于20kPa的淤泥、砂土、粉土等地基。

2. 施工要点

（1）成桩试验：施工前必须进行成桩试验，以取得以下技术参数：满足设计密实度的各种技术参数；确定碎石桩均匀性和密实性；掌握成孔和加料情况，选择合理的技术措施。

（2）桩体填料：选择的碎石必须具有良好的稳定性和排水性，这样它们在软土地基中就构成了通畅的排水通道，可大大缩短了空隙水的平均渗透路径和排水时间，加速了地基水的排出和软土地基的固结。凡碎石、卵石、砂砾、矿渣、碎砖等都可使用，但风化石块不宜采用。各类填料含泥量均不得大于10%。对填料颗粒级配没有特别要求，填料的最大粒径一般不大于63mm，粒径过大不仅容易卡孔，而且能使振冲器外壳强烈磨耗。

（3）成桩顺序：制桩采用"由里向外"的顺序，在地基承载力较低的软黏土中也可采用"间隔跳打"的方法制桩，但严禁"由外向里"的顺序成桩。

（4）保护孔壁：在强度低的软黏土中施工时，关键是保护好孔壁，使孔道畅通，应当采取"先护壁，后制桩"的方法。

（5）孔径及成孔方法：施工中遇到硬壳时，在上部时，可采用人工成孔（采用洛阳成孔等），在下部时要适当进行扩孔，保证孔径满足设计要求。

（6）填加碎石：加料时宜"少吃多餐"，每次倒入的填料数量在孔中堆积高度约1m，避免填料过厚振冲器不宜振密，或者出现所谓的"卡壳"现象，导致"断桩"或"颈缩桩"。

（7）碎石桩施工质量：需符合表4-4的规定。

碎石桩施工质量标准　　　　　　　　　　　　　　　表4-4

序号	检查项目	允许偏差	检查方法和频率
1	桩距（mm）	±150	抽查3%
2	桩径	不小于设计值	查施工记录
3	桩长	不小于设计值	抽查3%
4	竖直度（%）	1.5	查施工记录
5	灌碎石量	不小于设计值	查施工记录

（三）水泥粉煤灰碎石桩（CFG）桩

1. 加固方法与原理

水泥粉煤灰碎石桩（Cement Flyash Gravel Pile），简称CFG桩，是由碎石、石屑、粉煤灰掺适量水泥加水拌和，填筑而成的桩。CFG桩是在碎石桩的基础上发展起来的，由于桩体中加入了水泥和粉煤灰形成了高粘结强度的桩，从而改善了碎石桩的刚性，不仅能很好地发挥全桩的侧摩阻作用，同时，也能很好地发挥其端阻作用，CFG桩和桩间土、垫层一起形成复合地基。

2. 施工要点

（1）材料要求：CFG桩的粗骨料应根据施工方法，选择合理的骨料级配和最大粒径。一般采用碎石或卵石，泵送混合料时，卵石最大粒径宜为26.5mm，碎石最大粒径宜为19mm。采用振动沉管时，骨料最大粒径不宜超过63mm。为使级配良好，宜掺入石屑或砂填充碎石的空隙。水泥一般采用32.5级普通硅酸盐水泥。粉煤灰宜选用袋装Ⅱ、Ⅲ级粉煤灰。

（2）成桩试验：施工前应进行成桩试验，试桩数量宜为5～7根。通过试验，确定符合设计要求的施工工艺、施工速度、合理的投料数量及桩的质量标准。

（3）CFG桩施工：桩体施工应选择合理的施打顺序，避免对已成桩造成损害。根据经验，一般采用隔桩跳打效果较好。另外，由于断桩或缩径与地表隆起及桩顶的位移有直接关系，所以，施工中应注意对地表和已打桩顶位移的测量。一般桩顶位移超过10mm时，需要对桩体进行开挖查验，为保证桩体质量，混合料一定要均匀，且投料要充分。混合料坍落度一般宜为100mm左右。

（4）施工质量：质量检验一般应在达到28d龄期后进行，桩的平面位置可用经纬仪或皮尺检测，桩身质量可用低应变试验检测，而单桩和复合地基承载力可采用静载荷试验检验。水泥粉煤灰碎石桩施工质量应符合表4-5的规定。

水泥粉煤灰碎石桩施工质量标准　　　　表 4-5

序　号	检查项目	允许偏差	检查方法和频率
1	桩距（mm）	±100	抽查桩数 3%
2	桩径	不小于设计值	抽查桩数 3%
3	桩长	不小于设计值	查施工记录
4	竖直度（%）	1	抽查桩数 3%
5	桩体强度	不小于设计值	取芯法，总桩数的 5%
6	单桩和复合地基承载力	不小于设计值	成桩数的 0.2%，并不少于 3 根

九、加固土桩法

1. 加固方法与原理

加固土桩法采用水泥（石灰或粉煤灰等）作为固化剂，通过深层搅拌机械，在地下深层将水泥等浆液或粉体经搅拌后产生化学固化和物理作用而形成一种特殊的具有较高强度、较好变形特性和水稳性的桩体，并与桩的加强土体形成复合地基，增加地基承载力、压缩模量、抗剪切力，承担较大的荷载。它对提高软土地基承载能力，减少地基的沉降量有明显效果。粉喷桩是加固土桩最常用的一种类型，适用于天然含水量大于 30% 的淤泥质土、黏性土和粉性土地基。

2. 施工要点

（1）材料要求：确保生石灰、水泥、粉煤灰的质量，对搅拌后的土体起到固化作用。生石灰粒径应小于 2.36mm，无杂质，氧化镁和氧化钙总量应不小于 85%，其中氧化钙含量应不小于 80%。粉煤灰中二氧化硅和三氧化二铝含量应大于 70%，烧失量应小于 10%。水泥宜用普通或矿渣水泥。

（2）成桩试验：施工前必须进行成桩试验，桩数不宜少于 5 根，取得满足设计喷入量的各种技术参数，如钻进速度、提升速度、搅拌速度、喷气压力、单位时间喷入量等；确保拌和均匀，选择合理的技术措施。

（3）供浆：以浆液为固化剂时，要保持浆液拌和均匀，不发生离析现象，供浆连续。

（4）喷粉：以粉体为固化剂时，要保证喷粉连续，上下部位供粉均匀。当钻头提升到地面以下小于 500mm 时，送灰器停止送灰，用同剂量的混合土回填。如喷粉量不足，应整桩复打，复打的喷粉量不小于设计用量。因故喷粉中断时，必须复打，复打重叠长度应大于 1m。施工设备必须配有自动记录的计量系统。钻头直径的磨损量不得大于 10mm。

（5）桩径与桩长：粉喷桩加固深度不宜大于 15m，直径一般为 50cm，水泥用量掺入比为 15%～20%，但最佳掺入比应根据室内试验确定。旋喷桩是用高压旋喷水泥浆液与软土拌和形成柱体，旋喷桩直径可喷射成 40～200cm 的柱体，长度也可深些。

（6）施工机械：根据固化及喷入的形态（浆液或粉体），灵活选用施工机械组合。

（7）加固土桩施工质量：需符合表 4-6 的规定。

加固土桩施工质量标准　　　　　　　　表 4-6

序　号	项　　目	允许偏差	检查方法和频率
1	桩距（mm）	±100	抽查桩数 3%
2	桩径	不小于设计值	抽查桩数 3%
3	桩长	不小于设计值	喷粉（浆）前检查钻杆长度，成桩 28d 后钻孔取芯 3%
4	竖直度（%）	不大于 1.5	抽查桩数 3%
5	单桩每延米喷粉（浆）量（%）	不小于设计值	查施工记录
6	桩体无侧限抗压强度	不小于设计值	成桩 28d 后钻孔取芯，桩体三等分段各取芯样一个，成桩数 3%
7	单桩或复合地基承载力	不小于设计值	成桩数的 0.2%，并不少于 3 根

由于软基成因类型不同，厚度不一，性质各异，因此，实际处治中应查明软基的地区特点和地质、土质条件，采用针对性的有效对策。另外，一种处治措施的效果与作用是有局限性的，有时可能既要解决变形问题，又要解决强度问题，就必须采用一种以上的措施综合处治。在可行的处治方案中，进行方案比选时，还应根据实际情况进行经济、技术、工期的比较，以便选择最佳方案。

第二节　边坡防护技术

坡面防护施工前，应对边坡进行修整，清除边坡上的危石及不密实的松土。坡面防护层应与坡面密贴结合，不得留有空隙。在多雨地区或地下水发育地段，路基防护工程施工中，应采取有效措施截排地表水和导排地下水。临时防护措施应与永久防护工程相结合。

坡面防护包括植物防护和圬工防护两种主要方法。

一、植物防护

（一）植被防护

1. 防护方法

植被防护一般采用种草、铺草皮和植灌木等方法。种草防护可以防止表面水土流失，固结表面，增强路基的稳定性，并可允许缓慢流水（0.4~0.6m/s）的短时冲刷。经常浸水或长期浸水的路基边坡，草不易生长，不宜采用此种防护。铺草皮防护适用于坡面缓于 1:1、各种土质边坡及严重风化的软质岩石边坡。对经常浸水、盐渍土、粉质土及经常干涸的边坡不宜采用灌木防护。

2. 施工要点

（1）种草：优选草种，通常应选用适合当地土质和气候条件的易成活、根系发育、茎干低短、枝叶茂盛、生长能力强的多年生草种。

（2）铺草皮：一般应在春季或秋季进行，气候干旱地区则应在雨期进行。草皮宜选用带状或块状，其规格大小视施工情况而定，草皮厚度宜为 100mm，铺设时，应由脚下向上铺钉，且用尖木桩固于边坡上。草皮应铺过路堑顶部至少 1m，或铺至截水沟。铺草皮防护方法如图 4-8 所示，图中 a、h 为草皮尺寸。

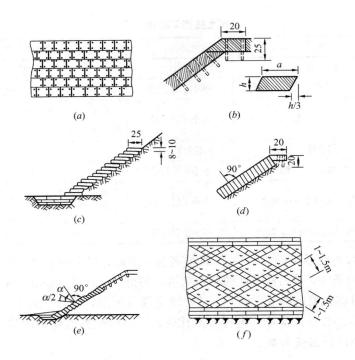

图 4-8 铺草皮防护示意图（单位：cm）
(a) 平铺平面；(b) 平铺剖面；
(c) 水平叠铺；(d) 垂直叠铺；(e) 斜交叠铺；(f) 网格式

（3）养护管理：植被施工，铺、种植被后，应适时进行洒水、施肥等养护管理，直到植被成活。种草施工，草籽应撒布均匀，同时做好保护措施。灌木（树木）应在适宜季节栽植。养护用水应不含油、酸、碱、盐等有碍草木生长的成分。

（二）湿法喷播种草

1. 防护方法

湿法喷播是由欧美引进的一种机械化植被建植技术，即将植物种籽、肥料、土壤稳定剂和水按一定比例混合均匀，用专门的设备（喷播机）喷射到边坡上，种子在较稳定的时间内萌芽、生长成株、覆盖坡面，达到迅速绿化、稳固边坡之目的。湿法喷播适用于土质边坡、土夹石边坡、严重风化岩石边坡，坡率缓于1∶0.5。不适用于硬质岩石边坡。用这种方法在人力不可及的陡峭高边坡和含石的边坡上种植植被非常优越。

2. 施工要点

（1）播种时间：一般在气候温和、湿度较大的春、秋为宜，不宜在干燥的风季和暴雨季节播种。

（2）埋入草皮：播种前应在路堤的路肩和路堑顶边缘，埋入与坡面齐平的宽200～300mm、厚50～60mm 的带状草皮。

（3）养护管理：播种后适时进行补种、洒水、施肥、清除杂草等养护管理，直至植物成长覆盖坡面。成活率应达到90％以上。

（三）客土喷播种草

1. 防护方法

客土喷播是日本采用较多的一种喷播建植技术。该技术是将客土（提供植物生育的基盘材料）、纤维（基盘辅助材料）、侵蚀防止剂、缓效肥料和种籽按一定比例，加入专用设备中充分混合后，用喷射机均匀喷涂到坡面上，使植物获得必要的生长基础，达到快速绿化的目的。

客土喷播主要用于岩石边坡、贫瘠土质和硬土边坡，其主要目的是保护边坡的稳定、安全，同时又能最大程度地恢复自然生态。

2. 施工要点

（1）施工顺序：客土喷播技术，一般先打锚杆，挂镀锌钢筋网，然后再播客土。

（2）合理确定混合料的配合比：喷播植草混合料的配合比（植生土、土壤稳定剂、水泥、肥料、混合草籽、水等）应根据边坡坡度、地质情况和当地气候条件确定，混合草籽用量每 $1000m^2$ 不宜少于 25kg。

（3）养护管理：播种前应施一定基肥，草坪生长期应施以追肥，且适时浇水养护，浇水应使用无油、酸、碱、盐或任何有害于苗木生长的物质水。

（4）温度要求：气温低于+12℃不宜喷播作业。

（四）骨架植物防护

1. 防护方法

骨架植物防护是用混凝土、浆砌块（片）石等材料，在边坡上形成骨架，在骨架内采取植物防护的方法。此方法能有效地防止路基边坡受到雨水冲刷，保持边坡稳定。浆砌片石或水泥混凝土骨架植草防护适用于土质和强风化岩石边坡，防止边坡受雨水侵蚀，避免土质坡面上产生沟槽。其结构形式主要有方格形、人字形、拱形及多边形混凝土空心块等。常用的骨架防护边坡是在骨架内铺草皮或用三合土、四合土捶面，或栽砌卵石进行防护。浆砌片石（混凝土块）骨架植草防护既稳定路基边坡，又能节省材料，造价较低、施工方便、造型美观，能与周围环境自然融合，是目前高速公路边坡防护的主要形式之一，已被广泛推广应用。

锚杆混凝土框架植草防护是近年来在总结锚杆挂网喷浆（混凝土）防护的经验教训后发展起来的，它既保留了锚杆对风化破碎岩石边坡的主动加固作用，防止了岩石边坡经开挖卸荷和爆破松动而产生的局部破坏，又吸收了浆砌片石（混凝土）骨架植草防护的造型美观、便于绿化的优点。

2. 施工要点

（1）浆砌片石（或混凝土）骨架植草防护施工：骨架内应采用植物或其他辅助防护措施。植草草皮下宜有 50～100mm 厚的种植土，草皮应与坡面和骨架密贴，并及时对草皮进行养护。

（2）水泥混凝土空心块护坡施工：在路堤沉降稳定后方可铺置预制块。铺置前将坡面整平，预制块经验收合格后方可使用。铺筑时，与坡面紧贴，不得有空隙，并与相邻坡面平顺。

（3）锚杆混凝土框架植物防护施工：其质量需符合表 4-18 的相关规定。

二、圬工防护

圬工防护包括喷护、锚杆挂网喷护、干砌片石、浆砌片（卵）石护坡和护面墙等结构形式。圬工防护用于路堑边坡防护时，应注意与边坡渗沟或排水孔配合使用，防止边坡产生变形破坏。圬工防护施工时应注意与周围环境的协调。

（一）喷浆和喷射混凝土防护

1. 喷射方法

喷浆和喷射混凝土防护边坡常用机械喷护法施工，将配制好的砂浆（混凝土）使用喷射机（或水泥枪）喷射于坡面上，由于喷射产生一定的压力，提高了保护层与坡面间的黏聚力及保护层的强度。喷浆（混凝土）防护适用于边坡易风化、裂隙和节理发育、坡面不平整的岩石路堑边坡，且边坡较干燥，无流水侵入。对于高而陡的边坡，当需大面积防护时，采取此类型更为经济。

当坡面岩体风化破碎严重时，为了加强防护的稳定性，则采用锚杆挂网喷浆（混凝土）防护，锚杆锚固深度及铁丝网孔密度视边坡岩石性质及风化程度而定。

2. 施工要点

（1）处治坡面水：喷护前采取措施对坡面上的泉水、渗水进行处治，并按设计要求排、防积水。

（2）试喷：施工作业前通过试喷，选择合适的水灰比和喷射压力，以保证喷射坡面的质量。喷浆水灰比过小时，灰体表面颜色灰暗，出现干裂，回弹量大，粉尘飞扬；水灰比过大时，灰体表面起皱、拉毛、滑动，甚至流淌；水灰比合适时，灰体成黏糊状，表面光滑平整，回弹量小。喷浆施工严禁在结冰季节或大雨中进行作业。

（3）预喷：挂网喷浆铺设钢筋网前，宜在岩面喷射一层混凝土，钢筋网与岩面的间隙宜为30mm，然后再喷射混凝土至设计厚度。

（4）锚杆施工技术要求：锚杆应嵌入稳固基岩内，锚固深度根据设计要求结合岩体性质确定。锚杆孔深应大于锚固长度200mm。

（5）喷射技术要求：自下而上进行，喷浆厚度不宜小于50mm。喷射混凝土厚度不宜小于80mm，应根据厚度分2～3层喷射。挂网喷浆喷射混凝土的厚度要均匀，钢筋网及锚杆不得外露。钢筋保护层厚度不宜小于20mm。

（6）养护：砂浆初凝后，立即开始养护，养护期一般为5～7天，并及时对喷浆层顶部进行封闭处理。喷射混凝土初凝后，立即养护，养护期一般为7～10d。

（7）锚杆的锚固：宜用1∶3水泥砂浆捣固密实而固定。铁丝网应与锚杆连接牢固。

（8）排水设施及伸缩缝：做好泄水孔和伸缩缝。

（9）防护施工质量：喷射混凝土和锚杆挂网喷射混凝土（砂浆）防护施工质量需符合表4-15的规定。

（二）片石护坡防护

1. 防护方法

在坡面上铺筑砂垫层，在上面砌筑片石形成护坡结构。干砌片石护坡适用于坡度缓于1∶1.25的土质路堑边坡或边坡易受地表水冲刷以及有少量地下水渗出的地段。浆砌片石护坡适用于坡度缓于1∶1的易风化的岩石边坡，以及坡面防护采用干砌片石不适宜或效果不好的边坡。片石护坡根据其形式可分为单层结构和双层结构，分别如图4-9和图4-10所示。

2. 施工要点

（1）砂砾卵石垫层：片石护坡底面设置100～150mm厚的砂砾卵石垫层。其主要功

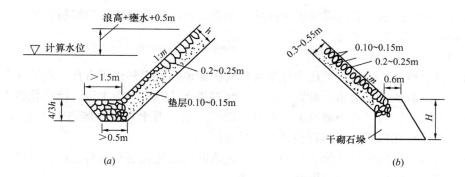

图 4-9 单层石砌护坡示意图

(图中 H 为干砌石垛高度，约 20～30cm，h 为护坡厚度，不小于 20cm)

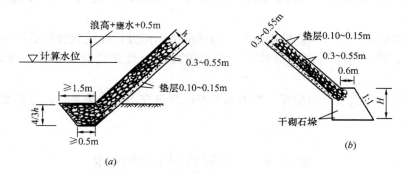

图 4-10 双层石砌护坡示意图

(图中 H 为干砌石垛高度，约 20～30cm，h 为护坡厚度，不小于 20cm)

能是防止水流、波浪退位时将边坡细粒土带走，同时起到整平作用，使结构具有一定的弹性，增加对波浪、水流及漂浮物等撞击的抵抗力。当边坡为粉质土、松散的砂或粉砂土等易被冲蚀及冻胀变形较大的土时，碎石或砂砾垫层厚度宜采用较大值。

（2）基础砌筑：选用较大石块砌筑，如基础与排水沟相连，其基础应设在沟底以下，并按设计要求砌筑浆砌片石。

（3）护坡砌筑：砌筑应彼此镶紧，接缝要错开，缝隙间用小石块填满塞紧。

（4）施工限制：对于严重潮湿或严重冻害的土质边坡，在采取有效排水措施以前，则不宜采用浆砌片石护坡。路堤边坡采用浆砌片石护坡，宜在路堤沉降稳定后施工。

（5）养护：砂浆终凝前，砌体应覆盖，砂浆初凝后，立即进行养护。

（6）伸缩缝与沉降缝：浆砌片石护坡每 10～15m 应留一伸缩缝，缝宽 20～30mm。在基底地质有变化处，应设沉降缝，可将伸缩缝与沉降缝合并设置。

（7）泄水孔和反滤层：泄水孔和反滤层的设置应符合设计要求。

（三）浆砌片石护面墙防护

1. 防护方法

采用浆砌片石层覆盖坡面形成护面墙，其结构类似于挡土墙，但不能承受侧向压力。护面墙有实体护面墙、窗孔式护面墙、拱式护面墙及肋式护面墙等，需根据坡面地质条件合理确定。在公路工程中，护面墙多用于覆盖各种软质岩石层和较破碎岩石的挖方边坡防护,以防止自然因素的影响继续风化破坏。护面墙在高速公路路堑边坡防护中应用比较普遍,且边坡稳定,效果较好。

2. 施工要点

(1) 排水设施:为防止坡面中地下水影响护面墙的稳定和使用寿命,在坡体有地下水的路段,采取有效排水措施,设置并施工好倾斜排水孔或边坡渗水沟。泄水孔施工时,应按设计要求设置,当发现边坡流水较多时,适当加密。泄水孔宜在墙身上下左右每隔3m设一个,在泄水孔后面,用碎石和砂砾做反滤层。

(2) 清除边坡风化层:修筑护面墙前,应清除边坡风化层至新鲜岩面。对风化迅速的岩层,清挖到新鲜岩面后应立即修筑护面墙。

(3) 基础设置:护面墙的基础应设置在稳定的地基上,地基承载能力不够,应采取加固措施,基础埋置深度应根据地质条件确定,冰冻地区应埋置在冰冻深度以下至少250mm。

(4) 护面墙背必须与路基坡面密贴:边坡局部凹陷处,应挖成台阶后用与墙身相同的圬工砌补,不得回填土石或干砌片石。坡顶护面墙与坡面之间应按设计要求做好防渗处理。

(5) 按设计要求做好伸缩缝:当护面墙基础修筑在不同岩层上时,应在变化处设置沉降缝。

第三节 沿河路基防护技术

沿河路基防护也称冲刷防护。沿河路基及岸坡由于经常或周期性受到水流的冲刷作用,因此,必须采取有效的冲刷防护措施,以确保路基及坡岸的稳固和安全。沿河路基防护工程一般分直接防护与间接防护两种,直接防护工程类型包括植物防护、护面墙、砌石或混凝土板、抛石、石笼等;间接防护包括导流构造物(丁坝、顺坝等)、改河和防护林带等。各种防护均应按其环境条件选用适当的防护工程类型,达到预期的目的。

沿河路基防护工程基础应埋设在局部冲刷线以下不小于1m或嵌入基岩内。导流构造物施工前,应根据现场具体情况,采取相应措施,避免冲刷农田、村庄、公路和下游路基。

一、直接防护

(一) 植物防护

1. 防护方法

植物防护及下面将要提到的砌石或混凝土防护与坡面防护所述类似,但沿河路基冲刷往往水大流急、水位变迁,因此,相应的要求较边坡防护更高。

2. 施工要点

(1) 种草的限制:经常浸水或长期浸水的路堤边坡,不宜采用种草防护。

(2) 铺草皮防护:沿河路堤边坡铺草皮防护,宜采用平铺、叠铺草皮的方法,坡面及基础部分的铺置应符合设计要求。基础部分铺置层的表面应与地面齐平。种植草皮应符合边坡防护的规定。

(3) 植树防护:宜采用带状或条形。防护河岸路基或防御风浪侵蚀,宜采用横行带状;防护桥头引道路堤,宜采用纵行带状。植树应选用喜水性树种,林带应由多行树木组成,乔灌木要密植。植树后,应采取有效措施加以保护。

(二)砌石或混凝土防护施工

1. 防护方法

砌石或混凝土防护包括干砌片石、浆砌片石及混凝土板等防护。砌石或混凝土防护的适用条件为:干砌片石防护适用于易受水流侵蚀的土质边坡、严重剥落的软质岩石边坡、周期性浸水及受冲刷轻的且流速为2~4m/s的河岸路基及边坡;浆砌片(卵)石防护适用于经常浸水的受水流冲刷(流速3~6m/s)或受较强烈的波浪作用,以及可能有流水、漂浮物等冲击作用的河岸路基;混凝土板防护常用于路堤及河岸的边坡,以抵抗渗透水及波浪的破坏。其允许流速在4~8m/s以上。

2. 施工要点

(1) 满足坡面圬工防护的要求:砌石或混凝土防护需满足坡面圬工防护的有关规定。

(2) 石料要求:石料应选用未风化的坚硬岩石。

(3) 基坑的开挖与回填:开挖基坑时,应核对地质情况,与设计要求不符时,应进行处理。基础完成后应及时用符合设计要求的材料回填。

(4) 铺砌层底面:铺砌层底面的碎石、砂砾石垫层或反滤层,应符合设计要求。

(5) 坡面密实、平整、稳定后方可铺砌:砌块应交错嵌紧,严禁浮塞。砂浆应饱满、密实,不得有悬浆。

(6) 伸缩缝、沉降缝及泄水孔:每10~15m宜设伸缩缝,基底土质变化处应设沉降缝,并按设计要求做好伸缩缝、沉降缝及泄水孔。

(7) 铺砌方法:采用干、浆砌片石时,不得大面平铺,石块应彼此交错搭接,不得松动。采用干、浆砌河卵石时,必须长方向垂直坡面,成横行栽砌牢固。采用铺砌混凝土预制块时,应按设计规格和要求检验合格后方可铺筑。就地浇筑混凝土板时,宜采取措施提高早期强度,混凝土表面应平整、光滑。

(三)抛石防护

1. 防护方法

抛石防护是指在路基坡脚处抛填片石,抵抗波浪和水流冲刷的防护措施,这种方法类似于在坡脚处设置护脚,亦称抛石垛,如图4-11所示。边坡抛石防护的应用很广,对于经常浸水且水较深地段的路基边坡防护及洪水季节防洪抢险更为常用。

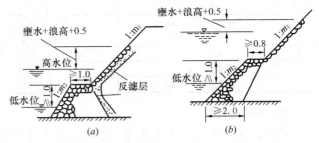

图4-11 石砌护坡示意图(单位:m)
(a)新堤石垛;(b)旧堤石垛

2. 施工要点

(1) 抛石体边坡坡度和石料粒径:根据水深、流速和波浪情况确定,石料粒径应大于300mm,宜用大小不同的石块掺杂抛投。坡度应不陡于抛石石料浸水后的天然休止角。

(2) 抛石厚度:宜为粒径的3~4倍;用大粒径时,不得小于2倍。

(3) 抛石石料:选用质地坚硬、耐冻且不易风化崩解的石块。

(4) 施工季节：抛石防护除特殊情况外，宜在枯水季节施工。

（四）石笼防护

1. 防护方法

石笼是用铁丝编织成框架，内填石料，设在坡脚处，防止急流和大浪破坏堤岸，也可用来加固河床，防止淘刷。石笼防护是较好的柔性体防护，如图4-12所示。铁丝石笼能经受较高流速的冲刷，一般可抵抗4～5m/s流速，体积大的可抵抗5～6m/s流速，允许波浪高1.5～1.8m的水流。

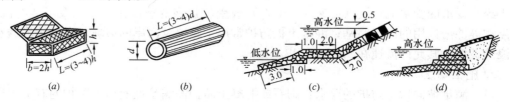

图4-12 石笼防护示意图（单位：m）
(a) 箱形笼；(b) 圆柱形笼；(c) 防止陶底；(d) 防护岸坡

在水流含有大量泥沙及基底地质良好的条件下，才宜采用石笼防护。石笼具有较好的柔性，当水流含有大量泥沙时，石笼中的空隙能很快淤满，而形成一整体防护层，其防护效果会更好些，但必须将各个铁丝石笼单元间彼此很好连接起来成为一个完整的柔性体。

2. 施工要点

（1）石笼形状：根据设计要求或根据不同情况和用途，合理选用石笼形状。

（2）石料要求：应选用浸水不崩解、不易风化的石料。

（3）基底处理：大致整平，必要时用碎石或砾石垫层找平。

（4）施工技术要求：石笼应做到位置正确，搭叠衔接稳固、紧密，确保整体性。

（5）石笼防护施工质量：需符合表4-7的规定。

石笼防护施工质量标准　　　　　　　　　　　表4-7

序号	检查项目	允许偏差	检查方法和频率
1	平面位置（mm）	符合设计要求	经纬仪：按设计图控制坐标检查
2	长度（mm）	不小于设计长度——300	尺量：每个（段）检查
3	宽度（mm）	不小于设计宽度——200	每个（段）量8处
4	高度（mm）	不小于设计	水准仪或尺量：每个（段）检查8处
5	底面高程（mm）	不高于设计	水准仪：每个（段）检查8点

二、间接防护

丁坝、顺坝均为导流构造物，是以改变水流方向为主的水工建筑物。在路基工程防护中采用导流构造物，使水流轴线方向偏离路基岸边，或减低防护处的流速，且促进其淤积，从而达到对路基的防护作用。施工导流建筑物时，应尽可能避免过多地压缩河床断面，否则，造成水位抬高，以至影响上下游路基、农田及建筑物安全。图4-13为桥梁附近设置导治结构物的总体图示例。

（一）丁坝防护

1. 防护方法

丁坝也称挑水坝，其长度方向与水流近似于正交或斜交，故称为丁坝。其作用是迫使水流改变方向,离开被防护的河岸。由于丁坝压缩水流断面,扰乱原来水流性质,坝头附近出现强烈局部冲刷,故不仅坝头的基础必须深埋,而且还需做平面防护。

2. 施工要点

(1) 制定合理的施工方案:施工前应制定合理的施工方案,合理安排工期,避免因工期过长引起农田、村庄、上下游路基冲刷。

(2) 丁坝坝头平面防护:一般宜选用浆砌片石、石笼等坚固耐用的防护类型。平面防护有长防护和坝头防护两种方法。

(3) 防护宽度:在迎水面可取2~4m,在背水面可取1~2m,对于长防

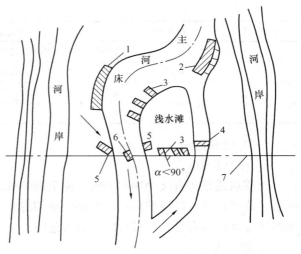

图4-13 导治结构物综合布置示意图
1—顺坝;2—格坝;3—挑水坝(丁坝);
4—拦水坝;5—导流坝;6—桥墩;7—路中线

护,坝头最宽,逐渐向坝根减窄;对坝头防护,其防护宽度等于坝长的0.3倍,且宽度不变窄。丁坝坝头附近尤其第一节丁坝受强烈局部冲刷和漂浮物强烈撞击更为严重,必须严控施工质量。

(4) 处理好结构物连接处:应处理好坝根与相连接的地层或其他防护设施的衔接。

(5) 合理设置丁坝间距:丁坝间的河岸或路基边坡所承受的允许流速小于水流靠岸回流流速时,应缩短坝距或对河岸及路基边坡采取防护措施。

(二)顺坝防护

1. 防护方法

顺坝与水流方向大致相同,主要作用是导流、束水、调整流水曲度、改善流态。顺坝根部是受水流冲击作用较重部位,应特别重视坝根部分与相连地层或其他防护设施的嵌接,确保施工质量。坝根附近的河岸应防护至上游不受斜向水流冲击处。

2. 施工要点

(1) 顺坝的设置:顺坝与上下游河岸的衔接,应使水流顺畅,起点应选择在水流匀顺的过渡段,坝根位置宜设在主流转向点的上方。

(2) 坝根:应牢固地嵌入稳定河岸内,坝根嵌入稳定河岸内的距离应符合设计要求,易受冲刷的河岸嵌入长度宜为3~5m,较坚实的河岸宜嵌入2m。坝根附近河岸应防护加固至上游不受水流冲击处。

(3) 丁坝、顺坝施工质量:需符合表4-8的规定。

导流工程施工质量标准　　　　　　　　　　　　　　　　　表4-8

序号	检查项目	允许偏差	检查方法和频率
1	砂浆强度(MPa)	不小于设计强度	每1工作台班2组试件
2	平面位置(mm)	30	经纬仪:按设计图控制坐标检查

续表

序号	检查项目		允许偏差	检查方法和频率
3	长度（mm）		不小于设计长度——100	尺量：每个检查
4	断面尺寸		不小于设计	尺量：检查8处
5	高程（mm）	基底	不大于设计	水准仪：检查8点
		顶面	±30	

（三）改移河道

1. 防护方法

改移河道是将直接冲刷路基的水流引向旁处。路基占用河槽后，需要拓宽河道、清除孤石、改移河道，以保护路基。改移河道切忌违背科学、盲目实施。必须经过充分的技术和经济论证，确有必要且可行时，方可进行。

2. 施工要点

（1）施工季节：改移河道工程应在枯水时期施工。一个旱季不能完成时，应采取防洪措施。

（2）施工顺序：河道开挖应先挖好中段，然后再开挖两端，确认新河床工程已符合要求后，方可挖通其上游河段。

（3）防止壅水：利用开挖新河道的土石填平旧河道时，在新河道通流前，旧河道应保持适当的流水断面。

（4）河床纵坡：通流时，改河上游进口河段的河床纵坡宜稍大于设计坡度。

（5）河床加固设施及导流构造物的施工：要合理安排施工程序，及时配套完成。

第四节 支挡结构施工

支挡结构包括挡土墙、边坡锚度、土钉支护和抗滑桩等。

一、挡土墙施工

挡土墙是为防止土体滑移而修筑的，主要承受侧向土压力的墙式结构物，其主要作用就是挡土，广泛应用于支撑路基边坡以及桥台、隧道洞口及河流堤岸等。

挡土墙施工前，应做好截、排水及防渗设施。在岩体破碎、土质松软或地下水丰富地段修建挡土墙，宜避开雨期施工。开挖基坑过程中，要对地质情况进行核对，与设计不符时，应及时处理。开挖宜分段跳槽进行，坑内积水应随时排干。采用倾斜基底时，基底标高应按设计控制，不得超挖填补。

基底检验合格后，及时进行下道工序施工。挡土墙端部伸入路堤或嵌入地层部分应与墙体同时砌筑。挡土墙顶应找平抹面或勾缝，其与边坡间的空隙应用黏土或其他材料夯填封闭。

挡土墙与桥台、隧道洞门连接应协调施工，必要时应加临时支撑，确保与墙相接的填方或山体的稳定。

（一）重力式挡土墙

1. 构造与支挡原理

重力式挡土墙由墙身（包括排水设施、沉降缝与伸缩缝）和基础构成。墙身一般用浆砌片石或块石砌筑，有时也采用干砌片石或混凝土修筑。重力式挡土墙依靠墙体自重承受侧向土压力，保持路基稳定。它结构简单，施工方便，墙身较重，对地基承载力要求较高。

2. 施工要点

（1）基础施工：清除基底表面风化、松软土石。对硬质岩石基坑中的基础，宜满坑砌筑。雨期在土质或易风化软质岩石基坑中砌筑基础时，在基坑挖好后及时封闭坑底。当基底设有向内倾斜的稳定横坡时，采取临时排水措施，辅以必要座浆，然后再砌筑基础。采用台阶式基础时，台阶与墙体连在一起同时砌筑，基底及墙趾台阶转折处不得砌成垂直通缝，砌体与台阶壁间的缝隙砂浆应饱满。基坑应随砌筑分层回填夯实，并在表面留3%的向外斜坡。

（2）墙身施工：墙身要分层错缝砌筑，砌出地面后基坑应及时回填夯实，并完成其顶面排水、防渗设施。伸缩缝与沉降缝内两侧壁应竖直、平齐，无搭叠，缝中防水材料按设计要求施工。泄水孔应在砌筑墙身过程中设置，确保排水畅通。在泄水孔的进口部分应设置反滤层以防阻塞孔道，在下层排泄水孔进口的底部应设隔水层以防水分下渗。当墙背填土透水性不良，或可能发生冻胀时，应在最低一排泄水孔至墙顶以下0.5m的范围内铺设厚度不小于0.3m的砂卵石排水层，如图4-14所示。要保证墙背反滤、防渗设施的施工质量。当墙身的强度达到设计强度的75%时，方可进行回填等工作。在距墙背0.5～1.0m以内，不宜用重型振动压路机碾压。

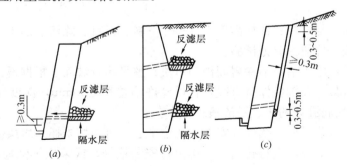

图4-14 泄水孔和排水层

（3）砌体挡土墙施工质量：需符合表4-9和表4-10的规定。

砌体挡土墙施工质量标准　　　　　　表4-9

序号	检查项目		允许偏差	检查方法和频率
1	砂浆强度（MPa）		不小于设计强度	每1工作台班2组试件
2	平面位置（mm）		50	经纬仪：每20m检查墙顶外边线5点
3	顶面高程（mm）		±20	水准仪：每20m检查2点
4	垂直度或坡度（%）		0.5	吊垂线：每20m检查4点
5	断面尺寸		不小于设计值	尺量：每20m量4个断面
6	底面高程（mm）		±50	水准仪：每20m检查2点
7	表面平整度（mm）	混凝土块、料石	10	2m直尺：每20m检查5处，每处检查竖直和墙长两个方向
		块石	20	
		片石	30	

干砌挡土墙施工质量标准　　　　　　　　　　表 4-10

序号	检查项目	允许偏差	检查方法和频率
1	平面位置（mm）	50	经纬仪：每 20m 检查 5 点
2	顶面高程（mm）	±30	水准仪：每 20m 检查 5 点
3	垂直度或坡度（％）	0.5	吊垂线：每 20m 检查 4 点
4	断面尺寸	不小于设计	尺量：每 20m 量 4 个断面
5	底面高程（mm）	±50	水准仪：每 20m 检查 2 点
6	表面平整度（mm）	50	2m 直尺：每 20m 检查 5 处，每处检查竖直和墙长两个方向

（二）锚杆挡土墙

1. 构造与支挡原理

锚杆挡土墙由肋柱、挡板（肋柱和挡板可预制）和锚杆构成，锚杆锚固在山体内拉住肋柱。一般常用于墙身较高的路堑墙或路肩墙。它是利用锚杆技术形成的一种挡土结构物。锚杆是受拉杆件，它的一端与工程结构物连接，另一端通过钻孔插入锚杆灌浆养护等工序被锚固在稳定的地层中，以承受土体对结构物所施加的侧向土压力，从而利用锚杆与地层间的锚固力来维持结构物的稳定。

2. 施工要点

（1）锚杆的加工与试验：锚杆需按设计尺寸下料、调直、除污、加工，并按照设计要求，在施工前做锚杆抗拔力验证试验。

（2）钻孔施工：施工前，清除岩面松动石块，整平墙背坡面。根据设计孔径及岩土性质合理选择钻孔机具。孔轴应保持直线，孔位允许偏差为±50mm，深度允许偏差为−10～+50mm。钻孔后将孔内粉尘、石渣清理干净。

（3）安装普通砂浆锚杆：锚杆应安装在孔位中心。对锚杆未插入岩层部分，按设计要求作防锈处理。有水地段，应将孔内的水排出再安装锚杆，或采用早强速凝药包式锚杆。砂浆要随拌随用，宜先插入锚杆然后灌浆，灌浆应采用孔底注浆法，灌浆管应插至距孔底50～100mm，并随水泥砂浆的注入逐渐拔出，灌浆压强宜不小于 0.2MPa。砂浆锚杆安装后，不得敲击、摇动。普通砂浆锚杆在 3 天内，早强砂浆锚杆在 12 小时内，不得在杆体上悬挂重物。必须待砂浆达到设计强度的 75％后方可安装肋柱和挡板。

（4）合理安排工序，均衡施工：安装挡板与墙背回填及墙背排水系统施工同步进行。

（三）加筋土挡土墙

1. 构造与支挡原理

加筋土挡土墙是由面板系、拉筋和填料组成的复合挡土结构，面板可预制，适合于缺乏石料地区及在较软弱地基上修筑路肩墙与路堤墙。

它是通过填料与筋体间的相互结合产生摩擦力抵抗土压力，以整体上形成一个类似于重力式挡土结构的结构物。支撑其后部土体传来的土压力和荷重，其作用原理与土钉支护相似，都是通过土体与筋体（钉体）的粘结而使土与筋相互结合，形成支挡结构。拉筋或钉体均不施加预应力，其工作状态皆是被动的，其面板结构受力较小、较薄。不同之处主要在于，土钉墙常用于挖方边坡，自上而下施工，土钉倾斜一定角度。加筋挡墙主要用于填方边坡，加筋条带一般水平放置。

2. 施工要点

（1）安装墙面板：安装直立式墙面板时，按不同填料和拉筋预设仰斜坡，仰斜坡一般为1∶0.02～1∶0.05，墙面不得前倾。

（2）拉筋的布置：拉筋表面要粗糙，并按设计布置呈水平铺设，当局部与填土不密贴时应铺砂垫平。钢拉筋与钢材外露部分应作防锈处理。连续敷设的拉筋接头应置于其尾部。拉筋尾端宜用拉紧器拉紧，各拉筋的拉力应大体均匀，但应避免拉动墙面板。

（3）墙背填土：拉筋锚固段宜采用粗粒土或改性土等填料。墙背填土必须满足设计压实度要求。填料的摊铺和碾压要从拉筋中部开始平行于墙面碾压，先向拉筋尾部逐步进行，然后再向墙面方向进行，严禁平行于拉筋方向碾压。

（4）填土分层厚度及碾压遍数：根据拉筋间距、碾压机具和密实度要求，通过试验确定，严禁使用羊足碾碾压。靠近墙面板1m范围内，应使用小型机具夯实或人工夯实，不得使用重型压实机械压实。

（5）聚丙烯土工带：当采用聚丙烯土工带时，拉带应平顺，不得出现打折、扭曲等现象，不得与硬质、棱角填料直接接触。

（6）施工观测：施工过程中随时观测加筋土挡土墙异常变化。

（四）锚杆挡土墙和加筋土挡土墙施工质量控制

锚杆挡土墙和加筋土挡土墙施工质量应符合表4-11、表4-12、表4-13、表4-14的规定。

筋带施工质量标准　　　　　　　　　　　　　　　　　　　　　　　表4-11

序号	检查项目	规定值或允许偏差	检查方法和频率
1	筋带长度	不小于设计	尺量：每20m检查5根（束）
2	筋带与面板连接	符合设计要求	目测：每20m检查5处
3	筋带与筋带连接	符合设计要求	目测：每20m检查5处
4	筋带铺设	符合设计要求	目测：每20m检查5处

锚杆、拉杆施工质量标准　　　　　　　　　　　　　　　　　　　　表4-12

序号	检查项目	规定值或允许偏差	检查方法和频率
1	锚杆长度	符合设计要求	尺量：每20m检查5根
2	锚杆间距（mm）	±20	尺量：每20m检查5根
3	锚杆与面板连接	符合设计要求	目测：每20m检查5处
4	锚杆防护	符合设计要求	目测：每20m检查10处
5	锚杆抗拔力	抗拔力平均值大于或等于设计值，最小抗拔力大于或等于0.9设计值	抗拔力试验：锚杆数量的1%，并不少于3根

面板预制、安装施工质量标准　　　　　　　　　　　　　　　　　　表4-13

序号	检查项目	规定值或允许偏差	检查方法和频率
1	混凝土强度（MPa）	不小于设计强度	每台班2组试件
2	边长（mm）	±5或0.5%边长	尺量：长宽各量1次，每批抽查20%

续表

序号	检查项目	规定值或允许偏差	检查方法和频率
3	两对角线差（mm）	10 或 0.7％最大对角线长	尺量：每批抽查 20％
4	厚度（mm）	+5，-3	尺量：检查 4 处，每批抽查 20％
5	表面平整度（mm）	4 或 0.3％边长	2m 直尺：长、宽方向各测 1 次，每批抽查 20％
6	预理件位置（mm）	5	尺量：检查每件，每批抽查 20％
7	每层面板顶高程（mm）	±10	水准仪：每 20m 抽查 5 组板
8	轴线偏位（mm）	10	挂线、尺量：每 20m 量 5 处
9	面板竖直度或坡度	+0，-0.5％	吊垂线或坡度板：每 20m 量 5 处
10	相邻面板错台（mm）	5	尺量：每 20m 面板交界处检查 5 处

注：面板安装以同层相邻两板为一组。

锚杆和加筋土挡土墙总体施工质量标准 表 4-14

序号	检查项目		规定值或允许偏差	检查方法和频率
1	墙顶和肋柱平面位置（mm）	路堤式	+50，-100	经纬仪：每 20m 检查 5 处
		路肩式	±50	
2	墙顶和柱顶高程（mm）	路堤式	±50	水准仪：每 20m 测 5 点
		路肩式	±30	
3	肋柱间距（mm）		±15	尺量：每柱间
4	墙面倾斜度（mm）		+0.5％H 且不大于 +50，-1％H 且不小于 -100，见注	吊垂线或坡度板：每 20m 测 4 处
5	面板缝宽（mm）		10	尺量：每 20m 至少检查 5 条
6	墙面平整度（mm）		15	2m 直尺：每 20m 测 5 处，每处检查竖直和墙长两个方向
7	墙背填土：距面板 1m 范围内的压实度（％）		90	每 100m 每压实层测 2 处，并不得少于 2 处

注：平面位置和倾斜度"+"指向外，"-"指向内，H 为墙高。

二、边坡锚固防护施工

（一）构造与支挡原理

边坡锚固是指通过钻孔将钢绞线、高强度钢丝或钢筋固定于深部稳定的地层中，并在被加固边坡表面通过张拉对锚索（杆）施加预应力，从而限制被加固边坡的变形，改善岩土体内部应力状况，增加其稳定性。

预应力锚固技术的最大特点是尽可能少地扰动被锚固的土体或岩体，并通过锚固措施合理地提高可利用岩土体的强度，是一种高效经济的加固技术。

（二）施工要点

1. 一般原则

（1）施工组织设计：边坡锚固技术是一种发展中的加固技术，工序复杂，制约因素多，且属于隐蔽工程，施工前应进行仔细调查，认真做好施工组织设计。施工时应将开挖的岩土情况与勘测设计资料进行对比，发现出入较大时，应及时上报采取处治措施，以确保锚固工程安全可靠。

(2) 边坡修整：破碎且不平整的边坡，必须将松散的浮石和岩渣清除，用浆砌片石填补空洞，对坡面缝隙进行封闭处理。边坡修整后应平整、密实，无溜滑体、蠕变体和松动岩体。

(3) 施工要求：边坡开挖和钻孔过程中，应对岩性及构造进行编录和综合分析，与设计相比出入较大时，应按规定处理。按有关规定堆放修整边坡的弃渣，不得污染环境。钢筋制作与安装应符合现行《公路桥涵施工技术规范》的规定。浇筑混凝土时，模板应加支撑固定。

2. 锚杆施工

(1) 严格控制施工工艺：锚杆组装时其自由段必须按设计要求做好防腐处理和定位处理。注浆是锚杆施工中的重要环节，注浆质量直接影响锚杆的承载力，因此，注浆施工应严把浆、材质量，浆液性能，浆液工艺和注浆质量关。

(2) 注浆方法：采取先注后插时，注浆管头部制成45°斜口，注浆时将注浆管插至孔底，且随注浆体的注入匀速拔出注浆管。注浆体到达距孔口200～300mm时，停止注浆。孔深小于3m时，宜采用先注浆后插锚杆的施工工艺。注浆时，浆体除孔口200～300mm外，应均匀充满全孔。锚杆插入后应居中固定。杆体外露部分应避免敲击、碰撞，3天内不得悬吊重物，3天后才可安装垫板。当孔深大于3m时按本节锚杆挡土墙施工的相关要求进行施工。

3. 预应力锚索施工

(1) 钢绞线：严禁使用有机械损伤、电弧烧伤和严重锈蚀的钢绞线。严禁将钢绞线及锚索直接堆放在地面或露天储存，避免受潮、受腐蚀。

(2) 成孔测量：当岩质较差，要求对成孔斜误差严格控制时，可采用孔斜仪进行量测，孔斜不宜超过1/100。

(3) 试验：施工前应按设计要求进行预应力锚索的锚固性能基本试验，确定施工工艺。

(4) 锚索束制作和安装：锚索束制作宜在现场厂棚内进行，下料应采用机械切割，严禁用电弧切割。普通锚索束必须进行清污、除锈处理。按设计要求安装锚固段锚索束，使锚索束必须顺直地安放在钻孔中心。在锚索入孔前，必须校对锚索编号与孔号是否一致，做好标记。

(5) 锚固端灌浆：放入锚索束后应及时灌浆。无粘结锚索孔灌浆宜一次注满锚固段和自由段。灌浆要饱满、密实。

(6) 锚索张拉：按设计要求进行，张拉设备必须按规定配套标定，标定间隔期不宜超过6个月。拆卸检修的张拉设备或压力表经受强烈撞击后，都必须重新标定。孔内砂浆的强度未达到设计强度的75%时，不得进行张拉。锚索张拉采用张拉力和伸长值进行控制，用伸长值校核应力，当实际伸长值大于计算伸长值的10%或小于5%时，应暂停张拉，查明原因并处理后，可继续张拉。锚索锁定后，在48小时内若发现有明显的预应力松弛时，应进行补偿张拉。

(7) 封孔：封孔灌浆应在锚索张拉、检测合格、锁定后进行。封孔灌浆时，将进浆管插到底，灌浆必须饱满。封孔灌浆后，锚头部分应涂防腐剂，并按设计要求及时进行封闭。

4. 施工质量控制

边坡锚固防护施工质量应符合表 4-15 的规定。

边坡锚固防护施工质量标准　　　　表 4-15

序号	检查项目	规定值或允许偏差	检查方法和频率
1	混凝土强度（MPa）	不小于设计强度	每台班 2 组试件
2	注浆强度（MPa）	不小于设计强度	每台班 2 组试件
3	钻孔位置（mm）	100	钢尺：逐孔检查
4	钻孔倾角、水平方向角	与设计锚固轴线的倾角、水平方向角偏差为±1°	地质罗盘仪：逐孔检查
5	锚孔深度（mm）	不小于设计	尺量：抽查 20%
6	锚杆（索）间距（mm）	±100	尺量：抽查 20%
7	锚杆拔力（kN）	拔力平均值大于或等于设计值，最小拔力大于或等于 0.9 设计值	拔力试验：锚杆数 1%，且不少于 3 根
8	喷层厚度（mm）	平均厚大于或等于设计厚，60%检查点的厚度大于或等于设计厚，最小厚度大于或等于 0.5 设计厚，且不小于设计规定	尺量（凿孔）或雷达断面仪：每 10m 检查 2 个断面，每 3m 检查 2 点
9	锚索张拉应力（MPa）	符合设计要求	油压表：每索由读数反算
10	张拉伸长率（%）	符合设计要求；设计未规定时采用±6	尺量：每索
11	断丝、滑丝数	每束 1 根，且每断面不超过钢线总数的 1%	目测：逐根（束）检查

三、土钉支护施工

（一）构造及支挡原理

土钉支护又称土钉墙技术，它是在原位土体中布设密集的钢杆或其他高强度材料杆体（称做土钉），并在岩土体表面构筑面层结构。通过土钉、面层和原位土体三者共同作用，提高原位岩土体的"视凝聚力"及其强度，使被加固土体形成地层岩性与原来大为不同的复合材料"视重力式挡土墙"的支护体系。

目前，土钉墙已广泛应用于基坑支护和边坡加固中。土钉墙与喷锚网支挡结构有很多相似之处，特别是以喷射混凝土做面层的钻孔注浆式土钉墙，均有喷射混凝土面层，为钻孔注浆式，属柔性支护等。但是，两者亦有不同之处。首先，锚杆密度小，每个杆件都是重要受力部件；而土钉密度大，它靠土钉群与土体相互作用形成。另外，土钉墙一般高度在 30m 以下边坡，需分设台阶，每阶台阶高度不超过 12m，喷锚网可不受高度限制。

土钉支护适用于有一定黏性的硬黏土，有一定胶结的黏土、砂土或有一定自稳能力的岩土，对于松散的砂土、黏土以及地下水丰富等地质不良土体，不宜采用。土体松散、其抗剪强度低，不能给土钉足够的抗拔力；土体松软和含水量高，边坡的喷射面层难以形成，应采用复合土钉支护。

土钉挡土结构一般用于挖方边坡的临时支护以及路堑或路堤的永久支护，也可用于桥台结构挡土支护。土钉加筋边坡支护一般用于加固平缓边坡，也可用于增加原有边坡或开挖后边坡的稳定性。复合土钉支护一般用于永久性的公路工程。

(二) 施工要点

1. 一般原则

(1) 开挖、成孔等过程中应随时观察地质、位移的变化，发现异常应及时采取措施。大型土钉支护工程应进行施工监控。

(2) 施工中应采取有效措施加强安全防护，严禁大爆破、大开挖。

(3) 土钉支护工程的排水系统对工程质量、稳定性和使用寿命具有重要意义，在施工过程中应特别重视水的作用和影响，必须在地表和支护内部布设施工排水系统，以疏导地表水和地下水。

(4) 施工的地表排水一般宜在距边坡顶部 3～5m 范围内开挖一截水沟。当设计图要求边坡顶有永久性排水沟时，施工排水沟宜与永久排水沟合建。

(5) 当地下水源丰富，流量较大时，在支护施工的作业面上难以成孔和形成喷射混凝土面层时，应在施工前降低地下水水位，并在地下水位以上进行支护施工。

2. 坡面开挖

(1) 坡面开挖应根据设计和实际地质情况确定分层深度及工作顺序。在完成上层作业面的土钉与喷射混凝土以前，严禁进行下一层深度的开挖。一次开挖深度不得大于设计中规定的边坡临界自稳高度，一次开挖长度也不得大于设计中规定的临界自稳长度。

(2) 边坡开挖应保证修正后的裸露边坡能在规定的时间保持自立，水平分段一般可取 10～20m。进行切削、清坡宜用小型机具或铲锹。

(3) 对于边坡变形过大、变形速率过快、位移不收敛，边坡出现开裂、沉陷等险情时，可视具体情况选用应急措施：坡脚临时堆载反压；坡顶卸土减载，并严格控制卸载程序；做好临时排水、封面处理；对支护结构临时加固；加强险情的监测。

(4) 进行土方开挖作业时，应保证边坡平整并符合设计坡率，严禁边壁出现超挖或造成边壁土体松动。

(5) 开挖面有软弱土层且垂直开挖时，应严格控制开挖高度和长度，开挖前应超前支护，开挖后应快速封闭。

(6) 对已塌方的边坡处理：一般性较小塌方，应先对塌方部分的松散土体进行加固或清除，再进行边坡开挖支护；对软土大塌方一般应在松散土体中采用击入钢管注浆加固或击入竹（木）桩加固，当条件允许时也可采取深层搅拌桩加固等。

3. 土钉施工

(1) 施工前应按设计要求对土钉进行现场抗拉拔力验证试验。

(2) 钻孔机具选用主要根据支护边坡的土性考虑。钻孔完成后，将孔内残浆、残渣等杂物清除干净。

(3) 安装土钉钢筋时，连同注浆排气管按要求一并送入钻孔内。为增加土钉支护的使用寿命，必要时对土钉进行防锈处理。

(4) 孔内注浆应饱满，浆体强度应符合设计要求。土钉孔注浆用砂应选用粒径小于

2mm 的中、细砂,使用前须过筛,严防石块、杂物混入,砂的含泥量不大于 3%,土钉孔注浆应饱满。

4. 喷射混凝土施工

(1) 喷射混凝土配合比应通过试验确定,所采用的砂、石子规格和质量应符合规定要求。喷射混凝土用砂应为中砂,细度模数大于 2.5,其颗粒级配应满足表 4-16 的要求。用于喷射混凝土的石子应为坚硬的卵石或碎石,最大粒径不宜超过 15mm,其级配应符合表 4-17 的要求。水灰比不宜大于 0.45,混凝土强度应符合设计要求。

喷射混凝土用砂的颗粒级配　　　　　　　　　　表 4-16

筛孔尺寸(mm)	5	2.5	1.2	0.6	0.3	0.15
通过质量百分率	100	80~100	50~85	25~60	10~30	2~10

喷射混凝土用石子的颗粒级配　　　　　　　　　　表 4-17

筛孔尺寸(mm)	15	10	5	2.5	1.2
通过质量百分率	100	80~100	10~30	0~10	0~5

注浆用水或混凝土用水不得使用污水和 pH 值小于 4 的酸性水,不应含有影响混凝土质量的有害杂质。

(2) 混凝土喷射厚度,临时支护厚度不宜小于 60mm,永久支护厚度不宜小于 80mm,永久支护面钢筋的喷射混凝土保护层厚度应不小于 50mm。

(3) 混凝土喷射每一层应自下而上进行。当混凝土厚度大于 100mm 时,应分两次喷射,在第二次喷射混凝土作业前,应清除结合面上的浮浆和松散碎屑。面层表面应抹平、压实修整。

(4) 喷射混凝土面层应在长度方向上每 30m 设伸缩缝,缝宽 10~20mm。

(5) 土钉喷射混凝土除符合现行《公路路基施工技术规范》的要求外,还应满足现行《锚杆喷射混凝土支护技术规范》的要求。

5. 地梁、网格梁施工

地梁、网格梁槽施工应根据地质条件,确定合理开挖顺序及方案。土钉钢筋与网格梁受力钢筋应连接牢固。要对地梁、网格梁及时养护。

6. 施工质量控制

土钉支护施工质量应符合表 4-18 的规定。

土钉支护质量标准　　　　　　　　　　表 4-18

序号	检测项目	质量标准	检测频率和检测方法
1	水泥(砂)浆强度	满足设计要求	每工作班 1 组试件
2	喷射混凝土强度	满足设计要求	100m³ 一组抗压试件,不足 100m³ 留一组抗压试件
3	水泥混凝土强度	满足设计要求	每工作台班 2 组试件
4	钢筋网网格	±10mm	抽检
5	钢筋网连接	绑接长度应不小于一个网格间距或 200mm,搭焊焊缝长不小于网筋直径的 10 倍	抽检

续表

序号	检测项目	质量标准	检测频率和检测方法
6	土钉抗拔力	平均值不小于设计值,低于设计值的土钉数小于20%,最低抗拔力不小于设计值的90%	见注
7	土钉间距、倾角、孔深	孔位不大于150mm,钻孔倾角不大于2°,孔径:+20、-5mm,孔深:+200、-50mm	工作土钉的3%,钢尺、测钎和地质罗盘仪量测
8	喷射混凝土面层厚度	允许偏差-10mm	每10m长检查一个断面,每3m长检查一个点。钻孔取芯或激光断面仪测量
9	网格梁、地梁、边梁	外观平整,无蜂窝麻面,尺寸允许偏差+10mm,-5mm	每100m² 检查一个点,钢尺量测

注:土钉抗拔力检测按工作土钉总数量的1%进行抽检,且不得少于3根;抽检不合格的土钉数量超过检测数量的20%时,将抽检的土钉数增大到3%;如仍有20%以上的土钉不合格,则该土钉支护工程为不合格工程,应采取处理措施。

四、抗滑桩施工

(一)构造与支挡原理

抗滑桩是将一定规格的桩体埋于稳定地层中,依靠桩和桩周岩土体的相互嵌制作用来承受土体的下滑力,使得变形体得以稳定,属于一种被动受力型支挡结构,是防治滑坡的一种有效结构物,主要适用于具有明显活动面,且具有一定位移的滑坡治理工程。

路基边坡加固用抗滑桩,常采用人工挖孔钢筋混凝土结构桩。与其他滑坡防治措施如减载、挡土墙等相比,其主要优点是抗滑能力大、工程量小。在滑坡推力大、滑动面深的情况下,较其他抗滑结构节约投资、可靠。并且施工设备简单,工程进度快,施工质量好。

(二)施工要点

1. 施工组织及准备

(1)桩的设置,必须满足滑坡体必须达到规定的安全值,保证滑坡体不越过桩顶或桩间滑走,不产生新的深层滑动。

(2)滑面位置是计算滑坡推力、确定桩体结构的主要依据,施工中要加以核实,并对岩性进行编录。

(3)桩基开挖过程中,应随时核对滑动面情况,及时进行岩性资料编录,当其实际情况与设计不符时,应进行处理。

(4)施工宜在旱季进行。雨期施工时,孔口应搭雨棚,做好锁口,孔口地面上加筑适当高度的围埝。

(5)备好各项工序的机具、器材和井下排水、通风、照明设施,落实人员配备、施工组织计划。

(6)整平孔口地面,设置地表截、排水及防渗设施。

(7)监测滑坡的变形、移动。

2. 开挖及支护

（1）应分节开挖，每节高度宜为0.6～2.0m，分节不宜过长，不得在土石层变化处和滑动面处分节，挖一节立即支护一节。

（2）护壁应经过设计计算确定，应考虑到各种不利情况。护壁混凝土应紧贴围岩灌注，灌注前应清除孔壁上的松动石块、浮土。围岩较松软、破碎、有水时，护壁宜设泄水孔。

（3）开挖应在上一节护壁混凝土终凝后进行，护壁混凝土模板的支撑应在混凝土强度达到能保持护壁结构不变形后方可拆除。

（4）在围岩松软、破碎和有滑动面的节段，应在护壁内顺滑动方向用临时横撑加强支护，并经常观察其受力情况，及时进行加固。

（5）开挖桩群应从两端沿滑坡主轴间隔开挖，桩身强度不低于75％时可开挖邻桩。

（6）弃渣严禁堆放在滑坡范围内。

3.灌注桩身混凝土及桩身周围结构施工

（1）灌注前，应检查断面净空、清洗混凝土护壁。

（2）钢筋笼搭接接头不得设在土石分界和滑动面处。

（3）为了避免出现较弱的施工缝，保证混凝土的整体性和强度，并加快施工速度，桩体灌注混凝土必须连续进行。

（4）桩间支挡结构及与桩相邻的挡土、排水设施等，均应按设计要求与抗滑桩正确连接，配套完成。

4.桩板式抗滑挡墙

（1）桩身混凝土应达到设计强度后方可安装挡土板，挡土板安装时，应边安装边回填，并作好施工板后排水设施。

（2）当桩间为土钉墙或喷锚支护时，桩间土体应分层开挖、分层加固；当锚固桩上部设有多排锚索（杆）时，应待上一排锚索（杆）施工完成后，才可开挖下一层的桩前土体。

（3）对于锚索（杆）桩板式路堤挡土墙，要严格控制墙背填土的压实度，压实时不得直接碾压锚索（杆）。

5.施工质量控制

抗滑桩施工质量应符合表4-19的规定。

抗滑桩施工质量标准　　　　　　　　表4-19

序号	检测项目		质量标准	检测频率和检测方法
1	混凝土强度（MPa）		满足设计要求	每1工作台班2组试件
2	桩长（m）		不小于设计	测绳量：每桩测量
3	孔径或断面尺寸（mm）		不小于设计	探孔器：每桩测量
4	桩位（mm）		±100	经纬仪：每桩测量桩检查
5	竖直度（mm）	钻孔桩	1％桩长，且不大于500	测壁仪或吊垂线：每桩检查
		挖孔桩	0.5％桩长，且不大于200	吊垂线：每桩检查
6	钢筋骨架底面高程（mm）		±50	水准仪：测每桩骨架顶面高程后反算

第五节 排水系统施工

水是造成路基病害的主要因素之一。施工前,校核全线排水设计是否完善、合理,必要时提出补充和修改意见,使全线的沟渠、管道、桥涵组合成完整的排水系统。先完成临时排水设施,临时排水设施应尽量与永久排水设施相结合,排水方案应因地制宜、经济实用。施工期间,应经常维护临时排水设施,保证水流畅通。

路堤施工中,各施工作业层面设 2‰~4‰ 的排水横坡,层面上避免有积水,并采取措施防止水流冲刷边坡。路堑施工中,及时将地表水排走。施工中认真记录地下水情况并及时反馈。

一、地表排水设施施工

(一) 边沟

边沟是在路基两边建造的人工沟渠,用于汇集和排除路基范围内和流向地基的少量地面水,为路基排水的最基本设施,施工严格按设计要求完成。设计没有规定时,边沟深度不小于 400mm,底宽不小于 400mm。在季节性冻土地区,路基边沟沟底低于路床顶面不小于 0.3m,沟底纵坡一般不小于 0.75%,土质边沟底面和侧面宜采用浆砌体铺筑。中重冻地区高等级公路不宜用矩形暗沟式边沟。施工中要保证边沟沟底纵坡衔接平顺。当土质地段的边沟纵坡大于 3% 时,采取加固措施。边沟的断面形式如图 4-15 所示。

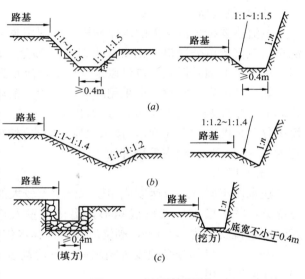

图 4-15 边沟断面形式
(a) 梯形;(b) 三角形;(c) 矩形

(二) 截水沟

截水沟是位于山坡上的人工沟渠,又称天沟,用于拦截并排除路基上方流向路基的地面径流,如图 4-16 所示。截水沟应安排先施工,并与其他排水设施衔接平顺。同时按设计要求对地质不良地段、土质松软路段、透水性大或岩石裂隙较多地段的截水沟沟底、沟壁、出水口进行加固处理,在山坡上方一侧的砌体与山坡土体连接处,应严格进行夯实和防渗处理,防止水流渗漏和冲刷。

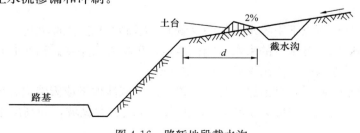

图 4-16 路堑地段截水沟

截水沟在转折处应以曲线连接，沟底纵坡不应小于 0.5%，以免水流停滞。截水沟内的水流应避免流入边沟，而是将水流排入自然沟渠或直接引入到桥涵进口处，以防止在山坡上任其自流，造成冲刷。

季节性冰冻地区，土质截水沟底面和侧面应采用浆砌体铺筑。设置拦水埂的参考技术参数为：内缘距坡顶边线 1.0～1.5m，顶宽 0.5～0.7m，高度 0.4～0.6m，边坡坡度 1∶1.5。

（三）排水沟

排水沟是将路基范围内的水引至桥涵或其他地点的人工沟渠。施工要保持线形平顺，转弯处宜为弧线形。排水沟的出水口水流较急，应设置跌水和急流槽将水流引出路基或引入排水系统。要合理控制排水沟的长度，以免流量过大造成漫溢。

（四）急流槽

急流槽要抵御流速大的水流冲刷，必须用浆砌片石、水泥混凝土预制块或水泥混凝土浇筑。急流槽可分进口、槽身、出口三个部分，槽底宜砌成粗糙面，用以消能和减少流速。进水口的喇叭形簸箕口可以很好地汇集流水到槽口。

如设计没有规定时，可采用断面尺寸为：槽底厚度 200～400mm，槽壁厚度为 300～400mm，槽宽最小为 250mm。片石砌缝应不大于 40mm，砂浆饱满，槽底表面粗糙。急流槽分节长度宜为 5～10m，接头处应用防水材料填缝。混凝土预制块急流槽，分节长度宜为 2.5～5.0m，接头采用榫接。

（五）跌水

跌水用于缓解水流速度或用于水流落差较大的情况，其构造可分为进口、台阶、出口三部分，跌水槽身一般砌成矩形，沟槽槽壁及消力池的边墙厚度，浆砌片石为 250～400mm，混凝土为 200mm，高度应高出计算水位，并且不小于 200mm，槽底厚度为 250～400mm，出口部分必须设置隔水墙。台阶高度应小于 600mm，每阶高度与长度之比应与原地面坡度相协调。

（六）蒸发池

平原地区排水较困难，挖成取土坑后其底部原地面低，排水更困难。以取土坑作为蒸发池，在雨水较少地区是一种较好的经济选择。

蒸发池与路基之间的距离应满足路基稳定要求。湿陷性黄土地区，蒸发池与路基排水沟外缘的距离应大于湿陷半径。设置蒸发池应避免使附近地基泥沼化或对周围生态环境产生不利影响。蒸发池池底设 0.5% 的横坡，入口处与排水沟平顺连接，对蒸发池四周应进行围护。

二、地下排水设施施工

（一）暗沟（管）

暗沟（管）是地面以下引导水流的沟（管），无渗水和汇水的功能。沟底如不埋入不透水层内，则沟底以下含水层的来水不能被截走，仍将渗入路基。沟底必须埋入不透水层内，沟壁最低一排渗水孔应高出沟底至少 200mm。

暗沟设在路基旁侧时，宜沿路线方向布置；设在低洼地带或天然沟谷处时，宜顺山坡的沟谷走向布置。沟底纵坡应大于 0.5%，出水口处应加大纵坡，并高出地表排水沟常水位 200mm 以上。

寒冷地区的暗沟应按照设计要求做好防冻保温处理，出口处也应进行防冻保温处理，坡度宜大于5%。寒冷地区的排水暗沟不应用明沟拦截地下水，以免冻结，失去排水作用。

暗沟采用混凝土或浆砌片石砌筑时，在沟壁与含水层接触面以上高度，应设置一排或多排向沟中倾斜的渗水孔，沟壁外侧应填筑粗粒透水性材料或土工合成材料形成反滤层。沿沟槽底每隔10~15m或在软硬岩层分界处应设置沉降缝和伸缩缝。沉降缝可使不均匀沉降或伸缩位移限制在设缝处，缝中应填塞沥青麻絮或浸透沥青的木板或土工合成弹性材料，不致漏水。沉降缝和伸缩缝一般设在同一个位置，二者合一。

暗沟顶面必须设置混凝土盖板或石料盖板，板顶上填土厚度应大于500mm。

（二）渗沟

渗沟用渗透的方式汇集地下水，并通过沟底通道将水排至指定地点。可埋设于路基边沟下面、边坡上或横穿路基。若流水量大，可在填石中或在路基边坡上设置水管等，增大排水量。常见的渗沟有填石渗沟（暗沟式渗沟）、管式渗沟和洞式渗沟。各类渗沟均应设置排水层、反滤层和封闭层。

1. 填石渗沟

所用石料应洁净、坚硬、不易风化。砂宜采用中砂，含泥量应小于2%，严禁用粉砂、细砂。渗水材料的顶面（指封闭层以下）不得低于原地下水位。当用于排除层间水时，渗沟底部应埋置在最下面的不透水层。在冰冻地区，渗沟埋置深度不得小于当地最小冻结深度。填石渗沟纵坡不宜小于1%。出水口底面标高应高出渗沟外最高水位200mm。

2. 管式渗沟

管式渗沟是常用的地下排水设施。渗沟的横断面为梯形或矩形，沟壁坡度随沟深而减缓。图4-17为管式渗沟构造示意图。为保证沟内的回填料有良好的透水性，并且在沟内水流渗入排水管时不发生堵塞管上的槽孔，必须控制回填材料的级配组成（开级配）和细颗料的含量。

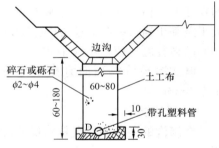

图4-17 管式渗沟（尺寸单位：cm）

带孔的排水管其圆孔直径宜为5~10mm，纵向间距为75mm，按对称的4排或6排设在圆管断面的下半截。带槽排水管槽宽为3~5mm（沿管长方向）。沿圆周方向的长度和槽口的间距应满足表4-20以及图4-18的要求。

带槽孔排水管的槽孔布置要求　　表4-20

管孔 mm	圆孔			槽口		管孔 mm	圆孔			槽口	
	排数	H (mm)	L (mm)	长度 mm	间距 mm		排数	H (mm)	L (mm)	长度 mm	间距 mm
150	4	70	98	38	75	300	6	140	195	75	150
200	4	94	130	50	100	380	6	175	244	75	150
250	4	116	164	50	100	460	6	210	294	75	150

当管式渗沟长度大于100m时，应在其末端设置疏通井，并设横向泄水管，分段排除地下水。泄水孔应在管壁上交错布置，间距不宜大于200mm。渗沟顶标高应高于地下水

位。管节宜用承插式柔性接头连接。

3. 洞式渗沟

在盛产石料地区可采用洞式渗沟，在路基范围外拦截地下水。盖板间留有20mm的缝隙，在盖板顶上铺以透水的土工织物。渗沟的迎水面处应设置多层反滤层，每层由150～250mm厚的粒料组成，其级配组成应满足反滤层要求和排水要求。图4-19为洞式渗沟构造示意图。

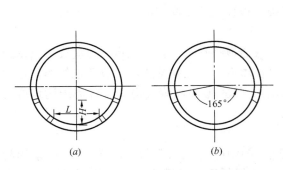

图4-18 带槽孔排水管的圆孔和槽口布置
(a) 带孔排水管；(b) 带槽排水管

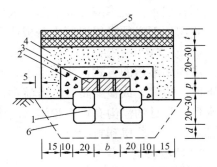

图4-19 洞式渗沟（尺寸单位：m）
1—浆砌块石；2—碎石；3—盖板；4—砂；
5—双层反铺草皮或土工布；6—基础

排水垫层集料应满足下列要求：通过率为15%的粒径应不小于路基土通过率为15%的粒径的5倍，并不大于路基土通过率为85%的粒径的5倍。通过率为50%的粒径应不大于路基土通过率为50%的粒径的25倍。不均匀系数（指通过率60%的粒径与通过率为10%的粒径之比值）不大于20。

洞式渗沟填料顶面宜高于地下水位。洞式渗沟顶部必须设置封闭层，厚度应大于500mm。

4. 反滤层

在渗沟的迎水面设置粒料反滤层时，粒料反滤层应用颗粒大小均匀的碎、砾石，分层填筑。

土工布反滤层采用缝合法施工时，土工布的搭接宽度应大于100mm。铺设时应紧贴保护层，但不宜拉得过紧。土工布破损后应及时修补，修补面积应大于破坏面积的4～5倍。

无砂混凝土块反滤层用在卵石、砾石、粗中砂含水层中效果良好。无砂混凝土是由水泥浆和粗集料（级配碎石或砾石）粘结在一起而且有透水孔隙的圬工块体。配制时注意要点如下：

（1）粗集料要坚硬致密，粒径大渗透系数大。
（2）水泥用量大则强度高，但渗透系数小。
（3）每次浇筑混凝土时宜用扒平后轻轻插入的捣固方法，若过重会减弱其透水性能。投掷高度不宜超过1m，过高投掷会造成水泥浆与石子离析。养护温度宜保持在10～20℃。
（4）应进行透水能力的试验。
（5）无砂混凝土的试验数据如表4-21所示，可供参考。

无砂混凝土试验结果汇总表 表 4-21

集料粒径(mm)	灰石比重量比	水灰比重量比	水泥用量(kg/m³)	混凝土重度(kN/m³)	平均强度(MPa)				平均渗透系数	含水层
					龄期天	抗压	抗弯	对钢筋的粘结力		
10～20	1:6	0.38	253	18.7	32	9.14	1.17	1.12	2240	卵石、砾石、粗砂
5～10	1:6	0.42	253	18.7	30	11.72	1.72	1.27	1410	粗砂、中砂
3～5	1:6	0.46	247	18.4	30	8.54	1.51	1.58	337	中砂、细砂

坑壁土质为黏性土或粉细砂土，采用无砂混凝土板作反滤层时，在无砂混凝土板的外侧，应加设 100～150mm 厚的中粗砂或渗水土工织物反滤层。

5. 渗沟施工要点

渗沟基底应埋入不透水层，沟壁的一侧应设反滤层汇集水流，另一侧用黏土夯实或浆砌片石拦截水流。如渗沟沟底不能埋入不透水层时，两侧沟壁均应设置反滤层。

渗沟顶部应设置封闭层，防止泥砂浸入反滤层和防止地面水进入渗沟。封闭层宜采用浆砌片石或干砌片石水泥砂浆沟缝，寒冷地区应设保温层，并加大出水口附近纵坡。保温层可采用炉渣、砂砾、碎石或草皮等。

渗沟宜从下游向上游开挖，使开挖后的沟槽立即做成渗沟，使地下水从渗沟中排走。开挖作业面应根据土质选用合理的支撑形式，并应随挖随支撑、及时回填，不可暴露太久。支撑渗沟应分段间隔开挖。

（三）渗井

填充料含泥量应小于5%，按单一粒径分层填筑，不得将粗细材料混杂填塞。下层透水层范围内宜填碎石或卵石，上层不透水范围内宜填砂或砾石。井壁与填充料之间应设反滤层。渗井顶部四周用黏土填筑围护，井顶应加盖封闭。渗井开挖应根据土质选用合理的支撑形式，并应随挖随支撑、及时回填。

渗井的排水填充材料和反滤层的施工方法通常用铁皮套筒分离，填入不同粒径的材料，随着填料的增高，再逐段拔除铁皮套筒。由于排水渗井易于淤塞、造价高，一般不选用。

三、路面排水系统施工

（一）路面表面排水

路面表面排水的主要任务是迅速把降落在路面和路肩表面的降水排走，以免造成路面积水而影响行车安全。

当路基横断面为路堑时，横向排流的表面水汇集于边沟内。当路基横断面为路堤时，可采用两种方式排除路面表面水：一种是让路面表面水以横向漫流的形式向路堤坡面分散排放；另一种方式是在路肩外侧边缘放置拦水带，将路面表面水汇集在拦水带同路肩铺面（或者路肩和部分路面铺面）组成的浅三角形过水断面内，然后通过相隔一定间距设置的泄水口和急流槽集中排放至路堤坡脚外。两种排水方式的选择，主要依据表面水是否对路堤坡面造成冲刷危害。在汇水量不大、路堤不高、路线纵坡平缓、坡面耐冲刷能力强的情况下，应优先采用横向漫流分散排放的方式。而在表面水有可能冲刷路堤坡面的情况下，则采用将路面表面水汇集在拦水带内，通过泄水口和急流槽集中排放的方式。

（二）中央分隔带排水

中央分隔带排水是高速公路及一级公路地表排水的重要内容，应根据分隔带宽度、绿化和交通设施的形成和分隔带表面的处理方式等因素选择不同的排水方式。中央分隔带排水方式分为三种类型：

（1）宽度小于3m且表面采用铺面封闭的中央分隔带排水，降落在分隔带上的表面水排向两侧行车道，其坡度与路面的横坡度相同；在超高路段上，可在分隔带上侧边缘处设置缘石或泄水口，或者在分隔带内设置缝隙式圆形集水管或蝶形混凝土浅沟和泄水口，如图4-20所示，用来拦截和排泄上侧半幅路面的表面水。

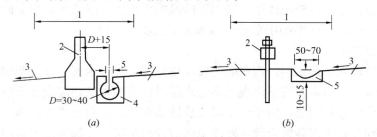

图4-20 超高路段上设置缝隙式圆形集水管或蝶形混凝土浅沟（尺寸单位：cm）
(a) 缝隙式圆形集水管；(b) 蝶形混凝土浅沟
1—中央分隔带；2—护栏；3—铺面；4—缝隙式圆形集水管；5—蝶形混凝土浅沟

（2）宽度大于3m且表面未采用铺面封闭的中央分隔带排水，降落在分隔带上的表面水汇集在分隔带中央的低洼处，并通过纵坡排流到泄水口或横穿路界的桥涵水道中。

（3）表面无铺面且未采用表面排水措施的中央分隔带，降落在分隔带上的表面水下渗，由分隔带内的地下排水设施排除。

（三）路面内部排水系统

水可以通过路面接缝、裂缝、路面表面和路肩渗入路面，或是由高水位地下水、截断的含水层和当地泉水进入路面结构。因此，要设置路面内部排水设施。主要包括边缘排水系统和排水基层排水系统。

1. 边缘排水系统

边缘排水系统是由沿路面边缘设置的透水性填料集水沟、纵向排水沟、横向出水管和过滤织物组成的，如图4-21所示。该系统将渗入路面结构内的自由水，先沿路面结构层间空

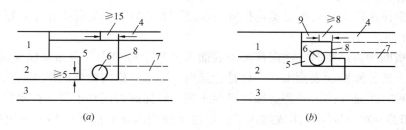

图4-21 边缘排水系统（尺寸单位：cm）
(a) 新建路面边缘排水系统；(b) 改建路面边缘排水系统
1—面层；2—基层；3—垫层；4—路肩面层；5—集水沟；6—排水管；
7—出水管；8—反滤织物；9—回填路肩面层

隙或某一透水层次横向流入纵向集水沟和排水管,再由横向出水管排引出路基。这种方案常用于基层透水性小的水泥混凝土路面,特别是用于改善排水状况不良的旧混凝土路面。

2. 基层排水系统

基层排水系统是直接在面层下设置透水性排水基层,在其边缘设置纵向集水沟和排水管以及横向出水管等组成的,如图4-22所示。采用透水性材料做基层使渗入路面结构内的水分,先通过竖向渗流进入排水层,然后横向渗流进入纵向集水和排水管再由横向出水管排引出路基。这种排水系统由于自由水进入排水层的渗流路径短,在透水性材料中渗流的速率快,其排水效果要比边缘排水系统好得多。

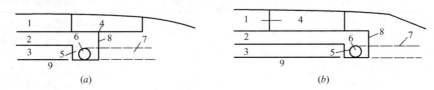

图4-22 排水基层排水系统

1—面层;2—排水基层;3—不透水垫层;4—路肩面层或水泥混凝土路肩面层;
5—集水沟;6—排水管;7—出水管;8—反滤织物;9—路基

四、路基排水工程质量标准

(一)排水设施外观质量应符合下列规定

(1)纵坡顺直,曲线线形圆滑。

(2)沟壁平整、稳定,无贴坡。沟底平整,排水畅通,无冲刷和阻水现象。

(3)各类防渗、加固设施坚实稳固。

(4)浆砌片石工程,嵌缝均匀、饱满、密实,勾缝平顺无脱落、密实、美观,缝宽均衡协调;砌体咬扣紧密;抹面平整、压光、顺直,无裂缝、空鼓。

(5)干砌片石工程,砌筑咬合紧密,无叠砌、贴砌和浮塞。

(6)水泥混凝土砌块的强度符合设计要求,砌体平整,勾缝整齐牢固。

(二)路基排水工程质量标准

路基排水工程质量标准应符合表4-22~表4-25的规定。

土质边沟、截水沟、排水沟施工质量标准　　　　　　　　　　　表4-22

序号	检查项目	规定值或允许偏差	检查方法和频率
1	沟底纵坡	符合设计要求	水准仪:200m测8点
2	沟底高程(mm)	+0,-30	水准仪:每200m测8处
3	断面尺寸	不小于设计要求	尺量:每200m测8处
4	边坡坡度	不陡于设计要求	每50m测2处
5	边棱顺直度(mm)	50	尺量:20m拉线,每200m测4处

浆砌水沟施工质量标准　　　　　　　　　　　表4-23

序号	检查项目	规定值或允许偏差	检查方法和频率
1	砂浆强度	符合设计要求	同一配合比,每台班2组
2	轴线偏位(mm)	50	经纬仪:每200m测8处
3	墙面直顺度(mm)或坡度	30 符合设计要求	20m拉线 坡度尺:每200m测4处

续表

序号	检查项目	规定值或允许偏差	检查方法和频率
4	断面尺寸（mm）	±30	尺量：每200m4处
5	铺砌厚度	不小于设计值	尺量：每200m4处
6	基础垫层宽、厚度	不小于设计值	尺量：每200m4处
7	沟底高程（mm）	±15	水准仪：每200m8点

注：跌水、急流槽等的质量标准可参照本表。

混凝土排水管施工质量标准　　　　　　　　　　　　　　　　表 4-24

序号	检查项目		规定值或允许偏差	检查方法和频率
1	混凝土强度		符合设计要求	同一配合比，每台班2组
2	管轴线偏位（mm）		15	经纬仪或拉线：每两井间测5处
3	管内底高程（mm）		±10	水准仪：每两井间测4处
4	基础厚度		不小于设计值	尺量：每两井间测5处
5	管座	肩宽（mm）	+10，−5	尺量、挂边线：每两井间测4处
		肩高（mm）	±10	
6	抹带	宽度	不小于设计	尺量：按20%抽查
		厚度	不小于设计	
7	进出口、管节接缝处理		有防水处理	每处检查

排水渗沟施工质量标准　　　　　　　　　　　　　　　　　　表 4-25

序号	检查项目	规定值或允许偏差	检查方法和频率
1	沟底高程（mm）	±15	水准仪：每20m测4处
2	断面尺寸	不小于设计	尺量：每20m测2处

复 习 思 考 题

1. 软土地基加固包括哪些方法？其各自的加固原理是什么？
2. 软土地基各种加固方法的施工要点有哪些。
3. 什么是砂桩？什么是砂井？二者有哪些异同点？
4. 什么是挤密桩法？什么是加固土桩法？二者有哪些异同点？
5. 路基坡面防护的方法有哪些？每种方法的施工要点是什么？
6. 什么是湿法喷播？什么是客土喷播？其各自的适用性如何？
7. 沿河路基防护的方法有哪些？每种方法的施工要点是什么？
8. 导流结构物的施工应注意哪些问题？
9. 什么是挡土墙？挡土墙有哪些类型？其各自的施工要点是什么？
10. 边坡锚固防护的原理是什么？它的施工要点有哪些？
11. 土钉支护和抗滑桩的构造是怎样的？其各自的支护原理和施工要点是什么??
12. 路基地表排水包括哪些设施？其各自的施工注意事项有哪些？
13. 路基地下排水包括哪些设施？其各自的施工注意事项有哪些？
14. 路面排水通常采取哪些措施？
15. 什么是路面内部排水系统？边缘排水系统和排水基层排水系统有哪些异同点？

第五章 路面基层施工

第一节 概 述

本节内容包括基层的概念、分类、特点和应用范围。基层是直接位于沥青面层下，用高质量材料铺筑的主要承重层，或直接位于水泥混凝土面板下，用高质量材料铺筑的结构层。底基层是在沥青路面基层下，用质量较次材料铺筑的次要承重层，或在水泥混凝土路面基层下，用质量较次材料铺筑的辅助层。路面的基层和底基层又可统称为路面基层。按照原材料组成不同，路面常用的基层可分为无机结合料稳定类基层和粒料类基层。前者包括水泥稳定土基层、石灰稳定土基层和石灰工业废渣稳定土基层，后者包括级配碎石基层、级配砾石基层和填隙碎石基层。无机结合料稳定类基层因其刚度介于柔性路面与刚性路面之间，也称为半刚性基层。

一、无机结合料稳定类基层

在粉碎的或原状松散的土中掺入一定数量的无机结合料（水泥、石灰或石灰工业废渣）和水，经拌和得到的混合料在压实与养护后，其抗压强度技术指标符合规定的要求时，称为无机结合料稳定材料，以此修筑的路面基层称为无机结合料稳定类基层。

无机结合料稳定类材料具有稳定性好、抗冻性能强、结构本身自成板体等特点，但因其抗裂性与耐磨性差不被用作路面结构的面层，而被广泛应用于基层与底基层。有时为了减缓半刚性基层开裂对沥青面层的反射作用，在二者之间铺设一层碎石过渡层，也称为中间层。

粉碎的或原状松散的土，按照土中单个颗粒（土颗粒、砂、碎石和砾石）粒径的大小和组成，将土分成细粒土、中粒土和粗粒土。用无机结合料稳定不同类型的土，所得的混合料的性质有所不同。

无机结合料稳定类材料种类众多，其物理、力学性能各有特点，在具体应用时，应根据结构要求、掺入剂和原材料供应情况及施工条件进行技术经济比较后综合选定。

（一）水泥稳定土基层

在粉碎的或原状松散的土（包括各种细、中、粗粒土）中掺入一定数量的水泥和水，经拌和得到的混合料在压实与养护后，其抗压强度技术指标符合规定的要求时，称为水泥稳定土。以此修筑的路面基层称为水泥稳定土基层。

用水泥稳定细粒土得到的混合料，当原材料为砂性土、粉性土或黏性土时，称为水泥土；当所用细粒土为砂时，称为水泥砂；当所用细粒土为碎石场细筛余料时，称为水泥石屑。用水泥稳定中粒土或粗粒土得到的混合料，视所用原材料，可分别称为水泥砂砾、水泥碎石（级配碎石和未筛分碎石）、水泥砂砾土、水泥碎石土或水泥石渣（采石场废料）等。

用水泥稳定土修筑的路面基层和底基层，分别称为水泥稳定土基层和水泥稳定土底基层，或分别简称为水泥稳定基层和水泥稳定底基层，也可在基层或底基层前冠以混合料的具体名称，如水泥碎石基层、水泥土底基层等。

水泥稳定土基层具有良好的力学性能和整体性、稳定性（水稳定性和温度稳定性）、耐久性和抗冻性及与面层结合好的技术特点，易于机械摊铺操作，因此被广泛应用于修建高等级公路路面基层（底基层）。除水泥土不得用做二级及二级以上公路高级路面的基层外，水泥稳定土适用于各级公路的基层和底基层。

（二）石灰稳定土基层

在粉碎的或原状松散的土（包括各种细、中、粗粒土）中掺入一定数量的石灰和水，经拌和得到的混合料在压实与养护后，其抗压强度技术指标符合规定的要求时，称为石灰稳定土。以此修筑的路面基层称为石灰稳定土基层。

用石灰稳定细粒土得到的混合料称为石灰土。用石灰稳定中粒土或粗粒土得到的混合料，原材料为天然砂砾土时，称为石灰砂砾土；原材料为天然碎石时，称为石灰碎石土。用石灰土稳定级配砂砾（砂砾中无土）或级配碎石（包括未筛分的碎石）所得的混合料，分别称为石灰土砂砾或石灰土碎石。

用石灰稳定土修筑的路面基层和底基层，分别称为石灰稳定土基层和石灰稳定土底基层，或分别简称为石灰稳定基层和石灰稳定底基层，也可在基层或底基层前冠以混合料的具体名称，如石灰碎石土基层、石灰土底基层等。

石灰稳定土基层具有良好的力学性能，并具有较好的水稳定性和一定的抗冻性能，它的初期强度和水稳定性较低，后期强度较高，但易因干缩和温缩而产生裂缝。石灰稳定土适用于各级公路的底基层，以及二级和二级以下公路的基层，但不得用做高速和一级公路的基层，石灰土亦不得用做二级公路的基层和二级以下公路高级路面的基层。在冰冻地区的潮湿路段以及其他地区的过湿路段，不宜采用石灰土做基层。当不得已采用石灰土时，应采取措施防止水分浸入石灰土层。

顺便指出，同时用水泥和石灰稳定某种土得到的强度符合有关要求的混合料，称为综合稳定土。

（三）石灰工业废渣稳定土基层

工业废渣包括粉煤灰、煤渣、高炉矿渣、钢渣（已经过崩解达到稳定）、其他冶金矿渣及煤矸石等。石灰工业废渣稳定土包括两大类，一是石灰粉煤灰（简称二灰）类，二是石灰煤渣类。

采用一定数量的石灰和粉煤灰，或石灰和煤渣相配，与或不与粉碎的、原状松散的土（包括各种细、中、粗粒土）或其他工业废渣相结合，加入适量的水，经拌和得到的混合料在压实与养护后，其抗压强度技术指标符合规定的要求时，称为石灰工业废渣稳定土。以此修筑的路面基层称为石灰工业废渣稳定土基层。

当石灰和粉煤灰或石灰和煤渣按一定比例相配，不与其他材料相结合时，所得的强度符合规定要求的混合料分别称为二灰和石灰煤渣。用二灰稳定细粒土得到的混合料，视所用原材料，分别称为二灰土和二灰砂。用二灰稳定中粒土、粗粒土或其他工业废渣得到的混合料，视所用原材料，可分别称为二灰砂砾、二灰碎石、二灰矿渣及二灰煤矸石等。用石灰煤渣稳定细粒土、中粒土、粗粒土或其他工业废渣得到的混合料，视所用原材料，可分别称为石灰煤渣土、石灰煤渣砂砾、石灰煤渣碎石、石灰煤渣矿渣及石灰煤渣碎石土等。

用石灰工业废渣稳定土修筑的路面基层和底基层，分别称为石灰工业废渣稳定土基层和石灰工业废渣稳定土底基层，或分别简称为石灰工业废渣稳定基层和石灰工业废渣稳定底基层，也可在基层或底基层前冠以混合料的具体名称，如二灰碎石基层、石灰煤渣碎石基层、二灰土底基层等。

石灰工业废渣稳定土，特别是二灰类稳定材料具有良好的力学性能、板体性、水稳性和一定的抗冻性，其抗冻性比石灰土高得多。石灰工业废渣的初期强度低，但随龄期增长幅度大。除二灰、二灰土、二灰砂不得用做高速和一级公路的基层外，石灰工业废渣稳定土适用于各级公路的基层和底基层。

二、粒料类基层

用未经处治或简单处治的碎、砾石材料修筑的路面基层，称为粒料类基层。粒料类基层按强度形成原理可分为嵌锁型与级配型两种。嵌锁型基层的强度主要依靠颗粒之间的嵌锁作用和内摩阻力，与材料本身强度、形状、尺寸、均匀性、表面粗糙程度及压实度等有关。嵌锁型有泥结碎石、泥灰结碎石及填隙碎石等。级配型基层的强度和稳定性取决于内摩阻力和粘结力的大小，与材料的最大粒径、级配、细料含量、塑性指数及现场压实度等有关。级配型包括级配碎石、级配砾石、符合级配的天然砂砾、部分砾石经轧制掺配而成的级配碎、砾石等。

（一）级配碎石基层

粗、中、小碎石集料和石屑各占一定比例的混合料，当其颗粒组成符合规定的密实级配要求时，称作级配碎石。以此混合料修筑的路面基层称为级配碎石基层。级配碎石适用于各等级公路的基层和底基层。

（二）级配砾石基层

粗、中、小砾石和砂各占一定比例的混合料，当其颗粒组成符合规定的密实级配要求且塑性指数和承载比均符合规定要求时，称作级配砾石。以此混合料修筑的路面基层称为级配砾石基层。级配砾石适用于各等级公路的底基层和轻交通的二级及二级以下公路的基层。

（三）填隙碎石基层

用单一尺寸的粗碎石做主骨料，形成嵌锁结构，起承受和传递荷载的作用，用石屑做填隙料，填满碎石间的孔隙，增加密实度和稳定性，这种材料称为填隙碎石。以此材料修筑的路面基层称为填隙碎石基层。缺乏石屑时，也可添加细砂砾或粗砂等细集料，但其技术性能不如石屑。填隙碎石适用于各等级公路的底基层和二级以下公路的基层。

第二节　水泥稳定土基层施工

为了保证水泥稳定土基层（底基层）满足设计要求和使用要求，除结构设计合理、路基强度满足要求外，重点是水泥稳定土的原材料选择、混合料组成设计和施工质量控制。

一、材料要求

（一）土

主要控制最大粒径、均匀系数（土体不同通过量的筛孔尺寸之比）、液限、塑性指数、压碎值、硫酸盐和有机质量含量等。

1. 适用于水泥稳定的土

级配碎石、未筛分碎石、砂砾、碎石土、砂砾土、煤矸石和各种粒状矿渣均适宜用水泥稳定，其中碎石包括岩石碎石、矿渣碎石、破碎碎石等。

硫酸盐含量超过0.25%的土，不能用水泥稳定。有机质含量超过2%的土，必须先用石灰进行处理，闷料1夜后再用水泥稳定。

2. 土的粒径、塑性指数和液限

(1) 二级及二级以下公路

①水泥稳定土用做底基层时，土的单个颗粒的最大粒径不应超过53mm（指方孔筛，下同），水泥稳定土的颗粒组成应在表5-1所列范围内，土的均匀细数应大于5。细粒土的液限不应超过40%，塑性指数不应超过17。对于中粒土和粗粒土，如土中小于0.6mm的颗粒含量在30%以下，塑性指数可稍大。实际工程中，宜选用均匀系数大于10，塑性指数小于12的土。塑性指数大于17的土，宜采用石灰稳定或水泥和石灰综合稳定。

用做底基层时水泥稳定土的颗粒组成范围 表5-1

筛孔尺寸（mm）	53	4.75	0.6	0.075	0.002
通过质量百分率（%）	100	50～100	17～100	0～50	0～30

②水泥稳定土用做基层时，土的单个颗粒的最大粒径不应超过37.5mm，水泥稳定土的颗粒组成应在表5-2所列范围内。集料中不宜含有塑性指数的土。对于二级公路宜按接近级配范围的下限配制混合料或采用表5-3中的2号级配。

用做基层时水泥稳定土的颗粒组成范围 表5-2

筛孔尺寸（mm）	通过质量百分率（%）	筛孔尺寸（mm）	通过质量百分率（%）
37.5	90～100	2.36	20～70
26.5	66～100	1.18	14～57
19	54～100	0.6	8～47
9.5	39～100	0.075	0～20
4.75	28～84		

水泥稳定土的颗粒组成范围及对液限和塑性指数的要求 表5-3

通过百分率（%）	编号	1	2	3
筛孔尺寸（mm）	37.5	100	100	—
	31.5	—	90～100	100
	26.5	—	—	90～100
	19	—	67～90	72～89
	9.5	—	45～68	47～67
	4.75	50～100	29～50	29～49
	2.36	—	18～38	17～35
	0.6	17～100	8～22	8～22
	0.075	0～30	0～7[①]	0～7[①]
液限（%）		—	—	<28
塑性指数		—	—	<9

[①]集料中0.5mm以下细粒土有塑性指数时，小于0.075mm的颗粒含量不应超过5%，细粒土无塑性指数时，小于0.075mm的颗粒含量不应超过7%。

(2) 高速、一级公路

①水泥稳定土用做底基层时，土的单个颗粒的最大粒径不超过 37.5mm，水泥稳定土的颗粒组成应在表 5-3 所列 1 号级配范围内，土的均匀细数应大于 5。细粒土的液限不应超过 40%，塑性指数不应超过 17。对于中粒土和粗粒土，如土中小于 0.6mm 的颗粒含量在 30% 以下，塑性指数可稍大。实际工程中，宜选用均匀系数大于 10，塑性指数小于 12 的土。塑性指数大于 17 的土，宜采用石灰稳定或水泥和石灰综合稳定。对于中粒土和粗粒土，宜采用表 5-3 中 2 号级配，但小于 0.075mm 的颗粒含量和塑性指数可不受限制。

②水泥稳定土用做基层时，土的单个颗粒的最大粒径不超过 31.5mm，水泥稳定土的颗粒组成应在表 5-3 所列 3 号级配范围内。对所用的碎石或砾石，应预先筛分成 3~4 个不同粒级，然后配合，使颗粒组成符合表 5-3 所列的级配范围。

3. 水泥稳定砂

用水泥稳定粒径较均匀的砂时，宜在砂中添加少部分塑性指数小于 10 的黏性土或石灰土，也可添加部分粉煤灰，加入比例可按使混合料的标准干密度接近最大值确定，一般约为 20%~40%。

4. 压碎值

水泥稳定土中碎石和砾石的压碎值应满足表 5-4 所列的要求。

碎石或砾石的压碎值要求　　　　　　　　　　表 5-4

结构层	高速公路、一级公路	二级及二级以下公路
基层	≤30%	≤35%
底基层	≤30%	≤40%

(二) 水泥、石灰和水

1. 水泥

普通硅酸盐水泥、矿渣硅酸盐水泥及火山灰质硅酸盐水泥均可用于稳定土，但应选用初凝时间在 3h 以上、终凝时间在 6h 以上的水泥。不得使用快硬水泥、早强水泥、以及受潮变质的水泥。宜采用强度等级为 32.5 或 42.5 级的水泥。

2. 石灰

选用Ⅲ级以上消石灰粉或生石灰粉，并检验石灰的有效钙和氧化镁含量。

3. 水

凡可用于饮用的水（含牲畜饮用水）均可用于水泥稳定土施工。

二、混合料组成设计

(一) 一般原则

1. 抗压强度

各级公路用水泥稳定土的 7d 浸水无侧限抗压强度需满足表 5-5 的要求。

水泥稳定土抗压强度标准（单位：MPa）　　　　表 5-5

结构层 \ 公路等级	高速公路、一级公路	二级及二级以下公路
基层	3~5①	2.5~3②
底基层	1.5~2.5①	1.5~2②

① 设计累计标准轴次小于 $12×10^6$ 的公路可采用低值；设计累计标准轴次超过 $12×10^6$ 的公路可采用中值；主要行驶重载车辆的公路应用高限值。对一个具体工程应采用一个强度值，而不是一个范围。
② 二级以下公路可低限值，行驶重载车辆的公路应取较高的值；二级公路可取中值，行驶重载车辆的二级公路应取高限值。对一个具体工程应采用一个强度值，而不是一个范围。

2. 混合料组成设计的原则

(1) 确定土的种类及水泥剂量：根据表 5-5 的强度标准，通过试验选取最适宜于稳定的土，确定必须的水泥剂量和混合料的最佳含水量，在需要改善混合料的物理力学性质时，还应确定掺加料的比例。

(2) 综合稳定土的组成设计：通过试验选取最适宜于稳定的土，确定必须的水泥剂量、石灰剂量和混合料的最佳含水量。采用综合稳定时，如水泥剂量占结合料总量的 30% 以上时，应按本节的技术要求进行组成设计。水泥和石灰的比例宜取 60：40、50：50 或 40：60。

3. 原材料试验

水泥稳定土的各项试验应按现行《公路工程无机结合料稳定材料试验规程》进行。

(1) 试验项目：在水泥稳定类基层、底基层施工前，应取所定料场有代表性土样按现行《公路工程土工试验规程》进行试验。试验内容包括颗粒分析、液限和塑性指数、相对密度、击实试验、碎石或砾石的压碎值、有机质含量（必要时做）和硫酸盐含量（必要时做）。

(2) 确定掺配料：对级配不良的碎石、碎石土、砂砾、砂砾土、砂等，应采取必要的措施改善其级配。可以采用几种掺配料来达到其级配要求。

(3) 检验水泥的技术指标：应检验水泥的强度等级和初、终凝时间等技术指标。

(二) 混合料的配合比设计步骤

1. 制备混合料样本

制备同一种混合料样本、不同水泥剂量的水泥稳定土混合料，一般情况按下列水泥剂量配制：

(1) 做基层用

中粒土和粗粒土：3%，4%，5%，6%，7%；

塑性指数小于 12 的土：5%，7%，8%，9%，11%；

其他细粒土：8%，10%，12%，14%，16%。

(2) 做底基层用

中粒土和粗粒土：3%，4%，5%，6%，7%；

塑性指数小于 12 的土：4%，5%，6%，7%，9%；

其他细粒土：6%，8%，9%，10%，12%。

在能估计合适剂量的情况下，可以将五个不同剂量缩减为三或四个。

2. 确定各种混合料的最佳含水量和最大干密度

至少应做三个不同水泥剂量混合料的击实试验，即最小剂量、中间剂量和最大剂量。其他两个剂量混合料的最佳含水量和最大干密度用内插法确定。

3. 计算干密度

按工地预定达到的压实度，分别计算不同水泥剂量的试件应有的干密度。试件的干密度＝击实试验所得最大干密度×现场要求压实度。

4. 制备试件

按最佳含水量和算得的干密度制备试件。进行强度试验时，作为平行试验的最少试件数量应符合表 5-6 中的规定。如试验结果的偏差系数大于表中的规定值，则应重做试验，并找出原因，加以解决。如果不能降低偏差系数，则应增加试件数量。

最少试件数量　　　　　　　　　　　　　　　　　　　　表 5-6

试件数量＼偏差系数　　土　类	<10%	10%～15%	15%～20%
细粒土	6	9	—
中粒土	6	9	13
粗粒土	—	9	13

5. 强度试验

试件在规定温度下保湿养护 6d，浸水 24h 后，按现行《公路工程无机结合料稳定材料试验规程》进行无侧限抗压强度试验。试件养护的温度在冰冻地区为 20±2℃；在非冰冻地区为 25±2℃。

6. 计算抗压强度试验结果的平均值和偏差系数、选定水泥剂量

根据表 5-5 的强度标准，选定合适的水泥剂量。此剂量试件室内试验结果的平均抗压强度 $\overline{R}$ 应符合式（5-1）的要求：

$$\overline{R} \geqslant R_d/(1 - Z_a C_v) \tag{5-1}$$

式中　R_d——设计抗压强度（表 5-5）；

　　　C_v——试验结果的偏差系数（以小数计）；

　　　Z_a——标准正态分布表中随保证率（或置信度 α）而变的系数：高速公路和一级公路应取保证率为 95%，即 $Z_a=1.645$；其他等级公路取保证率为 90%，即 $Z_a=1.282$。

工地实际采用的水泥剂量应比室内试验确定的剂量多 0.5%～1.0%。水泥的最小剂量应符合表 5-7 的规定。

水泥最小剂量　　　　　　　　　　　　　　　　　　　　表 5-7

混合料类＼拌和方法	路拌法	集中拌和法
中粒和粗粒	4%	3%
细　粒	5%	4%

7. 综合稳定土的组成设计

与上述步骤相同。

三、施工工艺

水泥稳定土的施工有路拌法和中心站集中厂拌法两种。

（一）路拌法

路拌法的施工程序为：准备下承层→施工放样→备料→摊铺土→洒水闷料→整平和轻压→摆放和摊铺水泥→拌和（干拌）→加水湿拌→整型→碾压→接缝和调头处理→养护。

1. 准备下承层

（1）水泥稳定土的下承层表面应平整、坚实，具有规定的路拱，下承层的平整度和压实度应符合本章第七节的规定。

（2）当水泥稳定土用做基层时，要准备底基层；当水泥稳定土用做老路面的加强层

时，要准备老路面；当水泥稳定土用做底基层时，要准备土基。

①对于底基层，应进行压实度检查，对于柔性底基层还应进行弯沉值检验。凡不符合设计要求的路段，必须根据具体情况，采取有效措施，使之达到规范规定的标准。

②对于老路面，应检查其材料是否符合底基层材料的技术要求，如不符合要求，应翻松老路面并采取必要的处理措施。

③对土基不论是路堤还是路堑，必须用 12～15t 三轮压路机或等效的碾压机械进行 3～4 遍碾压检验。在碾压过程中，如发现土过干、表层松散，应适当洒水；如土过湿，发生"弹簧"现象，应采用挖开晾晒、换土、掺石灰或水泥等措施进行处理。

④按本章第六节的规定逐个断面检查下承层标高。仔细填补及压实底基层或老路面上的低洼和坑洞，刮除搓板和辙槽。对松散处，耙松洒水并重新碾压，达到平整密实。按本章第七节的规定对新完成的底基层或土基进行验收，达到标准后，方可铺筑水泥稳定土层。

（3）在槽式断面的路段，两侧路肩上每隔一定距离（可为 5～10m）交错开挖泄水沟（或做盲沟）。

2. 施工放样

在底基层或老路面或土基上恢复中线。直线段每 15～20m 设一桩，平曲线段每 10～15m 设一桩，并在两侧路肩边缘外设指示桩。在两侧指示桩上用明显标记标出水泥稳定土层边缘的设计高程。施工过程中，标桩如有丢失或移动，应及时补桩抄平。

3. 备料

（1）利用老路面或土基上部材料：清除老路面上或土基表面的石块等杂物。每隔 10～20m 挖一小洞，使洞底标高与预定的水泥稳定土层的底面标高相同，并在洞底做一标记，以控制翻松及粉碎的深度。用犁、松土机或装有强固齿的平地机或推土机将老路面或土基的上部翻松到预定的深度，土块应粉碎到符合要求。经常用犁将土向路中心翻松，使预定处治层的边部成一个垂直面，防止处治宽度超过规定。用专用机械粉碎黏性土。在无专用机械的情况下，也可以用旋转耕作机、圆盘耙粉碎塑性指数不大的土。

（2）利用料场的土（包括细粒土、中粒土和粗粒土）：

①料场选择：将沿线所有料场的土料，用肉眼鉴别，初步选定一些备用料场。从每个料场取有代表性的土料，送试验室进行原土料及混合料的物理力学性质试验。根据试验结果，选定准备开采使用的料场（同时确定水泥剂量）。采集土前，应先将树木、草皮和杂土清除干净。

②料场采集：如料层上有覆盖土、树木、草皮等杂物，则首先使用推土机将其清除干净。土中的超尺寸颗粒应予筛除。在采集集料的过程中，在预定采料深度范围内自上而下不分层开采。避免不合格的土料推入选料堆中。采集中如发现土料有明显变化，则及时将有代表性的样品送试验室进行规定的各项试验。对于塑性指数大于 12 的黏性土，可视土质和机械性能确定土是否需要过筛。

③计算材料用量：根据各路段水泥稳定土层的宽度、厚度及预定的干密度，计算各路段需要的干燥土的数量。根据料场土的含水量和所用运料车辆的吨位，计算每车料的堆放距离。根据水泥稳定土层的厚度和预定的干密度及水泥剂量，计算每 $1m^2$ 水泥稳定土需要的水泥用量，并计算每袋（通常重 50kg）水泥的摊铺面积。从而确定水泥摆放的纵横间距。

④集料的运输和堆放：在预定堆料的下承层上，在堆料前应先洒水，使其表面湿润，但不应过分潮湿而造成泥泞。集料用装载机或挖掘机装车，自卸汽车运输。装车时，注意每车的装载数量基本相等。根据各路段需要的集料数量按计算距离卸料。在同一料场供料的路段内，由远到近将料按上述计算距离卸置于下承层表面的中间或上侧。严格掌握卸料的距离，避免集料不够或过多。料堆每隔一定距离应留一缺口。避免集料长时间堆放，造成水分大量蒸发，或遭雨而使含水量过大，甚至造成弹簧现象。运送土只宜比摊铺土工序提前1～2d。如选料中超尺寸的石料颗粒过多，则在料场进行筛除。当路肩用料与稳定土层用料不同时，应采取培肩措施，先将两侧路肩培好。路肩料层的压实厚度应与稳定土层的压实厚度相同。在路肩上，每隔5～10m应交错开挖临时泄水沟。

4. 摊铺土

（1）确定松铺系数：事先通过试验确定土的松铺系数。人工摊铺混合料时，对于水泥稳定砂砾，其松铺系数可按1.30～1.35选用；对于水泥土，采取现场人工摊铺土和水泥，机械拌和，人工整平时，其松铺系数可按1.53～1.58选用。

（2）摊铺技术要求：摊铺土在摊铺水泥的前一天进行。摊铺长度按日进度的需要量控制，满足次日完成掺加水泥、拌和、碾压成型即可。雨期施工，如第二天有雨，不宜提前摊铺土。采用推土机和平地机等将集料均匀地摊铺在预定的宽度上，表面力求平整，并有规定的路拱。

（3）摊铺质量控制：摊料过程中，将土块、超尺寸颗粒及其他杂物拣除。同时及时检验松铺材料层的厚度，视其是否符合预计要求。必要时，进行减料或补料工作。如土中有较多土块，应进行粉碎。检验松铺土层的厚度，确保其符合预计要求。除洒水车外，严禁其他车辆在土层上通行。

5. 洒水闷料

（1）控制好洒水量：已整平的土（含粉碎的老路面）含水量过小，则在土层上洒水闷料。洒水应均匀，防止出现局部水分过多的现象。严禁洒水车在洒水段内停留和调头。

（2）控制好闷料时间：细粒土闷料一夜，中粒土和粗粒土，视其中细土含量的多少，可适当缩短闷料时间。对于综合稳定土，先将石灰和土拌和后一起进行闷料。

6. 整平和轻压

对人工摊铺的土层整平后，用6～8t两轮压路机碾压1～2遍，使其表面平整，并有一定的压实度。

7. 摆放和摊铺水泥

按计算的每袋水泥的纵横间距，用石灰在集料层上做摆放水泥的标记。水泥用有防雨设备的汽车直接送到摊铺路段，直接卸在做标记的地点，并检查有无遗漏和多余。然后打开水泥袋将水泥倒在集料层上，并用刮板将水泥均匀摊开，使每袋水泥的摊铺面积相等。水泥摊铺完毕后，做到表面没有空白位置，也没有水泥过分集中的地点。

8. 拌和（干拌）

（1）二级及二级以上公路的拌和方法：采用专用稳定土拌和机进行拌和并设专人跟随拌和机，随时检查拌和深度并配合拌和机操作员调整拌和深度。拌和深度应达稳定层底并宜侵入下承层5～10mm，以利上下层粘结。严禁在拌和层底部留有素土夹层。通常应拌和两遍以上，在最后一遍拌和之前，必要时可先用多铧犁紧贴底面翻拌一遍。直接铺在土基上的拌和层也应避免素土夹层。

（2）三、四级公路的拌和方法：在没有专用拌和机械的情况下，可用农用旋转耕作机（或缺口圆盘耙）与多铧犁或平地机相配合进行拌和，但应注意拌和效果，拌和时间不能过长。先用平地机或多铧犁（四铧犁或五铧犁）将铺好水泥的土翻拌两遍，使水泥分布到土中，但不应翻犁到底，防止水泥落到底部，第一遍由路中心开始，将混合料向中间翻，机械应慢速前进；第二遍应相反，从两边开始，将混合料向外侧翻。接着用旋转耕作机（或缺口圆盘耙）拌和两遍。再用多铧犁或平地机将底部料翻起。随时检查调整翻犁的深度，使稳定土层全部翻透。严禁在稳定土层与下承层之间残留一层素土，也应防止翻犁过深或过多破坏下承层的表面，通常应翻犁两遍。接着，再用旋转耕作机（或缺口圆盘耙）拌和两遍，用多铧犁或平地机再翻犁两遍。

9. 加水并湿拌

（1）补充洒水：在上述拌和过程结束时，如果混合料的含水量不足，用喷管式洒水车补充洒水。洒水车起洒处和另一端调头处都超出拌和段 2m 以上。禁止洒水车在正进行拌和的以及当天计划拌和的路段上调头和停留，以防局部水量过大。

（2）湿拌：补充洒水后，再次进行拌和，使水分在混合料中分布均匀。拌和机械紧跟在洒水车后面进行拌和，尤其在纵坡大的路段上配合紧密，减少水分流失。

（3）技术要求：洒水及拌和过程中，及时检查混合料的含水量，含水量宜略大于最佳值，稳定粗粒土和中粒土，较最佳含水量大 0.5%～1.0%；稳定细粒土，较最佳含水量大 1%～2%。配合人工拣出超尺寸颗粒，消除粗细颗粒窝以及局部过分潮湿或过分干燥之处。混合料拌和后做到色泽一致，没有灰条、灰团和花面，即无明显粗细集料离析现象，且水分合适和均匀。

10. 整形

（1）整形方法：混合料拌和均匀后，应立即用平地机初步整形。在直线段，平地机由两侧向路中心进行刮平；在平曲线段，平地机由内侧向外侧进行刮平。必要时，再返回刮一遍。用拖拉机、平地机或轮胎压路机立即在初平的路段上快速碾压一遍，以暴露潜在的不平整，再用平地机按上述方法进行整形，整形前用齿耙将轮迹低洼处表层 50mm 以上耙松，并按上述方法再碾压一遍。

（2）避免薄层贴补：对于局部低洼处，用齿耙将其表层 50mm 以上耙松，并用新拌的混合料进行找平，再用平地机整形一次。应将高处料直接刮出路外，不应形成薄层贴补现象。

（3）技术要求：每次整形都应达到规定的坡度和路拱，并应特别注意接缝必须顺适平整。当用人工整形时，应用锹和耙先将混合料摊平，用路拱板进行初步整形。用拖拉机初压 1～2 遍后，根据实测的松铺系数，确定纵横断面的标高，并设置标记和挂线。利用锹耙按线整形，再用路拱板校正成型。如为水泥土，在拖拉机初压之后，可用重型框式路拱板（拖拉机牵引）进行整形。在整形过程中，严禁任何车辆通行，并保持无明显的粗细集料离析现象。

11. 碾压

（1）碾压方法：根据路宽、压路机的轮宽和轮距的不同，制订碾压方案，使各部分碾压到的次数尽量相同，路面的两侧应多压 2～3 遍。整形后，当混合料的含水量为最佳含水量（+1%~+2%）时，立即用轻型压路机并配合12t以上压路机在结构层全宽内进行碾压。直线和不设超高的平曲线段，由两侧路肩向路中心碾时，应重叠1/2轮宽，后轮必须超过两段的接缝处，后轮压完路面全宽时，即为一遍。一般需碾压6~8遍。压路机的碾压速度，头两遍以采用1.5~1.7km/h为宜，以后宜采用2.0~2.5km/h。采用人工摊铺和整形的稳定土层，宜先用拖拉机或6~8t两轮压路机或轮胎压路机碾压1~2遍，然后再用重型压路机碾压。

（2）技术要求：

严禁压路机在已完成的或正在碾压的路段上调头或急刹车，保证稳定土层表面不受破坏。碾压过程中，水泥稳定土的表面应始终保持湿润，如水分蒸发过快，应及时补洒少量的水，但严禁洒大水碾压。如有"弹簧"、松散、起皮等现象，应及时翻开重新拌和（加适量的水泥）或用其他方法处理，使其达到质量要求。

经过拌和、整形的水泥稳定土，宜在水泥初凝前并应在试验确定的延迟时间内完成碾压，并达到要求的密实度，同时没有明显的轮迹。在碾压结束之前，用平地机再终平一次，使其纵向顺适，路拱和超高符合设计要求。终平应仔细进行，必须将局部高出部分刮除并扫出路外；对于局部低洼之处，不再进行找补，可留待铺筑面层时处理。

12. 接缝和调头处的处理

（1）横向接缝的处理：同日施工的两工作段的衔接处，应采用搭接。前一段拌和整形后，留5~8m不进行碾压，后一段施工时，前段留下未压部分，应再加部分水泥重新拌和，并与后一段一起碾压。经过拌和、整形的水泥稳定土，应在试验确定的延迟时间内完成碾压。

（2）工作缝和调头处的处理：工作缝指每天最后一段末端缝。

①在已碾压完成的水泥稳定土层末端，沿稳定土挖一条横贯铺筑层全宽的宽约30cm的槽，直挖到下承层顶面。此槽应与路的中心线垂直，靠稳定土的一面应切成垂直面，并放两根与压实厚度等厚、长为全宽一半的方木紧贴其垂直面，如图5-1所示。用原挖出的素土回填槽内其余部分。

②如拌和机械或其他机械必须到已压成的水泥稳定土层上调头，应采取措施保护调头作业段。一般可在准备用于调头的约8~10m长的

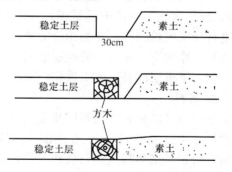

图5-1 横向接缝处理示意图

稳定土层上，先覆盖一张厚塑料布或油毡纸，然后铺上约100mm厚的土、砂或砂砾。

③第二天，邻接作业段拌和后，除去方木，用混合料回填。靠近方木未能拌和的一小段，应人工进行补充拌和。整平时，接缝处的水泥稳定土应较已完成断面高出约50mm，以利形成一个平顺的接缝。

④整平后，用平地机将塑料布上大部分土除去（注意勿刮破塑料布），然后人工除去余下的土，并收起塑料布。在新混合料碾压过程中，应将接缝修整平顺。

（3）纵缝的处理：水泥稳定土层的施工应该避免纵向接缝，在必须分两幅施工时，纵缝必须垂直相接，不应斜接。

①在前一幅施工时，在靠中央一侧用方木或钢模板做支撑，方木或钢模板的高度与稳定土层的压实厚度相同，混合料拌和结束后，靠近支撑木（或板）的一部分，应人工进行补充拌和，然后整形和碾压。

②养护结束后，在铺筑另一幅之前，拆除支撑木（或板）。第二幅混合料拌和结束后，靠近第一幅的部分，应人工进行补充拌和，然后进行整形和碾压。

（二）中心站集中厂拌法施工

厂拌法施工是指在拌和厂（场、站）对混合料进行拌制，再运到施工现场进行摊铺和碾压的施工方法。这种方法称料准确、拌料均匀，操作简单，不仅施工进度快，而且质量容易保证，施工效果良好。该方法较适用于高等级道路大面积稳定土基层施工。

中心站集中厂拌法施工的程序为：准备工作→备料→混合料的拌和→运输→摊铺→整型→碾压→接缝处理→养护。

1. 准备工作

（1）设备准备：在料场或取土坑需要推土机、装载机或皮带运输机，有时需要筛分机、粉碎机和自卸汽车等。在道路上准备下承层，需要平地机和压路机，有时需要洒水车及水泵等。在中心站用于制备水泥稳定土混合料，需要专用稳定土拌和站、装载机等。在铺筑现场需要自卸卡车、摊铺机、压路机、平地机及洒水车等。

（2）试验准备：首先要对料场进行有代表性取样（水泥、碎石、石屑），并做原材料试验，经检验合格后方可进场。其次要预先进行基层配合比设计，选定合理经济的配合比方案。另外，还要通过标准击实试验确定水泥稳定类混合料的最大干密度和最佳含水量，以便控制施工压实度。

（3）试铺试验段：正式开工前，可将 100～200m 的路段作为典型施工路段（即试验段），按正常施工方法进行试铺，并跟踪测量松铺厚度、标高、碾压含水量、碾压遍数，并进行压实度检测等，作为相应记录，边施工边调整，最后确定松铺系数，总结试验段施工经验，作为下一步施工的控制依据。

（4）下承层准备、施工放样：同路拌法施工。

2. 备料

不同粒级的碎石或砾石以及细集料（如石屑和砂）应隔离，分别堆放。土块应粉碎，最大尺寸不得大于 15mm。在潮湿多雨地区或其他地区的雨期施工时，应采取措施，保护集料，特别是细集料（如石屑和砂等）应有覆盖措施，防止雨淋。

3. 拌和

对于高速公路和一级公路，水泥稳定土应采用专用稳定土拌和机在中心站用厂拌法进行集中拌和，并注意下列各项：

（1）拌和机的选择：拌和机与摊铺机的生产能力应互相匹配。对于高速公路和一级公路，摊铺机宜连续摊铺，拌和机的产量宜大于 400t/h。如拌和机的生产能力较小，在用摊铺机摊铺混合料时，应采用最低速度摊铺，减少摊铺机停机待料的情况。当采用连续式的稳定土厂拌设备拌和时，应保证集料的最大粒径和级配符合要求。

（2）调试设备：在正式拌制混合料之前，必须先调试所用的设备，使混合料的颗粒组成和含水量都达到规定的要求。原集料的颗粒组成发生变化时，应重新调试设备。要做到配料准确，拌和均匀。

(3) 调节含水量：含水量宜略大于最佳值，使混合料运到现场摊铺后碾压时的含水量不小于最佳值。因此，在拌和过程中应根据集料和混合料含水量的大小，及时调整加水量。

4. 运输

(1) 运输方法：应尽量采用大吨位自卸汽车将拌和好的混合料运送到铺筑现场。车上的混合料应覆盖，减少水分损失、雨淋及环境污染。装车前清扫车辆，使车内没有杂物或剩料。

(2) 保证运输过程中混合料的质量：根据早晚温度变化及运输路段的远近，适当调整含水量。在卸料和运输过程中要尽量避免中途停车和颠簸，以确保混合料的延迟时间及混合料均不产生离析。

(3) 卸料：混合料在卸入摊铺机喂料时，要避免运料车撞击摊铺机。

5. 摊铺

(1) 采用专用机械摊铺：采用沥青混凝土摊铺机或稳定土摊铺机摊铺混合料。如下承层是稳定细粒土，应先将下承层顶面拉毛，再摊铺混合料。在摊铺机后面设专人消除粗细集料离析现象，特别应该铲除局部粗集料"窝"，并用新拌混合料填补。

(2) 采用摊铺箱或自动平地机摊铺：在二、三、四级公路上，没有摊铺机时，可采用摊铺箱摊铺混合料，也可以用自动平地机按以下步骤摊铺混合料：

①根据铺筑层的厚度和要求达到的压实干密度，计算每车混合料的摊铺面积，将混合料均匀地卸在路幅中央，路幅宽时，也可将混合料卸成两行。

②用平地机将混合料按松铺厚度摊铺均匀。设一个 3～5 人的小组，携带一辆装有新拌混合料的小车，跟在平地机后面，及时铲除粗集料"窝"和粗集料"带"，补以新拌的均匀混合料，或补撒拌匀的细混合料，并与粗集料拌和均匀。

6. 整形与碾压

同路拌法。

7. 接缝的处理

(1) 横向接缝：

①用摊铺机摊铺混合料时，不宜中断，如因故中断时间超过 2h，应设置横向接缝，摊铺机应驶离混合料末端。

②人工将末端含水量合适的混合料弄整齐，紧靠混合料放两根方木，方木的高度应与混合料的压实厚度相同。整平紧靠方木的混合料。方木的另一侧用砂砾或碎石回填约 3m 长，其高度应高出方木几厘米。

③将混合料碾压密实。在重新开始摊铺混合料之前，将砂砾或碎石和方木除去，并将下承层顶面清扫干净。摊铺机返回到已压实层的末端，重新开始摊铺混合料。

④如摊铺中断后，未按上述方法处理横向接缝，而中断时间已超过 2h，则应将摊铺机附近及其下面未经压实的混合料铲除，并将已碾压密实且高程和平整度符合要求的末端挖成与路中心线垂直并垂直向下的断面，然后再摊铺新的混合料。

(2) 纵向接缝：处理方法与路拌法相同。

四、养护及交通管制

1. 分层施工时的养护

水泥稳定土底基层分层施工时，下层水泥稳定土碾压完后，在采用重型振动压路机碾压时，宜养护7d后铺筑上层水泥稳定土。在铺筑上层稳定土之前，始终保持下层表面湿润。在铺筑上层稳定土时，宜在下层表面撒少量水泥或水泥浆。底基层养护7d后，方可铺筑基层。水泥稳定级配碎石（或砾石）基层分两层用摊铺机铺筑时，下层分段摊铺和碾压密实后，在不采用重型振动压路机碾压时，宜立即摊铺上层，否则在下层顶面应撒少量水泥或水泥浆。

2. 养护方法

每一段碾压完成并经压实度检查合格后，立即开始养护。

（1）湿砂养护：一般情况下，宜采用湿砂进行养护，砂层厚宜为70～100mm。砂铺匀后，应立即洒水，并在整个养护期间保持砂的潮湿状态。不得用湿黏性土覆盖。养护结束后，必须将覆盖物清除干净。

（2）沥青乳液养护：对于基层，也可采用沥青乳液进行养护。沥青乳液的用量按0.8～1.0kg/m²（指沥青用量）选用，宜分两次喷洒。第一次喷洒沥青含量约35％的慢裂沥青乳液，使其能稍透入基层表层。第二次喷洒浓度较大的沥青乳液。如不能避免施工车辆在养护层上通行，应在乳液分裂后撒布3～8mm的小碎（砾）石，做成下封层。

（3）洒水养护：无上述条件时，也可用洒水车经常洒水进行养护。每天洒水的次数应视气候而定。整个养护期间应始终保持稳定土层表面潮湿，应注意表层情况，必要时，用两轮压路机压实。

3. 养护期

对于高速公路和一级公路，基层的养护期不宜少于7d。对于二级和二级以下的公路，如养护期少于7d即铺筑沥青面层，则应限制重型车辆通行。

对于二级和二级以下公路，如面层为水泥混凝土面板，且面板是用小型机械施工的，则基层完成后可较早铺筑混凝土面层。

4. 交通管制

在养护期间未采用覆盖措施的水泥稳定土层上，除洒水车外，应封闭交通。在采用覆盖措施的水泥稳定土层上，不能封闭交通时，应限制重车通行，其他车辆的车速不应超过30km/h。

5. 保护基层

养护期结束后，如其上为沥青面层，应先清扫基层，并立即喷洒透层或粘层沥青。在喷洒透层或粘层沥青后，宜在上面均匀撒布5～10mm的小碎（砾）石，用量约为全铺一层用量的60％～70％。如喷洒的透层沥青能透入基层，且运料车辆和面层混合料摊铺机在上行驶不会破坏沥青膜时，可以不撒小碎（砾）石。在撒小碎（砾）石的情况下，应尽早铺筑沥青面层的底面层。

在清扫干净的基层上，也可先做下封层，以防止基层干缩开裂，同时保护基层免遭施工车辆破坏，宜在铺设下封层后的10～30d内开始铺筑沥青面层的底面层。如为水泥混凝土面层，也不宜让基层长期暴晒，以免开裂。

五、施工注意事项

（一）一般注意事项

1. 水泥剂量的确定

水泥剂量以水泥质量占全部粗细土颗粒（即砾石、砂粒、粉粒和黏粒）的干质量的百分率表示,即水泥剂量＝水泥质量/干土质量。水泥稳定中粒土和粗粒土用做基层时,水泥剂量不宜超过 6%。必要时,应首先改善集料的级配,然后用水泥稳定。在只能使用水泥稳定细粒土做基层时或水泥稳定集料的强度要求明显大于规定时,水泥剂量不受此限制。

2. 施工季节

水泥稳定土结构层宜在春末和气温较高季节组织施工。施工期的日最低气温应在5℃以上,在有冰冻的地区,并应在第1次重冰冻(−3～−5℃)到来之前半个月到一个月完成。

在雨期施工水泥稳定土,特别是水泥土结构层时,应特别注意气候变化,勿使水泥和混合料遭雨淋。降雨时停止施工,但已经摊铺的水泥混合料应尽快碾压密实。路拌法施工时,应采取措施排除下承层表面的水,勿使运到路上的集料过分潮湿。

3. 压实度标准

在混合料处于或略大于最佳含水量(气候炎热干燥时,基层混合料可大 1%～2%)时进行碾压,直到达到表 5-8 所列按重型击实试验法确定的要求的压实度(最低要求)。

压实度标准 表 5-8

结构层	稳定土类型	公 路 等 级	
		高速公路、一级公路	二级及二级以下公路
基 层	水泥稳定中粒土和粗粒土(%)	98	97
	水泥稳定细粒土(%)	—	93
底基层	水泥稳定中粒土和粗粒土(%)	97	95
	水泥稳定细粒土(%)	95	93

由于当前有多种大能量压路机,宜提高压实度 1%～2%。

4. 基层构造

严格控制基层厚度和高程,其路拱横坡应与面层一致。

5. 压路机与压实厚度

水泥稳定土结构层应用12t以上的压路机碾压。用 12～15t 三轮压路机碾压时,每层的压实厚度不应超过 150mm;用 18～20t 三轮压路机和振动压路机碾压时,每层的压实厚度不应超过 200mm;对于水泥稳定中粒土和粗粒土,采用能量大的振动压路机碾压时,或对于水泥稳定细粒土,采用振动羊足碾与三轮压路机配合碾压时,每层的压实厚度可以根据试验适当增加。压实厚度超过上述规定时,应分层铺筑,每层的最小压实厚度为100mm,下层宜稍厚。对于稳定细粒土以及用摊铺机摊铺的混合料,都应采用先轻型、后重型压路机碾压。

6. 表面低洼处的处理和分层施工的措施及养护

水泥稳定土基层碾压后的低洼处,严禁用薄层贴补法进行找平,留待面层施工时处理。基层分两层施工时,在铺筑上层前,应在下层顶面先撒薄层水泥或水泥净浆。必须保湿养护,不使稳定土层表面干燥,也不应忽干忽湿。

7. 交通管制

水泥稳定土基层上未铺封层或面层时,除施工车辆可慢速(不超过 30km/h)通行外,禁止一切机动车辆通行。

8. 施工方法

对于二级以下的公路，水泥稳定土基层和底基层可以采用路拌法施工。但对于二级公路，应采用专用的稳定土拌和机或使用集中拌和法制备混合料。对于高速公路和一级公路，直接铺筑在土基上的底基层下层可以用稳定土拌和机进行路拌法施工，当土基上层已用石灰或固化剂处理时，底基层的下层也宜用集中拌和法拌制混合料。其上的各个稳定土层都应用集中厂拌法拌制混合料，并用摊铺机摊铺基层混合料。

（二）施工组织与作业段划分

1. 施工组织

水泥稳定土施工时，必须严密组织，采用流水作业法施工，尽可能缩短从加水拌和到碾压终了的延迟时间，采用路拌法施工时，此时间不应超过 3～4h，并应短于水泥的终凝时间。采用集中厂拌法施工时，延迟时间不应超过 2h。

应做水泥稳定土的延迟时间对其强度影响的试验，以确定合适的延迟时间。

2. 作业段划分

确定路拌法施工每一作业段的合理长度时，应综合考虑水泥的终凝时间、延迟时间对混合料密实度和抗压强度的影响、施工机械和运输车辆的效率和数量、操作的熟练程度、接缝设置、施工季节和气候条件等因素。

一般情况下，当稳定土层宽 7～8m 时，每一流水作业段以 200m 为宜，但每天的第一个作业段宜稍短，可为 150m。如稳定土层较宽，则作业段应再缩短。

（三）路缘处理

如水泥稳定土层上为薄沥青面层，基层每边应较面层展宽 200mm 以上。在基层全宽上喷洒透层或粘层沥青或设下封层，沥青面层边缘向外侧做成三角形。如设置路缘石，必须注意防止路缘石阻滞路面上表面水和结构层中水的排除。

第三节　石灰稳定土基层施工

为了保证石灰稳定土基层（底基层）满足设计要求和使用要求，除结构设计合理、路基强度满足要求外，重点是石灰稳定土的原材料选择、混合料组成设计和施工质量控制。

一、材料要求

（一）土

主要控制最大粒径、塑性指数、压碎值、硫酸盐和有机质含量等。

1. 适用于石灰稳定的土

级配碎石、未筛分碎石、砂砾、碎石土、砂砾土、煤矸石和各种粒状矿渣等均适宜用做石灰稳定土的材料。石灰稳定土中碎石、砂砾或其他粒状材料的含量应在 80% 以上，并应具有良好的级配。硫酸盐含量超过 0.8% 的土和有机质含量超过 10% 的土，不宜用石灰稳定。

2. 土的粒径

石灰稳定土用做高速公路和一级公路的底基层时，颗粒的最大粒径不应超过 37.5mm，用做其他等级公路的底基层时，颗粒的最大粒径不应超过 53mm。石灰稳定土用做基层时，颗粒的最大粒径不应超过 37.5mm。

3. 塑性指数

塑性指数为15～20的黏性土以及含有一定数量黏性土的中粒土和粗粒土均适宜于用石灰稳定。用石灰稳定无塑性指数的级配砂砾、级配碎石和未筛分碎石时，应添加15%左右的黏性土。塑性指数在15以上的黏性土更适宜于用石灰和水泥综合稳定。塑性指数在10以下的砂质粉土和砂土用石灰稳定时，应采取适当的措施或采用水泥稳定。塑性指数偏大的黏性土，应加强粉碎，粉碎后土块的最大尺寸不应大于15mm。可以采用两次拌和法，第一次加部分石灰拌和后，闷放1～2d，再加入其余石灰，进行第二次拌和。

4. 压碎值

石灰稳定土中碎石或砾石的压碎值应符合表5-9的要求。

碎石或砾石的压碎值要求　　表5-9

结构层	高速公路、一级公路	二级公路	二级以下公路
基　层	—	≤30%	≤35%
底基层	≤35%	≤40%	

（二）石灰和水

1. 石灰

（1）石灰技术指标应符合表5-10的规定。应尽量缩短石灰的存放时间。石灰在野外堆放时间较长时，应覆盖防潮。

石灰的技术指标　　表5-10

项目	类别	钙质生石灰			镁质生石灰			钙质消石灰			镁质消石灰		
	指标 等级	Ⅰ	Ⅱ	Ⅲ	Ⅰ	Ⅱ	Ⅲ	Ⅰ	Ⅱ	Ⅲ	Ⅰ	Ⅱ	Ⅲ
有效钙+MgO含量（%），不小于		85	80	70	80	75	65	65	60	55	60	55	50
残渣含量（5mm圆孔筛余）（%），不大于		7	11	17	10	14	20	—	—	—	—	—	—
含水量（%），不大于		—	—	—	—	—	—	4	4	4	4	4	4
细度	0.90mm 筛的筛余（%），不大于	—	—	—	—	—	—	0	1	1	0	1	1
	0.125mm 筛的筛余（%），不大于	—	—	—	—	—	—	13	20	—	13	20	—
钙镁石灰分类界限，氧化镁含量（%）		≤5			>5			≤4			>4		

注：硅、铝、镁氧化物含量之和大于5%的生石灰，有效氧化钙加氧化镁含量指标：Ⅰ等≥75%，Ⅱ等≥70%，Ⅲ等≥60%；未消解残渣含量指标值与镁质生石灰相同。

（2）使用等外石灰、贝壳石灰、珊瑚石灰等，应进行试验，如混合料的强度符合表5-11的标准，即可使用。对于高速公路和一级公路，宜采用磨细生石灰粉。

2. 水

凡饮用水（含牲畜饮用水）均可用于石灰土施工。

二、混合料组成设计

（一）一般原则

1. 抗压强度

各级公路用石灰稳定土的 7d 浸水抗压强度应符合表 5-11 的规定。

石灰稳定土抗压强度标准（单位：MPa）　　　　表 5-11

结构层 \ 公路等级	高速公路、一级公路	二级及二级以下公路
基层	—	≥0.8①
底基层	≥0.8	0.5～0.7②

① 在低塑性土（塑性指数小于 7）地区，石灰稳定砂砾土和碎石土的 7d 浸水抗压强度应大于 0.5MPa（100g 平衡锥测液限）。

② 低限用于塑性指数小于 7 的黏性土，且低限值宜仅用于二级以下公路。高限用于塑性指数大于 7 的黏性土。

2. 混合料组成的设计原则

（1）确定土的种类及石灰剂量：根据表 5-11 的强度标准，通过试验选取最适宜于稳定的土，确定必需的或最佳的石灰剂量和混合料的最佳含水量，在需要改善混合料的物理力学性质时，还应确定掺加料的比例。

（2）综合稳定土的组成设计：采用综合稳定土时，如水泥用量占结合料总量的 30% 以下，则按本节的技术要求进行组成设计。

3. 原材料试验

石灰稳定土的各项试验应按现行《公路工程无机结合料稳定材料试验规程》进行。

（1）试验项目：在石灰稳定类基层、底基层施工前，应取所定料场有代表性土样按现行《公路工程土工试验规程》进行试验。试验内容包括颗粒分析、液限和塑性指数、相对密度、击实试验、碎石或砾石的压碎值、有机质含量（必要时做）和硫酸盐含量（必要时做）。

（2）改善级配：如碎石、碎石土、砂砾、砂砾土等的级配不好，宜先改善其级配。

（3）检验石灰的技术指标：检验石灰的有效钙和氧化镁含量。

（二）混合料的配合比设计步骤

1. 按下列石灰剂量配制同一种土样、不同石灰剂量的混合料：

（1）做基层用

砂砾土和碎石土：3%，4%，5%，6%，7%；

塑性指数小于 12 的黏性土：10%，12%，13%，14%，16%；

塑性指数大于 12 的黏性土：5%，7%，9%，11%，13%。

（2）做底基层用

塑性指数小于 12 的黏性土：8%，10%，11%，12%，14%；

塑性指数大于 12 的黏性土：5%，7%，8%，9%，11%。

2. 确定各种混合料的最佳含水量和最大干密度

至少应做三个不同石灰剂量混合料的击实试验，即最小剂量、中间剂量和最大剂量，其余两个混合料的最佳含水量和最大干密度用内插法确定。

3. 计算干密度

按工地预定达到的压实度,分别计算不同水泥剂量的试件应有的干密度。试件的干密度=击实试验所得最大干密度×现场要求压实度。

4. 制备试件

按最佳含水量和算得的干密度制备试件。进行强度试验时,作为平行试验的最少试件数量与水泥稳定土的情况相同,即不小于表 5-6 中规定的数量。如试验结果的偏差系数大于表中规定的值,则应重做试验,并找出原因,加以解决。如不能降低偏差系数,则应增加试件数量。

5. 强度试验

试件在规定温度下保温养护 6d,浸水 24h 后,按现行《公路工程无机结合料稳定材料试验规程》进行无侧限抗压强度试验。

6. 计算抗压强度试验结果的平均值和偏差系数、选定石灰剂量

根据表 5-11 的强度标准,选定合适的石灰剂量。此剂量试件室内试验结果的平均抗压强度 $\bar{R}$ 亦应符合式(5-1)的要求。只是式中 R_d 为石灰稳定土试件的设计抗压强度(表 5-11)。

工地实际采用的石灰剂量应比室内试验确定的剂量多 0.5%～1.0%。采用集中厂拌法施工时,可只增加 0.5%;采用路拌法施工时,宜增加 1%。

7. 石灰稳定不含黏性土的碎、砾石材料

石灰稳定不含黏性土的级配碎石、未筛分碎石和级配砂砾用做高级沥青路面的基层或底基层时,碎石和砂砾的颗粒组成应符合本章第五节材料要求与级配组成中关于级配碎石、未筛分碎石和级配砾石的级配范围,即:①级配碎石用做二级或二级以下公路的基层时,其颗粒组成满足表 5-18 中 1 号级配的规定;用做中间层或高速和一级公路的基层时,其颗粒组成满足表 5-18 中 2 号级配的规定。②未筛分碎石用做二级或二级以下公路的底基层时,其颗粒组成满足表 5-19 中 1 号级配的规定;用做高速或一级公路的底基层时,其颗粒组成满足表 5-19 中 2 号级配的规定。③级配砾石用做基层时,其颗粒组成满足表 5-18 的规定。在满足上述级配范围的同时,应添加黏性土。石灰和所加土的总质量与碎石或砂砾的质量比宜为 1∶4～1∶5,即碎石或砾石在混合料中的质量应不少于 80%。

8. 综合稳定土的组成设计

与上述步骤相同。

三、施工工艺

石灰稳定土的施工有路拌法和中心站集中厂拌法两种。

(一)路拌法

路拌法的施工程序为:准备下承层→施工放样→备料→摊铺土→洒水闷料→整平和轻压→卸置和摊铺石灰→拌和与洒水→整型→碾压→接缝和调头处理。

其中准备下承层、施工放样、洒水闷料、整平和轻压、整形及碾压等工序,除了结合料为石灰外,其余各方面与水泥稳定土的情况相同,此处不再赘述。其他各工序也与水泥稳定土的情况类似。二级以下公路的小工程可以采用人工沿路拌和法施工。下面仅就石灰稳定土与水泥稳定土不同之处阐述如下:

1. 备料

(1) 分层采集土：当需分层采集土时，将土先分层堆放在一场地上，然后从前到后将上下层土一起装车运送到现场。

(2) 塑性指数小于 15 的黏性土：机械拌和时，可视土质和机械性能确定是否需要过筛。人工拌和时，应筛除 15mm 以上的土块。

(3) 石灰的堆放：选择公路两侧宽敞、临近水源且地势较高的场地集中堆放。当堆放时间较长时，应覆盖封存。石灰堆放在集中拌和场地时间较长时，也应覆盖封存。

(4) 生石灰块的消解：在使用前 7～10d 进行，消解要充分，不留残渣。消解后的石灰应保持一定的湿度，不得产生扬尘，也不可过湿成团。消石灰宜过孔径 10mm 的筛，并尽快使用。

(5) 人工沿路拌和法施工：当采用人工沿路拌和法施工时，将需稳定的土料按事先计算的数量运到路上分堆堆放，应每隔一定距离留一缺口。然后将消石灰按事先计算的数量运到路上，直接卸在土堆上或卸在土堆旁。

(6) 其他任务应按对水泥稳定土施工备料的要求完成。

2. 摊铺土

应事先通过试验确定土的松铺系数。人工摊铺混合料时，对于石灰土，当采取现场人工摊铺土和石灰，机械拌和，人工整平时，其松铺系数可按 1.53～1.58 选用；当采取路外集中拌和，运到现场人工摊铺时，可按 1.65～1.70 选用；对于石灰土砂砾，当采取路外集中拌和，运到现场人工摊铺时，其松铺系数可按 1.52～1.56 选用。其他情况应按对水泥稳定土施工摊铺土的要求处理。

3. 卸置和摊铺石灰

按计算所得的每车石灰的纵横间距，用石灰在土层上做标记，同时划出摊铺石灰的边线。用刮板将石灰均匀摊开，石灰摊铺完后，表面应没有空白位置。量测石灰的松铺厚度，根据石灰的含水量和松密度，校核石灰用量是否合适。

4. 拌和与洒水

(1) 二级及二级以上公路的拌和方法：按对水泥稳定土施工拌和（干拌）的要求进行拌和，只是当使用生石灰粉时，宜先用平地机或多铧犁将石灰翻到土层中间，但不能翻到底部。

(2) 三、四级公路的拌和方法：对于三、四级公路的石灰稳定细粒土和中粒土，在没有专用拌和机械的情况下，可用农用旋转耕作机与多铧犁或平地机相配合拌和四遍。先用旋转耕作机拌和两遍，后用多铧犁或平地机将底部素土翻起，再用旋转耕作机拌和两遍，多铧犁或平地机将底部料再翻起，并随时检查调整翻犁的深度，使稳定土层全部翻透。严禁在稳定土层与下承层之间残留一层素土，但也应防止翻犁过深，过多破坏下承层的表面。也可以用缺口圆盘耙与多铧犁或平地机相配合，按对水泥稳定土施工拌和（干拌）的要求拌和石灰稳定细粒土、中粒土和粗粒土。

(3) 拌和过程中混合料的含水量控制及检查：按对水泥稳定土施工加水并湿拌的规定进行。

(4) 石灰稳定级配碎石或砂砾：应先将石灰和需添加的黏性土拌和均匀，然后均匀地摊铺在级配碎石或砂砾层上，再一起进行拌和。

(5) 石灰稳定塑性指数大的黏土：采用两次拌和。第一次加 70%～100% 预定剂量的石灰进行拌和，闷放 1～2d，此后补足需用的石灰，再进行第二次拌和。

(6) 人工沿路拌和法施工：当采用人工沿路拌和法施工时，可采用筛拌法和翻拌法施工。

①筛拌法：将土和石灰混合或交替过孔径 15mm 的筛，筛余土块应随打碎随过筛。过筛以后，适当加水，拌和到均匀为止。

②翻拌法：将过筛的土和石灰先干拌 1～2 遍，然后加水拌和，应不少于 3 遍，直到均匀为止。

③闷料：为使混合料的水分充分均匀，可在当天拌和后堆放闷料，第二天再摊铺。

5. 接缝和调头处的处理

按对水泥稳定土施工的方法和要求完成。

(二) 中心站集中厂拌法施工

石灰稳定土中心站集中厂拌法施工按对水泥稳定土施工的方法和要求完成。

四、养护及交通管制

1. 养护方法

石灰稳定土在养护期间应保持一定的湿度，不应过湿或忽干忽湿。养护期不宜少于 7d。每次洒水后，应用两轮压路机将表层压实。石灰稳定土基层碾压结束后 1～2d，当其表层较干燥（如石灰土的含水量不大于 10%，石灰粒料土的含水量为 5%～6%）时，可以立即喷洒透层沥青，然后做下封层或铺筑面层，但初期应禁止重型车辆通行。

2. 交通管制

在养护期间未采用覆盖措施的石灰稳定土层上，除洒水车外，应封闭交通。在采用覆盖措施的石灰稳定土层上，不能封闭交通时，应限制车速不得超过 30km/h，禁止重型卡车通行。

3. 保护基层

养护期结束后，在铺筑沥青面层前，应清扫基层并喷洒透层沥青或做下封层。如面层是沥青混凝土，在喷洒透层沥青后，应撒布 5～10mm 的小碎（砾）石，小碎（砾）石应均匀撒布约 60% 的面积。如喷洒的透层沥青能透入基层，其上作业车辆不会破坏沥青膜时，可以不撒小碎（砾）石。在喷洒沥青时，石灰稳定土层的上层应比较湿润。

4. 分层施工

石灰稳定土分层施工时，下层石灰稳定土碾压完成后，可以立即铺筑上一层石灰稳定土，不需专门的养护期。

五、施工注意事项

(一) 一般注意事项

1. 石灰剂量的确定

石灰剂量以石灰质量占全部粗细土颗粒干质量的百分率表示，即石灰剂量＝石灰质量/干土质量。

2. 施工季节

石灰稳定土层应在春末和夏季组织施工。施工期的日最低气温应在 5℃ 以上，并应在第一次重冰冻（-3～-5℃）到来之前一个月到一个半月完成。稳定土层宜经历半月以上温暖和热的气候养护。多雨地区，应避免在雨期进行石灰土结构层的施工。在雨期施工石灰稳定中粒土和粗粒土时，应采用排除表面水的措施，防止运到路上的集料过分潮湿，并应采取措施保护石灰免遭雨淋。

3. 压实度标准

在混合料处于最佳含水量或略小于最佳含水量（1%～2%）时进行碾压，直到达到表5-12所列按重型击实试验法确定的要求压实度。

压实度标准　　　　　　　　　　　　　　　　　　　　表 5-12

结构层	稳定土类型	公路等级	
		高速公路、一级公路	二级及二级以下公路
基　层	石灰稳定中粒土和粗粒土（%）	97	
	石灰稳定细粒土（%）	93	
底基层	石灰稳定中粒土和粗粒土（%）	97	95
	石灰稳定细粒土（%）	95	93

4. 基层构造

严格控制基层厚度和高程，其路拱横坡应与面层一致。

5. 压路机与压实厚度

石灰稳定土结构层应用 12t 以上的压路机碾压。用 12～15t 三轮压路机碾压时，每层的压实厚度不应超过 150mm；用 18～20t 三轮压路机和振动压路机碾压时，每层的压实厚度不应超过 200mm；对于石灰稳定中、粗粒土，采用能量大的振动压路机碾压时，或对于石灰土，采用振动羊足碾与三轮压路机配合碾压时，每层的压实厚度可以根据试验适当增加。压实厚度超过上述规定时，应分层铺筑，每层的最小压实厚度为 100mm，下层宜稍厚。对于石灰土稳定，应采用先轻型、后重型压路机碾压。

6. 表面低洼处的处理措施

石灰稳定土基层施工时，严禁用薄层贴补的办法进行找平。

7. 养护

石灰稳定土层宜在当天碾压完成，碾压完成后必须保温养护，不使稳定土层表面干燥，也不应过分潮湿。在采用石灰土做基层时，必须采取措施防止表面水透入基层，同时应经历一个月以上的温暖和热的气候养护。作为沥青路面的基层时，还应采取措施加强基层与面层的连接。

8. 施工方法

对于二级以下的公路，石灰稳定土基层和底基层可以采用路拌法施工。对于二级公路，宜采用专用的稳定土拌和机或使用集中厂拌法制备混合料。

对于高速公路和一级公路，直接铺筑在土基上的底基层下层可以用专用稳定土拌和机进行路拌法施工，如土基上层已用石灰或固化剂处理，则底基层的下层也应用集中拌和法拌制混合料。其上的各个稳定土层都应用集中厂拌法拌制混合料并宜用摊铺机摊铺混合料。

（二）路缘处理

如石灰稳定土层上为薄沥青面层，基层每边应较面层宽 200mm 以上。在基层全宽上喷洒透层沥青或设下封层，沥青面层边缘向外侧做成三角形。如设置路缘石时，必须注意防止路缘石阻滞路面上表面水和结构层中水的排除。

（三）用石灰稳定低塑性土

宜分两阶段碾压。第一阶段，洒较多水后用履带拖拉机先压 2～3 遍，达到初步稳定；第二阶段，待水分接近最佳含水量时，再用 12t 以上压路机压实。

当缺少履带拖拉机时，洒水后，先用轻型压路机碾压两遍，然后覆盖一层素土，继续用 12t 以上压路机压实，养护后，将素土层清除干净。

第四节 石灰工业废渣稳定土基层施工

石灰工业废渣稳定土包括两种基本类型，一种是石灰粉煤灰类，简称二灰类，另一种是石灰煤渣类。本节的内容包括石灰工业废渣稳定土的原材料选择、混合料组成设计和施工工艺。

一、材料要求

（一）土

主要控制最大粒径、均匀系数（土体不同通过量的筛孔尺寸之比）、液限、塑性指数、压碎值、硫酸盐和有机质含量等。

1. 适用于石灰工业废渣稳定的土

宜采用塑性指数 12～20 的黏性土（粉质黏土）。土块的最大粒径不应大于 15mm。有机质含量超过 10% 的土不宜选用。二灰稳定的中粒土和粗粒土不宜含有塑性指数的土。

2. 土的颗粒级配

（1）二级及二级以下公路：二灰稳定土用做底基层时，石料颗粒的最大粒径不应超过 53mm。二灰稳定土用做基层时，石料颗粒的最大粒径不应超过 37.5mm。碎石、砾石或其他粒状材料的质量宜占 80% 以上，并符合表 5-13 或表 5-14 的级配范围。

二灰级配砂砾中砂砾的级配要求　　　　　表 5-13

通过百分率（%）	编号	1	2
筛孔尺寸（mm）	37.5	100	
	31.5	85～100	100
	19.0	65～85	85～100
	9.50	50～70	55～75
	4.75	35～55	39～59
	2.36	25～45	27～47
	1.18	17～35	17～35
	0.60	10～27	10～25
	0.075	0～15	0～10

二灰级配碎石中碎石的级配要求　　　　　　表 5-14

通过百分率（%）\筛孔尺寸(mm)	编号	1	2
	37.5	100	
	31.5	90～100	100
	19.0	72～90	81～98
	9.50	48～68	52～70
	4.75	30～50	30～50
	2.36	18～38	18～38
	1.18	10～27	10～27
	0.60	6～20	6～20
	0.075	0～7	0～7

（2）高速、一级公路：

①二灰稳定土用做底基层时，土中碎石、砾石颗粒的最大粒径不应超过 37.5mm。各种细粒土、中粒土和粗粒土都可用二灰稳定后用做底基层。

②二灰稳定土用做基层时，二灰的质量应占 15%，最多不超过 20%，石料颗粒的最大粒径不应超过 31.5mm，其颗粒组成宜符合表 5-13 或表 5-14 中 2 号级配的范围（表中所列级配的颗粒组成范围是根据强度高、干缩性小和抗冲刷能力强提出的。此颗粒组成范围可做改变，但改变后的二灰级配集料的强度，特别是干缩性和抗冲刷能力，应优于按表列颗粒组成范围配合的二灰级配集料的性质），粒径小于 0.075mm 的颗粒含量宜接近于 0。

③对所用的砾石或碎石，应预先筛分成 3～4 个不同粒级，然后再配合成颗粒组成符合表 5-13 或表 5-14 所列级配范围的混合料。

3. 压碎值

石灰工业废渣稳定土中碎石和砾石的压碎值需满足表 5-15 所列的要求。

碎石或砾石的压碎值要求　　　　　　表 5-15

结构层	高速公路、一级公路	二级及二级以下公路
基层	≤30%	≤35%
底基层	≤35%	≤40%

（二）石灰、粉煤灰、煤渣和水

1. 石灰

石灰工业废渣稳定土所用石灰质量应符合表 5-10 规定的Ⅲ级消石灰或Ⅲ级生石灰的技术指标，应尽量缩短石灰的存放时间，如存放时间较长，应采取覆盖封存措施，妥善保管。有效钙含量在 20% 以上的等外石灰、贝壳石灰、珊瑚石灰、电石渣等，当其混合料的强度通过试验符合表 5-16 的标准时，可以应用。

2. 粉煤灰

粉煤灰中 SiO_2、Al_2O_3 和 Fe_2O_3 的总含量应大于 70%，粉煤灰的烧失量不应超过

20%；粉煤灰的比表面积宜大于 2500cm²/g（或 90% 通过 0.3mm 筛孔，70% 通过 0.075mm 筛孔）。干粉煤灰和湿粉煤灰都可以应用。湿粉煤灰的含水量不宜超过 35%。

3. 煤渣

煤渣的最大粒径不应大于 30mm，颗粒组成宜有一定级配，且不宜含杂质。

4. 水

凡饮用水（含牲畜饮用水）均可使用。

二、混合料组成设计

（一）一般原则

1. 抗压强度

石灰工业废渣稳定土的 7d 浸水无侧限抗压强度应满足表 5-16 的要求。

石灰工业废渣稳定土抗压强度标准（单位：MPa）　　　　表 5-16

结构层 \ 公路等级	高速公路、一级公路	二级及二级以下公路
基 层	0.8～1.1①	0.6～0.8
底基层	≥0.6	≥0.5

①设计累计标准轴次小于 12×10^6 的高速公路用低限值；设计累计标准轴次大于 12×10^6 的高速公路用中值；主要行驶重载车辆的高速公路用高限值。对于具体一条高速公路，应根据交通状况采用某一强度标准。

2. 混合料组成设计的原则

（1）确定土的种类及材料比例：石灰工业废渣稳定土的组成设计应根据表 5-16 的强度标准，通过试验选取最适宜于稳定的土，确定石灰与粉煤灰或石灰与煤渣的比例，确定石灰粉煤灰或石灰煤渣与土的质量比例，确定混合料的最佳含水量。

（2）CaO 含量 2%～6% 的硅铝粉煤灰：石灰粉煤灰可做基层或底基层，石灰与粉煤灰的比例可以是 1:2～1:9。

（3）二灰土：可做基层或底基层，石灰与粉煤灰的比例可用 1:2～1:4（对于粉土，以 1:2 为宜），石灰粉煤灰与细粒土的比例可以是 30:70～90:10。采用 30:70 时，石灰与粉煤灰之比宜为 1:2～1:3。

（4）二灰级配集料：做基层时，石灰与粉煤灰的比例可用 1:2～1:4，石灰粉煤灰与集料的比应是 20:80～15:85。

（5）石灰煤渣：可做基层或底基层，石灰与煤渣的比例可用 20:80～15:85。

（6）石灰煤渣土：可做基层或底基层，石灰与煤渣的比例可选用 1:1～1:4，石灰煤渣与细粒土的比例可以是 1:1～1:4。混合料中石灰不应少于 10%，或通过试验选取强度较高的配合比。

（7）石灰煤渣集料：可做基层或底基层，石灰:煤渣:集料可选用 (7～9):(26～33):(67～58)。

（8）掺加水泥：为提高石灰工业废渣的早期强度，可外加 1%～2% 的水泥。

3. 原材料试验

各种混合料的各项试验应按现行《公路工程无机结合料稳定材料试验规程》进行。在石灰工业废渣稳定土施工前，应取有代表性的样品进行试验。试验内容包括颗粒分析、液限和塑性指数、石料的压碎值、有机质含量（必要时做）、石灰的有效钙和镁含量、收集或试验粉煤灰的化学成分、细度和烧失量。

(二) 混合料的配合比设计步骤

1. 制备混合料样本

制备不同比例的石灰粉煤灰混合料（如10：90，15：85，20：80，25：75，30：70，35：65，40：60，45：55和50：50），确定其各自的最佳含水量和最大干密度，确定同一龄期和同一压实度试件的抗压强度，选用强度最大时的石灰粉煤灰比例。

根据上款所得的二灰比例，制备同一种土样的4~5种不同配合比的二灰土或二灰级配集料。其配合比宜位于本节混合料组成设计一般原则中所列范围内。

2. 确定各种混合料的最佳含水量和最大干密度

确定各种二灰土或二灰级配集料的最佳含水量和最大干密度（用重型击实试验法）。

3. 计算干密度

按规定达到的压实度，分别计算不同配合比时二灰土、二灰级配集料试件应有的干密度。试件的干密度＝击实试验所得最大干密度×现场要求压实度。

4. 制备试件

按最佳含水量和计算得到的干密度制备试件。进行强度试验时，作为平行试验的试件数量应符合表5-6中的规定。如试验结果的偏差系数大于表中规定的值，则应重做试验，并找出原因，加以解决。如不能降低偏差系数，则应增加试件数量。

5. 强度试验

试件在规定温度下保湿养护6d，浸水24h后，按现行《公路工程无机结合料稳定材料试验规程》进行无侧限抗压强度试验。

6. 计算试验结果的平均值和偏差系数、选定混合料的配合比

根据表5-16的强度标准，选定合适的石灰剂量。此剂量试件室内试验结果的平均抗压强度$\overline{R}$应符合式（5-1）的要求。只是式中R_d为石灰工业废渣稳定土试件设计抗压强度（表5-16）。

7. 石灰煤渣混合料的设计

可参照上述石灰粉煤灰混合料的设计步骤。

三、施工工艺

石灰工业废渣稳定土的施工有路拌法和中心站集中厂拌法两种。

(一) 路拌法

路拌法的施工程序为：准备下承层→施工放样→备料→运输和摊铺集料→运输和摊铺粉煤灰或煤渣→运输和摊铺石灰→拌和与洒水→整型→碾压→接缝和调头处理。其中准备下承层、施工放样、碾压、接缝及调头的处理等工序，除了结合料为石灰工业废渣外，其余各方面与水泥稳定土和石灰稳定土的情况相同。其他各工序也与水泥稳定土和石灰稳定土的情况类似。二级以下公路的小工程可以采用人工沿路拌和法施工。下面仅就石灰工业废渣稳定土与水泥稳定土、石灰稳定土不同之处阐述如下。

1. 备料

(1) 粉煤灰：运到现场的粉煤灰，应含有足够的水分，防止扬尘。在干燥和多风季节，应使料堆表面保持湿润，或者覆盖。如在堆放过程中，部分粉煤灰凝结成块，使用时应将灰块打碎。场地集中堆放的粉煤灰，应予覆盖，避免雨淋过分潮湿。

（2）集料和石灰：按对石灰稳定土备料的要求完成集料和石灰的备料。

（3）计算材料用量：根据各路段石灰工业废渣稳定土层的宽度、厚度及预定的干密度，计算各路段需要的干混合料质量；根据混合料的配合比、材料的含水量以及所用运料车辆的吨位，计算各种材料每车料的堆放距离。

（4）路肩用料：如路肩用料与石灰工业废渣稳定土层用料不同，应采取培肩措施，先将两侧路肩培好，路肩料层的压实厚度应与稳定土层的压实厚度相同。在路肩上，每隔5～10m应交错开挖临时泄水沟。

（5）堆料前洒水：在预定堆料的下承层上，在堆料前应先洒水，使其表面湿润。

（6）人工沿路拌和法施工：将细粒土或集料按事先计算的数量（或折算成体积）运到路上分堆堆放，且应每隔一定距离留一缺口。再将粉煤灰或煤渣按事先计算的数量（或折算成体积）运到路上，直接卸在细粒土堆上或集料堆旁。然后将石灰按事先计算的数量（或折算成体积）运到路上，直接卸在粉煤灰或煤渣上。

（7）其他任务：按对水泥稳定土、石灰稳定土施工备料的要求完成。

2．运输和摊铺

材料装车时，控制每车料的数量基本相等。采用二灰时，先将粉煤灰运到现场。采用二灰稳定土时，先将土运到现场。在同一料场供料的路段内，由远到近将料按上面计算的距离卸置于下承层上，卸料距离要均匀，料堆每隔一定距离留一缺口，并且材料在下承层上的堆置时间不应过长。通过试验确定各种材料及混合料的松铺系数。采用机械路拌时，应采用层铺法，每种材料摊铺均匀后，宜先用两轮压路机碾压1～2遍，然后再运送并摊铺下一种材料。摊铺每层材料时应力求平整，并具有规定的路拱。集料应较湿润，必要时先洒少量水。

3．拌和及洒水

（1）二级和二级以上公路施工：采用专用稳定土拌和机进行拌和，并应先干拌两遍。用稳定土拌和机拌和时，拌和深度应直到稳定层底，并宜侵入下承层5～10mm（不应过多），以加强上下层粘结。应设专人跟随拌和机，随时检查拌和深度并配合拌和机操作员调整拌和深度。直接铺在土基上的拌和层宜避免素土夹层，其余各层严禁在拌和层底部留有素土夹层。通常拌和两遍以上，在进行最后一遍拌和之前，必要时先用多铧犁紧贴底面翻拌一遍。

（2）三、四级公路施工：

①在没有专用拌和机械的情况下，如为二灰稳定细粒土和中粒土，也可用旋转耕作机与多铧犁或平地机相配合先干拌四遍。先用旋转耕作机拌和两遍，后用多铧犁或平地机将底部素土翻起，再用旋转耕作机拌和第二遍，用多铧犁或平地机将底部料再翻起，随时检查调整翻犁的深度，使稳定土层全部翻透。严禁在稳定土层与下承层之间残留一层素土，但也应防止翻犁过深，过多破坏下承层的表面。

②对于三、四级公路，在没有专用拌和机械的情况下，如拌和二灰稳定中粒土和粗粒土，也可以用缺口圆盘耙与多铧犁或平地机相配合干拌。用平地机或多铧犁在前面翻拌，用圆盘耙跟在后面拌和，即采用边翻边耙的方法。圆盘耙的速度应尽量快，使二灰和集料拌和均匀。共翻拌四遍，开始的两遍不应翻犁到底，以防二灰落到底部，后面的两遍，应翻犁到底，随时检查调整翻犁的深度，要求同上面①。

(3）洒水：用喷管式洒水车将水均匀地喷洒在干拌后的混合料上，洒水距离应长些，水车起洒处和另一端调头处都应超出拌和段2m以上。洒水车不应在正进行拌和的以及当天计划拌和的路段上调头和停留，应防止局部水量过大。

（4）技术要求：拌和机械应紧跟在洒水车后面进行拌和，尤其在纵坡大的路段上应配合紧密，以减少水分流失。在洒水拌和过程中，及时检查混合料的含水量。水分宜大于最佳含水量1%左右。及时检查拌和深度，要使石灰工业废渣层全深都拌和均匀。拌和完成的标志是：混合料色泽一致，没有灰条、灰团和花面，没有粗细颗粒"窝"或"带"，且水分合适和均匀。对于二灰级配集料，应先将石灰和粉煤灰拌和均匀，然后均匀地摊铺在集料层上，再一起进行拌和。

（5）人工沿路拌和法施工：当采用人工沿路拌和法施工时，可采用筛拌法和翻拌法施工。

①筛拌法：将土、粉煤灰和石灰混合或交替过孔径15mm的筛，筛余土块、粉煤灰块随打碎随过筛。过筛以后，适当加水至比最佳含水量大1%～2%，并拌和均匀。

②翻拌法：将过筛的土、粉煤灰或煤渣和石灰先干拌1～2遍，然后加水拌和均匀，不宜少于3遍。

③拌和顺序：对于二灰集料和石灰煤渣集料，应先将石灰和粉煤灰或煤渣拌和均匀，然后再与集料一起拌和均匀。

④闷料：为使混合料的水分充分均匀，宜在当天拌和后堆放闷料，第二天再摊铺。

4. 整形

（1）平地机整形：

①混合料拌和均匀后，先用平地机初步整平和整形。在直线段及不设超高的平曲线段，平地机由两侧向路中心进行刮平；在设超高的平曲线段，平地机由内侧向外侧进行刮平。必要时，再返回刮一遍。

②用拖拉机、平地机或轮胎压路机快速碾压1～2遍，以暴露潜在的不平整。

③再用平地机按①所述进行整形，并用②所述机械再碾压一遍。整形过程中，应及时消除粗细集料离析现象。

④对于局部低洼处，应用齿耙将其表层50mm以上耙松，并用新拌的二灰级配集料找补平整。

⑤再用平地机整形一次。

⑥每次整形都要按照规定的坡度和路拱进行，并应特别注意接缝顺适平整。

（2）人工整形：人工用锹和耙先将混合料摊平，用路拱板进行初步整形。用拖拉机初压1～2遍后，根据试验确定的松铺系数，确定纵横断面的标高，并钉桩、挂线。利用锹耙按线整形，并再用路拱板校正成型。

（3）松铺系数：在整形过程中，必须禁止任何车辆通行。初步整形后，检查混合料的松铺厚度，必要时应进行补料或减料。二灰土的松铺系数约为1.5～1.7；二灰集料的松铺系数约为1.3～1.5；人工铺筑石灰煤渣土的松铺系数为1.6～1.8；石灰煤渣集料的松铺系数为1.4用机械拌和及机械整形时，集料松铺系数约为1.2～1.3。

（二）中心站集中厂拌法施工

石灰工业废渣混合料可以在中心站用多种机械进行集中拌和，也可用路拌机械或人工在现场进行分批集中拌和。对于高速公路和一级公路，应采用专用稳定土集中厂拌机械拌制混合料。其施工工艺与路拌法不同之处是先将混合料在拌和厂进行集中拌和，然后再运到现场进行摊铺和压实。

1. 备料与拌和

土块最大尺寸不应大于15mm；粉煤灰块不应大于12mm，且9.5mm和2.36mm筛孔的通过量应分别大于95％和75％。不同粒级的砾石或碎石以及细集料都应分开堆放。石灰、粉煤灰和细集料都采取覆盖措施，防止雨淋过湿。要做到配料准确，拌和均匀。混合料的含水量应略大于最佳含水量，使混合料运到现场摊铺后碾压时的含水量能接近最佳值。

2. 混合料的堆放时间

不宜超过24h，宜在当天将拌成的混合料运送到铺筑现场，不应将拌成的混合料长时间堆放。

3. 横向接缝

如压实层末端未用方木作支撑处理，在碾压后末端成一斜坡，则在第二天开始摊铺新混合料之前，应将末端斜坡挖除，并挖成一横向（与路中心线垂直）垂直向下的断面。挖出的混合料加水到最佳含水量拌匀后仍可使用。

4. 其他工序

按对水泥稳定土、石灰稳定土集中厂拌法施工的方法和要求进行。

四、养护及交通管制

1. 养护方式与时间

石灰工业废渣稳定土层碾压完成后的第二天或第三天开始养护，每天洒水的次数视气候条件而定，应始终保持表面潮湿，也可用泡水养护法。对于二灰稳定粗、中粒土的基层，也可用沥青乳液和沥青下封层进行养护，养护期一般为7d。二灰层宜采用泡水养护法，养护期应为14d。

2. 交通管制

在养护期间，除洒水车外，应封闭交通。

3. 基层保护措施

对于二灰集料基层，养护期结束后，宜先让施工车辆慢速通行7～10d，磨去表面的二灰薄层，或用带钢丝刷的机械扫刷去表面的二灰薄层。清扫和冲洗干净后再喷洒透层或粘层沥青。在喷洒透层或粘层沥青后，宜撒布5～10mm的小碎（砾）石，小碎（砾）石均匀撒布约60％～70％的面积。然后应尽早铺筑沥青面层的底面层。如喷洒的透层沥青能透入基层，当运料车辆和面层混合料摊铺机在上行驶不会破坏沥青膜时，可以不撒小碎（砾）石。

在清扫干净的基层上，也可先做下封层，防止基层干缩开裂，同时保护基层免遭施工车辆破坏。宜在铺设下封层后的10～30d内开始铺筑沥青面层的底面层。如为水泥混凝土面层，也不宜让基层长期暴晒，以免开裂。

4. 分层施工

石灰工业废渣底基层分层施工时，下层碾压完毕后，可以立即铺筑上一层，不需专门的养护期。也可以养护7d后再铺筑另一层。

五、施工注意事项

（一）一般注意事项

1. 石灰及粉煤灰剂量的确定

石灰工业废渣混合料采用质量配合比计算，以石灰∶粉煤灰∶集料（或土）的质量比表示。

2. 施工季节

石灰工业废渣稳定土宜在春末和夏季组织施工。施工期的日最低气温应在5℃以上，并应在第一次重冰冻（$-3\sim-5$℃）到来之前一个月到一个半月完成。

3. 压实度标准

在混合料处于最佳含水量或略小于最佳含水量（1%～2%）时进行碾压，直到达到表5-17所列按重型击实试验法确定的要求压实度。

压 实 度 标 准　　　　　　　　　表 5-17

结构层	稳定土类型	公路等级	
		高速公路、一级公路[①]	其他等级公路
基层	稳定中粒土和粗粒土（%）	98	97
	稳定细粒土（%）		93
底基层	稳定中粒土和粗粒土（%）	97	95
	稳定细粒土（%）	95	93

①由于当前有多种能量大的压路机，宜提高压实度1%～2%。

4. 基层构造

应严格控制基层厚度和高程，其路拱横坡应与面层一致。

5. 压路机与压实厚度

石灰工业废渣稳定土应用12t以上的压路机碾压。用12～15t三轮压路机碾压时，每层的压实厚度不应超过150mm；用18～20t三轮压路机和振动压路机碾压时，每层的压实厚度不应超过200mm。对于二灰级配集料，采用能量大的振动压路机碾压时，或对于二灰土，采用振动羊足碾与三轮压路机配合碾压时，每层的压实厚度可以根据试验适当增加。压实厚度超过上述规定时，应分层铺筑，每层的最小压实厚度为100mm，下层宜稍厚。对于石灰工业废渣稳定土，要采用先轻型、后重型压路机碾压。

6. 表面低洼处的处理措施及养护

石灰工业废渣基层施工时，严禁用薄层贴补的办法进行找平。要采用保湿养护，不使石灰工业废渣稳定土层表面干燥。

7. 施工方法

对于二级以下的公路，用石灰工业废渣做基层和底基层时，可以采用路拌法施工；对于二级公路，应采用专用的稳定土拌和机，或用集中厂拌法拌制混合料。

对于高速公路和一级公路，直接铺筑在土基上的底基层下层可以用专用的稳定土拌和机进行路拌法施工，如土基上层已用石灰或固化剂处理，则底基层的下层也应用集中拌和法拌制混合料。其上的各个稳定土层都应用集中厂拌法拌制混合料，并应用摊铺机摊铺基层混合料。

（二）路缘处理

如石灰工业废渣层上为薄沥青面层，基层每边应较面层展宽200mm以上。在基层全宽上喷洒透层或粘层沥青或设下封层，沥青面层边缘向外侧做成三角形。如设置路缘石，必须注意防止路缘石阻滞路面表面水和结构层中水的排除。

第五节 级配碎、砾石基层施工

一、材料要求与级配组成

主要是控制级配碎、砾石的最大粒径、压碎值、塑性指数、级配、细料含量等。

（一）级配碎、砾石

1. 碎石原料

轧制碎石的材料可以是各种类型的坚硬岩石、圆石或矿渣。但岩石的粒径应为碎石最大粒径的3倍以上，也可以用稳定的矿渣压制，但矿渣应是已崩解稳定，干密度和质量应比较均匀，且其干密度小于960kg/m³。

2. 粒径要求

当级配碎石用做二级和二级以下公路的基层时，其最大粒径应控制在37.5mm以内；当级配碎石用做高速公路和一级公路的基层以及中间层（半刚性路面基层与沥青面层之间的碎石过渡层）时，其最大粒径宜控制在31.5mm以下。级配砾石用做基层时，砾石的最大粒径不应超过37.5mm；用做底基层时，砾石的最大粒径不应超过53mm。

3. 针片状颗粒及杂质

碎、砾石中的针片状颗粒的含量不应超过20%，且碎石中不应含有黏土块、植物等有害物质。

4. 颗粒组成和塑性指数

级配碎石用做二级或二级以下公路的基层时，其颗粒组成和塑性指数应满足表5-18中1号级配的规定；用做中间层或高速和一级公路的基层时，其颗粒组成和塑性指数应满足表5-18中2号级配的规定。级配砾石基层的颗粒组成和塑性指数应满足表5-18的规定，同时，级配曲线宜为圆滑曲线。

级配碎、砾石混合料基层的颗粒组成范围　　　　表5-18

材料		级配碎石		级配砾石		
编号		1	2	1	2	3
通过右侧筛孔(mm)的质量百分率（%）	53			100		
	37.5	100		90～100	100	
	31.5	90～100	100	81～94	90～100	100
	19.0	73～88	85～100	63～81	73～88	85～100
	9.5	49～69	52～74	45～66	49～69	52～74
	4.75	29～54	29～54	27～51	29～54	29～54
	2.36	17～37	17～37	16～35	17～37	17～37
	0.6	8～20	8～20	8～20	8～20	8～20
	0.075	0～7①	0～7①	0～7①	0～7①	0～7①
液限（%）		<28				
塑性指数		<6或9②				

①对于无塑限的混合料，小于0.075mm的颗粒含量应接近高限；
②潮湿多雨地区的基层采用塑性指数不大于6，其他地区的基层采用塑性指数不大于9。

5. 塑性指数偏大的措施

对于塑性指数偏大的情况，塑性指数与0.5mm以下细料含量的乘积，在年降水量小于600mm的地区，地下水位对地基没有影响时，不应大于120；在潮湿多雨地区，不应大于100。

6. 未筛分碎石、砂砾及砂砾土

从碎石机出来的碎石应经过一个与规定最大粒径相符的筛分，这种方式生产的碎石称为未筛分碎石。未筛分碎石用做二级或二级以下公路的底基层时，其颗粒组成和塑性指数应满足表5-19中1号级配的规定。用做高速或一级公路的底基层时，其颗粒组成和塑性指数应满足表5-19中2号级配的规定。用做底基层的砂砾、砂砾土或其他粒状材料的级配和塑性指数应满足表5-19的规定。

未筛分碎石及砂砾底基层的颗粒组成范围　　　　　　　表5-19

材料	未筛分碎石		砂砾或砂砾土
编号	1	2	
通过右侧筛孔（mm）的质量百分率（%）53	100	85～100	100
37.5	85～100	69～88	80～100
31.5	69～88	40～65	
19.0	40～65	19～43	
9.5	19～43	10～30	40～100
4.75	10～30	8～25	25～85
2.36	8～25	6～18	
0.6	6～18	0～10	8～45
0.075	0～10	0～10	0～15
液限（%）	<28		
塑性指数	<6 或 9[①]		

①潮湿多雨地区的基层采用塑性指数不大于6，其他地区的基层采用塑性指数不大于9。

7. 级配砾石

当用于基层的在最佳含水量下制备的级配砾石试件的干密度与工地规定达到的压实干密度相同时，浸水4d的承载比值应不小于160%[❶]。当用于底基层的在最佳含水量下制备的级配砾石试件的干密度与工地规定达到的压实干密度相同时，浸水4d的承载比值对于轻交通道路应不小于40%；对于中等交通道路，应不小于60%。

8. 压碎值

级配碎石或级配砾石所用石料的压碎值应满足表5-20的规定。

级配碎、砾石的压碎值要求　　　　　　　表5-20

结构层	高速公路、一级公路		二级公路		二级以下公路	
	碎石	砾石	碎石	砾石	碎石	砾石
基层	<26%	—	<30%		<35%	
底基层	<30%		<35%		<40%	

---

❶ 参见《公路路面基层施工技术规范》（JTJ 034—2000）第141页说明。

（二）石屑或细集料

石屑和其他细集料可以使用一般碎石场的细筛余料或专门轧制的细碎石集料，也可以用级配较好的天然砂砾或粗砂代替石屑，天然砂砾的颗粒尺寸应该合适，必要时应该筛除其中超尺寸的颗粒。

二、施工工艺

（一）路拌法施工

路拌法适用于各级公路的底基层和三、四级公路的基层施工。路拌法施工的工艺流程为：准备下承层→施工放样→备料→运输→摊铺→拌和→整型→碾压和接缝处理。

1. 准备下承层和施工放样

下承层不宜做成槽式断面，准备下承层和施工放样应按水泥稳定土施工的方法和要求完成。

2. 备料

（1）计算材料用量：

①采用未筛分碎石和石屑组成级配碎石时，按表 5-18 的要求，计算未筛分碎石和石屑的配合比。采用不同粒级的单一尺寸碎石和石屑组成级配碎石时，按表 5-18 的要求，计算不同粒级碎石和石屑的配合比。

②根据各路段基层或底基层的宽度、厚度及规定的压实干密度并按确定的配合比分别计算各段需要的未筛分碎石和石屑的数量或不同粒级碎石和石屑的数量，并计算每车料的堆放距离。

（2）未筛分碎石的含水量：较最佳含水量宜大 1% 左右。未筛分碎石和石屑可按预定比例在料场混合，同时洒水加湿，使混合料的含水量超过最佳含水量约 1%。

3. 运输和摊铺集料

（1）运料：

①在同一料场供料的路段内，宜由远到近卸置集料。严格掌握卸料距离，避免料不够或过多。采用两种集料时，应先将主要集料运到路上，待主要集料摊铺后，再运另一种集料并摊铺。如粗细两种集料的最大粒径相差很多，应在粗集料处于潮湿状态下摊铺细集料。

②集料装车时，控制每车料的数量基本相等。料堆每隔一定距离应留一缺口。集料在下承层上的堆置时间不应过长。运送集料较摊铺集料工序宜只提前数天。

（2）摊铺：

①事先通过试验确定集料的松铺系数并确定松铺厚度。人工摊铺混合料时，其松铺系数约为 1.40~1.50；平地机摊铺混合料时，其松铺系数约为 1.25~1.35。

②用平地机或其他合适的机具将料均匀地摊铺在预定的宽度上，表面应力求平整，并具有规定的路拱。应同时摊铺路肩用料。摊铺过程中，检查松铺材料层的厚度，必要时，应进行减料或补料工作。

③未筛分碎石摊铺平整后，在其较潮湿的情况下，将石屑按计算的距离卸置其上。用平地机并辅以人工将石屑均匀摊铺在碎石层上，并摊铺均匀。

④采用不同粒级的碎石和石屑时，应将大碎石铺在下层，中碎石铺在中层，小碎石铺在上层。洒水使碎石湿润后，再摊铺石屑。

4. 拌和及整形

(1) 拌和方法：对于二级及二级以上公路，应采用专用稳定土拌和机拌和级配碎石。对于二级以下的公路，在无稳定土拌和机的情况下，可采用平地机或多铧犁与缺口圆盘耙相配合进行拌和。

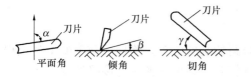

图 5-2　平地机刀片安装示意图

①用稳定土拌和机应拌和两遍以上。拌和深度应直到级配碎石层底。在进行最后一遍拌和之前，必要时先用多铧犁紧贴底面翻拌一遍。

②用平地机进行拌和，宜翻拌 5～6 遍，使石屑均匀分布于碎石料中。平地机拌和的作业长度，每段宜为 300～500m。平地机刀片的安装角度宜符合表 5-21 和图 5-2 的要求。拌和结束时，混合料的含水量应均匀，并较最佳含水量大 1% 左右，同时应没有粗细颗粒离析现象。

平地机刀片安装角度　　　　　表 5-21

拌和条件	平面角 α (°)	倾角 β (°)	切角 γ (°)
干拌	30～50	45	3
湿拌	35～40	45	2

③用缺口圆盘耙与多铧犁相配合拌和级配碎、砾石时，用多铧犁在前面翻拌，圆盘耙紧跟在后面拌和，即采用边翻边耙的方法，共翻耙 4～6 遍。随时检查调整翻耙的深度。用拖拉机牵引四铧犁或五铧犁进行拌和时，每一作业段的长度宜为 100～150m。第一遍由路中心开始，将混合料向中间翻，同时机械应慢速前进。第二遍从两边开始，将混合料向外翻。拌和过程中，保持足够的水分。拌和结束时，混合料的含水量和均匀性应符合上述②的要求。

(2) 补充拌和：使用在料场已拌和均匀的级配碎石混合料或符合级配要求的天然砂砾时，摊铺后混合料如有粗细颗粒离析现象，应用平地机进行补充拌和。

(3) 整形：用平地机将拌和均匀的混合料按规定的路拱进行整平和整形，在整形过程中，应注意消除粗细集料离析现象。用拖拉机、平地机或轮胎压路机在已初平的路段上快速碾压一遍，以暴露潜在的不平整。再用平地机进行整平和整形。

5. 碾压

(1) 碾压方法：整形后，当混合料的含水量等于或略大于最佳含水量时，立即用 12t 以上三轮压路机、振动压路机或轮胎压路机进行碾压。直线和不设超高的平曲线段，由两侧路肩开始向路中心碾压；在设超高的平曲线段，由内侧路肩向外侧路肩进行碾压。碾压时，后轮应重叠 1/2 轮宽；后轮必须超过两段的接缝处。后轮压完路面全宽时，即为一遍。碾压一直进行到要求的密实度为止。一般需碾压 6～8 遍，应使表面无明显轮迹。压路机的碾压速度，头两遍以采用 1.5～1.7km/h 为宜，以后采用 2.0～2.5km/h。

(2) 技术要求：路面的两侧应多压 2～3 遍。严禁压路机在已完成的或正在碾压的路段上调头或急刹车。凡含土的级配碎石层，都应进行滚浆碾压，一直压到碎石层中无多余细土泛到表面为止。滚到表面的浆（或事后变干的薄土层）应清除干净。

6. 接缝的处理

(1) 横缝：两作业段的衔接处，应搭接拌和。第一段拌和后，留5～8m不进行碾压，第二段施工时，前段留下未压部分与第二段一起拌和整平后进行碾压。

(2) 纵缝：避免纵向接缝。在必须分两幅铺筑时，纵缝应搭接拌和。前一幅全宽碾压密实，在后一幅拌和时，应将相邻的前幅边部约300mm搭接拌和，整平后一起碾压密实。

（二）中心站集中厂拌法施工

级配碎石用做半刚性路面的中间层以及用做二级以上公路的基层时，应采用集中厂拌法拌制混合料，并用摊铺机摊铺混合料。厂拌法施工的工艺流程包括准备下承层、施工放样、备料、拌和、运输、摊铺、整型、碾压和接缝处理。其中准备下承层、施工放样、整形和碾压与路拌法相同。

1. 备料

宜采用不同粒级的单一尺寸的碎石和石屑，按预定配合比在拌和机内拌制级配碎石混合料。不同粒级的碎石和石屑等细集料应隔离，分别堆放。细集料应有覆盖，防止雨淋。

2. 拌和与运输

(1) 拌和方法：级配碎石混合料可以在中心站用多种机械进行集中拌和，如强制式拌和机、卧式双转轴桨叶式拌和机、普通水泥混凝土拌和机等。

(2) 调试设备：在正式拌制级配碎石混合料之前，必须先调试所用的厂拌设备，使混合料的颗粒组成和含水量都能达到规定的要求。

(3) 重新调试：在采用未筛分碎石和石屑时，如未筛分碎石或石屑的颗粒组成发生明显变化，应重新调试设备。

(4) 混合料的运输：将拌和好的混合料用汽车运送至施工现场。

3. 摊铺

(1) 高速公路和一级公路施工：将级配碎石用于高速公路和一级公路时，用沥青混凝土摊铺机或其他碎石摊铺机摊铺碎石混合料。摊铺机后面设专人消除粗细集料离析现象。

(2) 二级和二级以下公路施工：如没有摊铺机，也可用自动平地机（或摊铺箱）摊铺混合料。

(3) 自动平地机摊铺方法：

①根据摊铺层的厚度和要求达到的压实干密度，计算每车混合料的摊铺面积。

②将混合料均匀地卸在路幅中央，路幅宽时，也可将混合料卸成两行。

③用平地机将混合料按松铺厚度摊铺均匀。

④设一个三人小组跟在平地机后面，及时消除粗细集料离析现象。对于粗集料"窝"和粗集料"带"，应添加细集料，并拌和均匀；对于细集料"窝"，应添加粗集料，并拌和均匀。

4. 横向接缝的处理

(1) 摊铺机摊铺：用摊铺机摊铺混合料时，靠近摊铺机当天未压实的混合料，可与第二天摊铺的混合料一起碾压，但应注意此部分混合料的含水量。必要时，应人工补充洒水，使其含水量达到规定的要求。

(2) 平地机摊铺：用平地机摊铺混合料时，每天的工作缝可按路拌法处理。

5. 纵向接缝的处理

(1) 应避免纵向接缝：如摊铺机的摊铺宽度不够，必须分两幅摊铺时，宜采用两台摊铺机一前一后相隔约 5~8m 同步向前摊铺混合料。在仅有一台摊铺机的情况下，可先在一条摊铺带上摊铺一定长度后，再开到另一条摊铺带上摊铺，然后一起进行碾压。

(2) 在不能避免纵向接缝的情况下，纵缝必须垂直相接，不应斜接，并按下述方法处理：

①在前一幅摊铺时，在靠后一幅的一侧应用方木或钢模板做支撑，方木或钢模板的高度与级配碎石层的压实厚度相同；

②在摊铺后一幅之前，将方木或钢模板除去；

③如在摊铺前一幅时未用方木或钢模板支撑，靠边缘的 300mm 左右难于压实，而且形成一个斜坡，在摊铺后一幅时，应先将未完全压实部分和不符合路拱要求部分挖松并补充洒水，待后一幅混合料摊铺后一起进行整平和碾压。

三、施工注意事项

1. 级配碎石

用于二级和二级以上公路基层和底基层的级配碎石应用预先筛分成几组不同粒径的碎石（如 37.5~19mm，19~9.5mm，9.5~4.75mm 的碎石）及 4.75mm 以下的石屑组配而成。在其他等级公路上，级配碎石可用未筛分碎石和石屑组配而成。缺乏石屑时，可以添加细砂砾或粗砂。也可以用颗粒组成合适的含细集料较多的砂砾与未筛分碎石组配成级配碎、砾石。

2. 天然砂砾

符合规定的级配要求，而且塑性指数在 6 或 9 以下时，天然砂砾可以直接用做基层。塑性指数偏大的砂砾，可加少量石灰降低其塑性指数，也可以用无塑性的砂或石屑进行掺配，使其塑性指数降低到符合要求，或塑性指数与细土（粒径小于 0.5mm 的颗粒）含量的乘积符合要求。可在天然砂砾中掺加部分碎石或轧碎砂砾，以提高混合料的强度和稳定性。天然砂砾掺加部分未筛分碎石组成的混合料的强度和稳定性介于级配碎石和级配砾石之间。

3. 应用范围

级配碎石可用于各级公路的基层和底基层，也可用做较薄沥青面层与半刚性基层之间的中间层。级配砾石可适用于轻交通的二级和二级以下公路的基层以及各级公路的底基层。

4. 压实度标准

在混合料处于最佳含水量时进行碾压，直到达到表 5-22 所列按重型击实试验法确定的要求压实度。

压 实 度 标 准　　　　　表 5-22

结 构 层	级配碎石	级配砾石
中间层	100%	
基层	98%	98%
底基层	96%	96%

5. 碾压方法

应使用 12t 以上三轮压路机碾压，每层的压实厚度不应超 150~180mm。用重型振动压路机和轮胎压路机碾压时，每层的压实厚度可达200mm。

6. 交通管制

级配碎、砾石基层未洒透层沥青或未铺封层时，禁止开放交通，以保护表层不受破坏。

第六节　填隙碎石基层施工

一、材料要求与颗粒组成

1. 最大粒径

填隙碎石用做基层时，碎石的最大粒径不超过53mm，用做底基层时，碎石的最大粒径不超过63mm（均指方孔筛）。

2. 碎石原料

粗碎石可以用具有一定强度的各种岩石或漂石（宜用石灰岩）轧制，但漂石的粒径应为碎石最大粒径的3倍以上，也可以用稳定的矿渣压制，但矿渣的干密度和质量要比较均匀，且其干密度不小于960kg/m³。材料中的扁平、长条和软弱颗粒的含量不应超过15%，粗碎石不可以利用轧制沥青表面处治石料的粗筛余料。

3. 压碎值

粗碎石用做基层时，其压碎值应不大于26%；用做底基层时，其压碎值应不大于30%。

4. 颗粒组成

填隙碎石、粗碎石的颗粒组成应符合表5-23的规定。

填隙碎石、粗碎石的颗粒组成要求　　　　　　　　　　　表5-23

编号	公称粒径（mm） 通过量（%）	筛孔尺寸（mm）						
		63	53	37.5	31.5	26.5	19	16	9.5
1	3~60	100	25~60	—	0~15	—	0~5		
2	25~50		100	—	25~50	0~15	—	0~5	
3	20~40			100	35~70	—	0~15	—	0~5

5. 填隙料

一般为加工粗碎石的细筛（5mm）余料，常称为石屑。采用表5-23中的1号粗集料时，填隙料宜用轧制石灰岩碎石的石屑，其标称最大粒径可为9.5mm。填隙料的颗粒组成要符合表5-24的规定。

填隙料的颗粒组成　　　　　　　　　　　表5-24

筛孔尺寸（mm）	9.5	4.75	2.36	0.6	0.075	塑性指数
通过量（%）	100	85~100	50~70	30~50	0~10	<6

二、施工工艺

填隙碎石基层施工包括准备下承层、施工放样、备料、运输和摊铺碎石、撒铺填隙料和碾压。其中准备下承层和施工放样按水泥稳定土施工的方法和要求进行。

1. 备料

(1) 碎石料：根据路段基层或底基层的宽度、厚度及松铺系数（1.20～1.30，碎石最大粒径与层厚之比为 0.5 左右时，系数为 1.3；比值较大时，系数接近 1.2），计算各段需要的粗碎石数量。根据运料车辆的车厢体积，计算每车料的堆放距离。

(2) 填隙料：填隙料的用量约为碎石重量的 30%～40%。

2. 运输和摊铺粗碎石

(1) 运料：碎石装车时，应控制每车料的数量基本相等。在同一料场供料的路段，由远到近将粗碎石按计算的距离卸置于下承层上。卸料距离应严格掌握，避免料不够或过多，且料堆每隔一定距离应留一缺口，以便于施工作业。

(2) 摊铺：用平地机或其他合适的机具将粗碎石均匀地摊铺在预定的宽度上，表面应力求平整，且有规定的路拱，并同时摊铺路肩用料。检验松铺材料层的厚度，看其是否符合预定要求。必要时，应进行成料或补料工作。

3. 撒铺填隙料和碾压

(1) 干法施工：干法施工的填隙碎石特别适宜于干旱缺水地区施工，步骤如下：

①初压：用 8t 两轮压路机碾压 3～4 遍，使粗碎石稳定就位，在直线段上，碾压从两侧路肩开始，逐渐错轮向路中心进行。在有超高路段，碾压从内侧路肩开始，逐渐错轮向外侧路肩进行。错轮时，每次重叠 1/3 轮宽。在第一遍碾压后，应再次找平。初压终了时，表面应平整，并且有要求的路拱和纵坡。

②撒铺填隙料：用石屑撒布机或类似的设备将干填隙料均匀地撒铺在已压稳的粗碎石层上，松厚约 25～30mm。需要时，用人工或机械扫（滚动式钢丝扫）进行扫匀。

③碾压：用振动压路机慢速碾压，将全部填隙料振入粗碎石间的孔隙中。如没有振动压路机，可用重型振动板。碾压方法同初压，但路面两侧应多压 2～3 遍。其压实厚度通常为碎石最大粒径的 1.5～2.0 倍，即 100～120mm。碾压后基层的固体体积率应不小于 85%，底基层的固体体积率应不小于 83%。

④再次撒铺填隙料：用石屑撒布机或类似的设备将干填隙料再次撒铺在粗碎石层上，松厚约 20～25mm。用人工或机械扫匀。

⑤再次碾压：用振动压路机进行碾压，碾压过程中，对局部填隙料不足之处，人工进行找补，将局部多余的填料用竹帚扫到不足之处或扫出路外。

⑥补撒填隙料：振动压路机碾压后，如表面仍有未填满的孔隙，则还需补撒填隙料，并用振动压路机继续碾压，直到全部孔隙被填满为止。同时，应将局部多余的填隙料铲除或扫除。填隙料不应在粗碎石表面局部集中。表面必须能见粗碎石（如填隙碎石层上为薄沥青面层，应使粗碎石的棱角外露 3～5mm）。

⑦两层铺筑：设计厚度超过一层铺筑厚度，需在上再铺一层时，应将已压成的填隙碎石层表面的细料扫除一些，使表面粗碎石外露约 5～10mm。然后在上摊铺第 2 层粗碎石，并按上述①～⑥的工序进行。

⑧终压：填隙碎石表面孔隙全部填满后，用 12～15t 三轮压路机再碾压 1～2 遍。在碾压过程中，不应有任何蠕动现象。在碾压之前，宜在表面先洒少量水（洒水量一般在 $3kg/m^2$ 以上）。

(2) 湿法施工：

①开始工序：与干法施工①～⑥的步骤相同。

②洒水：粗碎石层表面孔隙全部填满后，立即用洒水车洒水，直到饱和（应注意勿使多余水浸泡下承层）。

③碾压：用12～15t三轮压路机跟在洒水车后面进行碾压。其压实要求及压实厚度与干法施工相同。在碾压过程中，将湿填隙料继续扫入所出现的孔隙中。需要时，再添加新的填隙料。洒水和碾压应一直进行到细集料和水形成粉砂浆为止。粉砂浆应有足够的数量，以填塞全部孔隙，并在压路机轮前形成微波纹状。

④干燥：碾压完成的路段要留待一段时间，让水分蒸发。结构层变干后，表面多余的细料以及任何集中成一薄层的细料覆盖层，都应扫除干净。

⑤设计厚度超过一层铺筑厚度，需在上再铺一层时，应待结构层变干后，在上摊铺第二层粗碎石，并重复上述①～④的工序。

三、施工注意事项

1. 施工方法

用单一粒径的粗碎石和石屑组成的填隙碎石可用干法施工，也可用湿法施工。填隙碎石的一层压实厚度，可取碎石最大粒径的1.5～2.0倍。缺乏石屑时，可以添加细砾砂或粗砂等细集料，但其技术性能不如石屑。

2. 应用范围

填隙碎石可用于各等级公路的底基层和二级以下公路的基层。

3. 技术要求

填隙碎石施工时，细集料应干燥。采用振动压路机（振动轮每米宽质量不小于1.8t）进行碾压。填隙料应填满粗碎石层内部的全部孔隙。碾压后，表面粗碎石间的孔隙应填满，但不得使填隙料覆盖粗集料而自成一层，表面应看得见粗碎石。碾压后基层的固体体积率不小于85%，底基层的固体体积率不小于83%。

4. 交通管制

填隙碎石基层未洒透层沥青或未铺封层时，禁止开放交通。

第七节　质量管理与检查验收

本节主要论述二级和二级以上公路工程的质量管理及检查验，其他等级公路工程可参照执行。质量管理包括所用材料的标准试验、铺筑试验段、施工过程中的质量管理和检查验收。

施工中必须建立、健全工地试验，质量检查及工序间的交接验收等项制度。试验、检验要做到原始记录齐全，数据真实可靠。工地试验室应能进行所用基层材料的各项试验，还应具备进行现场压实度和平整度检查的能力，应配备弯沉测量的仪具和路面钻机。

各个工序完结后，均应进行检查验收。经检验合格后，方可进行下一个工序的施工。凡经检验不合格的段落，必须进行补救，使其达到要求。

一、材料的标准试验

在组织现场施工以前以及在施工过程中，原材料（包括土）或混合料发生变化时，必须对拟采用的材料进行规定的基本性质试验，评定材料质量和性能是否符合要求。对用做底基层和基层的原材料，应进行表 5-25 所列的试验。对初步确定使用的底基层和基层混合料，包括掺配后不用结合料稳定的材料，应进行表 5-26 所列的试验。

底基层和基层原材料的试验项目　　　　　　　　　　　表 5-25

试验项目	材料名称	目的	频度	仪器及试验方法
含水量	土、砂砾、碎石等集料	确定原始含水量	每天使用前测 2 个样品	烘干法、酒精燃烧法、含水量快速测定仪
颗粒分析	砂砾、碎石等集料	确定级配是否符合要求，确定材料配合比	每种土使用前测 2 个样品，使用过程中每 2000m³ 测 2 个样品	筛分法
液限、塑限	土、级配砾石或级配碎石，0.5mm 以下的细土	求塑性指数，审定是否符合规定	每种土使用前测 2 个样品，使用过程中每 2000m³ 测 2 个样品	液限塑限联合测定仪法
相对毛体积密度、吸水率	砂砾、碎石等	评定粒料质量，计算固体体积率	使用前测 2 个样品，砂砾使用过程中每 2000m³ 测 2 个样品，碎石种类变化重做 2 个样品	网篮法或容积 1000mL 以上的容量瓶法
压碎值	砂砾、碎石等	评定石料的抗压碎能力是否符合要求	同上	集料压碎值试验
有机质和硫酸盐含量	土	确定土是否适宜于用石灰或水泥稳定	对土有怀疑时进行此项试验	有机质含量试验易溶盐试验
有机钙、氧化镁	石灰	确定石灰质量	做材料组成设计和生产使用时分别测 2 个样品，以后每日测两个样品	石灰的化学分析
水泥强度等级和凝结时间	水泥	确定水泥的质量是否适宜应用	做材料组成设计时测 1 个样品，料源或强度等级变化时重测	水泥胶砂强度检验方法，水泥凝结时间检验方法
烧失量	粉煤灰	确定粉煤灰是否适用	做材料组成设计前测 2 个样品	烧失量试验

底基层和基层混合料的试验项目　　　　　　　　　　　表 5-26

试验项目	目的
重型击实试验	求最佳含水量和最大干密度，以规定工地碾压时的含水量和应达到的最小干密度，确定制备强度试验和耐久性试验的试件所应采用的含水量和干密度；确定制备承载比试件的材料含水量
承载比	求工地预期干密度下的承载比，确定材料是否适宜做基层或底基层
抗压强度	进行材料组成设计，选定最适宜于用水泥或石灰稳定的土（包括）粒料，规定施工中所用的结合料剂量，为工地提供评定质量的标准
延迟时间	对已定水泥剂量的混合料，确定延迟时间对混合料密度和抗压强度的影响，并据此确定施工允许的延迟时间

二、铺筑试验段

1. 确定施工参数

在底基层和基层正式开工之前，应铺筑试验段。通过铺筑无结合料的集料基层试验段，确定以下主要内容：

（1）用于施工的集料配合比例。

（2）材料的松铺系数。

（3）确定标准施工方法：①集料数量的控制；②集料摊铺方法和适用机具；③合适的拌和机械、拌和方法、拌和深度和拌和遍数；④集料含水量的增加和控制方法；⑤整平和整形的合适机具和方法；⑥压实机械的选择和组合，压实的顺序、速度和遍数；⑦拌和、运输、摊铺和碾压机械的协调和配合；⑧密实度的检查方法，初定每一作业段的最小检查数量。

（4）确定每一作业段的合适长度。

（5）确定一次铺筑的合适厚度。

2. 确定控制结合料数量和拌和均匀性的方法

通过铺筑水泥稳定土、石灰稳定土和石灰工业废渣稳定土基层试验段，除确定上述所列者外，还确定控制结合料数量和拌和均匀性的方法。

3. 确定允许的拌和时间

对于水泥稳定土基层，还包括通过严密组织拌和、洒水、整形、碾压等工序，缩短延迟时间，规定允许的拌和时间。

三、质量管理

施工过程中的质量管理包括外形尺寸的控制和检查以及质量控制和检查。外形尺寸检查项目、频度和质量标准应符合表 5-27 的要求。质量控制的项目、频度和质量标准应符合表 5-28 的要求。

外形尺寸检查的项目、频度和质量标准　　　　表 5-27

工程类别	项目		频度	质量标准	
				高速、一级公路	一般公路
底基层	纵断高程（mm）		二级及二级以下公路每 20 延米 1 点；高速公路、一级公路每 20 延米 1 个断面，每个断面 3~5 个点	+5，−15	+5，−20
	厚度（mm）	均值	每 1500~2000m²6 个点	−10	−12
		单个值		−25	−30
	宽度（mm）		每 40 延米 1 处	+0 以上	+0 以上
	横坡度（%）		每 100 延米 3 处	±0.3	±0.5
	平整度（mm）		每 200 延米 2 处，每处连续 10 尺（3m 直尺）	12	15
基层	纵断高程（mm）		二级及二级以下公路每 20 延米 1 点；高速公路、一级公路每 20 延米 1 个断面，每个断面 3~5 个点	+5，−10	+5，−15
	厚度（mm）	均值	每 1500~2000m²6 个点	−8	−15
		单个值		−10	−20
	宽度（mm）		每 40 延米 1 处	+0 以上	+0 以上
	横坡度（%）		每 100 延米 3 处	±0.3	±0.5
	平整度（mm）		每 200 延米 2 处，每处连续 10 尺（3m 直尺）	8	12
			连续式平整度仪的标准差	3.0	—

底基层、基层施工质量控制的项目、频度和质量标准　　　　　表 5-28

工程类别	项目		频度	质量标准
无结合料底基层	含水量		据观察，异常时随时试验	在现行规范规定范围内
	级配		据观察，异常时随时试验	在现行规范规定范围内
	拌和均匀性		随时观察	无粗细集料离析现象
	压实度		每一作业段或不大于 2000m² 检查 6 次以上	96%以上，填隙碎石以固体体积率表示，不小于83%
	塑性指数		每 1000m² 1 次，异常时随时试验	小于现行规范规定值
	承载比		每 3000m² 1 次，据观察，异常时随时增加试验	不小于现行规范规定值
	弯沉值检验		每一评定段（不超过 1km）每车道 40～50 个测点	95%（二级及二级以下公路）或 97.7%（高速公路、一级公路）概率的上波动界限不大于计算得的允许值
无结合料基层	含水量		据观察，异常时随时试验	在现行规范规定范围内
	级配		每 2000m² 1 次	在现行规范规定范围内
	拌和均匀性		随时观察	无粗细集料离析现象
	压实度		每一作业段或不大于 2000m² 检查 6 次以上	级配集料基层98%，中间层100%，填隙碎石固体体积率85%
	塑性指数		每 1000m² 1 次，异常时随时试验	小于现行规范规定值
	集料压碎值		据观察，异常时随时试验	不超出现行规范规定值
	承载比		每 3000m² 1 次，据观察，异常时随时增加试验	不小于现行规范规定值
	弯沉值检验		每一评定段（不超过 1km）每车道 40～50 个测点	95%（二级及二级以下公路）或 97.7%（高速公路、一级公路）概率的上波动界限不大于计算得的允许值
水泥或石灰稳定土及综合稳定土	级配		每 2000m² 1 次	在现行规范规定范围内
	集料压碎值		据观察，异常时随时试验	不超出现行规范规定值
	水泥或石灰剂量		每 2000m² 1 次，至少 6 个样品，用滴定法或用直读式测钙仪试验，并与实际水泥用量校核	不小于设计值－1.0%
	含水量	水泥稳定土	据观察，异常时随时试验	在现行规范规定范围内
		石灰稳定土		
	拌和稳定度		随时观察	无灰条、灰团，色泽均匀，无离析现象
	压实度	稳定细集料	每一作业段或不超过 2000m² 检查 6 次以上	二级及二级以下公路93%以上，高速公路、一级公路95%以上
		稳定中粒和粗粒土		二级及二级以下公路的底基层95%，基层97%；高速公路、一级公路的底基层96%，基层98%
	抗压强度		稳定细粒土每一作业段或每 2000m² 检查 6 个试件；稳定中粒和粗粒土每一作业段或每 2000m² 检查 6 个或 9 个试件	符合现行规范规定要求

续表

工程类别	项目		频度	质量标准
石灰工业废渣稳定土	延迟时间		每个作业段1次	不超过现行规范规定
	配合比		每2000m²1次	石灰剂量不小于设计值−1%（当石灰剂量小于4%时为小于设计值−0.5%）以内
	级配		每2000m²1次	不超出现行规范规定
	含水量		据观察，异常时随时试验	最佳含水量±1%（二灰土为±2%）
	拌和均匀性		随时观察	无灰条、灰团，色泽均匀，无离析现象
	压实度	二灰土	每一作业段或不超过2000m²检查6次以上	二级及二级以下公路93%以上，高速公路、一级公路95%以上
		其他含粒料的石灰工业废渣		二级及二级以下公路的底基层95%或93%，基层97%；高速公路、一级公路的底基层97%或95%，基层98%
	抗压强度		稳定细粒土每一作业段或每2000m²检查6个试件；稳定中粒和粗粒土每一作业段或每2000m²检查6个或9个试件	符合规范要求

注：弯沉值计算见现行《公路路面基层施工技术规范》。

对于无机结合料稳定基层，应取钻件（俗称路面芯样）检验其整体性。水泥稳定基层的龄期7～10d时，应能取出完整的钻件。二灰稳定基层的龄期20～28d时，应能取出完整的钻件。如果路面钻机取不出水泥稳定基层或二灰稳定基层的完整钻件，则应找出不合格基层的界限，进行返工处理。

四、检查验收

1. 检查验收的目的、内容

检查验收的目的是判定完成的路面结构层是否满足设计文件与施工规范的要求。内容包括工程竣工后的外形和质量。

2. 质量检查验收的方法

（1）评定单位：判定路面结构层质量是否合格时，以1km长的路段为评定单位。采用大流水作业法施工时，也可以每天完成的段落为评定单位。

（2）检查施工原始记录：对上述检查内容进行初步评定。

（3）进行抽样检查：抽样必须是随机的，不能带有任何倾向性。压实度、厚度、水泥（石灰）剂量检测样品、制备强度试件样品等的现场随机取样位置的确定应按现行《公路路面基层施工技术规范》规定的方法进行。

3. 外形检查

竣工工程外形的检查项目、频度和质量标准值应符合表5-29的要求。

竣工工程外形的检查项目、频度和质量标准　　　　　表 5-29

结构层	项目		频度	质量标准	
				高速公路、一级公路	二级及二级以下公路
路基	高程（mm）		每200m 4点	+10, -15	+10, -20
	宽度（mm）		每200m 4个断面	不小于设计值	
	横坡度（%）		每200m 4个断面	±0.5	±0.5
	平整度（mm）		每200m 2处，每处连续10尺（3m直尺）	≤15	≤20
底基层	高程（mm）		每200m 4个点	+5, -15	+5, -20
	厚度	均值	每200m 每车道1点	-10	-20
		单个值		-25	-30
	宽度（mm）		每200m 4个断面	+0 以上	+0 以上
	横坡度（%）		每200m 4个断面	±0.3	±0.5
	平整度（mm）		每200m 2处，每处连续10尺（3m直尺）	12	15
基层	高程（mm）		每200m 4个点	+5, -10	+5, -15
	厚度	均值	每200m 每车道1点	-8	-10
		单个值		-15	-20
	宽度（mm）		每200m 4个断面	+0 以上	+0 以上
	横坡度（%）		每200m 4个断面	±0.3	±0.3
	平整度（mm）		每200m 2处，每处连续10尺（3m直尺）	8	12
			连续式平整度仪的标准差	3.0	—

厚度检查后，应按式（5-2）和式（5-3）分别计算其平均值 $\overline{X}$ 和标准差 S：

$$\overline{X} = \frac{X_1 + X_2 + \cdots + X_n}{n} \tag{5-2}$$

$$S = \sqrt{\frac{(X_1 - \overline{X})^2 + (X_2 - \overline{X})^2 + \cdots + (X_n - \overline{X})^2}{n-1}} \tag{5-3}$$

式中　X_1、$X_2 \cdots X_n$——每次检查的厚度值；
　　　n 为检查数量。

按式（5-4）计算算术平均值的下置信限 $\overline{X}_L$：

$$\overline{X}_L = \overline{X} - t_\alpha \frac{S}{\sqrt{n}} \tag{5-4}$$

式中　t_α——t 分布表中随自由度和保证率（或置信度 α）而变的系数，对高速公路和一级公路应取保证率 99%，对其他等级公路可取保证率 95%。

厚度平均值的下置信限（$\overline{X}_L$）应不小于设计厚度减去均值允许误差。

4. 质量检验

按表 5-30 对工程质量进行检查验收。

质量合格标准值 表 5-30

工程类别	检查项目①②	检查数量③	标 准 值	极限低值
路基	压实度	200m，4 处（灌砂法）	重型压实标准，二级和二级以下公路 93%以上，高速公路和一级公路不小于 95%	二级和二级以下公路 88%，高速公路和一级公路 90%
	碾压检验	全面，随时	无"弹簧"现象	—
	弯沉值	每一评定段（不超过 1km）每车道 40～50 个测点	按《公路路面基层施工技术规范》（JTJ 034—2000）附录 A 所得的弯沉标准值	
无机结合料基层	压实度	6～10 处	基层 96%	92%
	弯沉值	每车道 40～50 个测点	按《公路路面基层施工技术规范》（JTJ 034—2000）附录 A 所得的弯沉标准值	—
级配碎石（或砾石）	压实度	6～10 处	基层 98%	94%
			底基层 96%	92%
	颗粒组成	2～3 处	规定级配范围	
	弯沉值	每车道 40～50 个测点	按《公路路面基层施工技术规范》（JTJ 034—2000）附录 A 所得的弯沉标准值	—
填隙碎石	压实度（固体体积率）	6～10	基层 85%	82%
			底基层 83%	80%
	弯沉值	每车道 40～50 个测点	按《公路路面基层施工技术规范》（JTJ 034—2000）附录 A 所得得弯沉标准值	—
水泥土、石灰土、二灰、二灰土	压实度	6～10	93%（95%）	89%（91%）
	水泥或石灰剂量（%）	3～6 处	设计值	水泥 1.0%石灰 2.0%
水泥稳定土、石灰稳定土、石灰工业废渣稳定土	压实度	6～10	基层 98%（97%）	94%（93%）
			底基层 96%（95%）	92%（91%）
	颗粒组成	2～3 处	规定级配范围	
	水泥或石灰剂量（%）	6～10	设计值	设计值—1.0%

①对于路基，碾压检验是最重要的，用重型压路机在准备验收的路基上错轮碾压 3～4 遍，能暴露潜在的薄弱位置，以便及时进行必要的处理；
②按《公路路面基层施工技术规范》附录计算的弯沉值即是极限高值；
③以每天完成段落为评定单位时，检查数量可取低值，以 1km 为评定单位时，检查数量应取高值。

5. 技术要求

测量弯沉后，考虑一定保证率测量值的上波动界限按式（5-5）计算：

$$l_r = \bar{l} + Z_a S \tag{5-5}$$

式中 l_r——测量值的上波动界限（即代表弯沉值）；

$\bar{l}$——标准车测得的弯沉的平均值；

Z_a——与要求保证率有关的系数，高速公路和一级公路可取 $Z_a=2.0$；二级公路取

$Z_a=1.645$；二级以下公路取 $Z_a=1.5$。

在计算观测值的平均值和标准差时，可将超出 $[\bar{l}\pm(2\sim3)S]$ 的弯沉特异值舍弃。舍弃后，计算得的代表弯沉值应不大于容许的弯沉值。对舍弃的弯沉值过大的点，应找出其周围界限，并进行局部处理。

压实度检查后，其下置信限 $\bar{K}_L$ 应不小于标准值置 K_d（参看公式5-4）。

水泥或石灰剂量测定后，其下置信限应不小于设计值。对超出极限值的点，应找出其范围并进行局部处理。

复 习 思 考 题

1. 什么是无机结合料稳定类基层？无机结合料稳类基层包括哪几种类型？它们的适用范围如何？
2. 什么是粒料类基层？粒料类基层包括哪几种类型？它们的适用范围如何？
3. 水泥（石灰）稳定土对原材料的要求有哪些内容？其混合料的组成设计包括哪些步骤？
4. 简述水泥（石灰）稳定土路拌法施工的工艺过程。
5. 简述水泥（石灰）稳定土中心站集中厂拌法施工的工艺过程。
6. 水泥（石灰）稳定土的养护及交通管制包括哪些内容？
7. 水泥（石灰）稳定土的施工有哪些注意事项？
8. 石灰工业废渣稳定土包括哪两种基本类型，其混合料设计的一般原则是什么？
9. 简述石灰工业废渣稳定土的施工工艺。
10. 粒料类基层施工对级配碎、砾石基层的原材料及颗粒级配组成有哪些要求？
11. 简述碎、砾石基层路拌法施工的工艺过程。
12. 碎、砾石基层施工应注意哪些事项？
13. 粒料类基层施工对填隙碎石基层的原材料及颗粒级配组成有哪些要求？
14. 简述填隙碎石基层施工的工艺过程。
15. 填隙碎石基层施工应注意哪些事项？

第六章 沥青路面施工

沥青路面是用以沥青材料为结合料，粘结矿料形成的沥青混合料修筑的面层与各类基层和垫层所组成的路面结构。沥青作为结合料，增强了矿料颗粒间的粘结力，同时也提高了路面的技术品质。由于沥青材料具有较好的弹性、黏性和塑性，因而沥青路面具有平整、耐磨、不扬尘、不透水、耐久及平稳舒适等特点，多用作高等级公路的面层。沥青路面的主要缺点是高温易软化，低温易脆裂，同时易被履带车辆和坚硬物体破坏，表面易被磨光而影响安全，施工时受气候和季节等因素影响。

沥青路面施工，应认真进行施工组织设计，严把材料关，坚持"精心施工，质量第一"的方针，确保施工质量。使铺筑的沥青路面具有坚实、耐久、平整、稳定的性质，为道路运输提供安全、舒适、顺畅的交通条件。

第一节 沥青路面的分类及技术要求

沥青路面有三种分类方法。按强度构成原理不同，可分为密实型和嵌挤型两大类；按施工工艺不同可分为层铺法、路拌法和厂拌法三类；按面层结构技术特性分为沥青混凝土、热拌沥青碎石、沥青玛蹄脂碎石、沥青表面处治、沥青贯入式和乳化沥青碎石路面几种类型。本节所述沥青路面的技术要求主要包括施工前的准备工作，对基层、透层、粘层和封层的要求以及对沥青路面各种材料的要求。

一、沥青路面的分类

沥青路面按结构技术特性分类的方法为常用方法，下面对以此分类的各种沥青路面性能做简单介绍。

（一）沥青混凝土路面

级配良好的碎石、天然砂或破碎砂、矿粉和沥青，在热态下与沥青经拌和得到的混合料，在矿料级配符合要求，压实后具有规定的强度和空隙率时，称做沥青混凝土（AC）。以此修筑的路面称为沥青混凝土路面。沥青混凝土具有很高的强度和密实度，其性能的优越性在各种沥青混合料中居于首位，且在常温下具有一定的塑性。沥青混凝土空隙率一般为3%～5%，透水性小，水稳性好，有较强的抵抗自然因素侵蚀和车辆荷载作用的能力，因此，其使用寿命长，耐久性好，使用年限可达20～25年。根据集料公称最大粒径的尺寸，沥青混凝土可分为粗粒式、中粒式、细粒式和砂粒式四种。沥青混凝土路面适用于高等级公路的面层。

（二）沥青碎石路面

由适当比例的粗集料、细集料及少量填料（或不加填料）与沥青拌和而成，压实后其空隙率不小于6%的混合料称为沥青碎石。以此修筑的路面称为沥青碎石路面。沥青混合料通常含有较多的碎石颗粒，而且对其级配要求较松，空隙率较大。根据拌和、铺筑和压实时沥青碎石混合料的温度，沥青碎石通常分为热拌沥青碎石和冷拌沥青碎石。前者采用较稠的沥青，后者采用较稀的沥青。热拌沥青碎石混合料（简称沥青碎石）按空隙率、粒料最大粒径、添加矿粉数量的多少分为密级配沥青稳定碎石（ATB）、半开级配沥青碎石（AM）和开级配沥青碎石（OGFC表面磨耗层及ATPB排水式基层）。乳化沥青碎石可在常温下施工，是典型的冷拌沥青碎石。

沥青碎石路面沥青用量少、强度高、热稳定性好、抗裂缝反射效果好、可施工期长。但空隙率较沥青混凝土大，易透气透水，造成沥青老化，粘结力降低。热拌沥青碎石采用厂拌法施工，质量容易得到保证，是高级面层之一，可用做中等交通道路和重交通道路的面层。冷拌沥青碎石的强度和稳定性与热拌沥青碎石相比较差，可用做中等交通道路和轻交通道路的面层和基层。用砾石制备的沥青混合料只能在轻交通道路上用作面层。沥青碎石做底面层具有防止或减缓半刚性基层缩裂对基层反射的作用。

（三）沥青贯入式路面

沥青贯入式路面是在初步压实的碎石（或破碎砾石）上，分层浇洒沥青、撒布嵌缝料，经压实而成的沥青面层。沥青贯入式碎石是一种空隙率较大的结构，为防止路表水进入路面结构层，并提高贯入式面层本身的耐用性，应在其上面铺筑热拌沥青混合料封层，或加铺沥青碎石，形成下贯上拌式结构。

沥青贯入式路面的强度与稳定性主要由石料相互嵌挤作用构成，温度稳定性好，施工设备和工艺简单、进度快，但施工质量不易于保证，防水性能较差。沥青贯入式适用于二级及二级以下公路面层，也可作为沥青混凝土面层的连接层。

（四）沥青表面处治路面

沥青表面处治是用沥青和细粒料按层铺法或拌和法施工的厚度不超过30mm的薄层路面面层。由于处治层很薄，其主要功能是抵抗行车磨耗和大气作用，增强防水性，提高路面平整度，改善行车条件，对提高路面强度作用不大。可用做三、四级公路的面层和沥青路面的磨耗层、防滑层，也可用于在旧路面上加铺罩面层或磨耗层。

（五）沥青玛蹄脂碎石路面

以间断级配的集料为骨架，用改性沥青、矿粉及纤维素组成的沥青玛蹄脂为结合料加工而成的混合料称为沥青玛蹄脂碎石混合料（简称SMA）。以此修筑的路面称为沥青玛蹄脂碎石路面。它具有抗滑耐磨、空隙率小、抗疲劳、高温抗车辙、低温抗开裂等优点，适用于高速公路、一级公路和重要公路的表面层。

沥青路面的类型应根据道路等级、交通类型、使用期、轴次、气候条件、筑路材料、施工机械和养护条件等因素，合理考虑强度、稳定性、平整度、抗滑性、耐磨性、不透水性、高温不软化、低温不脆裂等性能来综合选用。

二、施工前的准备工作

施工前的准备工作主要有确定料源及进场材料的质量检验、施工机具检查、铺筑试验路段等项工作。其中铺筑试验路段的内容和方法将在本章第六节中详细阐述，这里重点介绍进场材料的检验及对施工机械设备的检查。

（一）确定料源及进场材料的质量检验

1. 沥青材料

在全面了解各种沥青料源、质量及价格的基础上，无论是进口沥青还是国产沥青，均应从质量和经济两方面综合考虑选用。对进场沥青,每批到货均应检验生产厂家所附的试验报告,检查装运数量、装运日期、定货数量、试验结果等。对每批沥青进行抽样检测,试验中如有一项达不到规定要求时,应加倍抽样做试验,如仍不合格,则退货并索赔。沥青材料的试验项目有:针入度、延度、软化点、薄膜加热、蜡含量、密度等。有时根据合同要求,可增加其他非常规测试项目。

沥青材料的存放应符合下列要求:①沥青运至沥青厂或沥青加热站后,应按规定分批检验其主要性质指标是否符合要求,不同种类和标号的沥青材料应分别贮存,并加以标记。②临时性的贮油池必须搭盖棚顶,并应疏通周围排水渠道,防止雨水或地表水进入池内。

2. 矿料

矿料的准备应符合下列要求:①不同规格的矿料应分别堆放,不得混杂,在有条件时宜加盖防雨顶棚。②各种规格的矿料到达工地后,对其强度、形状、尺寸、级配、清洁度、潮湿度进行检查。如尺寸不符合规定要求时,应重新过筛,若有污染时,应用水冲洗干净,待干燥后方可使用。

选择集料料场是十分重要的,对粗集料料场,重点检查石料的技术标准能否满足要求,如石料等级、饱水抗压强度、磨耗率、压碎值、磨光值及石料与沥青的粘结力等,以确定石料料场。实际情况中,有些石料虽然达到了技术标准要求,但不具备开采条件,在确定料厂时也应慎重考虑。对各个料场采取样品,制备试件,进行试验,并考虑经济性后确定。碎石受石料本身结构与加工设备的影响较大,应先试验,检验其有关指标,以防止不合格材料入场。

细集料的质量是确定料场的重要条件。进场的砂、石屑及矿粉应满足规定的质量要求。

(二) 施工机械设备检查

沥青路面施工前对各种施工机具应作全面检查,并应符合下列要求:

(1) 检查洒油车的油泵系统、洒油管道、量油表、保温设备等有无故障,并将一定数量沥青装入油罐,在路上先试洒、校核其洒油量,每次喷洒前保持喷油嘴干净,管道畅通,喷油嘴的角度要一致,并与洒油管呈15°~25°的夹角。

(2) 检查矿料撒铺车的传动和液压调整系统,并事先进行试撒,以确定撒铺每一种规格矿料时应控制的间隙和行驶速度。

(3) 检查沥青混合料拌和与运输设备。拌和设备在开始运转前要进行一次全面检查,注意连接的紧固情况,检查搅拌器内有无积存余料,冷料运输机是否运转正常,有无跑偏现象,仔细检查沥青管道各个接头,严禁吸沥青管有漏气现象,注意检查电气系统。对于机械传动部分,还要检查传动链的张紧度。检查运输车辆是否符合要求,保温设施是否齐全。

(4) 检查摊铺机的规格和主要机械性能,如振捣板、振动器、熨平板、螺旋摊铺器、离合器、刮板送料器、料斗闸门、厚度调节器、自动找平装置等是否正常。

(5) 检查压路机的规格和主要机械性能(如转向、启动、振动、倒退、停驶等方面的能力)及滚筒表面的磨损情况,不得使用表面有凹陷或坑槽的滚筒。

三、对基层、透层、粘层和封层的要求

(一) 基层

(1) 沥青面层施工前应对基层进行检查,基层质量不符合要求的不得铺筑沥青面层。

(2) 新建沥青路面的基层按结构组合设计要求，选用沥青稳定碎石、沥青贯入式、级配碎石、级配砂砾等柔性基层，或水泥稳定土（或粒料）、石灰粉煤灰稳定土（或粒料）半刚性基层，或碾压式水泥混凝土、贫混凝土等刚性基层，或上部使用柔性基层，下部使用半刚性基层的混合式基层。

(3) 半刚性基层沥青路面的基层与沥青面层宜在一年内施工，以减少路面开裂。

(4) 以旧沥青路面作基层时，应根据旧路面质量，确定对原有路面修补、铣刨、加铺罩面层。旧沥青路面的整平应按高程控制铺筑，分层整平时，一层最大厚度不宜超过100mm。

(5) 以旧的水泥混凝土路面作基层加铺沥青面层时，要根据旧路面质量，确定处治工艺，确认能满足基层要求后，方能加铺沥青层。

(6) 旧路面处理后必须彻底清除浮灰，并根据需要作适当的铣刨处理，洒布粘层油，再铺筑新的结构层。

（二）透层、粘层和封层

1. 透层

为使沥青面层与非沥青材料基层结合良好，采用液体石油沥青、乳化沥青或煤沥青，喷洒在基层上并透入基层表面一定深度，形成透层。

2. 粘层

为加强路面沥青层与沥青层之间、沥青层与水泥混凝土路面之间的粘结，在各层之间洒布沥青材料薄层而形成粘层。

3. 封层

为封闭表面空隙、防止水分浸入，在沥青面层或基层上铺筑一定厚度的沥青混合料薄层。铺筑在沥青面层表面的称为上封层，铺筑在沥青面层下面、基层表面的称为下封层。

沥青封层可采用适当级配的石屑或砂、填料（水泥、石灰、粉煤灰、石粉等）与乳化沥青或聚合物改性乳化沥青、外掺剂和水，按一定比例拌和成流动状态的沥青混合料，并将其均匀地摊铺在路面上。如果采用乳化沥青，称其为稀浆封层；如果采用聚合物改性乳化沥青，则称其为微表处。

四、材料要求

沥青路面使用的各种材料运至现场后必须取样进行质量检验，经评定合格后方可使用，不得以供应商提供的检测报告或商检报告代替现场检测。

沥青路面集料的选择必须经过认真的料源调查，确定料源应尽可能就地取材，质量需符合使用要求。石料开采必须注意环境保护，防止破坏生态平衡。集料粒径规格以方孔筛为准，不同料源、品种、规格的集料不得混杂堆放。

（一）道路石油沥青

1. 沥青等级

道路石油沥青分为A、B、C三个等级，A级沥青适用于各个等级的公路、任何场合和层次。B级沥青适用于高速公路、一级公路沥青下面层及以下的层次，二级及二级以下公路的各个层次，并可用作改性沥青、乳化沥青、改性乳化沥青、稀释沥青的基质沥青。C级沥青适用于三级及三级以下公路的各个层次。道路石油沥青的质量应符合表6-1规定的技术要求。经建设单位同意，沥青的PI值、60℃动力黏度，10℃延度可作为选择性指标。

道路石油沥青技术要求

表 6-1

指 标	单位	等级	160号[④] 140~200	130号[④] 120~140	110号 100~120		90号 80~100				70号 60~80						50号 40~60	30号 20~40	试验方法[①]
针入度(25℃,5s,100g)[⑤]	dmm																		T 0604
适用的气候分区[⑥]			注[④]	注[④]	2-1	2-2 3-2	2-1	1-1 1-2 1-3	2-2 2-3	1-4	2-2	1-1 1-2 1-3	2-3	1-4			1-4	注[④]	注[②]
针入度指数PI[②]		A					−1.5~+1.0				−1.8~+1.0								T 0604
软化点(R&B), 不小于	℃	A	38	40	43		45	44	46		45	43					49	55	T 0606
		B	36	39	42		43	42	44		43						46	53	
		C	35	37	41												45	50	
60℃动力黏度[②], 不小于	Pa·s	A	—	60	120		160	140	180		160						200	260	T 0620
10℃延度[②], 不小于	cm	A	50	50	40		45	30	30	20	20	20	25	20	15	15	15	10	T 0605
		B	30	30	30		30	20	20	15	20	15	20	15	10	10	10	8	
15℃延度[②], 不小于	cm	A,B	80	80	60		50				40						80	50	
		C	50	50	40		50	40	30								30	20	
蜡含量(蒸馏法), 不大于	%	A					2.2												T 0615
		B					3.0												
		C					4.5												
闪点, 不小于	℃		230		245						260								T 0611
溶解度, 不小于	%						99.5												T 0607
密度(15℃)	g/cm³						实测记录												T 0603
TFOT (或 RTFOT)[③]后																			T 0610 或 T 0609
质量变化, 不大于	%						±0.8												
残留针入度比(25℃), 不小于	%	A	48	54	55		57				61						63	65	T 0604
		B	45	50	52		54				58						60	62	
		C	40	45	48		50				54						58	60	
残留延度(10℃), 不小于	cm	A	12	12	10		8				6						4	—	T 0605
		B	10	10	8		6				4						2	—	
残留延度(15℃), 不小于	cm	C	40	35	30		20				15						30	20	T 0605

① 试验方法按照现行《公路工程沥青及沥青混合料试验规程》(JTJ 052)规定的方法执行，10℃延度可作为选择性指标，也可不作为施工质量检验指标。
② 经建设单位同意，表中PI值、60℃动力黏度、10℃延度可作为选择性指标，也可不作为施工质量检验指标。用于仲裁试验求PI时的5个温度的针入度关系的相关系数不得小于 0.997。
③ 70号沥青可根据需要求供应商提供针入度范围为60~70 或 70~80 的沥青，50号沥青可要求提供针入度范围为 40~50 或 50~60 的沥青。
④ 30号沥青仅适用于沥青稳定基层。130号和160号沥青除寒冷地区可直接在中低级公路上直接应用外，通常用作乳化沥青、稀释沥青、改性沥青的基质沥青。
⑤ 老化试验以 TFOT 为准，也可以 RTFOT 代替。
⑥ 气候分区见《公路沥青路面施工技术规范》(JTG F40-2004)附录 A。

2. 类型选择

沥青路面采用的沥青标号，宜按照公路等级、气候条件、交通条件、路面类型及在结构层中的层位及受力特点、施工方法等，结合当地的使用经验，经技术论证后确定。

对高速公路、一级公路，夏季温度高、高温持续时间长、重载交通、山区及丘陵区上坡路段、服务区、停车场等行车速度慢的路段，尤其是汽车荷载剪应力大的层次，宜采用稠度大、60℃黏度大的沥青，也可提高高温气候分区的温度水平选用沥青等级；对冬季寒冷的地区或交通量小的公路、旅游公路宜选用稠度小、低温延度大的沥青；对温度日温差、年温差大的地区宜注意选用针入度指数大的沥青。当高温要求与低温要求发生矛盾时，优先考虑满足高温性能的要求。

当缺乏所需标号的沥青时，可采用不同标号掺配的调和沥青，其掺配比例由试验决定。掺配后的沥青质量应符合表 6-1 的要求。

3. 沥青的贮存

沥青必须按品种、标号分开存放。除长期不使用的沥青可放在自然温度下存储外，沥青在储罐中的贮存温度不宜低于 130℃，并不得高于 170℃。桶装沥青应直立堆放，加盖苫布。道路石油沥青在贮运、使用及存放过程中应有良好的防水措施，避免雨水或加热管道蒸汽进入沥青中。

（二）乳化沥青

乳化沥青，也称沥青乳液，是石油沥青与水在乳化剂、稳定剂等的作用下经乳化加工制得的均匀的沥青产品。

1. 使用范围与质量要求

乳化沥青适用于沥青表面处治路面、沥青贯入式路面、冷拌沥青混合料路面，修补裂缝，喷洒透层、粘层与封层等。乳化沥青的品种和适用范围宜符合表 6-2 的规定。乳化沥青的质量应符合表 6-3 的规定。在高温条件下宜采用黏度较大的乳化沥青，寒冷条件下宜使用黏度较小的乳化沥青。

乳化沥青的品种及适用范围　　　　　表 6-2

分　　类	品种及代号	适　用　范　围
阳离子乳化沥青	PC-1	表处、贯入式路面及下封层用
	PC-2	透层油及基层养护用
	PC-3	粘层油用
	BC-1	稀浆封层或冷拌沥青混合料用
阴离子乳化沥青	PA-1	表处、贯入式路面及下封层用
	PA-2	透层油及基层养护用
	PA-3	粘层油用
	BA-1	稀浆封层或冷拌沥青混合料用
非离子乳化沥青	PN-2	透层油用
	BN-1	与水泥稳定集料同时使用（基层路拌或再护）

2. 类型选择

乳化沥青类型根据集料品种及使用条件选择。阳离子乳化沥青可适用于各种集料品种，阴离子乳化沥青适用于碱性石料。乳化沥青的破乳速度、黏度宜根据用途与施工方法选择。

3. 制备与贮存

制备乳化沥青用的基质沥青，对高速公路和一级公路，宜符合表 6-1 道路石油沥青 A、B 级沥青的要求，其他情况可采用 C 级沥青。乳化沥青宜存放在立式罐中，并保持适当搅拌。贮存期以不离析、不冻结、不破乳为度。

道路用乳化沥青技术要求　　　　　　　　　表 6-3

试验项目		单位	品种及代号										试验方法
			阳离子				阴离子				非离子		
			喷洒用			拌和用	喷洒用			拌和用	喷洒用	拌和用	
			PC-1	PC-2	PC-3	BC-1	PA-1	PA-2	PA-3	BA-1	PN-2	BN-1	
破乳速度			快裂	慢裂	快裂或中裂	慢裂或中裂	快裂	慢裂	快裂或中裂	慢裂或中裂	慢裂	慢裂	T 0658
粒子电荷			阳离子				阴离子				非离子		T 0653
筛上残留物（1.18mm 筛），不大于		%	0.1				0.1				0.1		T 0652
黏度	恩格拉黏度计 E_{25}		2～10	1～6	1～6	2～30	2～10	1～6	1～6	2～30	1～6	2～30	T 0622
	道路标准黏度计 $C_{25,3}$	s	10～25	8～20	8～20	10～60	10～25	8～20	8～20	10～60	8～20	10～60	T 0621
蒸发残留物	残留分含量，不小于	%	50	50	50	55	50	50	50	55	50	55	T 0651
	溶解度，不小于	%	97.5				97.5				97.5		T 0607
	针入度（25℃）	0.1mm	50～200	50～300	45～150		50～200	50～300	45～150		50～300	60～300	T 0604
	延度（15℃），不小于	cm	40				40				40		T 0605
与粗集料的粘附性，裹覆面积，不小于			2/3			—	2/3			—	2/3	—	T 0654
与粗、细粒式集料拌和试验						均匀				均匀			T 0659
水泥拌和试验的筛上剩余，不大于		%	—				—					3	T 0657
常温贮存稳定性：1d，不大于 5d，不大于		%	1 5				1 5				1 5		T 0655

注：1. P 为喷洒型，B 为拌和型，C、A、N 分别表示阳离子、阴离子、非离子乳化沥青；
　　2. 黏度可选用恩格拉黏度计或沥青标准黏度计之一测定；
　　3. 表中的破乳速度、与集料的粘附性、拌和试验的要求与所使用的石料品种有关，质量检验时采用工程上实际的石料进行试验，仅进行乳化沥青产品质量评定时可不要求此三项指标；
　　4. 贮存稳定性根据施工实际情况选用试验时间，通常采用 5d，乳液生产后能在当天使用时也可用 1d 的稳定性；
　　5. 当乳化沥青需要在低温冰冻条件下贮存或使用时，尚需按 T 0656 进行－5℃低温贮存稳定性试验，要求没有粗颗粒、不结块；
　　6. 如果乳化沥青是将高浓度产品运到现场经稀释后使用时，表中的蒸发残留物等各项指标指稀释前乳化沥青的要求。

（三）液体石油沥青

1. 适用范围与质量要求

液体石油沥青适用于透层、粘层及拌制冷拌沥青混合料。根据使用目的与场所，可选用快凝、中凝、慢凝的液体石油沥青，其质量应符合表6-4的规定。

道路用液体石油沥青技术要求　　　　表6-4

试验项目		单位	快凝		中凝						慢凝						试验方法①
			AL(R)-1	AL(R)-2	AL(M)-1	AL(M)-2	AL(M)-3	AL(M)-4	AL(M)-5	AL(M)-6	AL(S)-1	AL(S)-2	AL(S)-3	AL(S)-4	AL(S)-5	AL(S)-6	
黏度	$C_{25.5}$		<20	—	<20	—	—	—	—	—	<20	—	—	—	—	—	T 0621
	$C_{60.5}$	S	—	5~15	—	5~15	16~25	26~40	41~100	101~200	—	5~15	16~25	26~40	41~100	101~200	
蒸馏体积	225℃前	%	>20	>15	<10	<7	<3	<2	—	0	—	—	—	—	—	—	T 0632
	315℃前	%	>35	>30	<35	<25	<17	<14	<8	<5	—	—	—	—	—	—	
	360℃前	%	>45	>35	<50	<35	<30	<25	<20	<15	<40	<35	<25	<20	<15	<5	
蒸馏后残留物	针入度(25℃)	0.1mm	60~200	60~200	100~300	100~300	100~300	100~300	100~300	100~300	—	—	—	—	—	—	T 0604
	延度(25℃)	cm	>60	>60	>60	>60	>60	>60	>60	>60	—	—	—	—	—	—	T 0605
	浮漂度(5℃)	S	—	—	—	—	—	—	—	—	<20	<20	<30	<40	<45	<50	T 0631
闪点(TOC法)		℃	>30	>30	>65	>65	>65	>65	>65	>65	>70	>70	>100	>100	>120	>120	T 0633
含水量，不大于		%	0.2	0.2	0.2	0.2	0.2	0.2	0.2	0.2	2.0	2.0	2.0	2.0	2.0	2.0	T 0612

① 见表6-1注释①。

2. 掺配稀释剂

液体石油沥青宜采用针入度较大的石油沥青，使用前按先加热沥青后加稀释剂的顺序，掺配煤油或轻柴油，经适当的搅拌、稀释制成。掺配比例根据使用要求由试验确定。

3. 制作与贮存

液体石油沥青在制作、贮存、使用的全过程中必须通风良好，并有专人负责，确保安全。基质沥青的加热温度严禁超过140℃，液体沥青的贮存温度不得高于50℃。

（四）煤沥青

1. 类型选择与质量要求

道路用煤沥青的标号根据气候条件、施工温度、使用目的选用，其质量应符合表6-5的规定。

2. 适用范围

道路用煤沥青适用于下列情况：

（1）各等级公路的各种基层上的透层，宜采用T-1或T-2级，其他等级的沥青不符合喷洒要求时，可适当稀释使用；

（2）三级及三级以下的公路铺筑表面处治或贯入式沥青路面，宜采用 T-5、T-6 或 T-7 级；

（3）与道路石油沥青、乳化沥青混合使用，以改善渗透性。

3. 限制范围与贮存

道路用煤沥青严禁用于热拌热铺的沥青混合料，作其他用途时的贮存温度宜为 70～90℃，且不得长时间贮存。

道路用煤沥青技术要求 表 6-5

试验项目		T-1	T-2	T-3	T-4	T-5	T-6	T-7	T-8	T-9	试验方法[①]
黏度（s）	$C_{30,5}$	5～25	26～70								T 0621
	$C_{30,10}$			5～25	26～50	51～120	121～200				
	$C_{50,10}$							10～75	76～200		
	$C_{60,10}$									35～65	
蒸馏试验，馏出量（%）	170℃前，不大于	3	3	3	2	1.5	1.5	1.0	1.0	1.0	T 0641
	270℃前，不大于	20	20	20	15	15	15	10	10	10	
	300℃，不大于	15～35	15～35	30	30	25	25	20	20	15	
300℃蒸馏残留物软化点（环球法）（℃）		30～45	30～45	35～65	35～65	35～65	35～65	40～70	40～70	40～70	T 0606
水分，不大于（%）		1.0	1.0	1.0	1.0	1.0	0.5	0.5	0.5	0.5	T 0612
甲苯不溶物，不大于（%）		20	20	20	20	20	20	20	20	20	T 0646
萘含量，不大于（%）		5	5	5	4	4	3.5	3	2	2	T 0645
焦油酸含量，不大于（%）		4	4	3	3	2.5	2.5	1.5	1.5	1.5	T 0642

① 见表 6-1 注释①。

（五）改性沥青

改性沥青是指掺加橡胶、树脂、高分子聚合物、天然沥青、磨细的橡胶粉或者其他材料等外掺剂（改性剂），使沥青或沥青混合料的性能得以改善而制成的沥青结合料。

1. 质量要求

改性沥青可单独或复合采用各种改性剂制作，各类聚合物改性沥青的质量应符合表 6-6 的技术要求，其中 PI 值可作为选择性指标。当使用表列以外的聚合物及复合改性沥青时，可通过试验研究制订相应的技术要求。

2. 基质沥青

制造改性沥青的基质沥青应与改性剂有良好的配伍性，其质量宜符合 A 级或 B 级道路石油沥青的技术要求。供应商在提供改性沥青的质量报告时应提供基质沥青的质量检验报告或沥青样品。天然沥青可以单独与石油沥青混合使用或与其他改性沥青混融后使用。天然沥青的质量要求宜根据其品种参照相关标准和成功的经验执行。

3. 改性剂

用作改性剂的 SBR 胶乳中的固体物含量不宜少于 45%，使用中严禁长时间曝晒或遭冰冻。改性沥青的剂量以改性剂占改性沥青总量的百分数计算，胶乳改性沥青的剂量应以扣除水以后的固体物含量计算。

4. 制作

改性沥青宜在固定式工厂或在现场设厂集中制作，也可在拌和厂现场边制造边使用，改性沥青的加工温度不宜超过180℃。胶乳类改性剂和制成颗粒的改性剂可直接投入拌和缸中生产改性沥青混合料。用溶剂法生产改性沥青母体时，挥发性溶剂回收后的残留量不得超过5%。

5. 贮存与使用

现场制造的改性沥青宜随配随用，需作短时间保存，或运送到附近的工地时，使用前必须搅拌均匀，在不发生离析的状态下使用。改性沥青制作设备必须设有随机采集样品的取样口，采集的试样宜立即在现场灌模。工厂制作的成品改性沥青到达施工现场后存贮在改性沥青罐中，改性沥青罐中必须加设搅拌设备并进行搅拌，使用前改性沥青必须搅拌均匀。在施工过程中应定期取样检验产品质量，发现离析等质量不符要求的改性沥青不得使用。

聚合物改性沥青技术要求　　　　　　　　　　　表6-6

指标	单位	SBS类（Ⅰ类）				SBR类（Ⅱ类）			EVA、PE类（Ⅲ类）				试验方法[①]
		Ⅰ-A	Ⅰ-B	Ⅰ-C	Ⅰ-D	Ⅱ-A	Ⅱ-B	Ⅱ-C	Ⅲ-A	Ⅲ-B	Ⅲ-C	Ⅲ-D	
针入度25℃，100g，5s	0.1mm	>100	80—100	60—80	30—60	>100	80—100	60—80	>80	60—80	40—60	30—40	T 0604
针入度指数PI，不小于		−1.2	−0.8	−0.4	0	−1.0	−0.8	−0.6	−1.0	−0.8	−0.6	−0.4	T 0604
延度5℃，5cm/min，不小于	cm	50	40	30	20	60	50	40	—	—	—	—	T 0605
软化点$T_{R\&B}$，不小于	℃	45	50	55	60	45	48	50	48	52	56	60	T 0606
运动黏度①135℃，不大于	Pa·s	3											T 0625 T 0619
闪点，不小于	℃	230				230			230				T 0611
溶解度，不小于	%	99				99			—				T 0607
弹性恢复25℃，不小于	%	55	60	65	75	—	—	—	—	—	—	—	T 0662
黏韧性，不小于	N·m	—				5			—				T 0624
韧性，不小于	N·m	—				2.5			—				T 0624
贮存稳定性②离析，48h软化点差，不大于	℃	2.5				—			无改性剂明显析出、凝聚				T 0661
TFOT（或RTFOT）后残留物													
质量变化，不大于	%	±1.0											T 0610 或 T 0609
针入度比25℃，不小于	%	50	55	60	65	50	55	60	50	55	58	60	T 0604
延度5℃，不小于	cm	30	25	20	15	30	20	10	—	—	—	—	T 0605

①表中135℃运动黏度可采用现行《公路工程沥青及沥青混合料试验规程》（JTJ 052—2000）中的"沥青布氏旋转黏度试验方法（布洛克菲尔德黏度计法）"进行测定。若在不改变改性沥青物理力学性质并符合安全条件的温度下易于泵送和拌和，或经证明适当提高泵送和拌和温度时能保证改性沥青的质量，容易施工，可不要求测定。

②贮存稳定性指标适用于工厂生产的成品改性沥青。现场制作的改性沥青对贮存稳定性指标可不作要求，但必须在制作后，保持不间断的搅拌或泵送循环，保证使用前没有明显的离析。

(六)改性乳化沥青

改性乳化沥青是指在制作乳化沥青的过程中同时加入聚合物胶乳,或将聚合物胶乳与乳化沥青成品混合,或对聚合物改性沥青进行乳化加工得到的乳化沥青产品。改性乳化沥青分为喷洒型改性乳化沥青(PCR)和拌和用改性乳化沥青(BCR),前者适用于粘层、封层、桥面防水粘结层,后者适用于稀浆封层和微表处。其质量应符合表6-7的技术要求。

改性乳化沥青技术要求 表6-7

试验项目		单 位	品种及代号		试验方法
			PCR	BCR	
破乳速度		—	快裂或中裂	慢裂	T 0658
粒子电荷		—	阳离子(+)	阳离子(+)	T 0653
筛上剩余量(1.18mm,不大于		%	0.1	0.1	T 0652
黏度	恩格拉黏度 E_{25}	—	1~10	3~30	T 0622
	沥青标准黏度 $C_{25,3}$	s	8~25	12~60	T 0621
蒸发残留物	含量,不小于	%	50	60	T 0651
	针入度(100g,25℃,5s)	0.1mm	40~120	40~100	T 0604
	软化点,不小于	℃	50	53	T 0606
	延度(5℃),不小于	cm	20	20	T 0605
	溶解度(三氯乙烯),不小于	%	97.5	97.5	T 0607
与矿料的粘附性,裹覆面积,不小于		—	2/3	—	T 0654
贮存稳定性	1天,不大于	%	1	1	T 0655
	5天,不大于	%	5	5	T 0655

注:1. 破乳速度、与集料粘附性、拌和试验与所使用的石料品种有关;工程上施工质量检验时采用实际的石料试验,仅进行产品质量评定时可对这些指标不提出要求;
2. 当用于填补车辙时,BCR蒸发残留物的软化点宜提高至不低于55℃;
3. 贮存稳定性根据施工实际情况选择试验天数,通常采用5天,乳液生产后能在第二天使用完时也可选用1天;个别情况下改性乳化沥青5天的贮存稳定性难以满足要求,如果经搅拌后能够达到均匀一致并不影响正常使用,此时要求改性乳化沥青运至工地后存放在附有搅拌装置的贮存罐内,并不断地进行搅拌,否则不准使用;
4. 当改性乳化沥青或特种改性乳化沥青需要在低温冰冻条件下贮存或使用时,尚需按T 0656进行−5℃低温贮存稳定性试验,要求没有粗颗粒、不结块。

(七)粗集料

1. 质量要求

沥青层用粗集料包括碎石、破碎砾石、筛选砾石、钢渣、矿渣等,但高速公路和一级公路不得使用筛选砾石和矿渣。粗集料必须由具有生产许可证的采石场生产或施工单位自行加工。粗集料应该洁净、干燥、表面粗糙,质量符合表6-8的规定。当单一规格集料的质量指标达不到表中要求,而按照集料配比计算的质量指标符合要求时,工程上允许使用。对受热易变质的集料,宜采用经拌和机烘干后的集料进行检验。

沥青混合料用粗集料质量技术要求 表 6-8

指标	单位	高速公路及一级公路		其他等级公路	试验方法
		表面层	其他层次		
石料压碎值，不大于	%	26	28	30	T 0316
洛杉矶磨耗损失，不大于	%	28	30	35	T 0317
表观相对密度，不小于	—	2.60	2.50	2.45	T 0304
吸水率，不大于	%	2.0	3.0	3.0	T 0304
坚固性，不大于	%	12	12	—	T 0314
针片状颗粒含量（混合料），不大于	%	15	18	20	T 0312
其中粒径大于 9.5mm，不大于	%	12	15	—	
其中粒径小于 9.5mm，不大于	%	18	20	—	
水洗法小于 0.075mm 颗粒含量，不大于	%	1	1	1	T 0310
软石含量，不大于	%	3	5	5	T 0320

注：1. 坚固性试验可根据需要进行；
    2. 用于高速公路、一级公路时，多孔玄武岩的视密度可放宽至 2.45t/m³，吸水率可放宽至 3%，但必须得到建设单位的批准，且不得用于 SMA 路面；
    3. 对 S14 即 3～5 规格的粗集料，针片状颗粒含量可不予要求，小于 0.075mm 的含量可放宽到 3%。

2. 粒径规格

粗集料的粒径规格应按表 6-9 的规定生产和使用。

沥青混合料用粗集料规格 表 6-9

规格名称	公称粒径(mm)	通过下列筛孔（mm）的质量百分率（%）											
		106	75	63	53	37.5	31.5	26.5	19.0	13.2	9.5	4.75	2.36	0.6
S1	40～75	100	90～100	—	—	0～15	—	0～5						
S2	40～60		100	90～100	—	0～15	—	0～5						
S3	30～60		100	90～100	—	—	0～15	—	0～5					
S4	25～50			100	90～100	—	—	0～15	—	0～5				
S5	20～40				100	90～100	—	—	0～15	—	0～5			
S6	15～30					100	90～100	—	—	0～15	—	0～5		
S7	10～30					100	90～100	—	—	—	0～15	0～5		
S8	10～25						100	90～100	—	0～15	—	0～5		
S9	10～20							100	90～100	—	0～15	0～5		
S10	10～15								100	90～100	0～15	0～5		
S11	5～15									100	90～100	40～70	0～15	0～5
S12	5～10										100	90～100	0～15	0～5
S13	3～10										100	90～100	40～70	0～20	0～5
S14	3～5											100	90～100	0～15	0～3

3. 碎石的生产

采石场在生产过程中必须彻底清除覆盖层及泥土夹层。生产碎石用的原石不得含有土块、杂物，集料成品不得堆放在泥土地上。

4. 磨光值

高速公路、一级公路沥青路面的表面层（或磨耗层）的粗集料的磨光值应符合表 6-10 的要求。除 SMA、OGFC 路面外，允许在硬质粗集料中掺加部分较小粒径的磨光值达不到要求的粗集料，其最大掺加比例由磨光值试验确定。

粗集料与沥青的粘附性、磨光值的技术要求 表 6-10

雨量气候区	1（潮湿区）	2（湿润区）	3（半干区）	4（干旱区）	试验方法
年降雨量（mm）	>1000	1000~500	500~250	<250	规范[①]
粗集料的磨光值 PSV，不小于 高速公路、一级公路表面层	42	40	38	36	T 0321
粗集料与沥青的粘附性，不小于 高速公路、一级公路表面层	5	4	4	3	T 0616
高速公路、一级公路的其他层次及其他等级公路的各个层次	4	4	3	3	T 0663

①指现行《公路沥青路面施工技术规范》。

5. 粘附性及水稳定性

粗集料与沥青的粘附性应符合表 6-10 的要求，当使用不符要求的粗集料时，宜掺加消石灰、水泥或用饱和石灰水处理后使用，必要时可同时在沥青中掺加耐热、耐水、长期性能好的抗剥落剂，也可采用改性沥青的措施，使沥青混合料的水稳定性检验达到要求。掺加外加剂的剂量由沥青混合料的水稳定性检验确定。

6. 破碎砾石

应采用粒径大于 50mm、含泥量不大于 1% 的砾石轧制，破碎砾石的破碎面应符合表 6-11 的要求。

粗集料对破碎面的要求 表 6-11

路面部位或混合料类型	具有一定数量破碎面颗粒的含量（%）		试验方法
	1 个破碎面	2 个或 2 个以上破碎面	
沥青路面表面层 高速公路、一级公路，不小于 其他等级公路，不小于	100 80	90 60	T 0346
沥青路面中下面层、基层 高速公路、一级公路，不小于 其他等级公路，不小于	90 70	80 50	
SMA 混合料，不小于	100	90	
贯入式路面，不小于	80	60	

7. 筛选砾石

仅适用于三级及三级以下公路的沥青表面处治路面。

8. 钢渣

经过破碎且存放期超过 6 个月以上的钢渣可作为粗集料使用。除吸水率允许适当放宽外，各项质量指标应符合表 6-10 的要求。钢渣在使用前应进行活性检验，要求钢渣中的游离氧化钙含量不大于 3%，浸水膨胀率不大于 2%。

（八）细集料

1. 质量要求

沥青路面的细集料包括天然砂、机制砂、石屑。细集料必须由具有生产许可证的采石场、采砂场生产。细集料应洁净、干燥、无风化、无杂质，并有适当的颗粒级配，其质量应符合表 6-12 的规定。细集料的洁净程度，天然砂以小于 0.075mm 含量的百分数表示，石屑和机制砂以砂当量（适用于 0～4.75mm）或亚甲蓝值（适用于 0～2.36mm 或 0～0.15mm）表示。

2. 天然砂

可采用河砂或海砂，通常宜采用粗、中砂，其规格应符合表 6-13 的规定，砂的含泥量超过规定时应水洗后使用，海砂中的贝壳类材料必须筛除。开采天然砂必须取得当地政府主管部门的许可，并符合水利及环境保护的要求。热拌密级配沥青混合料中天然砂的用量通常不宜超过集料总量的 20%，SMA 和 OGFC 混合料不宜使用天然砂。

3. 石屑

是采石场破碎石料时通过 4.75mm 或 2.36mm 的筛下部分，其规格应符合表 6-14 的要求。采石场在生产石屑的过程中应具备抽吸设备，高速公路和一级公路的沥青混合料，宜将 S14 与 S16 组合使用，S15 可在沥青稳定碎石基层或其他等级公路中使用。

沥青混合料用细集料质量要求 表 6-12

项　　目	单位	高速公路、一级公路	其他等级公路	试验方法
表观相对密度，不小于	—	2.50	2.45	T 0328
坚固性（>0.3mm 部分），不小于	%	12	—	T 0340
含泥量（小于 0.075mm 的含量），不大于	%	3	5	T 0333
砂当量，不小于	%	60	50	T 0334
亚甲蓝值，不大于	g/kg	25	—	T 0346
棱角性（流动时间），不小于	s	30	—	T 0345

注：坚固性试验可根据需要进行。

沥青混合料用天然砂规格 表 6-13

筛孔尺寸（mm）	通过各孔筛的质量百分率（%）		
	粗砂	中砂	细砂
9.5	100	100	100
4.75	90～100	90～100	90～100
2.36	65～95	75～90	85～100
1.18	35～65	50～90	75～100
0.6	15～30	30～60	60～84
0.3	5～20	8～30	15～45
0.15	0～10	0～10	0～10
0.075	0～5	0～5	0～5

沥青混合料用机制砂或石屑规格　　　　　表 6-14

规　格	公称粒径 (mm)	水洗法通过各筛孔的质量百分率（%）							
		9.5	4.75	2.36	1.18	0.6	0.3	0.15	0.075
S15	0～5	100	90～100	60～90	40～75	20～55	7～40	2～20	0～10
S16	0～3		100	80～100	50～80	25～60	8～45	0～25	0～15

注：当生产石屑采用喷水抑制扬尘工艺时，应特别注意含粉量不得超过表中要求。

4．机制砂

宜采用专用的制砂机制造，并选用优质石料生产，其级配应符合 S16 的要求。

（九）填料

1．质量要求

沥青混合料的矿粉必须采用石灰岩或岩浆岩中的强基性岩石等憎水性石料经磨细得到的矿粉，原石料中的泥土杂质应除净。矿粉应干燥、洁净，能自由地从矿粉仓流出，其质量应符合表 6-15 的技术要求。

2．拌和机的粉尘

可作为矿粉的一部分回收使用。但每盘用量不得超过填料总量的 25%，掺有粉尘填料的塑性指数不得大于 4%。

3．粉煤灰

作为填料使用时，用量不得超过填料总量的 50%，粉煤灰的烧失量应小于 12%，与矿粉混合后的塑性指数应小于 4%，其余质量要求与矿粉相同。高速公路、一级公路的沥青面层不宜采用粉煤灰作填料。

沥青混合料用矿粉质量要求　　　　　表 6-15

项　目	单　位	高速公路、一级公路	其他等级公路	试验方法
表观密度，不小于	t/m³	2.50	2.45	T 0352
含水量，不大于	%	1	1	T 0103 烘干法
粒度范围<0.6mm	%	100	100	T 0351
<0.15mm	%	90～100	90～100	
<0.075mm	%	75～100	70～100	
外观	—	无团粒结块		—
亲水系数	—	<1		T 0353
塑性指数	—	<4		T 0354
加热安定性	—	实测记录		T 0355

（十）纤维稳定剂

1．质量要求

在沥青混合料中掺加的纤维稳定剂宜选用木质素纤维、矿物纤维等，木质素纤维的质量应符合表 6-16 的技术要求。

木质素纤维质量技术要求 表 6-16

项 目	单 位	指 标	试 验 方 法
纤维长度，不大于	mm	6	水溶液用显微镜观测
灰分含量	%	18±5	高温 590~600℃燃烧后测定残留物
pH 值	—	7.5±1.0	水溶液用 pH 试纸或 pH 计测定
吸油率，不小于	—	纤维质量的 5 倍	用煤油浸泡后放在筛上经振敲后称量
含水率（以质量计），不大于	%	5	105℃烘箱烘 2h 后冷却称量

2. 纤维使用

纤维应在 250℃的干拌温度不变质、不发脆，使用纤维必须符合环保要求，不危害身体健康。纤维必须在混合料拌和过程中能充分分散均匀。

3. 矿物纤维

宜采用玄武岩等矿石制造，易影响环境及造成人体伤害的石棉纤维不宜直接使用。

4. 纤维的存放

纤维应存放在室内或有棚盖的地方，松散纤维在运输及使用过程中应避免受潮，不结团。

5. 纤维稳定剂

纤维稳定剂的掺加比例以沥青混合料总量的质量百分率计算，通常情况下用于 SMA 路面的木质素纤维不宜低于 0.3%，矿物纤维不宜低于 0.4%，必要时可适当增加纤维用量。纤维掺加量的允许误差宜不超过±5%。

第二节 热拌沥青混合料路面施工

热拌沥青混合料路面施工是指将一定配比的集料和沥青加热到远高于常温的规定温度，然后进行拌和，并在热的状态下将混合料运到现场进行摊铺和碾压的施工方法。热拌沥青混合料路面施工必须采用厂拌法施工。

一、热拌沥青混合料的分类

热拌沥青混合料（HMA）适用于各种等级公路的沥青路面。其种类按集料公称最大粒径、矿料级配、空隙率划分。包括沥青混凝土（AC）、沥青碎石和沥青玛蹄脂碎石（SMA），其中沥青混凝土和沥青玛蹄脂碎石均为密级配的，沥青碎石又分为密级配沥青稳定碎石（ATB）、半开级配沥青碎石（AM）和开级配排水式沥青碎石（OGFC 表面磨耗层及 ATPB 基层），如表 6-17 所列。

热拌沥青混合料种类 表 6-17

混合料类型	密级配			开级配		半开级配	公称最大粒径（mm）	最大粒径（mm）
	连续级配		间断级配	间断级配		沥青碎石		
	沥青混凝土	沥青稳定碎石	沥青玛蹄脂碎石	排水式沥青磨耗层	排水式沥青碎石基层			
特粗式	—	ATB-40	—		ATPB-40	—	37.5	53.0
粗粒式	—	ATB-30	—		ATPB-30	—	31.5	37.5
	AC-25	ATB-25	—		ATPB-25	—	26.5	31.5

续表

混合料类型	密级配			开级配		半开级配	公称最大粒径(mm)	最大粒径(mm)
	连续级配		间断级配	间断级配				
	沥青混凝土	沥青稳定碎石	沥青玛蹄脂碎石	排水式沥青磨耗层	排水式沥青碎石基层	沥青碎石		
中粒式	AC-20	—	SMA-20	—	—	AM-20	19.0	26.5
	AC-16	—	SMA-16	OGFC-16	—	AM-16	16.0	19.0
细粒式	AC-13	—	SMA-13	OGFC-13	—	AM-13	13.2	16.0
	AC-10	—	SMA-10	OGFC-10	—	AM-10	9.5	13.2
砂粒式	AC-5	—	—	—	—	AM-5	4.75	9.5
设计空隙率①（%）	3～5	3～6	3～4	>18	>18	6～12		

①空隙率可按配合比设计要求适当调整。

二、施工准备

1. 准备基层或下卧层

铺筑沥青面层前，检查基层或下卧沥青层的质量，不符要求的不得铺筑沥青面层。旧沥青路面或下卧层已被污染时，必须清洗或经铣刨处理后方可铺筑沥青混合料。

2. 确定石油沥青施工温度

施工温度是沥青路面施工的重要参数。石油沥青加工及沥青混合料施工温度应根据沥青标号及黏度、气候条件、铺装层的厚度确定。

（1）普通沥青结合料的施工温度宜通过在135℃及175℃条件下测定的黏度-温度曲线来确定。即根据黏度-温度曲线按表 6-18 规定的黏度确定沥青混合料拌和及压实的适宜温度。但表 6-18 不适合于改性沥青和 SMA 沥青混合料，实践证明如果按照黏度-温度曲线并采用相同的等黏度-温度确定改性沥青的施工温度，实际上其值将会太高。图 6-1 绘出了 AH-70 普通沥青及 SBS 改性沥青（PG70-28）的黏度-温度曲线。

在图 6-1 中，普通沥青混合料的拌和温度为 155～161℃，碾压温度为 144～149℃，基本上是合理的。而对 SBS 改性沥青，从黏度-温度曲线得到的适宜的拌和温度和碾压温度分别为 202～208℃及 189～194℃，显然是太高了。

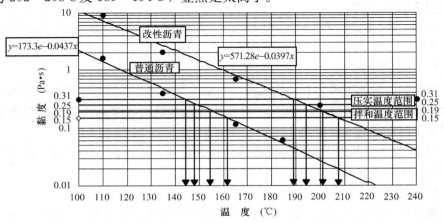

图 6-1 普通沥青及改性沥青的黏度-温度曲线

确定沥青混合料拌和及压实温度的适宜黏度　　　　表 6-18

黏　度	单　位	适宜于拌和的沥青结合料黏度	适宜于压实的沥青结合料黏度	测定方法
表观黏度	Pa·s	0.17±0.02	0.28±0.03	T 0625
运动黏度	mm²/s	170±20	280±30	T 0619
赛波特黏度	s	85±10	140±15	T 0623

当缺乏黏度-温度曲线数据时，可参照表 6-19 的范围选择，并根据实际情况确定使用高值或低值。当表中温度不符合实际情况时，允许作适当调整。

热拌沥青混合料的施工温度（℃）　　　　表 6-19

施 工 工 序		石油沥青的标号			
		50 号	70 号	90 号	110 号
沥青加热温度		160~170	155~165	150~160	145~155
矿料加热温度	间隙式拌和机	集料加热温度比沥青温度高 10~30			
	连续式拌和机	矿料加热温度比沥青温度高 5~10			
沥青混合料出料温度		150~170	145~165	140~160	135~155
混合料贮料仓贮存温度		贮料过程中温度降低不超过 10			
混合料废弃温度，高于		200	195	190	185
运输到现场温度，不低于		150	145	140	135
混合料摊铺温度，不低于	正常施工	140	135	130	125
	低温施工	160	150	140	135
开始碾压的混合料内部温度，不低于	正常施工	135	130	125	120
	低温施工	150	145	135	130
碾压终了的表面温度，不低于	钢轮压路机	80	70	65	60
	轮胎压路机	85	80	75	70
	振动压路机	75	70	60	55
开放交通的路表温度，不高于		50	50	50	45

注：1. 沥青混合料的施工温度采用具有金属探测针的插入式数显温度计测量，表面温度可采用表面接触式温度计测定，当采用红外线温度计测量表面温度时，应进行标定；
　　2. 表中未列入的 130 号、160 号及 30 号沥青的施工温度由试验确定。

（2）聚合物改性沥青混合料的施工温度根据实践经验并参照规范选择。通常宜较普通沥青混合料的施工温度提高 10~20℃。对采用冷态胶乳直接喷入法制作的改性沥青混合料，集料烘干温度应进一步提高。

（3）SMA 混合料的施工温度应视纤维品种和数量、矿粉用量的不同，在改性沥青混合料的基础上作适当提高。

三、配合比设计

沥青混合料必须在对同类公路配合比设计和使用情况调查研究的基础上，充分借鉴成功的经验，选用符合要求的材料，进行配合比设计。

（一）沥青混合料的矿料级配

沥青混合料的矿料级配应符合工程规定的设计级配范围。密级配沥青混合料宜根据公路等级、气候及交通条件按表 6-20 选择采用粗型（C 型）或细型（F 型）混合料，并在表 6-21 沥青混凝土范围内确定工程设计级配范围，通常情况下工程设计级配范围不宜超出表 6-21 沥青混凝土的要求。其他类型的混合料宜直接以表 6-21 作为工程设计级配范围。

粗型和细型密级配沥青混凝土的关键性筛孔通过率　　　　　表 6-20

混合料类型	公称最大粒径（mm）	用以分类的关键性筛孔（mm）	粗型密级配		细型密级配	
			名 称	关键性筛孔通过率（%）	名 称	关键性筛孔通过率（%）
AC-25	26.5	4.75	AC-25C	<40	AC-25F	>40
AC-20	19	4.75	AC-20C	<45	AC-20F	>45
AC-16	16	2.36	AC-16C	<38	AC-16F	>38
AC-13	13.2	2.36	AC-13C	<40	AC-13F	>40
AC-10	9.5	2.36	AC-10C	<45	AC-10F	>45

沥青混合料矿料级配范围　　　　　表 6-21

级配类型			通过下列筛孔（mm）的质量百分率（%）													
			53	37.5	31.5	26.5	19	16	13.2	9.5	4.75	2.36	1.18	0.6	0.3	0.15	0.075
沥青混凝土	粗粒式	AC-25			100	90~100	75~90	65~83	57~76	45~65	24~52	16~42	12~33	8~24	5~17	4~13	3~7
	中粒式	AC-20				100	90~100	78~92	62~80	50~72	26~56	16~44	12~33	8~24	5~17	4~13	3~7
		AC-16					100	90~100	76~92	60~80	34~62	20~48	13~36	9~26	7~18	5~14	4~8
	细粒式	AC-13						100	90~100	68~85	38~68	24~50	15~38	10~28	7~20	5~15	4~8
		AC-10							100	90~100	45~75	30~58	20~44	13~32	9~23	6~16	4~8
	砂粒式	AC-5								100	90~100	55~75	35~55	20~40	12~28	7~18	5~10
沥青玛蹄脂碎石	中粒式	SMA-20				100	90~100	72~92	62~82	40~55	18~30	13~22	12~19	10~16	9~14	8~13	8~12
		SMA-16					100	90~100	65~85	45~65	20~32	15~24	14~22	12~18	10~15	9~14	8~12
	细粒式	SMA-13						100	90~100	50~75	20~34	15~26	14~24	12~20	10~16	9~15	8~12
		SMA-10							100	90~100	28~60	20~32	14~26	12~22	10~18	9~16	8~13
排水式磨耗层	中粒式	OGFC-16					100	90~100	70~90	45~70	12~30	10~22	6~18	4~15	3~12	3~8	2~6
		OGFC-13						100	90~100	60~80	12~30	10~22	6~18	4~15	3~12	3~8	2~6
	细粒式	OGFC-10							100	90~100	50~70	10~22	6~18	4~15	3~12	3~8	2~6

续表

级配类型			通过下列筛孔（mm）的质量百分率（%）											
			53	37.5	31.5	26.5	19	16	13.2	9.5	4.75	2.36	1.18	0.6	0.3	0.15	0.075

级配类型			53	37.5	31.5	26.5	19	16	13.2	9.5	4.75	2.36	1.18	0.6	0.3	0.15	0.075
沥青稳定碎石	特粗式	ATB-40	100	90~100	75~92	65~85	49~71	43~63	37~57	30~50	20~40	15~32	10~25	8~18	5~14	3~10	2~6
		ATB-30		100	90~100	70~90	53~72	44~66	39~60	31~51	20~40	15~32	10~25	8~18	5~14	3~10	2~6
	粗粒式	ATB-25			100	90~100	60~80	48~68	42~62	32~52	20~40	15~32	10~25	8~18	5~14	3~10	2~6
沥青碎石	中粒式	AM-20				100	90~100	60~85	50~75	40~65	15~40	5~22	2~16	1~12	0~10	0~8	0~5
		AM-16					100	90~100	60~85	45~68	18~40	6~25	3~18	1~14	0~10	0~8	0~5
	细粒式	AM-13						100	90~100	50~80	20~45	8~28	4~20	2~16	0~10	0~8	0~6
		AM-10							100	90~100	35~65	10~35	5~22	2~16	0~12	0~9	0~6
排水式沥青碎石	特粗式	ATPB-40	100	70~100	65~90	55~85	43~75	32~70	20~65	12~50	0~3	0~3	0~3	0~3	0~3	0~3	0~3
		ATPB-30		100	80~100	70~95	53~85	36~80	26~75	14~60	0~3	0~3	0~3	0~3	0~3	0~3	0~3
	粗粒式	ATPB-25			100	80~100	60~100	45~90	30~82	16~70	0~3	0~3	0~3	0~3	0~3	0~3	0~3

（二）沥青混合料配合比设计方法及技术要求

沥青混合料配合比设计采用马歇尔试验配合比设计方法，沥青混合料技术要求应符合表6-22～表6-25的规定，并有良好的施工性能。当采用其他方法设计沥青混合料时，应按现行规范规定进行马歇尔试验及各项配合比设计检验，并报告不同设计方法各自的试验结果。二级公路宜参照一级公路的技术标准执行。表中气候分区按现行《公路沥青路面施工技术规范》的规定执行。长大坡度的路段按重载交通路段考虑。

密级配沥青混凝土混合料马歇尔试验技术标准 表6-22

（本表适用于公称最大粒径小于或等于26.5mm的密级配沥青混凝土混合料）

试验指标		单位	高速公路、一级公路				其他等级公路	行人道路
			夏炎热区（1-1、1-2、1-3、1-4区）		夏热区及夏凉区（2-1、2-2、2-3、2-4、3-2区）			
			中轻交通	重载交通	中轻交通	重载交通		
击实次数（双面）		次	75				50	50
试件尺寸		mm	φ101.6mm×63.5mm					
空隙率 VV	深约90mm以内	%	3~5	4~6[注2]	2~4	3~5	3~6	2~4
	深约90mm以下	%	3~6		2~4	3~6	3~6	—
稳定度 MS 不小于		kN	8				5	3
流值 FL		mm	2~4	1.5~4	2~4.5	2~4	2~4.5	2~5

续表

试验指标		单位	高速公路、一级公路				其他等级公路	行人道路
			夏炎热区（1-1、1-2、1-3、1-4区）		夏热区及夏凉区（2-1、2-2、2-3、2-4、3-2区）			
			中轻交通	重载交通	中轻交通	重载交通		
矿料间隙率VMA（%），不小于	设计空隙率（%）		相应以下公称最大粒径（mm）的最小VMA及VFA技术要求（%）					
			26.5	19	16	13.2	9.5	4.75
	2		10	11	11.5	12	13	15
	3		11	12	12.5	13	14	16
	4		12	13	13.5	14	15	17
	5		13	14	14.5	15	16	18
	6		14	15	15.5	16	17	19
沥青饱和度VFA（%）			55～70		65～75		70～85	

注：1. 对空隙率大于5%的夏炎热区重载交通路段，施工时应至少提高压实度1%；
2. 当设计的空隙率不是整数时，由内插确定要求的VMA最小值；
3. 对改性沥青混合料，马歇尔试验的流值可适当放宽。

沥青稳定碎石混合料马歇尔试验配合比设计技术标准　　　　表6-23

试验指标	单位	密级配基层（ATB）	半开级配面层（AM）	排水式开级配磨耗层（OGFC）	排水式开级配基层（ATPB）
公称最大粒径	mm	26.5mm	等于或大于31.5mm	等于或小于26.5mm	等于或小于26.5mm	所有尺寸
马歇尔试件尺寸	mm	φ101.6mm×63.5mm	φ152.4mm×95.3mm	φ101.6mm×63.5mm	φ101.6mm×63.5mm	φ152.4mm×95.3mm
击实次数（双面）	次	75	112	50	50	75
空隙率VV[①]	%	3～6		6～10	不小于18	不小于18
稳定度，不小于	kN	7.5	15	3.5	3.5	—
流值	mm	1.5～4	实测	—	—	—
沥青饱和度VFA	%	55～70	40～70			
密级配基层ATB的矿料间隙率VMA不小于（%）	设计空隙率（%）	ATB-40	ATB-30		ATB-25	
	4	11	11.5		12	
	5	12	12.5		13	
	6	13	13.5		14	

①在干旱地区，可将密级配沥青稳定碎石基层的空隙率适当放宽到8%。

（三）沥青混合料性能检验

对用于高速公路和一级公路的公称最大粒径等于或小于19mm的密级配沥青混合料（AC）及SMA、OGFC混合料需在配合比设计的基础上按下列步骤进行各种使用性能检验，不符要求的沥青混合料，必须更换材料或重新进行配合比设计。二级公路参照此要求执行。

SMA 混合料马歇尔试验配合比设计技术要求 表 6-24

试验项目	单位	技术要求		试验方法
		不使用改性沥青	使用改性沥青	
马歇尔试件尺寸	mm	$\phi 101.6mm \times 63.5mm$		T 0702
马歇尔试件击实次数①		两面击实 50 次		T 0702
空隙率 VV②	%	3～4		T 0708
矿料间隙率 VMA②，不小于	%	17.0		T 0708
粗集料骨架间隙率 VCA_{mix}③，不大于		VCA_{DRC}		T 0708
沥青饱和度 VFA	%	75～85		T 0708
稳定度④，不小于	kN	5.5	6.0	T 0709
流值	mm	2～5	—	T 0709
谢伦堡沥青析漏试验的结合料损失	%	不大于 0.2	不大于 0.1	T 0732
肯塔堡飞散试验的混合料损失或浸水飞散试验	%	不大于 20	不大于 15	T 0733

①对集料坚硬不易击碎，通行重载交通的路段，也可将击实次数增加为双面 75 次；
②对高温稳定性要求较高的重交通路段或炎热地区，设计空隙率允许放宽到 4.5%，VMA 允许放宽到 16.5%（SMA-16）或 16%（SMA-19），VFA 允许放宽到 70%；
③试验粗集料骨架间隙率 VCA 的关键性筛孔，对 SMA-19、SMA-16 是指 4.75mm，对 SMA-13、SMA-10 是指 2.36mm；
④稳定度难以达到要求时，允许放宽到 5.0kN（非改性）或 5.5kN（改性），但动稳定度检验必须合格。

OGFC 混合料技术要求 表 6-25

试验项目	单位	技术要求	试验方法
马歇尔试件尺寸	mm	$\phi 101.6mm \times 63.5mm$	T 0702
马歇尔试件击实次数		两面击实 50 次	T 0702
空隙率	%	18～25	T 0708
马歇尔稳定度，不小于	kN	3.5	T 0709
析漏损失	%	<0.3	T 0732
肯塔堡飞散损失	%	<20	T 0733

1. 动稳定度

必须在规定的试验条件下进行车辙试验，并符合表 6-26 的要求。

2. 水稳定性

必须在规定的试验条件下进行浸水马歇尔试验和冻融劈裂试验检验沥青混合料的水稳定性，并同时符合表 6-27 中的两个要求。达不到要求时必须采取抗剥落措施，调整最佳沥青用量后再次试验。

沥青混合料车辙试验动稳定度技术要求　　　　表 6-26

气候条件与技术指标	相应于下列气候分区所要求的动稳定度（次/mm）									试验方法
七月平均最高气温（℃）及气候分区	＞30				20～30				＜20	
	1. 夏炎热区				2. 夏热区				3. 夏凉区	
	1—1	1—2	1—3	1—4	2—1	2—2	2—3	2—4	3—2	
普通沥青混合料，不小于	800			1000	600			800	600	T 0719
改性沥青混合料，不小于	2400			2800	2000			2400	1800	
SMA 混合料	非改性，不小于	1500							
	改性，不小于	3000							
OGFC 混合料	1500（一般交通路段）、3000（重交通量路段）								

注：1. 如果其他月份的平均最高气温高于七月时，可使用该月平均最高气温；
2. 在特殊情况下，如钢桥面铺装、重载车特别多或纵坡较大的长距离上坡路段、厂矿专用道路，可酌情提高动稳定度的要求；
3. 对因气候寒冷确需使用针入度很大的沥青（如大于100），动稳定度难以达到要求，或因采用石灰岩等不很坚硬的石料，改性沥青混合料的动稳定度难以达到要求等特殊情况，可酌情降低要求；
4. 为满足炎热地区及重载车要求，在配合比设计时采取减少最佳沥青用量的技术措施时，可适当提高试验温度或增加试验荷载进行试验，同时增加试件的碾压成型密度和施工压实度要求；
5. 车辙试验不得采用二次加热的混合料，试验必须检验其密度是否符合试验规程的要求；
6. 如需要对公称最大粒径等于或大于 26.5mm 的混合料进行车辙试验，可适当增加试件的厚度，但不宜作为评定合格与否的依据。

沥青混合料水稳定性检验技术要求　　　　表 6-27

气候条件与技术指标	相应于下列气候分区的技术要求（%）				试验方法
年降雨量（mm）及气候分区	＞1000	500～1000	250～500	＜250	
	1. 潮湿区	2. 湿润区	3. 半干区	4. 干旱区	
浸水马歇尔试验残留稳定度（%）不小于					
普通沥青混合料	80		75		T 0709
改性沥青混合料	85		80		
SMA 混合料	普通沥青	75			
	改性沥青	80			
冻融劈裂试验的残留强度比（%），不小于					
普通沥青混合料	75		70		T 0729
改性沥青混合料	80		75		
SMA 混合料	普通沥青	75			
	改性沥青	80			

3. 力学破坏指标

宜对密级配沥青混合料在温度 −10℃、加载速率 50mm/min 的条件下进行弯曲试验，测定破坏强度、破坏应变、破坏劲度模量，并根据应力-应变曲线的形状，综合评价沥青混合料的低温抗裂性能。其中沥青混合料的破坏应变宜不小于表 6-28 的要求。

沥青混合料低温弯曲试验破坏应变（$\mu\varepsilon$）技术要求　　　　表6-28

气候条件与技术指标	相应于下列气候分区所要求的破坏应变（$\mu\varepsilon$）								试验方法
年极端最低气温（℃）及气候分区	<−37.0		−21.5～−37.0			−9.0～−21.5		>−9.0	
	1. 冬严寒区		2. 冬寒区			3. 冬冷区		4. 冬温区	
	1—1	2—1	1—2	2—2	3—2	1—3	2—3	1—4　2—4	
普通沥青混合料，不小于	2600		2300			2000			T 0728
改性沥青混合料，不小于	3000		2800			2500			

4. 渗水性能

宜利用轮碾机成型的车辙试验试件，脱模架起进行渗水试验，并符合表6-29的要求。

沥青混合料试件渗水系数技术要求　　　　表6-29

级配类型	渗水系数要求（ml/min）	试验方法
密级配沥青混凝土，不大于	120	
SMA 混合料，不大于	80	T 0730
OGFC 混合料，不小于	实测	

5. 钢渣沥青混合料

对使用钢渣作为集料的沥青混合料，应按现行《公路工程沥青及沥青混合料试验规程》（JTJ 052）T 0363进行活性和膨胀性试验，钢渣沥青混凝土的膨胀量不得超过1.5%。

6. 改性沥青混合料

对改性沥青混合料的性能检验，应针对改性目的进行。以提高高温抗车辙性能为主要目的时，低温性能可按普通沥青混合料的要求执行；以提高低温抗裂性能为主要目的时，高温稳定性可按普通沥青混合料的要求执行。

（四）沥青混合料配合比设计程序

1. 高速公路、一级公路沥青混合料的配合比设计

应在调查以往同类材料的配合比设计经验和使用效果的基础上，按以下步骤进行。

（1）目标配合比设计阶段：用工程实际使用的材料按现行《公路沥青路面施工技术规范》（JTG F40—2004）规定的方法，优选矿料级配、确定最佳沥青用量，符合配合比设计技术标准和配合比设计检验要求，以此作为目标配合比，供拌和机确定各冷料仓的供料比例、进料速度及试拌使用。

（2）生产配合比设计阶段：对间歇式拌和机，应按规定方法取样测试各热料仓的材料级配，确定各热料仓的配合比，供拌和机控制室使用。同时选择适宜的筛孔尺寸和安装角度，尽量使各热料仓的供料大体平衡。并取目标配合比设计的最佳沥青用量OAC、OAC±0.3%等3个沥青用量进行马歇尔试验和试拌，通过室内试验及从拌和机取样试验综合确定生产配合比的最佳沥青用量，由此确定的最佳沥青用量与目标配合比设计的结果的差值不宜大于±0.2%。对连续式拌和机可省略生产配合比设计步骤。

（3）生产配合比验证阶段：拌和机按生产配合比结果进行试拌、铺筑试验段，并取样进行马歇尔试验，同时从路上钻取芯样观察空隙率的大小，由此确定生产用的标准配合比。标准配合比的矿料合成级配中，至少应包括0.075mm、2.36mm、4.75mm及公称最

大粒径筛孔的通过率接近优选的工程设计级配范围的中值,并避免在 0.3~0.6mm 处出现"驼峰"。对确定的标准配合比,宜再次进行车辙试验和水稳定性检验。

(4)确定施工级配允许波动范围:根据标准配合比及第六节质量管理要求中各筛孔的允许波动范围,制订施工用的级配控制范围,用以检查沥青混合料的生产质量。

2. 配合比调整

经设计确定的标准配合比在施工过程中不得随意变更。但生产过程中应加强跟踪检测,严格控制进场材料的质量,如遇材料发生变化并经检测沥青混合料的矿料级配、马歇尔技术指标不符要求时,应及时调整配合比,使沥青混合料的质量符合要求并保持相对稳定,必要时重新进行配合比设计。

3. 二级及二级以下公路热拌沥青混合料的配合比设计

可按上述步骤进行。当材料与同类道路完全相同时,也可直接引用成功的经验。

四、施工方法

热拌沥青混合料路面施工工艺包括混合料的拌制、运输、摊铺、压实成型及接缝处理等内容。

(一)混合料的拌制

1. 拌和设备

(1)沥青混合料必须在沥青拌和厂(场、站)采用拌和机械拌制。设置拌和厂必须符合国家有关环境保护、消防、安全等规定。拌和厂与工地现场距离应充分考虑交通堵塞的可能,确保混合料的温度下降不超过要求,且不致因颠簸造成混合料离析。拌和厂应具有完备的排水设施。各种集料必须分隔贮存,细集料应设防雨顶棚,料场及场内道路应作硬化处理,严禁泥土污染集料。

(2)沥青混合料可采用间歇式拌和机或连续式拌和机拌制,高速公路和一级公路宜采用间歇式拌和机拌和,连续式拌和机使用的集料必须稳定不变。若一个工程从多处进料,料源或质量不稳定时,不得采用连续式拌和机。

(3)沥青混合料拌和设备的各种传感器必须定期检定,周期不少于每年一次。冷料供料装置需经标定得出集料供料曲线。

(4)间歇式拌和机总拌和能力要满足施工进度要求,拌和机除尘设备完好,能达到环保要求。冷料仓的数量满足配合比需要,通常不宜少于5~6个。拌和机应具有添加纤维、消石灰等外掺剂的设备。

2. 材料要求

集料与沥青混合料取样应符合现行试验规程的要求。从沥青混合料运料车上取样时,必须在设置取样台,分几处采集一定深度下的样品。集料进场宜在料堆顶部平台卸料,经推土机推平后,铲运机从底部按顺序竖直装料,减小集料离析。

3. 拌和质量控制

(1)高速公路和一级公路施工用的间歇式拌和机必须配备计算机设备,拌和过程中逐盘采集并打印各个传感器测定的材料用量和沥青混合料拌和量、拌和温度等各种参数,每个台班结束时打印出一个台班的统计量,按现行《公路沥青路面施工技术规范》规定的方法,进行沥青混合料生产质量及铺筑厚度的总量检验,总量检验的数据有异常波动时,立即停止生产,分析原因。

(2) 沥青混合料的生产温度需符合热拌沥青混合料施工温度的要求，烘干集料的残余含水量不得大于1%。每天最初的几盘集料应提高加热温度，并干拌几锅集料废弃，再正式加沥青拌和混合料。

(3) 拌和机的矿粉仓应配备振动装置以防止矿粉起拱。添加消石灰、水泥等外掺剂时，宜增加粉料仓，也可由专用管线和螺旋升送器直接加入拌和锅，若与矿粉混合使用时，应注意二者因密度不同发生离析。

(4) 拌和机必须有二级除尘装置，经一级除尘部分可直接回收使用，二级除尘部分可进入回收粉仓使用（或废弃）。对因除尘造成的粉料损失应补充等量的新矿粉。

(5) 沥青混合料拌和时间根据具体情况经试拌确定，以沥青均匀裹覆集料为度。间歇式拌和机每盘的生产周期不宜少于45s（其中干拌时间不少于5~10s）。改性沥青和SMA混合料的拌和时间应适当延长。

(6) 间歇式拌和机的振动筛规格应与矿料规格相匹配，最大筛孔宜略大于混合料的最大粒径，其余筛的设置应考虑混合料的级配稳定，并尽量使热料仓大体均衡，不同级配混合料必须配置不同的筛孔组合。

(7) 间歇式拌和机宜备有保温性能好的成品储料仓，贮存过程中混合料温降不得大于10℃，且不能有沥青滴漏，普通沥青混合料的贮存时间不得超过72h，改性沥青混合料的贮存时间不宜超过24h，SMA混合料只限当天使用，OGFC混合料宜随拌随用。

(8) 生产添加纤维的沥青混合料时，纤维必须在混合料中充分分散，拌和均匀。拌和机应配备同步添加投料装置，松散的絮状纤维可在喷入沥青的同时或稍后采用风送设备喷入拌和锅，拌和时间宜延长5s以上。颗粒纤维可在粗集料投入的同时自动加入，经5~10s的干拌后，再投入矿粉。工程量很小时也可分装成塑料小包或由人工量取直接投入拌和锅。

(9) 使用改性沥青时，随时检查沥青泵、管道、计量器是否受堵，堵塞时要及时清洗。

(10) 沥青混合料出厂时需逐车检测沥青混合料的重量和温度，记录出厂时间，签发运料单。

（二）混合料的运输

1. 运输车辆

热拌沥青混合料宜采用较大吨位的运料车运输，但不得超载运输或急刹车、急转弯掉头使透层、封层造成损伤。运料车的运力应稍有富余，施工过程中摊铺机前方应有运料车等候。对高速公路、一级公路，宜待等候的运料车多于5辆后开始摊铺。

2. 混合料的防护

运料车每次使用前后必须清扫干净，在车厢板上涂一薄层防止沥青粘结的隔离剂或防粘剂，但不得有余液积聚在车厢底部。从拌和机向运料车上装料时，应多次挪动汽车位置，平衡装料，以减少混合料离析。运料车运输混合料宜用苫布覆盖保温、防雨、防污染。

运料车进入摊铺现场时，轮胎上不得沾有泥土等可能污染路面的脏物，否则宜设水池洗净轮胎后进入工程现场。沥青混合料在摊铺地点凭运料单接收，不符合施工温度要求，或已经结块成团、已遭雨淋的混合料不得铺筑路面。

3. 卸料

摊铺过程中运料车在摊铺机前100~300mm处停住，空挡等候，由摊铺机推动前进开始缓缓卸料，避免撞击摊铺机。在有条件时，运料车可将混合料卸入转运车经二次拌和后向摊铺机连续均匀地供料。运料车每次卸料必须倒净，尤其是对改性沥青或 SMA 混合料，如有剩余，应及时清除，防止硬结。

4. SMA 及 OGFC 混合料的运输

SMA 及 OGFC 混合料在运输、等候过程中，如发现有沥青结合料沿车厢板滴漏时，应采取措施避免滴漏。

（三）混合料的摊铺

1. 摊铺机的准备

热拌沥青混合料应采用沥青摊铺机摊铺，在洒有粘层油的路面上铺筑改性沥青混合料或 SMA 时，宜使用履带式摊铺机。摊铺机的受料斗应涂刷薄层隔离剂或防粘结剂。

铺筑高速公路、一级公路沥青混合料时，一台摊铺机的铺筑宽度不宜超过 6（双车道）～7.5m（3 车道以上），通常宜采用两台或更多台数的摊铺机前后错开 10～20m 成梯队方式同步摊铺，两幅之间应有 30～60mm 左右宽度的搭接，并躲开车道轮迹带，上下层的搭接位置宜错开 200mm 以上。

开工前，提前 0.5～1h 预热摊铺机熨平板，使其温度不低于 100℃。铺筑过程中应选择熨平板的振捣或夯锤压实装置具有适宜的振动频率和振幅，以提高路面的初始压实度。熨平板加宽连接应仔细调节至摊铺的混合料没有明显的离析痕迹。

2. 摊铺机的运行与找平方式

摊铺机必须缓慢、均匀、连续不间断地摊铺，不得随意变换速度或中途停顿，以提高平整度，减少混合料的离析。摊铺速度宜控制在 2～6m/min 的范围内，对改性沥青混合料及 SMA 混合料宜放慢至 1～3m/min。当发现混合料出现明显的离析、波浪、裂缝、拖痕时，应找出并消除原因。

摊铺机应采用自动找平方式，下面层或基层宜采用钢丝绳引导的高程控制方式，上面层宜采用平衡梁或雪橇式摊铺厚度控制方式，中面层根据情况选用找平方式。直接接触式平衡梁的轮子不得粘附沥青。铺筑改性沥青或 SMA 路面时宜采用非接触式平衡梁。

3. 摊铺温度

热拌沥青混合料的最低摊铺温度根据铺筑层厚度、气温、风速及下卧层表面温度按规范执行，且不得低于表 6-30 的要求。每天施工开始阶段宜采用较高温度的混合料。

沥青混合料的最低摊铺温度 表 6-30

下卧层的表面温度（℃）	相应于下列不同摊铺层厚度的最低摊铺温度（℃）					
	普通沥青混合料			改性沥青混合料或 SMA 沥青混合料		
	<50mm	50～80（mm）	>80mm	<50mm	50～80（mm）	>80mm
<5	不允许	不允许	140	不允许	不允许	不允许
5～10	不允许	140	135	不允许	不允许	不允许
10～15	145	138	132	165	155	150
15～20	140	135	130	158	150	145
20～25	138	132	128	153	147	143
25～30	132	130	126	147	145	141
>30	130	125	124	145	140	139

4. 松铺系数

沥青混合料的松铺系数应根据混合料类型由试铺试压确定。摊铺过程中随时检查摊铺层厚度及路拱、横坡，并按现行《公路沥青路面施工技术规范》规定的方法由使用的混合料总量与面积校验平均厚度。

5. 摊铺质量控制

（1）摊铺机的螺旋布料器应相应于摊铺速度调整到保持一个稳定的速度均衡地转动，两侧应保持有不少于送料器2/3高度的混合料，以减少在摊铺过程中混合料的离析。

（2）用机械摊铺的混合料，不宜用人工反复修整。当不得不由人工作局部找补或更换混合料时，需仔细进行，对于特别严重的缺陷，要整层铲除。

（3）在路面狭窄部分、平曲线半径过小的匝道或加宽部分，以及小规模工程不能采用摊铺机铺筑时，可用人工摊铺混合料。人工摊铺沥青混合料时应注意有关事项，半幅施工时，路中一侧宜事先设置挡板。沥青混合料宜卸在铁板上，摊铺时应扣锹布料，不得扬锹远甩。铁锹等工具宜沾防粘结剂或加热使用。边摊铺边用刮板整平，刮平时应轻重一致，控制次数，严防集料离析。摊铺不得中途停顿，并尽快碾压。因故不能及时碾压时，则立即停止摊铺，并对已卸下的沥青混合料覆盖苫布保温。低温施工时，对每次卸下的混合料覆盖苫布保温。

（4）在雨期铺筑沥青路面时，应加强与气象部门的联系，对已摊铺的沥青层，因遇雨未完成压实的，应予铲除。

（四）沥青路面的压实及成型

1. 压实机械的选择

沥青路面施工应配备足够数量的压路机，选择合理的压路机组合方式及初压、复压、终压（包括成型）的碾压步骤，以达到最佳碾压效果。高速公路铺筑双车道沥青路面的压路机数量不宜少于5台。施工气温低、风大、碾压层薄时，压路机数量需适当增加。

2. 碾压厚度、速度和温度

（1）碾压厚度：沥青混凝土的压实层最大厚度不宜大于100mm，沥青稳定碎石混合料的压实层厚度不宜大于120mm，但当采用大功率压路机且经试验证明能达到压实度时，允许增大到150mm。

（2）碾压速度：压路机应以慢而均匀的速度碾压，碾压速度应符合表6-31的规定。碾压路线及碾压方向不应突然改变而导致混合料推移。碾压区的长度应大体稳定，两端的折返位置应随摊铺机前进而推进，但不得在相同的横断面上。

压路机碾压速度（km/h） 表6-31

压路机类型	初压		复压		终压	
	适宜	最大	适宜	最大	适宜	最大
钢筒式压路机	2～3	4	3～5	6	3～6	6
轮胎压路机	2～3	4	3～5	6	4～6	8
振动压路机	2～3（静压或振动）	3（静压或振动）	3～4.5（振动）	5（振动）	3～6（静压）	6（静压）

（3）碾压温度：压路机的碾压温度应符合表6-19的要求，并根据混合料种类、压路

机、气温、层厚等情况经试压确定。在不产生严重推移和裂缝的前提下，初压、复压、终压都应在尽可能高的温度下进行。同时不得在低温状况下作反复碾压，使石料棱角磨损、压碎，破坏集料的嵌挤作用。

3. 碾压程序

碾压分为初压、复压和终压三个阶段。

（1）初压：紧跟摊铺机后碾压，并保持较短的初压区长度，以尽快使表面压实，减少热量散失。对摊铺后初始压实度较大，经实践证明采用振动压路机或轮胎压路机直接碾压无严重推移而有良好效果时，可免去初压直接进入复压工序。

通常宜采用钢轮压路机静压1~2遍。碾压时应将压路机的驱动轮面向摊铺机，从外侧向中心碾压，在超高路段则由低侧向高侧碾压，在坡道上应将驱动轮从低处向高处碾压。

初压后应检查平整度、路拱，对有严重缺陷的部位，要进行修整乃至返工。

（2）复压：复压紧跟在初压后开始，且不得随意停顿。压路机碾压段的总长度应尽量缩短，通常不超过60~80m。采用不同型号的压路机组合碾压时，宜安排每一台压路机作全幅碾压，防止不同部位的压实度不均匀。

密级配沥青混凝土的复压宜优先采用重型的轮胎压路机进行搓揉碾压，以增加密水性，其总质量不宜小于25t，吨位不足时宜附加重物，使每一个轮胎的压力不小于15kN，冷态时的轮胎充气压力不小于0.55MPa，轮胎发热后不小于0.6MPa，且各个轮胎的气压大体相同，相邻碾压带应重叠1/3~1/2的碾压轮宽度，碾压至要求的压实度为止。

对以粗集料为主的较大粒径的混合料，尤其是大粒径沥青稳定碎石基层，宜优先采用振动压路机复压。厚度小于30mm的薄沥青层不宜采用振动压路机碾压。振动压路机的振动频率宜为35~50Hz，振幅宜为0.3~0.8mm。层厚较大时选用高频率大振幅，以产生较大的激振力，厚度较薄时采用高频率低振幅，以防止集料破碎。相邻碾压带重叠宽度为100~200mm。振动压路机折返时应先停止振动。

当采用三轮钢筒式压路机时，总质量不宜小于12t，相邻碾压带宜重叠后轮的1/2宽度，并不应少于200mm。对路面边缘、加宽及港湾式停车带等大型压路机难于施展的部位，宜采用小型振动压路机或振动夯板作补充碾压。

（3）终压：应紧接在复压后进行，如经复压后已无明显轮迹时可免去终压。终压可选用双轮钢筒式压路机或关闭振动的振动压路机，碾压不宜少于2遍，至无明显轮迹为止。

4. 碾压注意事项

（1）压实成型的沥青路面应符合压实度及平整度的要求。

（2）SMA路面的压实应符合以下要求：

除沥青用量较低，经试验证明采用轮胎压路机碾压有良好效果外，不宜采用轮胎压路机碾压，以防将沥青结合料搓揉挤压上浮。

SMA路面宜采用振动压路机或钢筒式压路机碾压。振动压路机应遵循"紧跟、慢压、高频、低幅"的原则，即紧跟在摊铺机后面，采取高频率、低振幅的方式慢速碾压。如发现SMA混合料高温碾压有推拥现象，应复查其级配是否合适。

（3）OGFC混合料宜采用小于12t的钢筒式压路机碾压。

（4）碾压轮在碾压过程中应保持清洁，有混合料沾轮应立即清除。对钢轮可涂刷隔离剂或防粘结剂,但严禁刷柴油。当采用向碾压轮喷水(可添加少量表面活性剂)的方式时,必须严格控制喷水量且使之成雾状,不得漫流,以防混合料降温过快。轮胎压路机开始碾压阶段,可适当烘烤、涂刷少量隔离剂或防粘结剂,也可少量喷水,并先到高温区碾压使轮胎尽快升温,之后停止洒水。轮胎压路机轮胎外围宜加设围裙保温。

(5)压路机不得在未碾压成型路段上转向、调头、加水或停留。在当天成型的路面上,不得停放各种机械设备或车辆,不得散落矿料、油料等杂物。

(五)接缝处理

1. 接缝布置及质量要求

沥青路面的施工必须接缝紧密、连接平顺,不得产生明显的接缝离析。上下层的纵缝应错开150mm(热接缝)或300～400mm(冷接缝)以上。相邻两幅及上下层的横向接缝均应错位1m以上。接缝施工应用3m直尺检查,确保平整度符合要求。

2. 纵向接缝

纵向接缝部位的施工应符合下列要求:

(1)摊铺时采用梯队作业的纵缝应采用热接缝,将已铺部分留下100～200mm宽暂不碾压,作为后续部分的基准面,然后作跨缝碾压以消除缝迹。

(2)当半幅施工或因特殊原因而产生纵向冷接缝时,宜加设挡板或加设切刀切齐,也可在混合料尚未完全冷却时用镐刨除边缘留下毛茬的方式,但不宜在冷却后采用切割机作纵向切缝。加铺另半幅前应涂洒少量沥青,重叠在已铺层上50～100mm,再铲走铺在前半幅上面的混合料,碾压时由边缘向中心碾压,留下100～150mm,再跨缝挤紧压实。或者先在已压实路面上行走碾压新铺层150mm左右,然后压实新铺部分。

3. 高速公路和一级公路的横向接缝

表面层采用垂直的平接缝,以下各层可采用自然碾压的斜接缝,沥青层较厚时也可作阶梯形接缝,图6-2为沥青路面横向接缝几种形式的纵断面图。其他等级公路的各层均可采用斜接缝。

图6-2 横向接缝的几种形式
(a)斜接缝;(b)阶梯形接缝;(c)平接缝

4. 斜接缝和阶梯形接缝的搭接

斜接缝的搭接长度与层厚有关,宜为0.4～0.8m。搭接处应洒少量沥青,混合料中的粗集料颗粒应予剔除,并补上细料,搭接平整,充分压实。阶梯形接缝的台阶经铣刨而成,并洒粘层沥青,搭接长度不宜小于3m。

5. 平接缝的搭接

平接缝宜在混合料尚未冷透时用凿岩机或人工垂直刨除端部层厚不足的部分,使工作缝呈直角连接。当采用切割机制作平接缝时,宜在铺设当天混合料冷却但尚未结硬时进行。刨除或切割不得损伤下层路面。切割时留下的泥水必须冲洗干净,待干燥后涂刷粘层油。铺筑新混合料接头应使接茬软化，压路机先进行横向碾压，再纵向碾压成为一体，充分压实，连接平顺。

五、施工注意事项

1. 满足功能性要求

各层沥青混合料应满足所在层位的功能性要求，便于施工，不容易离析。各层应连续施工并连接成为一个整体。当发现混合料结构组合及级配类型的设计不合理时应进行修改、调整，以确保沥青路面的使用性能。

2. 粒径与厚度

沥青面层集料的最大粒径宜从上至下逐渐增大，并应与压实层厚度相匹配。对热拌热铺密级配沥青混合料，沥青层一层的压实厚度不宜小于集料公称最大粒径的2.5～3倍，对SMA和OGFC等嵌挤型混合料，不宜小于公称最大粒径的2～2.5倍，以减少离析，便于压实。

3. 开放交通

热拌沥青混合料路面应待摊铺层完全自然冷却，混合料表面温度低于50℃后，方可开放交通。需要提早开放交通时，可洒水冷却降低混合料温度。

4. 雨期施工

沥青路面雨期施工时，注意气象预报，加强工地现场、沥青拌和厂及气象台站之间的联系，控制施工长度，各项工序紧密衔接。运料车和工地应备有防雨设施，并做好基层及路肩排水。

5. 保护沥青层

铺筑好的沥青层应严格控制交通，做好保护，保持整洁，不得造成污染，严禁在沥青层上堆放施工产生的土或杂物，严禁在已铺沥青层上制作水泥砂浆。

6. 施工环保

沥青路面施工必须符合国家环境和生态保护的规定。沥青路面施工除应符合《公路沥青路面施工技术规范》（JTG F40—2004）外，尚应符合国家颁布的现行有关标准、规范的规定。特殊地质条件和地区的沥青路面工程，可根据实际情况，制订补充规定。各省、市、自治区或工程建设单位可根据具体情况，制订相应的技术指南，但技术要求不宜低于规范的规定。

7. 施工组织设计

沥青路面施工必须有施工组织设计，并保证合理的施工工期。沥青路面不得在气温低于10℃（高速公路和一级公路）或5℃（其他等级公路），以及雨天、路面潮湿的情况下施工。沥青面层宜连续施工，避免与可能污染沥青层的其他工序交叉干扰，杜绝施工和运输污染。沥青路面施工应确保安全，有良好的劳动保护。沥青拌和厂应具备防火设施，配制和使用液体石油沥青的全过程要严禁烟火。使用煤沥青时应采取措施防止工作人员吸入煤沥青，避免皮肤直接接触煤沥青造成身体伤害。

8. 沥青路面试验

沥青路面试验检测的实验室应通过认证，取得相应的资质，试验人员持证上岗，仪器设备必须检定合格。沥青路面工程应积极采用经试验和实践证明有效的新技术、新材料、新工艺。

第三节 沥青路面层铺法施工

沥青路面层铺法施工是指将集料与结合料分层摊铺、洒布并碾压的施工方法,适用于沥青表面处治和沥青贯入式路面施工。

一、沥青表面处治施工

（一）材料规格和用量

沥青表面处治可采用道路石油沥青、乳化沥青、煤沥青铺筑,沥青标号应按《公路沥青路面施工技术规范》（JTG F40—2004）的相关规定选用。沥青表面处治的集料最大粒径应与处治层的厚度相等,其规格和用量宜按表6-32选用。沥青表面处治施工后,应在路侧另备S12（5～10mm）碎石或S14（3～5mm）石屑、粗砂或小砾石2～3m³/1000m²作为初期养护用料。

沥青表面处治材料规格和用量　　　　　　　　　表6-32

沥青种类	类型	厚度(mm)	集料(m³/1000m²)					沥青或乳液用量(kg/m²)			
			第一层		第二层		第三层		第一次	第二次	第三次	合计用量
			规格	用量	规格	用量	规格	用量				
石油沥青	单层	1.0	S12	7～9	—		—		1.0～1.2	—	—	1.0～1.2
		1.5	S10	12～14	—		—		1.4～1.6	—	—	1.4～1.6
	双层	1.5	S10	12～14	S12	7～8	—		1.4～1.6	1.0～1.2	—	2.4～2.8
		2.0	S9	16～18	S12	7～8	—		1.6～1.8	1.0～1.2	—	2.6～3.0
		2.5	S8	18～20	S12	7～8	—		1.8～2.0	1.0～1.2	—	2.8～3.2
	三层	2.5	S8	18～20	S12	12～14	S12	7～8	1.6～1.8	1.2～1.4	1.0～1.2	3.8～4.4
		3.0	S6	20～22	S12	12～14	S12	7～8	1.8～2.0	1.2～1.4	1.0～1.2	4.0～4.6
乳化沥青	单层	0.5	S14	7～9	—		—		0.9～1.0	—	—	0.9～1.0
	双层	1.0	S12	9～11	S14	4～6	—		1.8～2.0	1.0～1.2	—	2.8～3.2
	三层	3.0	S6	20～22	S10	9～11	S12	4～6	2.0～2.2	1.8～2.0	1.0～1.2	4.8～5.4
							S14	3.5～4.5				

注：1. 煤沥青表面处治的沥青用量可比石油沥青用量增加15%～20%；
　　2. 表中的乳液用量按乳化沥青的蒸发残留物含量60%计算,如沥青含量不同应予折算；
　　3. 在高寒地区及干旱风沙大的地区,可超出高限5%～10%。

（二）施工准备

1. 喷洒透层

在清扫干净的碎（砾）石路面上铺筑沥青表面处治时,应喷洒透层油。在旧沥青路面、水泥混凝土路面、块石路面上铺筑沥青表面处治路面时,可在第一层沥青用量中增加10%～20%,不再另洒透层油或粘层油。

2. 设备准备

层铺法沥青表面处治路面宜采用沥青洒布车及集料撒布机联合作业。沥青洒布车喷洒沥青时应保持稳定速度和喷洒量,并保持整个洒布宽度喷洒均匀。小规模工程可采用机动或手摇的手工沥青洒布机洒布沥青。洒布设备的喷嘴应适用于沥青的稠度,确保能成雾状,与洒油管呈15°～25°的夹角,洒油管的高度应使同一地点接受2～3个喷油嘴喷洒的沥青，不得出现花白条。

3. 防污处理

沥青表面处治喷洒沥青材料时应对道路人工构造物、路缘石等外露部分作防污染遮盖。

（三）施工方法

有单层式、双层式、三层式三种，可先油后料，亦可先料后油。以三层式先油后料沥青表面处治为例，其施工工艺为：备料→清扫基层、放样和安装路缘石→浇洒透层沥青→洒布第一层沥青→铺撒第一层矿料→碾压→洒布第二层沥青→铺撒第二层矿料→碾压→洒布第三层沥青→铺撒第三层矿料→碾压→初期养护。

1. 清扫基层，洒布第一层沥青

沥青的洒布温度根据气温及沥青标号选择，石油沥青宜为130～170℃，煤沥青宜为80～120℃，乳化沥青在常温下洒布，加温洒布的乳液温度不得超过60℃。前后两车喷洒的接茬处要搭接良好。分几幅浇洒时，纵向搭接宽度宜为100～150mm。洒布第二、三层沥青的搭接缝应错开。

2. 撒布第一层主集料

撒布主层沥青后应立即用集料撒布机或人工撒布第一层主集料。撒布集料后应及时扫匀，达到全面覆盖、厚度一致、集料不重叠、也不露出沥青的要求。局部有缺料时适当找补，将多余集料扫出。两幅搭接处，第一幅洒布沥青应暂留100～150mm宽度不撒布石料，待第二幅一起撒布。

3. 碾压

撒布主集料后，不必等全段撒布完，立即用6～8t钢筒双轮压路机从路边向路中心碾压3～4遍，每次轮迹重叠约300mm。碾压速度开始不宜超过2km/h，以后可适当增加。

4. 第二、三层施工

施工方法和要求应与第一层相同，但可以采用8t以上的压路机碾压。

5. 双层式或单层式沥青表面处治施工

浇洒沥青及撒布集料的次数相应减少，其施工程序和要求参照三层的情况进行。

（四）施工注意事项

1. 适用范围及施工季节

沥青表面处治适用于三级及三级以下公路的沥青面层。宜选择在干燥和较热的季节施工，并在最高温度低于15℃到来以前半个月及雨期前结束。

2. 工序衔接问题

沥青表面处治施工应确保各工序紧密衔接，每个作业段长度应根据施工能力确定，并在当天完成。人工撒布集料时应等距离划分段落备料。

3. 开放交通

除乳化沥青表面处治应待破乳、水分蒸发并基本成型后方可通车外，沥青表面处治在碾压结束后即可开放交通，并通过开放交通补充压实，成型稳定。在通车初期应设专人指挥交通或设置障碍物控制行车，限制行车速度不超过20km/h，严禁畜力车及铁轮车行驶，使路面全部宽度均匀压实。

4. 初期养护

沥青表面处治应注意初期养护。当发现有泛油时，在泛油处补撒与最后一层石料规格相同的嵌缝料并扫匀，将过多的浮料扫出路外。

二、沥青贯入式路面施工

沥青贯入式路面空隙率较大，为了防止水分浸入路面结构内部，常在沥青贯入式路面结构上加铺上封层或拌和层，形成上拌下贯式路面结构。

（一）材料规格和用量

1. 一般规定

沥青贯入式路面的集料应选择有棱角、嵌挤性好的坚硬石料，其规格和用量宜根据贯入层厚度按表6-33或表6-34选用。当使用破碎砾石时，其破碎面应符合表6-11的要求。沥青贯入层主层集料中大于粒径范围中值的数量不宜少于50%。对于表面不加铺拌和层的贯入式路面，在施工结束后，每1000m²宜另备2～3m³与最后一层嵌缝料规格相同的细集料，以供初期养护使用。

沥青贯入式路面材料规格和用量 表6-33

（用量单位：集料：m³/1000m²，沥青及沥青乳液：kg/m²）

沥青品种	石 油 沥 青					
厚度（cm）	4		5		6	
规格和用量	规格	用量	规格	用量	规格	用量
封层料	S14	3～5	S14	3～5	S13（S14）	4～6
第三遍沥青		1.0～1.2		1.0～1.2		1.0～1.2
第二遍嵌缝料	S12	6～7	S11（S10）	10～12	S11（S10）	10～12
第二遍沥青		1.6～1.8		1.8～2.0		2.0～2.2
第一遍嵌缝料	S10（S9）	12～14	S8	12～14	S8（S6）	16～18
第一遍沥青		1.8～2.1		1.6～1.8		2.8～3.0
主层石料	S5	45～50	S4	55～60	S3（S4）	66～76
沥青总用量	4.4～5.1		5.2～5.8		5.8～6.4	

沥青品种	石 油 沥 青				乳 化 沥 青			
厚度（cm）	7		8		4		5	
规格和用量	规格	用量	规格	用量	规格	用量	规格	用量
封层料	S13（S14）	4～6	S13（S14）	4～6	S13（S14）	4～6	S14	4～6
第五遍沥青								0.8～1.0
第四遍嵌缝料							S14	5～6
第四遍沥青						0.8～1.0		1.2～1.4
第三遍嵌缝料					S14	5～6	S12	7～9
第三遍沥青		1.0～1.2		1.0～1.2		1.4～1.6		1.5～1.7
第二遍嵌缝料	S10（S11）	11～13	S10（S11）	11～13	S12	7～8	S10	9～11
第二遍沥青		2.4～2.6		2.6～2.8		1.6～1.8		1.6～1.8
第一遍嵌缝料	S6（S8）	18～20	S6（S8）	20～22	S9	12～14	S8	10～12
第一遍沥青		3.3～3.5		4.0～4.2		2.2～2.4		2.6～2.8
主层石料	S2	80～90	S1（S2）	95～100	S5	40～45	S4	50～55
沥青总用量	6.7～7.3		7.6～8.2		6.0～6.8		7.4～8.5	

注：1. 煤沥青贯入式的沥青用量可较石油沥青用量增加15%～20%；
2. 表中乳化沥青是指乳液的用量，并适用于乳液浓度约为60%的情况，如果浓度不同，用量应予换算；
3. 在高寒地区及干旱风沙大的地区，可超出高限，再增加5%～10%。

上拌下贯式路面的材料规格和用量 表 6-34

（用量单位：集料：m³/1000m²，沥青及沥青乳液：kg/m²）

沥青品种	石 油 沥 青					
厚度（cm）	4		5		6	
规格和用量	规格	用量	规格	用量	规格	用量
第二遍嵌缝料	S12	5～6	S12（S11）	7～9	S12（S11）	7～9
第二遍沥青		1.4～1.6		1.6～1.8		1.6～1.8
第一遍嵌缝料	S10（S9）	12～14	S8	16～18	S8（S7）	16～18
第一遍沥青		2.0～2.3		2.6～2.8		3.2～3.4
主层石料	S5	45～50	S4	55～60	S3（S2）	66～76
沥青总用量		3.4～3.9		4.2～4.6		4.8～5.2

沥青品种	石 油 沥 青		乳 化 沥 青			
厚度（cm）	7		5		6	
规格和用量	规格	用量	规格	用量	规格	用量
第四遍嵌缝料					S14	4～6
第四遍沥青						1.3～1.5
第三遍嵌缝料			S14	4～6	S12	8～10
第三遍沥青				1.4～1.6		1.4～1.6
第二遍嵌缝料	S10（S11）	8～10	S12	9～10	S9	8～12
第二遍沥青		1.7～1.9		1.8～2.0		1.5～1.7
第一遍嵌缝料	S6（S8）	18～20	S8	15～17	S6	24～26
第一遍沥青		4.0～4.2		2.5～2.7		2.4～2.6
主层石料	S2（S3）	80～90	S4	50～55	S3	50～55
沥青总用量		5.7～6.1		5.9～6.2		6.7～7.2

注：1. 煤沥青贯入式的沥青用量可较石油沥青用量增加 15%～20%；
2. 表中乳化沥青是指乳液的用量，并适用于乳液浓度约为 60% 的情况；
3. 在高寒地区及干旱风沙大的地区，可超出高限，再增加 5%～10%；
4. 表面加铺拌和层部分的材料规格及沥青（或乳化沥青）用量按热拌沥青混合料（或乳化沥青碎石混合料路面）的有关规定执行。

2. 粒径与厚度

沥青贯入层的主层集料最大粒径宜与贯入层厚度相当。当采用乳化沥青时，主层集料最大粒径可采用厚度的 0.8～0.85 倍，数量宜按压实系数 1.25～1.30 计算。

3. 沥青用量和标号

沥青贯入式路面的结合料可采用道路石油沥青、乳化沥青或煤沥青，用量应按表 6-33 或表 6-34 选用，沥青标号按表 6-1、表 6-3、表 6-5 选用。

4. 沥青用量的调整

贯入式路面各层分次沥青用量应根据施工气温及沥青标号等在规定范围内选用，在寒冷地带或当施工季节气温较低、沥青针入度较小时，沥青用量宜用高限。在低温潮湿气候下用乳化沥青贯入时，应按乳液总用量不变的原则进行调整，上层较正常情况适当增加，下层较正常情况适当减少。

（二）施工准备

1. 清扫基层、安装路缘石

沥青贯入式路面施工前，基层必须清扫干净。当需要安装路缘石时，应在路缘石安装完成后施工。路缘石应予以遮盖。

2. 浇洒透层或粘层沥青

乳化沥青贯入式路面必须浇洒透层或粘层沥青。沥青贯入式路面厚度小于或等于50mm时，也应浇洒透层或粘层沥青。

（三）施工方法

沥青贯入式路面的施工按下列步骤进行：

备料→清扫基层、放样和安装路缘石→浇洒透层沥青→撒布主矿料→碾压→洒布第一次沥青→撒布第一次嵌缝料→碾压→洒布第二次沥青→撒布第二次嵌缝料→碾压→洒布第三次沥青→撒布封面集料→最后碾压→上封层施工→初期养护。

1. 摊铺主层集料

采用碎石摊铺机、平地机或人工摊铺主层集料，铺筑后严禁车辆通行。

2. 碾压主层集料

撒布后应采用6~8t的轻型钢筒式压路机自路两侧向路中心碾压，碾压速度宜为2km/h，每次轮迹重叠约300mm，碾压一遍后检验路拱和纵向坡度，当其不符合要求时，调整找平后再压。然后用重型的钢轮压路机碾压，每次轮迹重叠轮宽的1/2左右，宜碾压4~6遍，直至主层集料嵌挤稳定，无显著轮迹为止。

3. 浇洒第一层沥青

浇洒方法应按沥青表面处治层铺法施工的方法进行。采用乳化沥青贯入时，为防止乳液下漏过多，可在主层集料碾压稳定后，先撒布部分上一层的嵌缝料，再浇洒主层沥青。

4. 撒布第一层嵌缝料

采用集料撒布机或人工撒布第一层嵌缝料。撒布后尽量扫匀，不足处应找补。使用乳化沥青时，石料撒布必须在乳液破乳前完成。

5. 碾压嵌缝料

立即用8~12t钢筒式压路机碾压嵌缝料，轮迹重叠轮宽的1/2左右，宜碾压4~6遍，直至稳定为止。碾压时随压随扫，使嵌缝料均匀嵌入。因气温较高使碾压过程中发生较大推移现象时，则立即停止碾压，待气温稍低时再继续碾压。

6. 第二、三层沥青和嵌缝料的撒铺

按上述方法浇洒第二层沥青、撒布第二层嵌缝料、碾压，再浇洒第三层沥青、撒布第三层嵌缝料、再碾压。

7. 撒布封层料

按撒布嵌缝料方法撒布封层料。

8. 最终碾压

采用6~8t压路机作最后碾压，宜碾压2~4遍，然后开放交通。

（四）施工注意事项

1. 适用范围

沥青贯入式路面适用于三级及三级以下公路，也可作为沥青路面的连接层或基层。

2. 路面厚度

沥青贯入式路面的厚度宜为 40～80mm，但乳化沥青贯入式路面的厚度不宜超过 50mm。当贯入层上部加铺拌和的沥青混合料面层成为上拌下贯式路面时，拌和层的厚度宜不小于 15mm。

3. 上封层或加铺拌和层

沥青贯入式路面的最上层应撒布封层料或加铺拌和层。沥青贯入层作为连接层使用时，可不撒表面封层料。

4. 施工季节

沥青贯入式路面宜选择在干燥和较热的季节施工，并宜在日最高温度降低至15℃以前半个月结束，使贯入式结构层通过开放交通碾压成型。

5. 初期养护

沥青贯入式路面开放交通后应按沥青表面处治的要求控制交通，作初期养护。

6. 上拌下贯式路面施工

铺筑上拌下贯式路面时，贯入层不撒布封层料，拌和层应紧跟贯入层施工，使上下成为一整体。贯入部分采用乳化沥青时应待其破乳、水分蒸发且成型稳定后方可铺筑拌和层，当拌和层与贯入部分不能连续施工，且要在短期内通行施工车辆时，贯入层部分的第二遍嵌缝料应增加用量 $2～3m^3/1000m^2$，在摊铺拌和层沥青混合料前，应作补充碾压，并浇洒粘层沥青。

第四节 冷拌沥青混合料路面施工

冷拌沥青混合料路面施工是指将一定配比的集料和沥青在常温下进行拌和、摊铺和碾压的施工方法。冷拌沥青混合料宜采用厂拌法施工，也可以采用现场路拌法施工。

一、配合比设计

1. 级配与配合比

冷拌沥青混合料可参考热拌沥青混合料相应的矿料级配使用，并根据已有的成功经验经试拌确定设计级配范围和施工配合比。

2. 乳液用量

乳化沥青碎石混合料的乳液用量应根据当地实践经验以及交通量、气候、集料情况、沥青标号、施工机械等条件确定，也可按热拌沥青混合料的沥青用量折算，实际的沥青残留物数量可较同规格热拌沥青混合料的沥青用量减少 10%～20%。

二、施工方法

1. 拌和

冷拌沥青混合料宜采用拌和厂机械拌和及沥青摊铺机摊铺的方式。缺乏厂拌条件时也可采用现场路拌及人工摊铺方式。冷拌沥青混合料施工要防止混合料离析。

当采用阳离子乳化沥青拌和时，宜先用水使集料湿润，若湿润后与乳液拌和均匀仍有困难时，改用破乳速度更慢的乳液，或用1%～3%浓度的氯化钙水溶液代替水润湿集料表面。

根据实际情况调节并通过试拌确定混合料适宜的拌和时间，矿料中加进乳液后的机械拌和时间不宜超过 30s，人工拌和时间不宜超过 60s。

2. 摊铺

已拌好的混合料应立即运至现场进行摊铺,并在乳液破乳前结束。在拌和与摊铺过程中,废弃已破乳的混合料。

3. 碾压

乳化沥青冷拌混合料摊铺后宜采用 6t 左右的轻型压路机初压 1～2 遍,使混合料初步稳定,再用轮胎压路机或钢筒式压路机碾压 1～2 遍。当乳化沥青开始破乳、混合料由褐色转变成黑色时,改用 12～15t 轮胎压路机碾压,将水分挤出,复压 2～3 遍后停止,待晾晒一段时间,水分基本蒸发后继续复压至密实为止。当压实过程中有推移现象时,停止碾压,待稳定后再碾压。当天不能完全压实时,可在较高气温状态下补充碾压。当缺乏轮胎压路机时,也可采用钢筒式压路机或较轻的振动压路机碾压。

三、施工注意事项

1. 使用范围

冷拌沥青混合料适用于三级及三级以下公路的沥青面层、二级公路的罩面层施工以及各级公路沥青路面的基层、连接层或整平层。冷拌改性沥青混合料可用于沥青路面的坑槽冷补。

2. 沥青类型选择

冷拌沥青混合料宜采用乳化沥青或液体沥青拌制,也可采用改性乳化沥青,各种结合料类型及规格应符合规范的要求。

3. 混合料级配

冷拌沥青混合料宜采用密级配沥青混合料,当采用半开级配的冷拌沥青碎石混合料路面时,应铺筑上封层。

4. 上封层

乳化沥青混合料路面的上封层应在压实成型、路面水分完全蒸发后加铺。

5. 开放交通及早期养护

乳化沥青混合料路面施工结束后宜封闭交通 2～6h,并注意做好早期养护。开放交通初期,应设专人指挥,车速不得超过 20km/h,不得刹车或掉头。

6. 施工遇雨时的处理

冷拌沥青混合料施工遇雨应立即停止铺筑,以防雨水将乳液冲走。

第五节 透层、粘层和封层施工

一、透层施工

沥青路面各类基层都必须喷洒透层油,沥青层必须在透层油完全渗透入基层后方可铺筑。基层上设置下封层时,透层油不宜省略。气温低于 10℃ 或大风、即将降雨时不得喷洒透层油。

(一)材料规格和用量

1. 透层油的类型和质量

根据基层类型选择渗透性好的液体沥青、乳化沥青、煤沥青作透层油,喷洒后通过钻孔或挖掘确认透层油渗透入基层的深度宜不小于 5(无机结合料稳定集料基层)～10mm

（无结合料基层），并能与基层连接成为一体。透层油的质量应符合规范的要求。

2. 透层油黏度的调节

透层油的黏度通过调节稀释剂的用量或乳化沥青的浓度得到适宜的黏度，基质沥青的针入度通常宜不小于100。透层用乳化沥青的蒸发残留物含量允许根据渗透情况适当调整，当使用成品乳化沥青时可通过稀释得到要求的黏度。透层用液体沥青的黏度，通过调节煤油或轻柴油等稀释剂的品种和掺量经试验确定。

3. 透层油的用量

通过试洒确定，不宜超出表6-35要求的范围。

沥青路面透层材料的规格和用量表 表6-35

用 途	液体沥青		乳化沥青		煤沥青	
	规 格	用量(L/m²)	规 格	用量(L/m²)	规 格	用量(L/m²)
无结合料粒料基层	AL(M)-1、2 或 3 AL(S)-1、2 或 3	1.0～2.3	PC-2 PA-2	1.0～2.0	T-1 T-2	1.0～1.5
半刚性基层	AL(M)-1 或 2 AL(S)-1 或 2	0.6～1.5	PC-2 PA-2	0.7～1.5	T-1 T-2	0.7～1.0

注：表中用量是指包括稀释剂和水分等在内的液体沥青、乳化沥青的总量。乳化沥青中的残留物含量以50%为基准。

（二）施工方法

1. 喷洒时间

用于半刚性基层的透层油宜紧接在基层碾压成型后表面稍变干燥但尚未硬化的情况下喷洒。在无结合料粒料基层上洒布透层油时，宜在铺筑沥青层前1～2天洒布。

2. 喷洒方式

透层油宜采用沥青洒布车一次喷洒均匀，使用的喷嘴宜根据透层油的种类和黏度选择并保证均匀喷洒，沥青洒布车喷洒不均匀时，宜改用手工沥青洒布机喷洒。洒布应符合沥青表面处治层铺法的要求。

3. 技术要求

喷洒透层油前应清扫路面，遮挡防护路缘石及人工构造物，避免污染，透层油必须洒布均匀，有花白遗漏应人工补洒，喷洒过量的立即撒布石屑或砂吸油，必要时作适当碾压。透层油洒布后不得在表面形成能被运料车和摊铺机粘起的油皮，透层油达不到渗透深度要求时，应更换透层油稠度或品种。

4. 养护时间

透层油洒布后的养护时间随透层油的品种和气候条件由试验确定，确保液体沥青中的稀释剂全部挥发，乳化沥青渗透且水分蒸发，然后尽早铺筑沥青面层，防止工程车辆损坏透层油。

二、粘层施工

符合下列情况之一时，必须喷洒粘层油：双层式或三层式热拌热铺沥青混合料路面的沥青层之间；水泥混凝土路面、沥青稳定碎石基层或旧沥青路面层上加铺沥青层；路缘石、雨水口、检查井等构造物与新铺沥青混合料接触的侧面。

（一）材料规格和用量

1. 粘层油的选择

粘层油宜采用快裂或中裂乳化沥青、改性乳化沥青，也可采用快、中凝液体石油沥青，其规格和质量应符合规范的要求，所使用的基质沥青标号宜与主层沥青混合料相同。

2. 粘层油的品种和用量

应根据下卧层的类型通过试洒确定，并符合表6-36的要求。当粘层油上铺筑薄层大空隙排水路面时，粘层油的用量宜增加到0.6～1.0 L/m²。在沥青层之间兼作封层而喷洒的粘层油宜采用改性沥青或改性乳化沥青，其用量宜不少于1.0L/m²。

沥青路面粘层材料的规格和用量表　　　　表6-36

下卧层类型	液体沥青		乳化沥青	
	规　格	用量(L/m²)	规　格	用量(L/m²)
新建沥青层或旧沥青路面	AL(R)-3～AL(R)-6 AL(M)-3～AL(M)-6	0.3～0.5	PC-3 PA-3	0.3～0.6
水泥混凝土	AL(M)-3～AL(M)-6 AL(S)-3～AL(S)-6	0.2～0.4	PC-3 PA-3	0.3～0.5

注：表中用量是指包括稀释剂和水分等在内的液体沥青、乳化沥青的总量。乳化沥青中的残留物含量以50%为基准。

（二）施工方法

1. 喷洒方式

粘层油宜采用沥青洒布车喷洒，并选择适宜的喷嘴，洒布速度和喷洒量保持稳定。当采用机动或手摇的手工沥青洒布机喷洒时，必须由熟练的技术工人操作，均匀洒布。气温低于10℃时不得喷洒粘层油，寒冷季节施工必须喷洒时，可以分成两次喷洒。路面潮湿时不得喷洒粘层油，用水洗刷后，待表面干燥后喷洒。

2. 技术要求

喷洒的粘层油必须成均匀雾状，在路面全宽度内均匀分布成一薄层，不得有洒花漏空或成条状，也不得有堆积。喷洒不足的要补洒，喷洒过量处应予刮除。喷洒粘层油后，严禁运料车外的其他车辆和行人通过。

3. 喷洒时间

粘层油宜在当天洒布，待乳化沥青破乳、水分蒸发完成，或稀释沥青中的稀释剂基本挥发完成后，紧跟着铺筑沥青层，确保粘层不受污染。

三、封层施工

各种封层适用于加铺薄层罩面、磨耗层、水泥混凝土路面上的应力缓冲层、各种防水和密水层、预防性养护罩面层。沥青封层宜选择在干燥和较热的季节施工，并在最高温度低于15℃到来以前半个月及雨期前结束。

（一）上封层

1. 材料规格和用量

根据情况可选择乳化沥青稀浆封层、微表处、改性沥青集料封层、薄层磨耗层或其他适宜的材料。

2. 施工方法

（1）铺设上封层时，必须彻底清扫下卧层，对车辙、坑槽、裂缝进行处理或挖补。

（2）根据使用目的、路面的破损程度选用上封层的类型。

①裂缝较细、较密的可采用涂洒类密封剂、软化再生剂等涂刷罩面；

②对二级及二级以下公路的旧沥青路面可以采用普通的乳化沥青稀浆封层，也可在喷洒道路石油沥青后撒布石屑（砂）后碾压作封层；

③高速公路、一级公路有轻微损坏的，宜铺筑微表处；

④用于改善抗滑性能的上封层，可采用稀浆封层、微表处或改性沥青集料封层。

（二）下封层

多雨潮湿地区的高速公路、一级公路的沥青面层空隙率较大，有严重渗水可能，或铺筑基层后不能及时铺筑沥青面层而需通车时，宜在喷洒透层油后铺筑下封层。

1. 材料规格和用量

以层铺法沥青表面处治铺筑下封层时，通常采用单层式，表6-32中的矿料用量宜为5～8m³/1000m²，沥青用量可采用要求范围的中高限。

2. 施工方法

下封层宜采用层铺法表面处治或稀浆封层法施工。稀浆封层可采用乳化沥青或改性乳化沥青作结合料。下封层的厚度不宜小于6mm，且做到完全密水。

（三）稀浆封层和微表处

微表处主要用于高速公路及一级公路的预防性养护以及填补轻度车辙，也适用于新建公路的抗滑磨耗层。稀浆封层一般用于二级及二级以下公路的预防性养护，也适用于新建公路的下封层。

1. 材料规格和用量

（1）沥青类型选择：微表处必须采用改性乳化沥青，稀浆封层可采用普通乳化沥青或拌和用改性乳化沥青（BCR），其品种和质量应分别符合表6-2、表6-3、表6-7的要求。

（2）集料：稀浆封层和微表处应选择坚硬、粗糙、耐磨、洁净的集料。各项性能应符合表6-8和表6-12的要求。其中微表处用通过4.75mm筛的合成矿料的砂当量不得低于65%，稀浆封层用通过4.75mm筛的合成矿料的砂当量不得低于50%。当用于抗滑表层时，还应符合表6-10中有关磨光值的要求。细集料宜采用碱性石料生产的机制砂或洁净的石屑，必须筛除集料中的超粒径颗粒。

（3）矿料级配：根据铺筑厚度、处治目的、公路等级等条件，按照表6-37选用合适的矿料级配。

稀浆封层和微表处的矿料级配 表6-37

筛孔尺寸 (mm)	不同类型通过各筛孔的百分率（%）				
	微 表 处		稀 浆 封 层		
	MS-2型	MS-3型	ES-1型	ES-2型	ES-3型
9.5	100	100		100	100
4.75	95～100	70～90	100	95～100	70～90
2.36	65～90	45～70	90～100	65～90	45～70
1.18	45～70	28～50	60～90	45～70	28～50
0.6	30～50	19～34	40～65	30～50	19～34
0.3	18～30	12～25	25～42	18～30	12～25
0.15	10～21	7～18	15～30	10～21	7～18
0.075	5～15	5～15	10～20	5～15	5～15
一层的适宜厚度（mm）	4～7	8～10	2.5～3	4～7	8～10

（4）沥青用量：稀浆封层和微表处的混合料中，乳化沥青及改性乳化沥青的用量应通过配合比设计确定。混合料的质量应符合表 6-38 的技术要求。

稀浆封层和微表处混合料技术要求　　表 6-38

项　目	单位	微表处	稀浆封层	试验方法
可拌和时间	s	>120		手工拌和
稠度	cm	—	2～3	T 0751
黏聚力试验 30min（初凝时间） 60min（开放交通时间）	 N·m N·m	 ≥1.2 ≥2.0	（仅适用于快开放交通的稀浆封层） ≥1.2 ≥2.0	T 0754
负荷轮碾压试验（LWT） 粘附砂量 轮迹宽度变化率	 g/m² %	 <450 <5	（仅适用于重交通道路表层时） <450 —	T 0755
湿轮磨耗试验的磨耗值（WTAT） 浸水 1h 浸水 6d	 g/m² g/m²	 <540 <800	 <800 —	T 0752

注：负荷轮碾压试验（LWT）的宽度变化率适用于需要修补车辙的情况。

2. 配合比设计

稀浆封层和微表处混合料的配合比设计按下列步骤进行：

（1）矿料级配：根据选择的级配类型，按表 6-37 确定矿料的级配范围。计算各种集料的配合比例，使合成级配在要求的级配范围内。

（2）拌和试验和黏聚力试验：根据以往的经验初选乳化沥青、填料、水和外加剂用量，进行拌和试验和黏聚力试验。可拌和时间的试验温度应考虑最高施工温度，黏聚力试验的温度应考虑施工中可能遇到的最低温度。

（3）试验调整：根据上述试验结果和稀浆混合料的外观状态，选择 1～3 个认为合理的混合料配方，按表 6-38 规定试验稀浆混合料的性能，如不符要求，适当调整各种材料的配合比例再试验，直至符合要求为止。

（4）确定沥青用量：当设计人员经验不足时，可将初选的 1～3 个混合料配方分别变化不同的沥青用量（沥青用量一般在 6.0%～8.5% 之间），按照表 6-38 的要求重复试验，并分别将不同沥青用量的 1h 湿轮磨耗值及砂粘附量绘制成图 6-3 的关系曲线，以磨耗值接近表 6-38 中要求的沥青用量作为最小沥青用量 P_{bmin}，砂粘附量接近表 6-38 中要求的沥青用量为最大沥青用量 P_{bmax}，得出沥青用量的可选择范围 P_{bmin}～P_{bmax}。

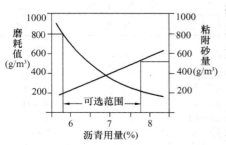

图 6-3　确定稀浆封层和微表处最佳沥青用量的曲线

（5）磨耗指标：根据经验在沥青用量的可选范围内选择适宜的沥青用量。对微表处混合料，以所选择的沥青用量检验混合料的浸水 6d 湿轮磨耗指标，用于车辙填充的，增加检验负荷车轮试验的宽度变化率指标，不符要求时，调整沥青用量重新试验,直至符合要求为止。

(6) 确定混合料配方:根据以往经验及配合比设计试验结果,在充分考虑气候及交通特点的基础上综合确定混合料配方。

3. 施工方法

(1) 摊铺方式:稀浆封层和微表处必须使用专用的摊铺机进行摊铺。单层微表处适用于旧路面车辙深度不大于15mm的情况,超过15mm的必须分两层铺筑,或先用V字形车辙摊铺箱摊铺,深度大于40mm时不适宜微表处处理。

(2) 准备工作:稀浆封层和微表处施工前,应彻底清除原路面的泥土、杂物,修补坑槽、凹陷,较宽的裂缝宜清理灌缝。在水泥混凝土路面上铺筑微表处时宜洒布粘层油,过于光滑的表面需拉毛处理。

(3) 施工温度与天气:稀浆封层和微表处的最低施工温度不得低于10℃,严禁在雨天施工,摊铺后尚未成型的混合料遇雨时应予铲除。

(4) 接缝及分层摊铺:稀浆封层和微表处两幅纵缝搭接的宽度不宜超过80mm,横向接缝宜做成对接缝。分两层摊铺时,第一层摊铺后至少应开放交通24h后方可进行第二层摊铺。

(5) 平整度:稀浆封层和微表处铺筑后的表面不得有超粒径料拖拉的严重划痕,横向接缝和纵向接缝处不得出现余料堆积或缺料现象,用3m直尺测量接缝处的不平整度不得大于6mm。对微表处不得有横向波浪和深度超过6mm的纵向条纹。经养护和初期交通碾压稳定的稀浆封层和微表处,在行车作用下应不飞散且完全密水。

第六节 质量控制与检查验收

沥青路面施工应根据全面质量管理的要求,建立健全有效的质量保证体系,对施工各工序的质量进行检查评定,达到规定的质量标准,确保施工质量的稳定性。高速公路、一级公路沥青路面应加强施工过程质量控制,实行动态质量管理。所有与工程建设有关的原始记录、试验检测及计算数据、汇总表格,必须如实记录和保存。对已经采取措施进行返工和补救的项目,可在原记录和数据上注明,但不得销毁。

一、施工准备阶段

(一) 施工前的材料与设备检查

1. 检查材料的来源和质量

施工前必须检查各种材料的来源和质量。对经招标程序购进的沥青、集料等重要材料,供货单位必须提交最新检测的正式试验报告。对从国外进口的材料,要提供该批材料的船运单。对首次使用的集料,应检查生产单位的生产条件、加工机械、覆盖层的清理情况。所有材料都应按规定取样检测,经质量认可后方可订货。

2. 分批检查

各种材料都必须在施工前以"批"为单位进行检查,不符合设计和规范技术要求的材料不得进场。对各种矿料是以同一料源、同一次购入并运至生产现场的相同规格材料为一"批";对沥青是指从同一来源、同一次购入且储入同一沥青罐的同一规格的沥青为一"批"。材料试样的取样数量与频度按现行试验规程的规定进行。

3. 检查材料的存放场地及防护设施

工程开始前，必须对材料的存放场地、防雨和排水措施进行确认。进场的各种材料的来源、品种、质量应与招标及提供的样品一致，严禁使用不符要求的材料。

4. 检查改性沥青

使用成品改性沥青的工程，应要求供应商提供所使用的改性剂型号、基质沥青的质量检测报告。使用现场改性沥青的工程，应对试生产的改性沥青进行检测。质量不合格的不可使用。

5. 检查设备

施工前对沥青拌和楼、摊铺机、压路机等各种施工机械和设备进行调试，对机械设备的配套情况、技术性能、传感器计量精度等进行认真检查、标定，并得到监理工程师的认可。

6. 监理审批

正式开工前，各种原材料的试验结果，及据此进行的目标配合比设计和生产配合比设计结果，应在规定的期限内向业主及监理工程师提出正式报告，待取得正式认可后，方可使用。

(二) 铺筑试验路段

1. 试验路段的适用范围

高速公路和一级公路的沥青路面在施工前应铺筑试验段，铺筑试验段是不可缺少的步骤，应该成为一种制度。其他等级公路在缺乏施工经验或初次使用重大设备时，也应铺筑试验段。当同一施工单位在材料、机械设备及施工方法与其他工程完全相同时，也可利用其他工程的结果，不再铺筑新的试验路段。

2. 试验段的长度

根据试验目的确定，通常宜为100～200m，太短了不便施工，得不出稳定的数据。试验段宜选在正线上铺筑。如在其他道路上铺筑时，路面结构等条件应相同。路面各层的试验可安排在不同的试验段。

3. 热拌热铺沥青混合料路面试验段铺筑

分试拌及试铺两个阶段，应包括下列试验内容：

(1) 根据沥青路面各种施工机械相匹配的原则，检验各种施工机械的类型、数量及组合方式是否匹配。

(2) 通过试拌确定拌和机的上料速度、拌和数量与时间、拌和温度等操作工艺，考察计算机打印装置的可信度。

(3) 通过试铺确定以下各项：①透层沥青的标号与用量、喷洒方式、喷洒温度；②摊铺机的摊铺温度、摊铺速度、摊铺宽度、自动找平方式等操作工艺；③压路机的压实顺序、碾压温度、碾压速度及碾压遍数等压实工艺；④松铺系数、接缝方法等。通过试铺确定透层油的喷洒方式和效果、摊铺、压实工艺，确定松铺系数等。

(4) 验证沥青混合料生产配合比设计，提出生产用的标准配合比和最佳沥青用量。

(5) 建立用钻孔法与核子密度仪法无破损检测路面密度的对比关系，确定粗粒式沥青混凝土或沥青碎石面层的压实标准密度及压实度标准的检测方法。核子仪等无破损检测在碾压成型后热态测定，取13个测点的平均值为1组数据，一个试验段不得少于3组。钻孔法在第 2 天或第 3 天以后测定，钻孔数不少于 12 个。

（6）检测试验段的渗水系数，全面检查材料及施工质量。

（7）确定施工产量及作业段的长度，制订施工进度计划，确定施工组织及管理体系、人员、通信联络及指挥方式。

4. 试验段铺筑的协调工作

在试验段的铺筑过程中，施工单位应认真做好记录分析，监理工程师或工程质量监督部门应监督、检查试验段的施工质量，及时与施工单位商定有关结果。铺筑结束后，施工单位应就各项试验内容提出试验总结报告，并取得主管部门的批复，作为施工依据。

二、施工过程中的质量管理与检查

沥青面层施工必须在得到开工令后方可开工。施工单位在施工过程中应随时对施工质量进行自检。监理工程师应按规定要求自主地进行试验，并对承包商的试验结果进行认定，如实评定质量，计算合格率。当发现有质量低劣等异常情况时，立即追加检查。施工过程中无论是否已经返工补救，所有数据均必须如实记录，不得丢弃。

（一）材料检查与拌和质量控制

1. 材料检查

沥青混合料生产过程中，必须按表 6-39 规定的检查项目与频度，对各种原材料进行抽样试验，其质量要符合规范规定的技术要求。每个检查项目的平行试验次数或一次试验的试样数必须按相关试验规程的规定执行，并以平均值评价是否合格。未列入表中的材料的检查项目和频度按材料质量要求确定。

施工过程中材料质量检查的项目与频度　　　　　　　表 6-39

材　料	检　查　项　目	检　查　频　度		试验规程规定的平行试验次数或一次试验的试样数
		高速公路、一级公路	其他等级公路	
粗集料	外观（石料品种、含泥量等）	随时	随时	—
	针片状颗粒含量	随时	随时	2～3
	颗粒组成（筛分）	必要时	必要时	2
	压碎值	必要时	必要时	2
	磨光值	必要时	必要时	4
	洛杉矶磨耗值	必要时	必要时	2
	含水量	必要时	必要时	2
细集料	颗粒组成（筛分）	随时	必要时	2
	砂当量	必要时	必要时	2
	含水量	必要时	必要时	2
	松方单位重	必要时	必要时	2
矿粉	外观	随时	随时	—
	<0.075mm 颗粒含量	必要时	必要时	2
	含水量	必要时	必要时	2
石油沥青	针入度	每 2～3 天 1 次	每周 1 次	3
	软化点	每 2～3 天 1 次	每周 1 次	2
	延度	每 2～3 天 1 次	每周 1 次	3
	含蜡量	必要时	必要时	2～3

续表

材 料	检 查 项 目	检 查 频 度		试验规程规定的平行试验次数或一次试验的试样数
		高速公路、一级公路	其他等级公路	
改性沥青	针入度	每天1次	每天1次	3
	软化点	每天1次	每天1次	2
	离析试验（对成品改性沥青）	每周1次	每周1次	2
	低温延度	必要时	必要时	3
	弹性恢复	必要时	必要时	3
	显微镜观察（对现场改性沥青）	随时	随时	—
乳化沥青	蒸发残留物含量	每2～3天1次	每周1次	2
	蒸发残留物针入度	每2～3天1次	每周1次	2
改性乳化沥青	蒸发残留物含量	每2～3天1次	每周1次	2
	蒸发残留物针入度	每2～3天1次	每周1次	3
	蒸发残留物软化点	每2～3天1次	每周1次	2
	蒸发残留物的延度	必要时	必要时	3

注：1. 表列内容是在材料进场时已按"批"进行了全面检查的基础上，日常施工过程中质量检查的项目与要求；
2. "随时"是指需要经常检查的项目，其检查频度可根据材料来源及质量波动情况由业主及监理工程师确定；"必要时"是指施工各方任何一个部门对其质量发生怀疑，提出需要检查时，或是根据需要商定的检查频度。

2. 热拌沥青混合料的质量控制

沥青拌和厂必须按下列步骤对沥青混合料生产过程进行质量控制，并按表6-40规定的项目和频度检查沥青混合料产品的质量，如实计算产品的合格率。单点检验评价方法应符合相关试验规程的试样平行试验的要求。

(1) 从料堆和皮带运输机随时目测各种材料的质量和均匀性，检查泥块及超粒径碎石，检查冷料仓有无窜仓。目测混合料拌和是否均匀，有无花白料，油石比是否合理，检查集料和混合料的离析情况。

(2) 检查控制室拌和机各项参数的设定值、控制屏的显示值，核对计算机采集和打印记录的数据与显示值是否一致。按《公路沥青路面施工技术规范》（JTG F40—2004）附录G的方法进行沥青混合料生产过程的在线监测和总量检验。按上述规范附录F的方法进行沥青混合料质量动态管理。

(3) 检测沥青混合料的材料加热温度、混合料出厂温度，取样抽提、筛分检测混合料的矿料级配、油石比。抽提筛分应至少检查0.075mm、2.36mm、4.75mm、公称最大粒径及中间粒径等5个筛孔的通过率。

(4) 取样成型试件进行马歇尔试验，测定空隙率、稳定度、流值，计算合格率。对VMA、VFA指标可只作记录。同时按上述规范附录E的方法确定压实度的标准密度。

应该指出，沥青混合料的存放时间对体积指标有一定影响，施工质量检验的马歇尔试验以拌和厂取样后立即成型的试件为准，但成型温度和试件高度必须符合试验要求。

热拌沥青混合料的频度和质量要求 表 6-40

项目		检查频度及单点检验评价方法	质量要求或允许偏差		试验方法
			高速公路、一级公路	其他等级公路	
混合料外观		随时	观察集料粗细、均匀性、离析、油石比、色泽、冒烟、有无花白料、油团等各种现象		目测
拌和温度	沥青、集料的加热温度	逐盘检测评定	符合现行规范规定		传感器自动检测、显示并打印
	混合料出厂温度	逐车检测评定	符合现行规范规定		传感器自动检测、显示并打印,出厂时逐车按 T 0981 人工检测
		逐盘测量记录,每天取平均值评定	符合现行规范规定		传感器自动检测、显示并打印
矿料级配（筛孔）	0.075mm	逐盘在线检测	±2%（2%）	—	计算机采集数据计算
	≤2.36mm		±5%（4%）	—	
	≥4.75mm		±6%（5%）	—	
	0.075mm	逐盘检查,每天汇总1次取平均值评定	±1%		规范总量检验
	≤2.36mm		±2%		
	≥4.75mm		±2%		
	0.075mm	每台拌合机每天1~2次,以2个试样的平均值评定	±2%（2%）	±2%	T 0725 抽提筛分与标准级配比较的差
	≤2.36mm		±5%（3%）	±6%	
	≥4.75mm		±6%（4%）	±7%	
沥青用量（油石比）		逐盘在线监测	±0.3%	—	计算机采集数据计算
		逐盘检查,每天汇总1次取平均值评定	±0.1%	—	规范总量检验
		每台拌合机每天1~2次,以2个试样的平均值评定	±0.3%	±0.4%	抽提 T 0722、T 0721
马歇尔试验:空隙率、稳定度、流值		每台拌合机每天1~2次,以4~6个试件的平均值评定	符合现行规范规定		T 0702、T 0709、规范
浸水马歇尔试验		必要时（试件数同马歇尔试验）	符合现行规范规定		T 0702、T 0709
车辙试验		必要时（以3个试件的平均值评定）	符合现行规范规定		T 0719

注 1. 单点检验是指试验结果以一组试验结果的报告值为一个测点的评价依据,一组试验（如马歇尔试验、车辙试验）有多个试样时,报告值的取用按《公路工程沥青与沥青混合料试验规程》的规定执行;
2. 对高速公路和一级公路,矿料级配和油石比必须进行总量检验和抽提筛分的双重检验控制,互相校核,表中括号内的数字是对 SMA 的要求;油石比抽提试验应事先进行空白试验标定,提高测试数据的准确度;
3. 表中规范为《公路沥青路面施工技术规范》（JTG F40—2004）,本章内未作明确说明者同此。

（二）沥青路面铺筑质量的检查

1. 进行质量评定

沥青路面铺筑过程中必须随时对铺筑质量进行评定,质量检查的内容、频度、允许偏差应符合表 6-41、表 6-42、表 6-43 的规定。

公路热拌沥青混合料路面施工过程中工程质量的控制标准　　　　表 6-41

项　目		检查频度及单点检验评价方法	质量要求或允许偏差		试验方法
			高速公路、一级公路	其他等级公路	
外　观		随时	表面平整密实，不得有明显轮迹、裂缝、推挤、油汀、油包等缺陷，且无明显离析		目　测
接　缝		随时	紧密平整、顺直、无跳车		目　测
		逐条缝检测评定	3mm	5mm	T 0931
施工温度	摊铺温度	逐车检测评定	符合现行规范规定		T 0981
	碾压温度	随时	符合现行规范规定		插入式温度计实测
厚度①	每一层次	随时，厚度 50mm 以下　厚度 50mm 以上	设计值的 5%　设计值的 8%	设计值的 8%　设计值的 10%	施工时插入法量测松铺厚度及压实厚度
	每一层次	1个台班区段的平均值　厚度 50mm 以下　厚度 50mm 以上	−3mm　−5mm		规范⑤总量检验
	总厚度	每 2000m² 一点单点评定	设计值的 −5%	设计值的 −8%	T 0912
	上面层	每 2000m² 一点单点评定	设计值的 −10%	设计值的 −10%	
压实度②		每 2000m² 检查 1 组逐个试件评定并计算平均值	实验室标准密度的 97%（98%）最大理论密度的 93%（94%）试验段密度的 99%（99%）		T 0924、T 0922 规范⑤
平整度（最大间隙）④	上面层	随时，接缝处单杆评定	3mm	5mm	T 0931
	中下面层	随时，接缝处单杆评定	5mm	7mm	T 0931
平整度（标准差）	上面层	连续测定	1.2mm	2.5mm	T 0932
	中面层	连续测定	1.5mm	2.8mm	
	下面层	连续测定	1.8mm	3.0mm	
	基层	连续测定	2.4mm	3.5mm	
宽度	有侧石	检测每个断面	±20mm	±20mm	T 0911
	无侧石	检测每个断面	不小于设计宽度	不小于设计宽度	
纵断面高程		检测每个断面	±10mm	±15mm	T 0911
横坡度		检测每个断面	±0.3%	±0.5%	T 0911
沥青层层面上的渗水系数③，不大于		每 1km 不少于 5 点，每点 3 处取平均值	300mL/min（普通密级配沥青混合料）200ml/min（SMA 混合料）		T 0971

①表中厚度检测频度指高速公路和一级公路的钻坑频度，其他等级公路可酌情减少状况，且通常采用压实度钻孔试件测定，上面层的允许误差不适用于磨耗层。
②压实度检测按《公路沥青路面施工技术规范》的规定执行，钻孔试件的数量按检查渗水情况的规定执行。括号中的数值是对 SMA 路面的要求，对马歇尔成型试件采用 50 次或者 35 次击实的混合料，压实度应适当提高要求。进行核子仪等无破损检测时，每 13 个测点的平均数作为一个测点进行评定是否符合要求。实验室密度是指与配合比设计相同方法成型的试件密度。以最大理论密度作标准密度时，对普通沥青混合料通过真空法实测确定，对改性沥青和 SMA 混合料，由每天的矿料级配和油石比计算得到。
③渗水系数适用于公称最大粒径等于或小于 19mm 的沥青混合料，应在铺筑成型后未遭行车污染的情况下测定，且仅适用于要求密水的密级配沥青混合料、SMA 混合料。不适用于 OGFC 混合料，表中渗水系数以平均值评定，计算的合格率不得小于 90%。
④3m 直尺主要用于接缝检测，对正常生产路段，采用连续式平整度仪测定。
⑤见表 6-40 注 3。

公路沥青表面处治及贯入式路面施工过程中工程质量的控制标准　　　表 6-42

路面类型	项目	检查频度及单点检验评价方法	质量要求或允许偏差	试验方法
沥青表面处治	外观	随时	集料嵌挤密实，沥青洒布均匀，无花白料，接头无油包	目测
沥青表面处治	集料及沥青用量	每日 1 次逐日评定	±10%	每日施工长度的实际用量与计划用量比较，T 0982
沥青表面处治	沥青洒布温度	每车 1 次评定	符合现行规范规定	温度计测量
沥青表面处治	厚度（路中及路侧各 1 点）	不少于每 2000m² 一点，逐点评定	−5mm	T 0912
沥青表面处治	平整度（最大间隙）	随时，以连续 10 尺的平均值评定	10mm	T 0931
沥青表面处治	宽度	检测每个断面逐个评定	±30mm	T 0911
沥青表面处治	横坡度	检测每个断面逐个评定	±0.5%	T 0911
沥青贯入式路面	外观	随时	集料嵌挤密实，沥青撒布均匀，无花白料，接头无油包	目测
沥青贯入式路面	集料及沥青用量	每日 1 次总量评定	±10%	每日施工长度的实际用量与计划用量比较，T 0982
沥青贯入式路面	沥青洒布温度	每车 1 次逐点评定	符合现行规范规定	温度计测量
沥青贯入式路面	厚度	每 2000m² 一点逐点评定	−5mm 或设计厚度的 −8%	T 0912
沥青贯入式路面	平整度（最大间隙）	随时，以连续 10 尺的平均值评定	8mm	T 0931
沥青贯入式路面	宽度	检测每个断面	±30mm	T 0911
沥青贯入式路面	横坡度	检测每个断面	±0.5%	T 0911

公路稀浆封层、微表处施工过程中工程质量的控制标准　　　表 6-43

项目		检查频度及单点检验评价方法	质量要求或允许偏差	试验方法
外观		随时	表面平整，均匀一致，无拖痕，无显著离析，接缝顺畅	目测
油石比		每日 1 次总量评定	±0.3%	每日实际沥青用量与总集料数量，总量检验
厚度		每千米 5 个断面	±10%	钢尺测量，每幅中间及两侧各 1 点
矿料级配	0.075mm	每日 1 次取 2 个试样筛分的平均值	±2%	T 0725
矿料级配	0.15 mm	每日 1 次取 2 个试样筛分的平均值	±3%	T 0725
矿料级配	0.3mm	每日 1 次取 2 个试样筛分的平均值	±4%	T 0725
矿料级配	0.6、1.18、2.36、4.75、9.5（mm）	每日 1 次取 2 个试样筛分的平均值	±5%	T 0725
湿轮磨耗试验		每周 1 次	符合设计要求	从工程取样按 T 0752 进行

2. 检查施工厚度

施工厚度的检测按以下方法执行，并相互校核，当差值较大时通常以总量检验为准。

（1）利用摊铺过程在线控制，即不断地用插尺或其他工具插入摊铺层测量松铺厚度。

（2）利用拌和厂沥青混合料总生产量与实际铺筑的面积计算平均厚度进行总量检验。

（3）当具有地质雷达等无破损检验设备时，可利用其连续检测路面厚度，但其测试精度需经标定认可。

（4）待路面完全冷却后，在钻孔检测压实度的同时测量沥青层的厚度。

3. 检查压实度

沥青路面的压实度采取重点对碾压工艺进行过程控制，适度钻孔抽检压实度的方法。

（1）碾压工艺的控制包括压路机的配置（台数、吨位及机型）、排列和碾压方式、压路机与摊铺机的距离、碾压温度、碾压速度、压路机洒水（雾化）情况、碾压段长度、调头方式等。

（2）碾压过程中宜采用核子密度仪等无破损检测设备进行压实密度过程控制，测点随机选择，一组不少于13点，取平均值，与标定值或试验段测定值比较评定。测定温度应与试验段测定时一致，检测精度通过试验路与钻孔试件标定。

（3）在路面完全冷却后，随机选点钻孔取样，如一次钻孔同时有多层沥青层时需用切割机切割，待试件充分干燥后（在第二天之后），分别测定密度。压实度计算及标准密度的确定方法应遵照现行规范的规定执行，选用其中的1个或2个标准评定，并以合格率低的作为评定结果，但不得以配合比设计时的标准密度作为整个施工及验收过程中的标准密度使用。钻孔后应及时将孔中灰浆掏净，吸净余水，待干燥后以相同的沥青混合料分层填充夯实。为减少钻孔数量，有关施工、监理、监督各方宜合作进行钻孔检测，以避免重复钻孔。

（4）测试压实度的一组数据最少为3个钻孔试件，当一组检测的合格率小于60%，或平均值$\bar{x}_3$小于要求的压实度时，可增加一倍检测点数。如6个测点的合格率小于60%，或平均值$\bar{x}_6$仍然达不到压实度要求时，允许再增加一倍检测点数，要求其合格率大于60%，且$\bar{x}_{12}$达到规定的压实度要求（注意记录所有数据不得遗弃）。如仍然不能满足要求的应核查标准密度的准确性，以确定是否需要返工以及返工的范围。当所有钻孔试件检测的压实度持续稳定并符合要求时，钻孔频度可减少至每千米不少于一个孔。施工过程中钻孔的试件宜编号贴上标签予以保存，以备工程交工验收时使用。

（5）压实层厚度等于或小于30mm的超薄表面层或磨耗层、厚度小于40mm的SMA表面层、易发生温缩裂缝的严寒地区的表面层、桥面铺装沥青层，以及使用改性沥青后，钻孔试样表面形状改变，难以准确测定密度时，可免于钻孔取样，严格控制碾压。

4. 检查渗水情况

压实成型的路面应按《公路路基路面现场测试规程》规定的方法随机选点检测渗水情况，渗水系数的平均值宜符合表6-41的要求。对排水式沥青混合料，要求水能够迅速排走。如需要测定构造深度时，宜在测定渗水的同时在附近选点测定，记录实测结果。

5. 检查路面外观

施工过程中应随时对路面进行外观（色泽、油膜厚度、表面空隙）评定，尤其注意防止粗细集料的离析和混合料温度不均,造成路面局部渗水严重或压实不足,酿成隐患。如果确实该路段严重离析、渗水,且经 2 次补充钻孔仍不能达到压实度要求,确属施工质量差的,应予铣刨或局部挖补,返工重铺。

6. 检测路面平整度

施工过程中必须随时用 3m 直尺检测接缝及与构造物的连接处平整度,正常路段的平整度采用连续式平整度仪或颠簸累积仪测定。

7. 实行动态质量管理

高速公路和一级公路沥青路面的施工应按现行《公路沥青路面施工技术规范》要求的方法,利用计算机实行动态质量管理,并计算平均值、极差、标准差及变异系数以及各项指标的合格率。

8. 实态记录

公路施工的关键工序或重要部位宜拍摄照片或进行录像,作为实态记录及保存资料的一部分。

三、交工验收阶段的工程质量检查与验收

1. 交工检查与验收质量标准

工程完工后,施工单位应将全线以 1～3km 作为一个评定路段,每一侧车行道按表 6-44、表 6-45、表 6-46 的规定频度,随机选取测点,对沥青面层进行全线自检,将单个测定值与表中的质量要求或允许偏差进行比较,计算合格率,然后计算一个评定路段的平均值、极差、标准差及变异系数。施工单位应在规定时间内提交全线检测结果及施工总结报告,申请交工验收。

公路热拌沥青混合料路面交工检查与验收质量标准 表 6-44

检查项目		检查频度（每一侧车行道）	质量要求或允许偏差		试验方法
			高速公路、一级公路	其他等级公路	
外观		随时	表面平整密实,不得有明显轮迹、裂缝、推挤、油汀、油包等缺陷,且无明显离析		目测
面层总厚度①	代表值	每1km 5点	设计值的-5%	设计值的-8%	T 0912
	极值	每1km 5点	设计值-10%	设计值的-15%	T 0912
上面层厚度①	代表值	每1km 5点	设计值的-10%	—	T 0912
	极值	每1km 5点	设计值-20%	—	T 0912
压实度②	代表值	每1km 5点	实验室标准密度的96%（98%）最大理论密度的92%（94%）试验段密度的98%（99%）		T 0924
	极值（最小值）	每1km 5点	比代表值放宽1%（每千米）或2%（全部）		T 0924
路表平整度	标准差σ	全线连续	1.2mm	2.5mm	T 0932
	IRI	全线连续	2.0m/km	4.2m/km	T 0933
	最大间隙	每1km10处,各连续10杆	—	5mm	T 0931

续表

检查项目		检查频度（每一侧车行道）	质量要求或允许偏差		试验方法
			高速公路、一级公路	其他等级公路	
路表渗水系数，不大于		每1km不少于5点，每点3处取平均值评定	300mL/min（普通沥青路面）200mL/min（SMA路面）	—	T 0971
宽度	有侧石	每1km 20个断面	±20mm	±30mm	T 0911
	无侧石	每1km 20个断面	不小于设计宽度	不小于设计宽度	T 0911
纵断面高程		每1km 20个断面	±15mm	±20mm	T 0911
中线偏位		每1km 20个断面	±20mm	±30mm	T 0911
横坡度		每1km 20个断面	±0.3%	±0.5%	T 0911
弯沉	回弹弯沉	全线每20m 1点	符合设计对交工验收的要求	符合设计对交工验收的要求	T 0951
	总弯沉	全线每5m 1点	符合设计对交工验收的要求	—	T 0952
构造深度		每1km 5点	符合设计对交工验收的要求	—	T 0961/62/63
摩擦系数摆值		每1km 5点	符合设计对交工验收的要求	—	T 0964
横向力系数		全线连续	符合设计对交工验收的要求	—	T 0965

①高速公路、一级公路面层除验收总厚度外，尚须验收上面层厚度，代表值的计算方法按《公路沥青路面施工技术规范》的规定进行；
②与表6-41注②、注③同。

公路沥青表面处治及贯入式路面交工检查与验收质量标准　　表6-45

路面类型	检查项目			检查频度（每一侧车行道）	质量要求或允许偏差	试验方法
沥青表面处治	外观			全线	密实，不松散	目测
	厚度①	代表值		每200m每车道1点	−5mm	T 0921
		极值		每200m每车道1点	−10mm	T 0921
	路表平整度	标准差		全线每车道连续	4.5mm	T 0932
		IRI		全线每车道连续	7.5m/km	T 0933
		最大间隙		每1km10处，各连续10尺	10mm	T 0931
	宽度	有侧石		每1km 20个断面	±3cm	T 0911
		无侧石		每1km 20个断面	不小于设计宽度	T 0911
	纵断面高程			每1km 20个断面	±20mm	T 0911
	横坡度			每1km 20个断面	±0.5%	T 0911
	沥青用量			每1km 1点	±0.5%	T 0722
	矿料用量			每1km 1点	±5%	T 0722

续表

路面类型	检查项目		检查频度（每一侧车行道）	质量要求或允许偏差	试验方法
沥青贯入式路面	外观		全线	密实，不松散	目测
	厚度①	代表值	每200m 1点	−5mm 或−8%	T 0921
		极值	每200m 1点	15mm	T 0921
	路表平整度	标准差	全线连续	3.5mm	T 0932
		IRI	全线连续	5.8m/km	T 0933
		最大间隙	每1km10处，各连续10尺	8mm	T 0931
	宽度	有侧石	每1km 20个断面	±30mm	T 0911
		无侧石	每1km 20个断面	不小于设计宽度	T 0911
	纵断面高程		每1km 20个断面	±20mm	T 0911
	横坡度		每1km 20个断面	±0.5%	T 0911
	沥青用量		每1km 1点	±0.5%	T 0722
	矿料用量		每1km 1点	±5%	T 0722

①同表6-44。

公路沥青路面稀浆封层交工检查与验收质量标准 表6-46

检查项目	检查频度（每一幅车行道）	质量要求或允许偏差		试验方法
		高速公路、一级公路	其他等级公路	
平均厚度	每1km3点	−10%	−10%	挖小坑量测，取平均
渗水系数	每1km 3处	10mL/min	10mL/min	T 0971
路表构造深度	每1km 5点	符合设计要求	—	T 0961 T 0962
路面摩擦系数摆值	每1km 5点	符合设计要求	—	T 0964
横向力系数	全线连续	符合设计要求		T 0965

2. 检查沥青面层质量指标

沥青路面交工时应检查验收沥青面层的各项质量指标，包括路面的厚度、压实度、平整度、渗水系数、构造深度、摩擦系数。

（1）需要作破损路面进行检测的指标，如厚度、压实度宜利用施工过程中的钻孔数据，检查每一个测点与极值相比的合格率，同时按上述规范规定的方法计算代表值。厚度也可利用路面雷达连续测定路面剖面进行评定。压实度验收可选用其中的1个或2个标准，并以合格率低的作为评定结果。

（2）路表平整度可采用连续式平整度仪和颠簸累积仪进行测定，以每100m计算一个测值，计算合格率。

（3）路表渗水系数与构造深度宜在施工过程中在路面成型后立即测定，但每一个点为3个测点的平均值，计算合格率。

（4）交工验收时可采用连续式摩擦系数测定车在行车道实测路表横向摩擦系数，如实记录测点数据。

(5) 交工验收时可选择贝克曼梁或连续式弯沉仪实测路面的回弹弯沉或总弯沉,如实记录测点数据(含测定时的气候条件、测定车数据等),测定时间宜在公路的最不利使用条件下(指春融期或雨期)进行。

3. 测量路面结构参数

工程交工时应对全线宽度、纵断面高程、横坡度、中线偏位等进行实测,以每个桩号的测定结果评定合格率,最后提出实际的竣工图。

四、工程施工总结及质量保证期管理

1. 完成施工资料档案

工程结束后,施工企业应根据国家竣工文件编制的规定,提出施工总结报告及若干个专项报告,连同竣工图表,形成完整的施工资料档案。

2. 施工总结报告

包括工程概况(包括设计及变更情况)、工程基础资料、材料、施工组织、机械及人员配备、施工方法、施工进度、试验研究、工程质量评价、工程决算、工程使用服务计划等。

3. 施工管理与质量检查报告

包括施工管理体制、质量保证体系、施工质量目标、试验段铺筑报告、施工前及施工中材料质量检查结果(测试报告)、施工过程中工程质量检查结果(测试报告)、工程交工验收质量自检结果(测试报告)、工程质量评价以及原始记录、相册、录像等各种附件。

4. 质量保证

施工企业在质保期内,应进行路面使用情况观测、局部损坏的原因分析和维修保养等。质量保证的期限根据国家规定或招标文件等要求确定。

复 习 思 考 题

1. 沥青路面按技术特性划分有哪几种类型?
2. 沥青路面施工前的准备工作包括哪些内容?
3. 什么是透层、粘层及封层?沥青路面对基层、透层、粘层及封层有哪些要求?
4. 沥青路面对原材料有哪些要求?
5. 热拌沥青混合料配合比设计包括哪些内容?
6. 简述热拌沥青混合料路面的施工工艺。
7. 热拌沥青混合料路面施工需注意哪些事项?
8. 以三层式先油后料法为例,说明层铺法沥青表面处治施工的工序。
9. 沥青表面处治施工有哪些注意事项?
10. 什么是沥青贯入式路面的施工方法?沥青贯入式路面的施工需注意哪些事项?
11. 什么是冷拌沥青混合料?其施工方法如何?施工中需注意哪些事项?
12. 简述透层、粘层和封层施工对材料规格和用量的要求及各自的施工方法。

第七章 水泥混凝土路面施工

水泥混凝土路面是由混凝土（包括素混凝土、碾压混凝土、钢筋混凝土和钢纤维混凝土等）面层板和基（垫）层组成的路面。其中应用最普遍的是就地浇筑的素混凝土路面，简称普通混凝土路面或混凝土路面。

水泥混凝土路面的施工在符合国家现行有关规范和标准规定的基础上，应根据合同及设计文件、施工现场所处的气候、水文、地形等环境条件，选择满足质量指标要求、性能稳定的原材料，确定配合比、设备种类和施工工艺，进行详细地施工组织设计，建立完备的施工质量保证体系。

水泥混凝土路面铺筑的常用方法有滑模摊铺机铺筑、轨道摊铺机铺筑、三辊轴机组铺筑、小型机具铺筑等。施工中应积极采用新材料、新设备、新工艺和新技术，不断提高混凝土路面工程质量和施工技术水平。

第一节 技术要求与配合比设计

普通混凝土路面，是指除在接缝区和局部范围（边缘和角隅）配置少量钢筋外，其余部分不配置钢筋的混凝土路面。与其他类型路面相比，混凝土路面具有强度高、稳定性和耐久性好、养护费用少及利于夜间行车等优点。其缺点是水泥和水用量大、有接缝、开放交通较迟等。另外，混凝土路面一旦损坏，修复较为困难。

一、混凝土路面构造及技术要求

（一）构造特点及结构要求

1. 路基

混凝土路面具有很高的刚度和扩散荷载的能力，因此对其路基强度的要求不像沥青路面那么高。但必须具有足够的稳定性，保证对路面结构的均匀支承。为了达到上述目的，应合理选择填料、控制填土的含水量和压实度、加强路基排水。宜选择膨胀性低、对冰冻不敏感的土作为路基填料。不得已使用膨胀性高或对冰冻性敏感的土时，应将其放在路堤下层，而在上层使用性质好的填料。对路基上层土，特别是湿软土层，应采用低剂量石灰或水泥等结合料作稳定处理。

2. 基层和垫层

基层和垫层的作用主要有防唧泥、防冰冻和防水。基层和垫层可以隔断混凝土面板与土基，防止唧泥现象发生。由多孔材料组成的基（垫）层，可以减少路基的冰冻深度，从而减轻冰冻的危害作用。在湿软土基上，铺筑开级配粒料基（垫）层，可以排除从路表面深入面层板下的水分，并隔断地下水的毛细上升。另外，基层和垫层还可以减小基顶路面的压应力，缓和路基不均匀变形对面层的影响，方便面层施工，提高路面结构的承载力，延长路面的使用寿命。

用于水泥混凝土路面的基层和垫层有粒料类（碎石、砂砾等）、无机结合料稳定类（水泥、石灰或石灰工业废渣稳定粒料和土）和贫混凝土类。可根据交通轻重选定基层类型。要防止刚性基层的翘曲变形和半刚性基层缩裂对面层的反射。

混凝土路面的基（垫）层应有足够的刚度，减少混凝土面板的弯沉。路面结构的总厚度要达到一定要求，起到防唧泥及提高基层顶面强度的作用，同时要满足构造要求。在冰冻地区，还要达到防冻的目的。基（垫）层要宽于面层，便于施工，同时改善面板边缘受荷条件。通常垫层比基层每侧至少宽出250mm，或与路基同宽。基层比混凝土面层每侧宽出250～350mm（采用小型机具或轨道式摊铺机施工），或500～600mm（采用滑模式摊铺机施工），或与路基同宽。

3. 排水和路肩

(1) 面层-基（垫）层-路肩排水系统

当采用透水基层时，下渗水通过空隙和横坡横向排至基层的外侧，并由纵向集水管汇集后横向排出路基范围。在透水基层下面应设置过滤层。当采用不透水基层时，下渗水沿着面层和不透水基层或垫层的界面流向路肩。在路肩下设置排水层或纵向排水管。

(2) 路肩

路肩的作用是对路面提供侧向支承，并提供临时停车场所。既要有一定承载能力，又要利于排水。

(二) 路用混凝土的技术要求

水泥混凝土应当满足弯拉强度、工作性和耐久性要求。

1. 弯拉强度

(1) 各交通等级路面板的28d设计弯拉强度标准值 f_r 应符合现行《公路水泥混凝土路面设计规范》的要求。

(2) 按式 (7-1) 计算试件配制28d弯拉强度的均值。

$$f_c = f_r/(1-1.04c_v) + ts \tag{7-1}$$

式中　f_c——配制28d弯拉强度的均值（MPa）；

　　　f_r——设计弯拉强度标准值（MPa）；

　　　s——弯拉强度试验样本的标准差（MPa）；

　　　t——保证率系数，见表7-1；

　　　c_v——弯拉强度变异系数，应按统计数据在表7-2的规定范围内取值；在无统计数据时，弯拉强度变异系数应按设计取值；如果施工配制弯拉强度超出设计给定的弯拉强度变异系数上限，则必须改进机械装备和提高施工控制水平。

保证率系数 t　　　　表7-1

公路技术等级	判别概率 p	样 本 数 n（组）				
		3	6	9	15	20
高速公路	0.05	1.36	0.79	0.61	0.45	0.39
一级公路	0.10	0.95	0.59	0.46	0.35	0.30
二级公路	0.15	0.72	0.46	0.37	0.28	0.24
三、四级公路	0.20	0.56	0.37	0.29	0.22	0.19

混凝土弯拉强度变异系数 c_v 表 7-2

公路技术等级	高速公路	一级公路	二级公路	三、四级公路	
混凝土弯拉强度变异水平等级	低	低	中	中	中	高
弯拉强度变异系数 C_v 允许变化范围	0.05～0.10	0.05～0.10	0.10～0.15	0.10～0.15	0.10～0.15	0.15～0.20

2. 工作性

为易于施工并保证工程质量，混凝土应具有良好的工作性。工作性与材料配合比及质量有关，也可掺入外加剂改善工作性。工作性可用坍落度表示。

（1）滑模摊铺机前拌合物最佳工作性及允许范围

路面混凝土应振捣密实，不应产生蜂窝、麻面、拉裂和倒边现象。滑模摊铺机摊铺后的混凝土面板边缘不应出现塌边、流角和溜肩现象，边部横向平整度和侧面垂直度保持良好。可通过限制滑模混凝土拌合物最大振动黏度系数和最小坍落度予以保证。

滑模摊铺机正常摊铺时，机前混凝土拌合物的最佳工作性及允许范围见表 7-3，混凝土拌合物应稳定在最佳工作性范围内，不得超出。

混凝土路面滑模摊铺最佳工作性及允许范围   表 7-3

指标 界限	坍落度 S_L（mm）		振动黏度系数 η（N·s/m²）
	砾石混凝土	碎石混凝土	
最佳工作性	20～40	25～50	200～500
允许波动范围	5～55	10～65	100～600

注：1. 滑模摊铺机适宜的摊铺速度应控制在 0.5～2.0m/min 之间；
　　2. 该表适用于设置超铺角的滑模摊铺机，对于不设超铺角的滑模摊铺机，适宜的振动黏度系数为 250～600 N·s/m²，施工适宜的坍落度卵石为 10～40mm；碎石为 10～30mm；
　　3. 滑模摊铺时的最大单位用水量卵石混凝土不宜大于 155kg/m³；碎石混凝土不宜大于 160kg/m³。

（2）轨道摊铺机、三辊轴机组、小型机具摊铺的路面混凝土坍落度及最大单位用水量，应满足表 7-4 的规定。

不同路面施工方法拌合物的坍落度及最大单位用水量   表 7-4

摊铺方式	轨道摊铺机摊铺		三辊轴机组摊铺		小型机具摊铺	
出机坍落度（mm）	40～60		30～50		10～40	
摊铺坍落度（mm）	20～40		10～30		0～20	
最大单位用水量（kg/m³）	碎石 156	卵石 153	碎石 153	卵石 148	碎石 150	卵石 145

注：1. 表中的最大单位用水量系采用中砂、粗细集料为风干状态的取值，采用细砂时，应使用减水率较大的（高效）减水剂；
　　2. 使用碎卵石时，最大单位用水量可取碎石与卵石中值。

3. 耐久性

提高耐久性有三种措施，即选用合格的材料、控制好配合比、掺入外加剂。

（1）根据当地路面有无抗冻性、抗盐冻性要求及混凝土最大公称粒径，路面混凝土含气量宜符合表 7-5 的规定。

路面混凝土含气量及允许偏差（％）　　　　　表 7-5

最大粒径（mm）	无抗冻要求	有抗冻性要求	有抗盐冻要求
19.0	4.0±1.0	5.0±5	6.0±0.5
26.5	3.5±1.0	4.5±5	5.5±0.5
31.5	3.5±1.0	4.0±5	5.0±0.5

（2）各交通等级路面混凝土满足耐久性要求的最大水灰（胶）比和最小单位水泥用量应符合表 7-6 的规定。最大单位水泥用量不宜大于 400kg/m³；掺粉煤灰时，最大单位胶材总量不宜大于 420kg/m³。

混凝土满足耐久性要求的最大水灰（胶）比和最小单位水泥用量　　　　　表 7-6

公　路　等　级			高速公路、一级公路	二级公路	三、四级公路
最大水（胶）灰比	无抗冰冻性要求		0.44	0.46	0.48
	有抗冰冻性要求		0.42	0.44	0.46
	有抗盐冻性要求		0.40	0.42	0.44
最小单位水泥用量 （不掺粉煤灰时） （kg/m³）	无抗冰冻性要求	42.5 级	300	300	290
		32.5 级	310	310	305
	有抗冰冻、 抗盐冻要求	42.5 级	320	320	315
		32.5 级	330	330	325
最小单位水泥用量 （掺粉煤灰时） （kg/m³）	无抗冰冻性要求	42.5 级	260	260	255
		32.5 级	280	270	265
	有抗冰冻、 抗盐冻要求	42.5 级	280	270	265

注：1. 掺粉煤灰，并有抗冰（盐）冻性要求时，不得使用 32.5 级水泥；
　　2. 水灰（胶）比计算以砂石料的自然风干状态计（砂含水量≤1.0％；石子含水量≤0.5％）；
　　3. 处在除冰盐、海风、酸雨或硫酸盐等腐蚀性环境中或在大纵坡等加速车道上的混凝土，最大水灰（胶）比可比表中数值降低 0.01～0.02。

严寒地区路面混凝土抗冻等级不宜小于 F250，寒冷地区不宜小于 F200。在海风、酸雨、除冰盐或硫酸盐等腐蚀环境影响范围内的混凝土路面和桥面，在使用硅酸盐水泥时，掺加粉煤灰、磨细矿渣或硅灰掺合料，不宜单独使用硅酸盐水泥，可使用矿渣水泥或普通水泥。

4. 表面特性

混凝土路面必须具有良好的表面功能，即要求路面有足够的抗滑、耐磨及平整性。

二、原材料技术要求

（一）水泥

1. 特重、重交通水泥混凝土路面

采用旋窑生产的道路硅酸盐水泥、硅酸盐水泥或普通硅酸盐水泥。中、轻交通的路面，可采用旋窑生产的矿渣硅酸盐水泥。冬季施工、有快通要求的路段可采用快硬早强 R 型水泥，一般情况宜采用普通型水泥。各级交通路面适用的水泥强度不得低于表 7-7 的规定。

路面混凝土水泥各龄期的强度要求 表 7-7

交通等级	特 重		重		中、轻	
龄期（d）	3	28	3	28	3	28
抗压强度（MPa）不小于	25.5	57.5	22.0	52.5	16.0	42.5
抗折强度（MPa）不小于	4.5	7.5	4.0	7.0	3.5	6.5

2. 路用品质

水泥进场时每批量需附有齐全的化学成分、物理、力学指标合格的检验证明。各级公路水泥混凝土路面所使用水泥的化学成分、物理性能等路用品质要求宜符合表 7-8 的规定。

路面用水泥的化学成分和物理指标 表 7-8

性能指标		交通等级	特重、重交通路面	中、轻交通路面
化学品质	铝酸三钙含量（%），不宜大于		7.0	9.0
	铁铝酸四钙含量（%），不宜小于		15.0	12.0
	游离氧化钙含量（%），不得大于		1.0	1.5
	氧化镁含量（%），不得大于		5.0	6.0
	三氧化硫含量（%），不得大于		3.5	4.0
	碱含量（$Na_2O+0.658K_2O$）		≤0.6%	怀疑有碱活性骨料时，≤0.6%；无碱活性骨料时，≤1.0%
	混合材料种类		不得掺窑灰、煤矸石、火山灰和黏土，有盐冻要求时，不得掺石灰、石粉	
物理力学品质	出磨时安定性		雷氏夹或蒸煮法检验必须合格	蒸煮法检验必须合格
	标准稠度需水量（%），不宜大于		28	30
	烧失量（%），不得大于		3.0	5.0
	比表面积（m^2/kg）		300~450	300~450
	80μm 筛余量（%），不得大于		10	10
	初凝时间（h），不早于		1.5	1.5
	终凝时间（h），不迟于		10	10
	28d 干缩率[①]（%），不得大于		0.09	0.10
	耐磨性[①]（kg/m^2），不得大于		3.6	3.6

①28d 干缩率和耐磨性试验方法采用现行《道路硅酸盐水泥》标准。

选用水泥时，除满足表 7-7、表 7-8 的各项规定外，还应通过混凝土配合比试验，根据其配制弯拉强度、耐久性和工作性优选适宜的水泥品种、强度等级。当贫混凝土和碾压混凝土用做基层时，可使用各种硅酸盐类水泥。不掺用粉煤灰时，宜使用强度等级 32.5 级以下的水泥。掺用粉煤灰时，只能使用道路水泥、硅酸盐水泥、普通水泥。水泥的抗压强度、抗折强度、安定性和凝结时间必须检验合格。

采用机械化铺筑时，宜选用散装水泥。散装水泥的夏季出厂温度：南方不宜高于 65℃，北方不宜高于 55℃；混凝土搅拌时的水泥温度：南方不宜高于 60℃，北方不宜高于 50℃，且不宜低于 10℃。

(二) 粉煤灰及其他掺合料

混凝土路面在掺用粉煤灰时，掺用质量指标符合表7-9规定的电收尘Ⅰ、Ⅱ级干排或磨细粉煤灰，不得使用Ⅲ级粉煤灰。贫混凝土、碾压混凝土基层或复合式路面下面层掺用符合表7-9规定的Ⅲ级或Ⅲ级以上粉煤灰，不得使用等外粉煤灰。

粉煤灰分级和质量指标　　　　　　　　　　　表7-9

粉煤灰等级	细度[①]（45μm气流筛筛余量）(%)	烧失量(%)	需水量比(%)	含水量(%)	Cl^-(%)	SO_3(%)	混合砂浆活性指数[②]	
							7d	28d
Ⅰ	≤12	≤5	≤95	≤1.0	<0.02	≤3	≥75	≥85 (75)
Ⅱ	≤20	≤8	≤105	≤1.0	<0.02	≤3	≥70	≥80 (62)
Ⅲ	≤45	≤15	≤115	≤1.5	—	≤3	—	—

① 45μm气流筛的筛余量换算为80μm水泥筛的筛余量时换算系数约为2.4；
② 混合砂浆的活性指数为掺粉煤灰的砂浆与水泥砂浆的抗压强度比的百分数，适用于所配制混凝土强度等级大于等于C40的混凝土；当配制的混凝土强度等级小于C40时，混合砂浆的活性指数要求应满足28d括号中的数值。

粉煤灰宜采用散装灰，进货应有等级检验报告。应确切了解所用水泥中已经加入的掺合料种类和数量。路面和桥面混凝土中可使用硅灰或磨细矿渣，使用前应经过试配检验，确保路面和桥面混凝土弯拉强度、工作性、抗磨性、抗冻性等技术指标合格。

(三) 粗集料

粗集料使用质地坚硬、耐久、洁净的碎石、碎卵石和卵石，并应符合表7-10的规定。高速公路、一级公路、二级公路及有抗（盐）冻要求的三、四级公路混凝土路面使用的粗集料级别不低于Ⅱ级，无抗（盐）冻要求的三、四级公路混凝土路面、碾压混凝土及贫混凝土基层可使用Ⅲ级粗集料。有抗（盐）冻要求时，Ⅰ级集料吸水率不应大于1.0%；Ⅱ级集料吸水率不应大于2.0%。

碎石、碎卵石和卵石技术标准　　　　　　　　表7-10

项目	技术要求		
	Ⅰ级	Ⅱ级	Ⅲ级
碎石压碎指标（%）	<10	<15	<20[①]
卵石压碎指标（%）	<12	<14	<16
坚固性（按质量损失计,%）	<5	<8	<12
针片状颗粒含量（按质量计,%）	<5	<15	<20[②]
含泥量（按质量计,%）	<0.5	<1.0	<1.5
泥块含量（按质量计,%）	0	<0.2	<0.5
有机物含量（比色法）	合格	合格	合格
硫化物及硫酸盐（按SO_3质量计,%）	<0.5	<1.0	<1.0
岩石抗压强度	火成岩不应小于100MPa；变质岩不应小于80MPa；水成岩不应小于60MPa		
表观密度	≥2500kg/m³		
松散堆积密度	≥1350kg/m³		
空隙率	<47%		
碱集料反应	经碱集料反应试验后，试件无裂缝、酥裂、胶体外溢等现象，在规定龄期的膨胀率应小于0.10%		

① Ⅲ级碎石的压碎指标，用做路面时，应小于20%；用做下面层或基层时，可小于25%；
② Ⅲ级粗集料的针片状颗粒含量，用做路面时，应小于20%；用做下面层或基层时，可小于25%。

用做路面和桥面混凝土的粗集料不得使用不分级的统料，应按最大公称粒径的不同采用2~4个粒级的集料进行掺配，并符合表7-11合成级配的要求。卵石最大公称粒径不宜大于19.0mm；碎卵石最大公称粒径不宜大于26.5mm；碎石最大公称粒径不大于31.5mm。贫混凝土基层粗集料最大公称粒径不大于31.5mm；钢纤维混凝土与碾压混凝土粗集料最大公称粒径不宜大于19.0mm。碎卵石或碎石中粒径小于75μm的石粉含量不宜大于1%。

粗集料级配范围 表7-11

级配类型	粒径（mm）	方筛孔尺寸（mm）							
		2.36	4.75	9.50	16.0	19.0	26.5	31.5	37.5
		累计筛余百分率（以质量计）（%）							
连续级配	4.75~16	95~100	85~100	40~60	0~10				
	4.75~19	95~100	85~95	60~75	30~45	0~5	0		
	4.75~26.5	95~100	90~100	70~90	50~70	25~40	0~5	0	
	4.75~31.5	95~100	90~100	75~90	60~75	40~60	20~35	0~5	0
单粒级	4.75~9.5	95~100	80~100	0~15	0				
	9.5~16		95~100	80~100	0~15	0			
	9.5~19		95~100	85~100	40~60	0~15	0		
	16~26.5			95~100	55~70	25~40	0~10	0	
	16~31.5			95~100	85~100	55~70	25~40	0~10	0

（四）细集料

细集料采用质地坚硬、耐久、洁净的天然砂、机制砂或混合砂，并符合表7-12的规定。高速公路、一级公路、二级公路及有抗（盐）冻要求的三、四级公路混凝土路面使用的砂应不低于Ⅱ级，无抗（盐）冻要求的三、四级公路混凝土路面、碾压混凝土及贫混凝土基层可使用Ⅲ级砂。特重、重交通混凝土路面宜使用河砂，砂的硅质含量不应低于25%。

细集料技术指标 表7-12

项 目	技 术 要 求		
	Ⅰ级	Ⅱ级	Ⅲ级
机制砂单粒级最大压碎指标（%）	<20	<25	<30
氯化物（按氯离子质量计，%）	<0.01	<0.02	<0.06
坚固性（按质量损失计，%）	<6	<8	<10
云母（按质量计，%）	<1.0	<2.0	<2.0
天然砂、机制砂含泥量（按质量计，%）	<1.0	<2.0	<3.0①
天然砂、机制砂泥块含量（按质量计，%）	0	<1.0	<2.0
机制砂 MB 值小于 1.4 或合格石粉含量②（按质量计，%）	<3.0	<5.0	<7.0
机制砂 MB 值大于 1.4 或不合格石粉含量②（按质量计，%）	<1.0	<3.0	<5.0

续表

项目	技术要求		
	Ⅰ级	Ⅱ级	Ⅲ级
有机质含量（比色法）	合格	合格	合格
硫化物和硫酸盐（按 SO_3 质量计，%）	<0.5	<0.5	<0.5
轻物质（按质量计，%）	<1.0	<1.0	<1.0
机制砂母岩抗压强度	火成岩不应小于100MPa；变质岩不应小于80MPa；水成岩不应小于60MPa		
表观密度	>2500kg/m³		
松散堆积密度	>1350kg/m³		
空隙率	<47%		
碱集料反应	经碱集料反应试验后，试件无裂缝、酥裂、胶体外溢等现象，在规定龄期的膨胀率应小于0.10%		

①天然Ⅲ级砂用做路面时，含泥量应小于3%；用做贫混凝土基层时，可小于5%。
②亚甲蓝试验MB试验方法按现行《公路水泥混凝土路面施工技术规范》的规定进行。

细集料的级配要求应符合表7-13的规定，路面和桥面用天然砂宜为中砂，也可使用细度模数在2.0~3.5之间的砂。同一配合比用砂的细度模数变化范围不应超过0.3，否则，应分别堆放，并调整配合比中的砂率后使用。

细集料级配范围　　　　　　　　表7-13

砂分级	方筛孔尺寸（mm）					
	0.15	0.30	0.60	1.18	2.36	4.75
	累计筛余（以质量计，%）					
粗砂	90~100	80~95	71~85	35~65	5~35	0~10
中砂	90~100	70~92	41~70	10~50	0~25	0~10
细砂	90~100	55~85	16~40	0~25	0~15	0~10

路面和桥面混凝土所使用的机制砂除应符合表7-12和表7-13的规定外，还应检验砂浆磨光值，其值宜大于35，不宜使用抗磨性较差的泥岩、页岩、板岩等水成岩类母岩品种生产机制砂。配制机制砂混凝土应同时掺引气高效减水剂。

在河砂资源紧缺的沿海地区，二级及二级以下公路混凝土路面和基层可使用淡化海砂，缩缝设传力杆的混凝土路面不宜使用淡化海砂；钢筋混凝土及钢纤维混凝土路面和桥面不得使用淡化海砂。淡化海砂除应符合表7-12和表7-13的要求外，淡化海砂带入每立方米混凝土中的含盐量不应大于1.0kg；淡化海砂中碎贝壳等甲壳类动物残留物含量不应大于1.0%；与河砂对比试验，淡化海砂应对砂浆磨光值、混凝土凝结时间、耐磨性、弯拉强度等无不利影响。

（五）水

凡饮用水可直接使用。对水质有疑问时，经检验，搅拌及养护用水中的有害杂质含量符合下述规定者可使用。硫酸盐含量（按 SO_4^{-2} 计）小于 2.7mg/cm³；含盐量不超过

5mg/cm³；pH 值不小于 4；不含有油污、泥和其他有害杂质。

（六）外加剂

为改善混凝土的技术性能，往往在混凝土拌制过程中加入适宜的外加剂，其用量一般不超过水泥用量的 5％。常用的外加剂有流变剂、调凝剂及引气剂三大类。外加剂的产品质量应符合表 7-14 的各项技术指标。供应商应提供有相应资质外加剂检测机构的品质检验报告，检验报告应说明外加剂的主要化学成分，认定对人员无毒副作用。

混凝土外加剂产品的技术性能指标 表 7-14

试验项目		普通减水剂	高效减水剂	早强减水剂	缓凝高效减水剂	缓凝减水剂	引气减水剂	早强剂	缓凝剂	引气剂
减水率（％）		≥8	≥12	≥8	≥15	≥8	≥12	—	—	≥6
泌水率比（％）		≤95	≤90	≤95	≤100	≤100	≤70	≤100	≤100	≤70
含气量（％）		≤3.0	≤4.0	≤3.0	<4.5	<5.5	>3.0	—	—	>3.0
凝结时间（min）	初凝	−90～+120	−90～+120	−90～+90	>+90	>+90	−90～+120	−90～+90	>+90	−90～+120
	终凝									
抗压强度比（％）	1d		≥140	≥140			≥135			
	3d	≥115	≥130	≥130	≥125	≥100	≥115	≥130	≥100	≥95
	7d	≥115	≥125	≥115	≥125	≥110	≥110	≥110	≥100	≥95
	28d	≥110	≥120	≥105	≥120	≥110	≥100	≥100	≥100	≥90
28d 收缩率比（％）		≤120	≤120	≤120	≤120	≤120	≤120	≤120	≤120	≤120
抗冻等级		50	50	50	50	50	200	50	50	200
对钢筋的锈蚀作用		应说明对钢筋无锈蚀危害								

注：1. 除含气量外，表中数据为掺外加剂的混凝土与基准混凝土的差值或比值；
2. 凝结时间指标"—"表示提前，"+"表示延缓。

引气剂应选用表面张力降低值大、水泥稀浆中起泡容量多而细密、泡沫稳定时间长、不溶残渣少的产品。有抗冰（盐）冻要求地区，各交通等级路面、桥面、路缘石、路肩及贫混凝土基层必须使用引气剂；无抗冰（盐）冻要求地区，二级及二级以上公路路面混凝土中应使用引气剂。

各交通等级路面、桥面混凝土宜选用减水率大、坍落度损失小、可调控凝结时间的复合型减水剂。高温施工宜使用引气缓凝（保塑）（高效）减水剂；低温施工宜使用引气早强（高效）减水剂。选定减水剂品种前，必须与所用的水泥进行适应性检验。

处在海水、海风、氯离子、硫酸根离子环境的或冬季洒除冰盐的路面或桥面钢筋混凝土、钢纤维混凝土中宜掺阻锈剂。

（七）钢筋

各交通等级混凝土路面、桥面和搭板所用钢筋网、传力杆、拉杆等钢筋应符合国家有关标准的技术要求。钢筋应顺直，不得有裂纹、断伤、刻痕、表面油污和锈蚀。传力杆钢筋加工时应锯断，而不得挤压切断。断口应垂直、光圆，用砂轮打磨掉毛刺，并加工成 2～3mm 圆倒角。

（八）钢纤维

用于公路混凝土路面和桥面的钢纤维除应满足现行《混凝土用钢纤维》的规定外。单丝钢纤维抗拉强度不宜小于600MPa，钢纤维长度应与混凝土粗集料最大公称粒径相匹配，最短长度宜大于粗集料最大公称粒径的1/3；最大长度不宜大于粗集料最大公称粒径的2倍；钢纤维长度与标称值的偏差不应超过±10%。

路面和桥面混凝土中，宜使用防锈蚀处理的钢纤维；宜使用有锚固端的钢纤维。不得使用表面磨损前后裸露尖端导致行车不安全的钢纤维；不宜使用搅拌易成团的钢纤维。

（九）接缝材料

1. 胀缝板

应选用能适应混凝土面板膨胀收缩、施工时不变形、弹性复原率高、耐久性良好的材料。高速公路、一级公路宜采用塑胶、泡沫橡胶板或沥青纤维板。其他等级公路可采用各种胀缝板。其技术要求应符合表7-15的规定。

胀缝板的技术要求 表7-15

试验项目	胀缝板种类		
	木材类	塑胶、橡胶泡沫类	纤维类
压缩应力（MPa）	5.0～20.0	0.2～0.6	2.0～10.0
弹性复原率（%）	≥55	≥90	≥65
挤出量（mm）	<5.5	<5.0	<3.0
弯曲荷载（N）	100～400	0～50	5～40

注：各类胀缝板吸水后的压缩应力不应小于不吸水的90%，木板应去除节子，沥青浸泡后木板厚度应为（20～25）±1mm。

2. 填缝料

填缝材料应具有与混凝土板壁粘结牢固，回弹性好，不溶于水、不渗水，高温时不挤出、不流淌，抗嵌入能力强，耐老化龟裂，负温拉伸量大，低温时不脆裂，耐久性好等性能。常用填缝材料有常温施工式和加热施工式两种，其技术指标分别符合表7-16和表7-17的规定。常温施工式填缝料主要有聚（氨）脂、硅树脂、氯丁橡胶、沥青橡胶类等。加热施工式填缝料主要有沥青玛蹄脂类、聚氯乙烯胶泥类、改性沥青类等。高速公路、一级公路应优先使用树脂类、橡胶类或改性沥青类的填缝材料，并宜在填缝料中加入耐老化剂。二级及其以下公路可采用各种性能符合要求的填缝材料。

常温施工式填缝料技术标准 表7-16

试验项目	低弹性型	高弹性型	试验项目	低弹性型	高弹性型
失粘（固化）时间（h）	6～24	3～16	（−10℃）拉伸量（mm）	≥15	≥25
弹性复原率（%）	≥75	≥90	与混凝土粘结强度（MPa）	≥0.2	≥0.4
流动度（mm）	0	0	粘结延伸率（%）	≥200	≥400

注：低弹性型适宜在气候严寒、寒冷地区使用；高弹性型适宜在气候炎热、温暖地区使用。

加热施工式填缝料技术标准 表7-17

试验项目	低弹性型	高弹性型	试验项目	低弹性型	高弹性型
针入度（0.01mm）	<50	<90	流动度（mm）	<5	<2
弹性复原率（%）	≥30	≥60	（−10℃）拉伸量（mm）	≥10	≥15

3. 背衬垫条

填缝时应使用背衬垫条控制填缝形状系数。背衬垫条应具有良好的弹性、柔韧性，不吸水、耐酸碱腐蚀和在热填缝时高温不软化等性能。背衬垫条材料有聚（氨）酯、橡胶或塑料微孔泡沫等，其形状应为圆柱形，直径应比接缝宽度大 2～5mm。

（十）其他材料

1. 油毡、玻纤网和土工织物

当使用油毡、玻纤网和土工织物做防裂层及修补基层裂缝时，油毡的物理力学性能应符合现行《石油沥青玻璃纤维胎油毡》或《石油沥青玻璃布胎油毡》的规定；玻纤网和土工织物的技术性能应满足现行《公路土工合成材料应用技术规范》的规定。

2. 传力杆套（管）帽、沥青及塑料薄膜

（1）用于滑模摊铺传力杆自动插入装置（DBI）缩缝传力杆塑料套管，其管壁厚度不应小于 0.5mm，套管与传力杆应密切贴合，套管长度应比传力杆一半长度长 30mm。

（2）用于胀缝传力杆端部的套帽宜采用镀锌管或塑料管，厚度不应小于 2.0mm；要求端部密封不透水，内径宜较传力杆直径大 1.0～1.5mm，塑料套帽长度宜为 100mm 左右，镀锌套帽长度宜为 50mm 左右，顶部空隙长度均不应小于 25mm。

（3）用于滑动封层的石油沥青、改性沥青和乳化沥青，应符合现行《公路沥青路面施工技术规范》和《公路改性沥青路面施工技术规范》的规定。

（4）用于滑动封层的软聚氯乙烯吹塑或压延塑料薄膜厚度不应小于 0.12mm，拉伸强度不应小于 12.0MPa，直角撕裂强度不应小于 400N/mm。用于混凝土路面养护的塑料薄膜可为聚氯乙烯、聚乙烯、聚丙稀等品种，厚度不宜小于 0.05mm。

3. 养护剂

用于水泥混凝土路面施工养护的养护剂，喷洒后薄膜应密封性好、保水率高、强度和耐磨性损失小、干燥快、储存时间长而稳定、耐雨水冲刷。不得使用易被雨水冲刷掉的和对混凝土强度有影响的养护剂。

养护剂的品种主要有水玻璃型、石蜡型和聚合物型三大类。乳化石蜡养护剂保水率较高，但不耐磨；聚合物型保水率居中，特点是易被雨水冲掉，属于易溶型养护剂；水玻璃型养护剂保水率较低，但可增强耐磨性，属于耐磨型养护剂。养护剂性能应符合表 7-18 的规定。

混凝土路面施工用养护剂的技术指标　　　　表 7-18

检验项目		一级品	合格品	检验项目	一级品	合格品
有效保水率[①]，不小于（%）		90	75	含固量，不小于（%）	20	
抗压强度比[②]，不小于（%）	7d	95	90	干燥时间，不短于（h）	4	
	28d	95	90	成膜后浸水溶解性[④]	应注明不溶或可溶	
有效保水率[①]，不小于（%）		90	75			
磨损量[③]，不大于（kg/m²）		3.0	3.5	成膜耐热性	合格	

[①] 有效保水率试验条件：温度 38±2℃；相对湿度 32%±3%；风速 0.5±0.2m/s；失水时间 72h；
[②] 抗压强度比也可为弯拉强度比，指标要求相同，可根据工程需要和用户要求选测；
[③] 在对耐磨性要求的表面上使用养护剂时为必检项目；
[④] 露天养护的永久性表面，必须为不溶；在要求继续浇筑的混凝土结构上使用，应使用可溶，该指标由供需双方协商。

三、配合比设计

混凝土配合比设计的目标是根据使用要求和经济合理性,确定混凝土拌合物各种成分的配合比例,其主要任务是选择水灰(胶)比、用水量和砂率。配合比设计的程序是先根据试验参数和已有经验初拟设计配合比,然后根据反复调整和试验得到设计配合比,最后根据现场条件、施工具体情况和气候条件得到施工配合比。普通混凝土配合比设计适用于滑模摊铺机、轨道摊铺机、三辊轴机组及小型机具四种施工方式。本节主要介绍普通混凝土配合比的设计,钢纤维混凝土、碾压混凝土和贫混凝土的配合比设计可参见现行《公路水泥混凝土路面施工技术规范》的方法进行。

(一)外加剂的使用

1. 调整凝结时间

混凝土拌合物高温施工时的初凝时间不得小于 3h,小于 3h 时应采取缓凝措施,使用缓凝(保塑)型减水剂或适当加大其剂量;低温施工时的终凝时间不得大于 10h,可使用促凝剂、早强剂、防冻剂,大于 10h 时,亦应采取必要的促凝、防冻措施。

2. 外加剂掺量

外加剂掺量应由混凝土试配试验确定。引气剂的适宜掺量应通过测定搅拌机口拌合物的含气量进行控制。实际路面和桥面引气混凝土的抗冰冻、抗盐冻耐久性,宜按照现行《公路水泥混凝土路面施工技术规范》规定的钻芯法测定,测定位置:路面为表面和表面下 50mm;桥面为表面和表面下 30mm;测得的上下两个表面的最大平均气泡间距系数不宜超过表 7-19 的规定。

混凝土路面和桥面最大平均气泡间距系数   表 7-19

环境	公路技术等级	高速、一级公路	其他等级公路
严寒地区	冰冻	275	300
	盐冻	225	250
寒冷地区	冰冻	325	350
	盐冻	275	300

3. 防止絮凝现象

减水剂与引气剂或其他外加剂复合掺用或复配时,应注意它们的可共溶性,防止外加剂溶液发生絮凝现象。如产生絮凝现象,应分别稀释并分别加入。

(二)配合比参数的计算

1. 水灰(胶)比的计算和确定

(1)根据粗集料的类型,水灰比可分别按下列统计公式计算:

碎石或碎卵石混凝土: $W/C = 1.5684/(f_c + 1.0097 - 0.3595 f_s)$ (7-2)

卵石混凝土: $W/C = 1.2618/(f_c + 1.5492 - 0.4709 f_s)$ (7-3)

上面两式中,W/C 为水灰比;f_s 为水泥实测 28d 抗折强度(MPa);其余符号同前。

(2)掺入粉煤灰时,应计入超量取代法中代替水泥的那一部分粉煤灰用量 F,用水胶比 $W/(C+F)$ 代替水灰比 W/C。

(3)在满足弯拉强度计算值和耐久性两者要求的水灰(胶)比中取较小值。

2. 砂率

根据砂的细度模数和粗集料的种类，按表 7-20 取值，在软拉抗滑构造的条件下，砂率在表 7-20 的基础上可增大 1%～2%。硬刻槽时，则不必增大砂率。

砂的细度模数与最优砂率的关系　　表 7-20

砂的细度模数		2.2～2.5	2.5～2.8	2.8～3.1	3.1～3.4	3.4～3.7
砂率 S_p（%）	碎石混凝土	30～34	32～36	34～38	36～40	38～42
	卵石混凝土	28～32	30～34	32～36	34～38	36～40

注：碎卵石可在碎石和卵石混凝土之间内插取值。

3. 单位用水量 W_0

混凝土拌合物单位体积用水量可根据粗集料的类型和适宜的坍落度分别按下列统计公式计算。

碎石混凝土：　　　　$W_0 = 104.97 + 0.309S_L + 11.27C/W + 0.61S_p$　　　（7-4）

卵石混凝土：　　　　$W_0 = 86.89 + 0.370S_L + 11.24C/W + 1.00S_p$　　　（7-5）

上面两式中，W_0 为不掺外加剂与掺合料混凝土的单位用水量（kg/m³）；S_L 为坍落度（mm）；S_p 为砂率（%）。C/W 为灰水比，是水灰比的倒数。

掺外加剂的混凝土单位用水量按式（7-6）计算。

$$W_{0w} = W_0(1 - \beta/100)$$　　　（7-6）

式中，W_{0w} 为掺外加剂的混凝土的单位用水量（kg/m³）；β 为所用外加剂剂量的实测减水率（%）。单位用水量应取计算值和表 7-3 或表 7-4 的规定值两者中的较小值。若实际单位用水量仅掺引气剂不满足所取数值，则应掺入引气（高效）减水剂，三、四级公路也可采用真空脱水工艺。

单位水泥用量采用式（7-7）计算。

$$C_0 = (C/W)W_0$$　　　（7-7）

式中，C_0 为单位水泥用量（kg/m³）；其余符号意义同前。

4. 配合比计算方法

砂石料用量可按密度法或体积法计算。按密度法计算时，混凝土单位质量可取 2400～2450kg/m³；按体积法计算时，应计入设计含气量。采用超量取代法掺用粉煤灰时，超量部分应代替砂，并折减用砂量。经计算得到的配合比，应验算单位粗集料填充体积率，且不宜小于 70%。重要路面、桥面工程应采用正交试验法进行配合比优选。

采用真空脱水工艺时，可采用比经验公式（7-4）和式（7-5）计算值略大的单位用水量，但在真空脱水后，扣除每立方米混凝土实际吸除的水量，剩余单位用水量和剩余水灰（胶）比分别不宜超过表 7-4 最大单位用水量和表 7-6 最大水灰（胶）比的规定。真空脱水混凝土抗压强度试件成型方法可参考《公路水泥混凝土路面施工技术规范》的规定。

混凝土拌合物掺粉煤灰时，其配合比计算按现行《粉煤灰混凝土应用技术规范》中的超量取代法进行。粉煤灰掺量应根据水泥中原有的掺合材料数量和混凝土弯拉强度、耐磨性等要求由试验确定。Ⅰ、Ⅱ级粉煤灰的超量系数可按表 7-21 初选。代替水泥的粉煤灰掺量：Ⅰ型硅酸盐水泥宜小于等于 30%；Ⅱ型硅酸盐水泥宜小于等于 25%；道路水泥宜小于等于 20%；普通水泥宜小于等于 15%；矿渣水泥不得掺粉煤灰。

各级粉煤灰的超量取代系数 表 7-21

粉煤灰等级	Ⅰ	Ⅱ	Ⅲ
超量取代系数 k	1.1~1.4	1.3~1.7	1.5~2.0

(三) 配合比的确定与调整

1. 试配检验和调整

由上述各经验公式推算得出的普通混凝土配合比，应在实验室内按下述步骤和现行《公路工程水泥混凝土试验规程》规定的方法进行试配检验和调整。

(1) 首先检验各种混凝土拌合物是否满足不同摊铺方式的最佳工作性要求。检验项目包括含气量、坍落度及其损失、振动黏度系数、改进 VC 值、外加剂品种及其最佳掺量。在工作性和含气量不满足相应摊铺方式要求时，可在保持水灰（胶）比不变的前提下调整单位用水量、外加剂掺量或砂率，不得减小满足计算弯拉强度及耐久性要求的单位水泥用量、钢纤维体积率。

(2) 对于采用密度法计算的配合比，需实测拌合物视密度，并按视密度调整配合比，调整时，水灰比不得增大，单位水泥用量、钢纤维掺量不得减小，调整后的拌合物视密度允许偏差为±2.0%。实测拌合物含气量 α（%）及其偏差应满足表 7-5 的规定，不满足要求时，应调整引气剂掺量直至达到规定含气量。

(3) 以初选水灰（胶）比为中心，按 0.02 增减幅度选定 2~4 个水灰（胶）比，制作试件，检验混凝土 7d 和 28d 配制弯拉强度、抗压强度、耐久性等指标（有抗冻性要求的地区，抗冻性为必测项目，耐磨性及干缩为选测项目）。也可保持计算水灰（胶）比不变，以初选单位水泥用量为中心，按 15~20kg/m³ 增减幅度选定 2~4 个单位水泥用量。钢纤维混凝土还应以选定的钢纤维掺量为中心，按 0.1% 增减幅度选定 2~4 个钢纤维掺量，制作试件并做上述各项检验。

(4) 施工单位通过上述各项指标检验提出的配合比，在经监理或建设方中心实验室验证合格后，方可确定为实验室基准配合比。

2. 实验室基准配合比的调整

实验室基准配合比应通过搅拌楼实际拌和检验和不小于 200m 试验路段的验证，并应根据料场砂石料含水量、拌合物实测视密度、含气量、坍落度及其损失，调整单位用水量、砂率或外加剂掺量。调整时，水灰（胶）比、单位水泥用量、钢纤维体积率不得减小。考虑施工中原材料含泥量、泥块含量、含水量变化和施工变异性等因素，单位水泥用量应适当增加 5~10kg。满足试拌试铺的工作性、28d（至少 7d）配制弯拉强度、抗压强度和耐久性等要求的配合比，经监理工程师或建设方批准后方可确定为施工配合比。

3. 施工期间配合比的微调与控制

根据施工季节、气温和运距等的变化，可微调缓凝（高效）减水剂、引气剂或保塑剂的掺量，保持摊铺现场的坍落度始终适宜于铺筑，且波动最小。

降雨后，根据每天不同时间的气温及砂石料实际含水量变化，微调加水量，同时微调砂石料称量，其他配合比参数不得变更，维持施工配合比基本不变。雨天或砂石料变化时应加强控制，保持现场拌合物工作性始终适宜于摊铺和稳定。

第二节 施 工 准 备

一、机械选型和配套

1. 主导机械

混凝土摊铺机作为第一主导机械，搅拌机作为第二主导机械。选择主导机械要保证施工质量和进度要求，另外要考虑到施工单位技术人员素质、管理水平和购买能力等。保证主导机械发挥最大效率，配套机械要适量。根据公路等级的不同，混凝土路面的施工宜按表 7-22 选择主导施工机械。

与公路等级相适应的机械设备　　　　表 7-22

主导机械类型	高速公路	一级公路	二级公路	三级公路	四级公路
滑模摊铺机	√	√	√	▲	○
轨道摊铺机	▲	√	√	√	○
三辊轴机组	○	▲	√	√	√
小型机具	×	○	▲	√	√
碾压混凝土机械	×	×	√	√	▲
计算机自动控制强制搅拌楼（站）	√	√	√	▲	○
强制搅拌楼（站）	×	○	▲	√	√

注：1. 符号含义：√应使用；▲有条件使用；○不宜使用；×不得使用；
　　2. 各等级公路均不得使用体积计量、小型自落滚筒式搅拌机，严禁使用人工控制加水量；
　　3. 碾压混凝土也可用于高速公路、一级公路复合式路面的下面层和贫混凝土基层。

2. 配套机械

根据运输距离和运量选择运输车辆。前方（道路现场）系统配套机械包括纵向修光机（匀料机）、插入式振捣器、养护剂喷洒器、纹理制作机、切缝机、灌缝机、洒水车及移动发电机等。后方（拌和厂）系统配套机械包括装载机、翻斗车、集料箱、地磅、供水泵、计量水泵及移动发电机等。各种机械设备要充分发挥效能。

二、施工组织

1. 技术交底

施工前，建设单位负责组织设计、施工、监理单位进行技术交底。

2. 确定施工方案

施工单位根据设计图纸、合同文件、摊铺方式、机械设备、施工条件等编制混凝土路面施工工艺流程，确定施工方案，编制详细的施工组织设计。

3. 人员培训

施工前，施工单位对施工、试验、机械、管理等岗位的技术人员和各工种技术工人进行培训。未经培训的人员不得单独上岗操作。

4. 复桩

施工单位根据设计文件，校核平面和高程控制桩，复测和恢复路面中心线、边缘全部基本标桩，测量精度应满足相应规范的规定。

5. 现场试验室

施工工地应建立具备相应资质的现场试验室。施工单位在备料和施工过程中,能够对混凝土原材料、配合比和路面质量进行检测和控制,包括调查取样、定期抽检和试验分析,提供符合要求的原材料和配合比试验报告,控制拌合物工作性,提供符合交工检验、竣工验收和计量支付要求的自检结果,包括弯拉强度、钻芯劈裂强度、平整度、板厚、构造深度等。

6. 运输道路

提前建成施工道路上的各种桥涵、通道等构造物。确有困难不能通行时,则建成施工便道。施工时应确保运送混凝土的道路基本平整、畅通,不得延误运输时间或碾坏基层或桥面。施工中应采取措施,保证交通运输有序、安全地进行。

7. 通信调度

建立摊铺现场和搅拌站之间快速有效的通信联络。在施工进行中,指挥台必须有专人不间断值班,随时联络,及时进行生产调度和指挥。

三、搅拌场设置

1. 搅拌场位置

搅拌场宜设置在摊铺路段的中间位置。搅拌场内部布置应满足原材料储运、混凝土运输、供水、供电、钢筋加工等使用要求,并尽量紧凑,减少占地。搅拌楼应安装在上风头。确因地形等条件限制,砂石料堆场面积不足时,可在搅拌场附近设置砂石料储备转运场。

2. 水电和燃料供应

(1) 混凝土搅拌场应解决搅拌、清洗、养护用水的供应,并保证水质。水源供水量不足时,搅拌场宜设置与日搅拌量相适应的蓄水池。

(2) 混凝土搅拌场要保证有充足的电力供应,电力总容量需考虑全部施工用电设备、夜间施工照明及生活用电。

(3) 施工单位需确保摊铺机械、运输车辆及发电机等动力设备的燃料供应。离加油站较远的工地应设置油罐或油料储备库,并保证其防火、防盗安全。

3. 水泥、粉煤灰的储存和供应

每台搅拌楼至少配备2个水泥罐仓,如掺粉煤灰还应至少配备1个粉煤灰罐仓。当水泥的日用量很大,需要两家以上的水泥厂供应水泥时,不同厂家的水泥,应清仓再灌,并分罐存放。严禁粉煤灰与水泥混罐。

应确保施工期间的水泥和粉煤灰供应。供应不足或运距较远时,应储备和使用吨包装水泥或袋装粉煤灰,并准备水泥仓库、拆包及输送入灌设备。水泥仓库应覆盖或设置顶篷防雨,并应设置在地势较高处,严禁水泥、粉煤灰受潮或浸水。

4. 砂石料储备

在施工前,储备正常施工10~15d的砂石料。料场建在地势较高、排水通畅的位置,其底部采用胶凝材料处理或水泥混凝土硬化处理,严禁堆积料受到水和泥土污染。不同规格的砂石料之间需设有隔离设施,严禁混杂。

在冬季、雨期和热天施工条件下,在砂石料堆上部架设防雨、防雪、隔晒顶篷或覆盖帆布,覆盖材料的数量不宜少于正常施工时7d的用量。不得直接使用淌水、夹冰雪和局部曝晒过热的砂石料搅拌混凝土。

5. 其他事项

搅拌场原材料运输与混凝土运输车辆不得相互干扰，应设置车辆进出道口的环形道路，每台或每两台安装在一起的搅拌楼需设相对独立的运料进出口，并有临时停车场。搅拌楼下装车部位铺筑厚度不小于200mm的混凝土铺装层，并设置清洗污水排放管沟、积水渗水坑或清洗搅拌楼的废水处理回收设备。

四、摊铺前材料与设备检查

1. 实地调查与优选

在施工准备阶段，依据混凝土路面设计要求、工程规模，对当地及周边的水泥、钢材、粉煤灰、外加剂、砂石料、水资源、电力、运输等状况进行实地调研，确认符合铺筑混凝土路面的原材料质量、品种、规格、原材料的供应量、供应强度和供给方式、运距等。通过调研优选，初步选择原材料供应商。

开工前，工地实验室对计划使用的原材料进行质量检验和混凝土配合比优选，监理工程师应对原材料抽检和配合比试验验证，报请业主正式审批。

2. 原材料进场要求

根据摊铺施工进度安排，保证及时地供给各种合格的原材料。分批量检验原材料的品质，不合格的原材料不得进场。做好所有原材料进出场的称量、登记、储存、保管、签发等管理工作。应将相同料源、规格、品种的原材料作为一批，分批量检验和储存。原材料的检验项目和批量应符合表7-23的要求。

混凝土原材料检测项目和频率　　　　　　表7-23

材料	检查项目	检查频度	
		高速公路、一级公路	其他等级公路
水泥	抗折强度、抗压强度、安定性	机铺1500t，1批	机铺1500t，小型机具500t，1批
	凝结时间、标准稠度用水量、细度	机铺2000t，1批	机铺3000t，小型机具500t，1批
	f-CaO、MgO、SO_3含量，铝酸三钙、铁铝酸四钙、干缩率、耐磨性、碱度、混合材料种类及数量	每标段不少于3次，进场前必测	每标段不少于3次，进场前必测
	温度、水化热	冬期、暑期施工随时检测	冬期、暑期施工随时检测
粉煤灰	活性指数、细度、烧失量	机铺1500t，1批	机铺1500t，小型机具500t，1批
	需水量比、SO_3含量	每标段不少于3次，进场前必测	每标段不少于3次，进场前必测
粗集料	针片状、超径颗粒含量、级配、表观密度、堆积密度、空隙率	机铺2500m³，1批	机铺5000m³，小型机具1500m³，1批
	含泥量、泥块含量	机铺1000m³，1批	机铺2000m³，小型机具1000m³，1批
	坚固性、岩石抗压强度、压碎值指标	每种粗集料每标段不少于2次	每种粗集料每标段不少于2次
	碱集料反应	怀疑有碱活性集料，进场前测	怀疑有碱活性集料，进场前测
	含水量	降雨或湿度变化随时测	降雨或湿度变化随时测

续表

材料	检查项目	检查频度	
		高速公路、一级公路	其他等级公路
砂	细度模数、表观密度、堆积密度、空隙率、级配	机铺2000m³，1批	机铺4000m³，小型机具1500m³，1批
	含泥量、泥块、石粉含量	机铺1000m³，1批	机铺2000m³，小型机具500m³，1批
	坚固性	每种砂每标段不少于3次	每种砂每标段不少于3次
	云母含量、轻物质与有机质含量	目测有云母或杂质时测	目测有云母或杂质时测
	含盐量（硫酸盐、氯盐）	必要时测，淡化海砂每标段3次	必要时测，淡化海砂每标段2次
	含水量	降雨或湿度变化随时测	降雨或湿度变化随时测
外加剂	减水剂减水率、液体外加剂的含固量和相对密度、粉状外加剂的不溶物含量	机铺5t，1批	机铺5t，小型机具3t，1批
	引气剂引气量、气泡细密程度和稳定性	机铺2t，1批	机铺3t，小型机具1t，1批
钢纤维	抗拉强度、弯折性能、长度、长径比、形状	开工前或有变化时，每标段3次	开工前或有变化时，每标段3次
	杂质、质量及其偏差	机铺50t，1批	机铺50t，小型机械30t，1批
养护剂	有效保水率、抗压强度比、耐磨性、耐热性、膜水溶性	开工前或有变化时，每标段3次	开工前或有变化时，每标段3次
	含固量、成膜时间	试验路段测，施工每5t测1次	试验路段测，施工每5t测1次
水	pH值、含盐量、硫酸根及杂质含量	开工前或水源有变化时	开工前或水源有变化时

注：1. 开工前，所有原材料项目均应检验；当原材料规格、品种、生产厂、来源变化时，必测；

2. 机铺是指滑模、轨道、三辊轴机组和碾压混凝土摊铺，数量不足一批时，按一批检验。

3. 施工机械

施工前必须对机械设备、测量仪器、基准线或模板、机具工具及各种试验仪器等进行全面的检查、调试、校核、标定、维修和保养。主要施工机械的易损零部件需有适量储备。

五、路基、基层和封层的检测与整修

1. 路基

路基应稳定、密实、均质，对路面结构提供均匀的支承。对桥头、软基、高填方、填挖方交界等处的路基段，应进行连续沉降观测，并采取切实有效的措施保证路基的稳定性。

2. 基层和垫层

基层和垫层应符合现行《公路水泥混凝土路面设计规范》和《公路路面基层施工技术规范》。基层纵、横坡一般可与面层一致，但横坡可略大 0.15%～0.20%，并不得小于路面横坡。硬路肩厚度薄于面板时，设排水基层或排水盲沟。缘石和软路肩底部应有渗透排水措施。面层铺筑前，宜至少提供足够机械连续施工 10d 以上的合格基层。

面板铺筑前，对基层进行全面的破损检查，当基层产生纵、横向断裂、隆起或碾坏时，采取有效措施进行彻底修复。

清除所有挤碎、隆起、空鼓的基层，并使用相同的基层料重铺，同时设胀缝板横向隔开，胀缝板与路面胀缝或缩缝上下对齐。当基层产生非扩展性温缩、干缩裂缝时，灌沥青密封防水，并在裂缝上粘贴油毡、土工布或土工织物，其覆盖宽度需不小于 1000mm；距裂缝最窄处不得小于 300mm。当基层产生纵向扩展裂缝时，应分析原因，采取有效的路基稳固措施根治裂缝，且宜在纵向裂缝所在的整个面板内，距板底 1/3 高度增设补强钢筋网，补强钢筋网到裂缝端部不宜短于 5m。

基层被碾坏成坑或破损面积较小的部位，应挖除并采用贫混凝土局部修复。对表面严重磨损裸露粗集料的部位，宜采用沥青封层处理。

贫混凝土基层宜采用与面板相同机械铺筑，可采用普通混凝土面层四种施工方式中的任一种。

3. 封层

在高速公路和一级公路的半刚性上基层表面，宜喷洒热沥青和石屑（2～3m³/100m²）做滑动封层，或做乳化沥青稀浆封层。沥青封层或乳化沥青稀浆封层的厚度不宜小于 5mm。在各交通等级有可能被水淹没浸泡路面的路段，可采用较厚的坚韧塑料薄膜或密闭土工膜覆盖基层防水。

当封层出现局部损坏时，摊铺前应采用相同的封层材料进行修补，经质量检验合格，并由监理工程师签认后，方可铺筑水泥混凝土面层。

4. 硬路肩与路缘石

当采用滑模摊铺机，设置为悬臂式摊铺硬路肩或连体施工路缘石时，路肩底部基层位置应与摊铺路肩和缘石外侧边相重合或略宽，土路肩降雨冲刷沟槽必须回填平整并夯实。

第三节 混凝土搅拌与运输

一、混凝土搅拌

搅拌场的配套容量和每台搅拌楼的配套设备需满足生产要求。水电供应可靠，原材料充足，最少不得少于当天施工用量。

（一）搅拌设备

搅拌场要具有足够的拌和能力。采用滑模、轨道、碾压、三辊轴机组摊铺时，搅拌场配置的混凝土总拌和生产能力按式（7-8）计算，并按总拌和能力确定所要求的搅拌楼数量和型号。

$$M = 60\mu \cdot b \cdot h \cdot V_t \tag{7-8}$$

式中，M 为搅拌楼的每小时拌和总能力（m³/h）；b 为摊铺宽度（m）；h 为水泥混凝土路面板厚度（m）；V_t 为摊铺速度（m/min）（≥1m/min）；μ 为搅拌楼可靠性系数，取 1.2～1.5，根据具体情况确定。搅拌楼可靠性高，μ 可取较小值；反之，μ 取较大值；拌和钢纤维混凝土时，μ 应取较大值；坍落度要求较低者，μ 应取较大值。

不同摊铺方式所要求的搅拌楼最小生产容量需满足表 7-24 的规定，一般不宜超过 4 台。可采用 1 台大产量搅拌楼或 2～3 台大中产量的搅拌楼配套。搅拌楼的规格和品牌尽可能统一。

混凝土路面不同摊铺方式所要求的搅拌楼最小生产容量（m^3/h） 表 7-24

摊铺宽度 \ 摊铺方式	滑模摊铺	轨道摊铺	碾压混凝土	三辊轴摊铺	小型机具摊铺
单车道 3.75～4.5m	≥100	≥75	≥75	≥50	≥25
双车道 7.5～9m	≥200	≥150	≥150	≥100	≥50
整幅宽≥12.5m	≥300	≥200	≥200	—	—

搅拌楼的配备需符合表 7-22 的规定。优先选配间歇式搅拌楼，也可使用连续式搅拌楼。连续式搅拌楼配备两个搅拌锅或一个足够长度的搅拌锅，并在搅拌锅上配备电视监控设备。每台搅拌楼配备自动供料、称量、计量设备，砂含水率测量反馈控制装置，外加剂加入装置，计算机控制自动配料操作系统和数据打印设备。每台搅拌楼配备 3～4 个砂石料仓，1～2 个外加剂池，3～4 个水泥及粉煤灰罐仓。使用袋装水泥时，还应配备水泥拆包、储存及输送设备。

（二）拌和技术要求

混凝土拌和过程中，原材料要符合要求，并精确配料。同时，调整好拌和机技术性能，合理使用外加剂，准确把握最佳拌和时间，控制好拌和质量。

1. 原材料与配料精度

混凝土拌和过程中，不得使用沥水、夹冰雪、表面沾染尘土和局部曝晒过热的砂石料。

每台搅拌楼在投入生产前，必须进行标定，并试拌正常。在标定有效期满或搅拌楼搬迁安装完毕，均应重新标定。施工中每 15d 校验一次搅拌楼计量精确度。搅拌楼配料计量误差不得超过表 7-25 的规定。不满足时，则分析原因，排除故障，保证拌和计量精度。采用计算机自动控制系统的搅拌楼时，使用自动配料生产，不得使用手动配料，并按需要打印每天（周、旬、月）对应摊铺桩号混凝土配料的统计数据及偏差。

搅拌楼的混凝土拌和计量允许偏差（%） 表 7-25

材料名称	水泥	掺合料	钢纤维	砂	粗集料	水	外加剂
高速公路、一级公路每盘	±1	±1	±2	±2	±2	±1	±1
高速公路、一级公路累计每车	±1	±1	±1	±2	±2	±1	±1
其他等级公路	±2	±2	±2	±3	±3	±2	±2

2. 最佳拌和时间

根据拌合物的黏聚性、均质性及强度稳定性由试拌确定最佳拌和时间。一般情况下，单立轴式搅拌机总拌和时间为 80～120s，全部原材料到齐后的最短纯拌和时间分别不宜短于40s；行星立轴和双卧轴式搅拌机总拌和时间为60～90s，最短纯拌和时间不宜短于35s；连续式双卧轴搅拌楼的最短拌合时间不宜短于40s，最长拌合时间不宜超过高限值的2倍。在保证拌合物质量的前提下，应科学编制搅拌计算机程序，合理压缩拌合时间，以增加混凝土的产量。

拌和引气混凝土时，搅拌楼一次拌和量不应大于其额定拌和量的90%。纯拌和时间应控制在含气量最大或较大时。

3. 外加剂的使用

外加剂以稀释溶液加入，其稀释用水和原液中的水量，从拌和加水量中扣除。使用间歇搅拌楼时，外加剂溶液浓度根据配合比试验确定的外加剂掺量、每盘外加剂溶液筒的容量和每盘水泥用量计算得出。连续式搅拌楼按流量比例控制加入外加剂。加入搅拌锅的外加剂需充分溶解，并搅拌均匀。有沉淀的外加剂溶液，每天清除一次稀释池中的沉淀物。

粉煤灰或其他掺合料采用与水泥相同的输送、计量方式加入。粉煤灰混凝土的纯拌和时间比不掺的延长10～15s。当同时掺用引气剂时，宜通过试验适当增大引气剂掺量，以达到规定含气量。

4. 拌和质量检验与控制

施工开始及搅拌过程中均应按表7-26规定的频率检验坍落度、坍落度损失、含气量、泌水率、混凝土凝结时间、砂石料含水量及混凝土重度等。在寒冷或炎热气候下施工，混凝土拌和物从搅拌机出料时的温度分别控制在10～35℃之间，并加测原材料温度、拌合物的温度、坍落度损失率和凝结时间等。

混凝土拌合物质量的检验项目和频率 表7-26

检验项目	检验频率	
	高速公路、一级公路	其他等级公路
水灰比及稳定性	每5000m³抽检1次，有变化随时测	每5000m³抽检1次，有变化随时测
坍落度及其均匀性	每工作班测3次，有变化随时测	每工作班测3次，有变化随时测
坍落度损失率	开工、气温较高和有变化随时测	开工、气温较高和有变化随时测
振动黏度系数	试拌、原材料和配合比有变化时测	试拌、原材料和配合比有变化时测
钢纤维体积率	每工作班测2次，有变化随时测	每工作班测1次，有变化随时测
含气量	每工作班测2次，有抗冻要求不小于3次	每工作班测2次，有抗冻要求不小于3次
泌水率	必要时测	必要时测
视密度	每工作班测1次	每工作班测1次
温度、凝结时间、水化发热量	冬季、夏季施工，气温最高、最低时，每工作班至少测1～2次	冬期、暑期施工，气温最高、最低时，每工作班测1次
离析	随时观察	随时观察
VC值及稳定度、压实度、松铺系数	碾压混凝土作复合式路面底层时，检查频率与其他公路相同	每工作班至少测3～5次，有变化时随时测

注：1. 混凝土拌合物振动黏度系数试验方法按现行《公路水泥混凝土路面滑模施工技术规程》的要求进行；
2. 钢纤维混凝土拌合物钢纤维体积率试验方法按现行《公路水泥混凝土路面施工技术规范》的要求进行。

混凝土拌合物应均匀一致，不得有未加水的干料、未拌匀的生料和离析等现象，干料和生料禁止用于路面摊铺。一台搅拌楼每盘之间和其他搅拌楼之间，混凝土拌合物的坍落度允许误差为±10mm。试拌及摊铺时的坍落度，应按最适宜摊铺的坍落度值加上当时气温下运料所耗时间的坍落度损失值确定。在雨天或阵雨后，应按砂石料实际含水率及时微调加水量。

5. 钢纤维混凝土的拌和

当钢纤维体积率较高、拌合物较干时，搅拌楼一次拌和量不宜大于其额定搅拌量的80%。拌合物中不得有钢纤维结团现象。

钢纤维混凝土搅拌的投料次序和方法以搅拌过程中钢纤维不产生结团和保证一定的生产率为原则，并通过试拌或根据经验确定。宜采用将钢纤维、水泥、粗细集料先干拌后加水湿拌的方法，也可采用钢纤维分散机在拌和过程中分散加入钢纤维。

钢纤维混凝土的拌和时间应通过现场搅拌试验确定，并应比普通混凝土规定的纯拌和时间延长20~30s，采用先干拌后加水的搅拌方式时，干拌时间不宜少于1min。

钢纤维混凝土严禁用人工拌和。当桥梁伸缩缝等零星工程使用少量的钢纤维混凝土时，可采用容量较小的搅拌机拌和，每种原材料应准确称量后加入，不得使用体积计量。采用小容量搅拌机拌和时，钢纤维混凝土总拌和时间比搅拌楼拌和时间延长1~2min，采用先干拌后加水的搅拌方式时，干拌时间不宜少于1.5min。

应保证钢纤维在混凝土中的分散性及均匀性，水洗法检测的钢纤维含量偏差不应大于设计掺量的±15%，检测方法应符合《公路水泥混凝土路面施工技术规范》的规定。

6. 碾压混凝土的拌和

对砂石料堆，全部覆盖防雨，堆底严防浸水。必要时，也要对砂石料仓、粉煤灰料斗、外加剂溶液池等作防雨覆盖。在装载机料斗和料仓内的砂石料不应有明显的湿度差别，严禁雨天拌和碾压混凝土。

拌和时，精确检测砂石料的含水率，根据砂石料含水率变化，快速反馈并严格控制加水量和砂石料用量。除搅拌楼应配备砂（石）含水率自动反馈控制系统外，每台班至少监测3次砂石料含水率。碾压混凝土的最短纯拌和时间比普通混凝土延长15~20s。

二、混凝土运输

（一）运输车辆

1. 运输车数量

机械摊铺系统配套的运输车数量，按式（7-9）计算：

$$N = 2n\left(1 + \frac{S\gamma_c m}{V_q g_q}\right) \tag{7-9}$$

式中，N 为运输车辆总数（辆）；n 为相同产量的搅拌楼台数；S 为单程运输距离（km）；γ_c 为混凝土的密度（t/m³）；m 为一台搅拌楼每小时的拌和能力（m³/h）；V_q 为车辆的运输平均速度（km/h）；g_q 为汽车载重能力（t/辆）。如果汽车装载质量不同，先按小吨位计算，再折合成大吨位的汽车数目。

2 运输车辆的要求

可选配车况优良、载重量5~20t的自卸车，自卸车后挡板要关闭紧密，运输时不漏浆撒料，车箱板需平整光滑。远距离运输或摊铺钢筋混凝土路面及桥面时，宜选配混凝土罐车。

(二) 运输技术要求

1. 运输时间

根据施工进度、运量、运距及路况，选配车型和车辆总数。总运力比总拌和能力略有富余。确保新拌混凝土在规定时间内运到摊铺现场。使用自卸汽车时，运输时间控制在1h以内；使用搅拌车时，运输时间控制在1.5h以内，必要时加缓凝剂。

运输到现场的拌合物必须具有适宜摊铺的工作性。不同摊铺工艺的混凝土拌合物从搅拌机出料到运输、铺筑完毕的允许最长时间应符合表7-27的规定。不满足时，则通过试验，加大缓凝剂或保塑剂的剂量。

混凝土拌合物运输、摊铺完毕允许最长时间　　　　表7-27

施工气温（℃）	到运输完毕允许最长时间（h）		到摊铺完毕允许最长时间（h）	
	滑模、轨道	三轴、小机具	滑模、轨道	三轴、小机具
5～9	2.0	1.5	2.5	2.0
10～19	1.5	1.0	2.0	1.5
20～29	1.0	0.75	1.5	1.25
30～35	0.75	0.50	1.25	1.0

注：施工气温指施工时间的日间平均气温，使用缓凝剂延长凝结时间后，本表数值可增加0.25～0.5h。

2. 技术要求

运输车辆在每次装混凝土前，均将车厢清洗干净并洒水湿润。运送混凝土的车辆，在装料时，应防止水分损失和混合料离析，每装一盘料挪动一下车位，卸料落差高度不得大于2m。驾驶员必须了解拌合物的运输、摊铺完毕允许的最长时间，超过摊铺允许最长时间的混凝土不得用于路面摊铺。混凝土一旦在车内停留超过初凝时间，则采取紧急措施处置，严禁混凝土硬化在车厢（罐）内。

混凝土运输过程中要防止漏浆、漏料和污染路面，途中不得随意耽搁。自卸车运输应尽量减小颠簸，防止拌合物离析。车辆起步和停车要平稳。烈日、大风、雨天和低温天远距离运输时，自卸车需遮盖混凝土，罐车宜加保温隔热套。

使用自卸车运输混凝土时，最大运输半径不宜超过20km，超过时，宜采用搅拌罐车运输混凝土。运输车辆在模板或导线区调头或错车时，严禁碰撞模板或基准线，一旦碰撞，应告知测工重新测量纠偏。

车辆倒车及卸料时，需有专人指挥。卸料要到位，严禁碰撞摊铺机和前场施工设备及测量仪器。卸料完毕，车辆迅速离开。碾压混凝土卸料时，车辆在前一辆车离开后立即倒向摊铺机，并在机前0～300mm处停住，不得撞击沥青摊铺机。然后换成空挡，并迅速升起料斗卸料，靠摊铺机推动前进。

第四节　混凝土路面铺筑

混凝土面层的铺筑是水泥混凝土路面施工的关键工序，有多种铺筑方法，如小型机具铺筑、三辊轴机组铺筑、轨道式摊铺机铺筑及滑模式摊铺机铺筑等。

一、滑模摊铺机铺筑

滑模摊铺机施工工艺包括机械设备的选型与配套、基准线设置、摊铺准备、布料、机械参数设定、铺筑作业、常见问题处理、自动抹平及清洗摊铺机等内容。

（一）机械设备

1. 滑模机选型

高速公路、一级公路主车道施工，宜选配一次能同时摊铺 2～3 个车道宽度（7.5～12.5m）的滑模摊铺机。二级及二级以下公路路面的最小摊铺宽度不得小于单车道宽度（3.75m）。硬路肩的摊铺宜选配中、小型多功能滑模摊铺机，并宜连体一次摊铺路缘石。滑模摊铺机可按表 7-28 的基本技术参数选择。

滑模摊铺机的基本技术参数表　　　　表 7-28

项目	发动机功率（kW）	摊铺宽度（m）	摊铺厚度（cm）	摊铺速度（m/min）	行走速度（m/min）	履带数（个）	整机自重（t）
三车道滑模摊铺机	200～300	12.5～16.0	0～50	0～3	0～15	4	57～135
双车道滑模摊铺机	150～200	3.6～9.7	0～50	0～3	0～18	2～4	22～50
多功能单车道滑模摊铺机	70～150	2.5～6.0	0～40 护栏高度 80～190	0～3	0～15	2，3，4	12～27
路缘石滑模摊铺机	≤80	<2.5	<45	0～5	0～10	2，3	≤10

2. 布料设备选配

滑模摊铺混凝土路面时，可配备 1 台挖掘机或装载机辅助布料。滑模连续摊铺通过前置式胀缝、缩缝传力杆支架，钢筋混凝土路面、桥面和桥头搭板时，严禁大型机械直接压在钢筋网及其支架上，必须配备适宜的布料机械。可因地制宜地选配如下布料机械：

（1）侧向上料的布料机。

（2）侧向上料的供料机。

（3）带侧向上料机构的滑模摊铺机。

（4）挖掘机加料斗侧向供料。

（5）吊车加短便桥钢凳，车辆直接卸料。

（6）吊车加料斗起吊布料。

3. 抗滑构造施工和切缝设备

滑模摊铺水泥混凝土路面宏观抗滑构造的施工，可采用拉毛养护机和人工软拉槽制作。工程规模大、日摊铺进度快时，宜采用拉毛养护机。高速公路、一级公路宜采用硬刻槽机制作，其刻槽宽度不宜小于 500mm，路面的切缝，可使用软锯缝机、支架式硬锯缝机和普通锯缝机。所配备的硬刻槽机和锯缝机数量及生产能力应与滑模摊铺进度相匹配。

4. 施工系统机械配套

使用一台滑模摊铺机施工混凝土路面时的主要机械设备、仪器、机具和工具配备，一般可参照表 7-29 的要求进行。

一台滑模摊铺机施工主要机械和机具配套表　　表 7-29

工作内容	主要施工机械设备	
	名　称	机型及规格
钢筋加工	钢筋锯断机、折弯机、电焊机	根据需要定规格和数量
测量基准线	水准仪、经纬仪、全站仪①	根据需要定规格和数量
	基准线、线桩及紧线器	300 个桩、5 个紧线器、3000m 基准线
搅拌	强制式搅拌楼	≥50（m³/h），数量由计算确定
	装载机	2~3m³
	发电机	≥120kW
	供水泵和蓄水池	≥250m³
运输	运罐车①	4~6m³，数量由匹配计算确定
	自卸车	4~24m³，数量由匹配计算确定
摊铺	布料机①、挖掘机、吊车等布料设备	根据需要定规格和数量
	滑模摊铺机 1 台	技术参数见表 7-28
	手持振捣棒、整平梁、模板	根据人工施工接头需要定
抗滑构造	拉毛养护机① 1 台	与滑模摊铺机同宽
	人工拉毛齿耙、工作桥	根据需要定规格和数量
	硬刻槽机①	刻槽宽度大于等于 500mm，数量与摊铺进度匹配
切缝	软锯缝机	根据需要定规格和数量
	常规锯缝机或支架锯缝机	根据需要定规格和数量
	移动发电机	12~60kW，数量由施工需要定
磨平	水磨石磨机	需要处理欠平整部位时
灌缝	灌缝机或插胶条工具	根据需要定规格和数量
养护	压力式喷洒机或喷雾器	根据需要定规格和数量
	工地运输车	4~6t，按需要定数量
	洒水车	4.5~8t，按需要定数量

① 可按装备、投资、施工方式等不同要求选配。

（二）基准线设置

1. 基准线的形式

根据我国的基层平整度现状，滑模摊铺水泥混凝土路面的施工需设置基准线。基准线设置形式视施工需要可采用单向坡双线式、单向坡单线式和双向坡双线式三种。

2. 基准线的设置

基准线宽度除应保证摊铺宽度外，尚应满足两侧 650~1000mm 横向支距的要求。基准线桩纵向间距：直线段不应大于 10m，竖、平曲线路段视曲线半径大小应加密布置，最小 2.5m。

线桩固定时，基层顶面到夹线臂的高度宜为 450~750mm，自基准线所在位置的路面边缘高程算起的基准线统一架设高度宜为 250~500mm。基准线桩夹线臂夹口到桩的水平距离宜为 300mm。夹线臂到桩顶垂直距离宜为 150mm。基准线桩应牢固打入基层 150~

250mm。一根基准线的最大长度不宜大于450m。基准线必须张紧,每侧基准线应施加不小于1000N的拉力。

3. 基准线精度

基准线设置精度应符合表7-30的要求。施工时宜达到规定值,验收时应满足最大允许偏差值的规定。基准线宜在摊铺前一天完成设置。基准线设置好以后,应进行校核复测,并注意防止弯道和渐变段出现差错。

基准线设置精度要求 表7-30

项目	中线平面偏位（mm）	路面宽度偏差（mm）	面板厚度（mm）		纵断高程偏差（mm）	横坡偏差（%）	左右幅连接纵缝高差（mm）
			代表值	极值			
规定值	≤10	≤+15	≥-3	≥-8	±5	±0.10	±1.5

注：在基准线上单车道一个横断面测3点、双车道测5点测定板厚,其平均值为该断面平均板厚。断面平均板厚不薄于其代表值;极小值不应薄于极值。每200m测10个断面,其均值为该路段平均板厚。路段平均板厚不小于设计板厚。不满足上述要求时,不得摊铺面板。

4. 施工要求

基准线设置好以后,禁止扰动。摊铺时,严禁碰撞和振动。一旦碰撞变位,应立即重新测量设定。多风季节施工时,应缩小基准线桩间距。风力达到5～6级时,停止施工。

（三）摊铺准备

（1）所有施工设备和机具均应处于良好状态,并全部就位。

（2）清扫基层、封层表面及履带行走部位。摊铺面板位置应洒水湿润,但不得积水。

（3）横向连接摊铺时,将前次摊铺路面纵缝的溜肩胀宽部位切割顺直。校正扳直侧边拉杆,缺少的拉杆应钻孔锚固植入。在纵向施工缝的上半部缝壁满涂沥青。

（四）布料

（1）滑模摊铺机前的正常料位高度应在螺旋布料器叶片最高点以下,亦不得缺料。卸料、布料要与摊铺速度相协调。

（2）当混凝土坍落度在10～50mm时,布料松铺系数宜控制在1.08～1.15之间。布料机与滑模摊铺机之间施工距离宜控制在5～10m。

（3）摊铺钢筋混凝土路面、桥面或搭板时,严禁任何机械开上钢筋网。

（五）滑模摊铺机的施工参数设定及校准

1. 滑模摊铺机工作参数初设

对滑模摊铺机所有机构工作部件进行正确施工位置的初步设定,并将这些正确的施工参数通过试铺调整固定下来,正式摊铺时宜根据情况变化进行微调。

（1）振捣棒下缘位置应在挤压板最低点以上,横向间距不宜大于450mm,均匀排列;两侧最边缘振捣棒与摊铺边缘距离不宜大于250mm。

（2）挤压底板前倾角宜设置为3°左右。提浆夯板位置宜在挤压底板前缘以下5～10mm之间。无需设前仰角的滑模摊铺机可将挤压底板前后调水平。

（3）设超铺角的滑模摊铺机两边缘超铺高程根据料的稠度在3～8mm间调整。带振动搓平梁的滑模摊铺机应将搓平梁前沿调整到与挤压板后沿高程相同,搓平梁的后沿比挤压底板后沿低 1～2mm，并与路面高程相同。

2. 摊铺机首次摊铺位置校准

摊铺机首次摊铺路面，应挂线对其铺筑位置、几何参数和机架水平度进行调整和校准，正确无误后，方可开始摊铺。

3. 初始摊铺路面参数校正

在开始摊铺的 5m 内，必须对所摊铺出的路面标高、边缘厚度、中线、横坡度等技术参数进行复核测量。所摊铺路面的精度应控制在表 7-30 的规定值范围内。

（六）铺筑作业

1. 摊铺速度

滑模摊铺机应缓慢、匀速、连续不间断地摊铺。不得料多时追赶，然后随意停机等待，间歇摊铺。滑模摊铺速度，根据拌合物稠度和设备性能可控制在 0.5～3.0m/min 之间，一般宜为 1m/min 左右。当料的稠度发生变化时，先调整振捣频率，后改变摊铺速度。

2. 料位控制

摊铺中，随时调整松方高度控制板进料位置，开始略设高些，以保证进料。正常状态下则保持振捣仓内料位高于振捣棒 100mm 左右，料位高低上下波动宜控制在±30mm之内。

3. 振捣

滑模摊铺机以正常摊铺速度施工时，振捣频率可在 6000～11000r/min 之间调整，宜采用 9000r/min 左右，防止混凝土过振、漏振、欠振。根据混凝土的稠度大小，随时调整摊铺的速度和振捣频率。滑模摊铺机起步时，先开启振捣棒振捣 2～3min，再平稳推进。摊铺机脱离混凝土后，立即关闭振捣棒。

4. 路面最大纵坡、弯曲半径与超高

滑模摊铺机满负荷时可铺筑的路面最大纵坡为：上坡 5%；下坡 6%。上坡时，挤压底板前仰角宜适当调小，并适当调轻抹平板压力；下坡时，前仰角宜适当调大，并适当调大抹平板压力。板底不小于 3/4 长度接触路表面时，抹平板压力适宜。滑模摊铺机施工的最小弯道半径不小于 50m；最大超高横坡不宜大于 7%。

5. 拉杆安装

单车道摊铺时，应视路面设计要求配置一侧或双侧打纵缝拉杆的机械装置。两个以上车道摊铺时，除侧向打拉杆的装置外，还要在假纵缝位置配置拉杆自动插入装置。

6. 砂浆表层厚度

软拉抗滑构造时表面砂浆层厚度宜控制在 4mm 左右，硬刻槽路面的砂浆表层厚度宜控制在 2～3mm。

7. 摊铺相邻车道

养护 5～7d 后，方允许摊铺相邻车道。

（七）常见问题及处理

滑模摊铺的表面应平滑，几何形状规矩，不应出现麻面、拉裂、塌边、溜肩等病害现象，出现问题应立即查找原因，迅速采取措施解决。

1. 出现麻面或拉裂现象

摊铺中应经常检查振捣棒的工作情况，发现路面上在横断面某处多次出现麻面或拉裂现象，表示该处的振捣棒出了问题，必须停机检查或更换该处的振捣棒。摊铺后，发现路面上留有发亮的振捣棒拖出的砂浆条带，则表明振捣棒位置过深，必须调整正确位置至振捣棒底缘在挤压底板的后缘高度以上。

2. 左右两侧拌合物稠度不一致

在摊铺宽度大于等于 8m 的双（多）车道路面时，当左右卸了两车稠度不一致的混凝土时，摊铺速度应按偏干一侧的要求设置，并应将偏稀一侧的振捣棒频率迅速调小。

3. 横向拉裂

滑模摊铺路面出现横向拉裂现象，应从以下几方面进行检查：

（1）拌合物局部或整体过于干硬、离析，集料粒径过大，不适宜滑模摊铺，或在该部位摊铺速度过快，振捣频率不够，混凝土未振动液化而拉裂。应降低摊铺速度，提高振捣频率。

（2）挤压底板的位置和前仰角设置是否变化，前倒角时必定拉裂，前仰角过大，亦可能拉裂，应在行进中调整前 2 个水平传感器，即改变挤压底板为适宜的前仰角，消除拉裂现象。

（3）拌合物较干硬或等料停机时间较长，起步摊铺速度过快，也可能拉裂路面。等料停机时间较长时，间隔 15min 开启振捣棒振动 2～3min；起步摊铺时，宜先振捣 2～3min，再缓慢推进。

4. 混凝土供不应求或搅拌楼出现机械故障

当混凝土供应不上或搅拌楼出现机械故障等情况时，停机等待时间不得超过当时气温下混凝土初凝时间的 4/5，超过此时间，应将滑模摊铺机开出摊铺工作面，并做施工缝。

（八）自动抹平

滑模摊铺过程中采用自动抹平板装置进行抹面。对少量局部麻面和明显缺料部位，在挤压板后或搓平梁前补充适量拌合物，由搓平梁或抹平板机械修整。滑模摊铺的混凝土面板在下列情况下，可用人工进行局部修整：

（1）用人工操作抹面抄平器，精整摊铺后表面的小缺陷，但不得在整个表面加薄层修补路面标高。

（2）对纵缝边缘出现的倒边、塌边、溜肩现象，顶侧模或在上部支方铝管进行边缘补料修整。

（3）对起步和纵向施工接头处，采用水准仪抄平并采用大于 3m 的靠尺边测边修整。

（九）清洗滑模摊铺机

滑模摊铺结束后，必须及时清洗滑模摊铺机，进行当日保养等，并宜在第二天硬切横向施工缝，也可当天软作施工横缝。丢弃端部的混凝土和摊铺机振动仓内遗留下的纯砂浆，两侧模板应向内各收进 20～40mm，收口长度宜比滑模摊铺机侧模板略长。施工缝部位应设置传力杆，并满足路面平整度、高程、横坡和板长要求。

二、模板

（一）模板技术要求

1. 模板的材料、构造与精度

公路混凝土路面板、桥面板和加铺层的施工模板应采用刚度足够的槽钢、轨模或钢制边侧模板，不能使用木模板、塑料模板等其他易变形的模板。模板的精确度应符合表7-31的规定。钢模板的高度为面板设计厚度，模板长度宜为3～5m。需设置拉杆时，模板设拉杆插入孔。每米模板设置1处支撑固定装置，见图7-1，模板垂直度用垫木楔方法调整。

模板（加工矫正）允许偏差　　　　　表 7-31

施工方式	高度偏差 (mm)	局部变形 (mm)	垂直边夹角 (°)	顶面平整度 (mm)	侧面平整度 (mm)	纵向变形 (mm)
三辊轴机组	±1	±2	90±2	±1	±2	±2
轨道摊铺机	±1	±2	90±1	±1	±2	±1
小型机具	±3	±3	90±3	±2	±3	±3

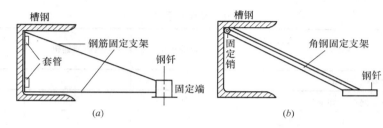

图 7-1　（槽）钢模板焊接钢筋或角钢固定示意图
(a) 焊接钢筋固定支架；(b) 焊接角钢固定支架

2. 横向施工缝端模板

按设计规定的传力杆直径和间距设置传力杆插入孔和定位套管，两边缘传力杆到自由边距离不宜小于150mm。每米设置1个垂直固定孔套，工作缝端模侧立面见图7-2。

3. 模板数量

模板或轨模数量根据施工进度和施工气温确定，并满足拆模周期内周转需要。一般情况下，模板或轨模总量不宜少于3～5d摊铺的需要。

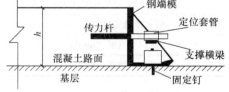

图 7-2　工作缝端模侧立面

（二）模板安装

1. 测量放样

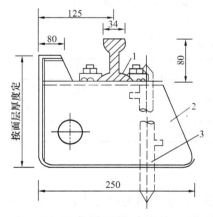

图 7-3　轨道模板（单位：cm）
1—轨道；2—模板；3—钢钎

支模前在基层上进行模板安装及摊铺位置的测量放样，每20m设中心桩；每100m宜布设临时水准点；核对路面标高、面板分块、胀缝和构造物位置。测量放样的质量要求和允许偏差需符合相应规范的规定。

2. 轨道模板及其安装

轨道摊铺采用长度为3m的专用钢制轨模，轨模底面宽度宜为高度的80%，轨道用螺栓、垫片固定在模板支座上，模板使用钢钎与基层固定。轨道顶面高于模板20～40mm，轨道中心至模板内侧边缘距离宜为125mm，见图7-3。

3. 安装要点

模板要安装稳固、顺直、平整，无扭曲，相邻模板连接要紧密平顺，不得有底部漏浆、前后错茬、高低错台等现象。模板应能承受摊铺、振实、整平设备的负载行进、冲击和振动时不发生位移。严禁在基层上挖槽，嵌入安装模板。

纵横曲线路段采用短模板，每块模板中点安装在曲线切点上。模板安装检验合格后，在与混凝土拌合物接触的表面涂脱模剂或隔离剂，在接头处粘贴胶带或塑料薄膜等密封。

4. 安装精度

模板安装完毕，经过测量人员使用与设计板厚相同的侧板作全断面检验，其安装精确度需符合表 7-32 的规定。

模板安装精度要求　　　　　　　　　　　　　表 7-32

检测项目		施工方式		
		三辊轴机组	轨道摊铺机	小型机具
平面偏位（mm），≤		10	5	15
摊铺宽度偏差（mm），≤		10	5	15
面板厚度（mm），≥	代表值	−3	−3	−4
	极值	−8	−8	−9
纵断面高程偏差（‰）		±5	±5	±10
横坡偏差（%）		±0.10	±0.10	±0.20
相邻板高差（mm），≤		1	1	2
顶面接茬 3m 尺平整度（mm），≤		1.5	1	2
模板接缝宽度（mm），≤		3	2	3
侧向垂直度（mm），≤		3	2	4
纵向垂直度（mm），≤		3	2	4

（三）模板拆除及矫正

1. 拆模时间

当混凝土抗压强度不小于 8.0MPa 时方可拆模。当缺乏强度实测数据时，边侧模板的允许最早拆模时间宜符合表 7-33 的规定。达不到要求，不能拆除端模时，可空出一块混凝土面板，重新起头摊铺，空出的面板待两端均可拆模后再补做。

混凝土路面板的允许最早拆摸的时间（h）　　　　　表 7-33

昼夜平均气温（°C）	−5	0	5	10	15	20	25	≥30
硅酸盐水泥、R 型水泥	240	120	60	36	34	28	24	18
道路、普通硅酸盐水泥	360	168	72	48	36	30	24	18
矿渣硅酸盐水泥	—	—	120	60	50	45	36	24

注：允许最早拆侧模时间从混凝土面板精整成形后开始计算。

2. 模板拆除及矫正

拆模不得损坏板边、板角和传力杆、拉杆周围的混凝土，也不得造成传力杆和拉杆松动或变形。模板拆卸宜使用专用拔楔工具，严禁使用大锤强击拆卸模板。模板拆下之后，将粘附其上的砂浆清除干净，并矫正变形或局部损坏，矫正精度应符合表 7-31 的要求。

三、三辊轴机组铺筑

三辊轴机组铺筑是指采用三辊轴整平机、振捣机等机组铺筑混凝土路面的施工工艺。

（一）设备选择与配套

1. 技术参数

三辊轴整平机的主要技术参数需符合表 7-34 的规定。板厚 200mm 以上宜采用直径 168mm 的辊轴；桥面铺装或厚度较小的路面可采用直径为 219mm 的辊轴。轴长宜比路面宽度长出 600～1200mm。振动轴的转速不宜大于 380r/min。

三辊轴整平机的主要技术参数 表 7-34

型号	轴直径（mm）	轴速（r/min）	轴长（m）	轴质量（kg/m）	行走机构质量（kg）	行走速度（m/min）	整平轴距（mm）	振动功率（kW）	驱动功率（kW）
5001	168	300	1.8～9	65±0.5	340	13.5	504	7.5	6
6001	219	300	5.1～12	77±0.7	568	13.5	657	17	9

2. 振捣设备

三辊轴机组铺筑混凝土面板时，必须同时配备一台安装插入式振捣棒组的排式振捣机，振捣棒的直径宜为 50～100mm，间距不应大于其有效作用半径的 1.5 倍，并不大于 500mm。插入式振捣棒组的振动频率可在 50～200Hz 之间选择，当面板厚度较大和坍落度较低时，宜使用 100Hz 以上的高频振捣棒。该机宜同时配备螺旋布料器和松方控制刮板，并具备自动行走功能。

当桥面铺装厚度小于 150mm 时，可采用振捣梁。振捣频率宜为 50～100Hz，振捣加速度宜为 4～5g（g 为重力加速度）。

3. 拉杆插入机

当一次摊铺双车道路面时应配备纵缝拉杆插入机，并配有插入深度控制和拉杆间距调整装置。

4. 其他施工辅助配套设备

参照表 7-29 选配。

（二）工艺流程

三辊轴机组铺筑工艺流程为：布料→密集排振→拉杆安装→人工补料→三辊轴整平→（真空脱水）→（精平饰面）→拉毛→切缝→养护→（硬刻槽）→填缝。

（三）铺筑作业技术要求

1. 布料

有专人指挥车辆均匀卸料，布料要与摊铺速度相适应，不适应时应配备适当的布料机械。坍落度为 10～40mm 的拌合物，松铺系数为 1.12～1.25。坍落度大时取低值，坍落度小时取高值。超高路段，横坡高侧取高值，横坡低侧取低值。

2. 振捣

混凝土拌合物布料长度大于 10m 时，可开始振捣作业。密排振捣棒组间歇插入振实时，每次移动距离不宜超过振捣棒有效作用半径的 1.5 倍，并不得大于 500mm，振捣时间宜为 15～30s。排式振捣机连续拖行振实时，作业速度宜控制在 4m/min 以内。具体作业速度视振实效果，可由式（7-10）计算。

$$V = 1.5 \frac{R}{t} \tag{7-10}$$

式中，V 为排式振捣机作业速度（m/s）；t 为振捣密实所必需的时间（s），一般为 15~30s；R 为振捣棒的有效作用半径（m）。

排式振捣机应匀速缓慢、连续不间断地振捣行进。其作业速度以拌合物表面不露粗集料，液化表面不再冒气泡并泛出水泥浆为准。

3. 插入拉杆

面板振实后，应随即安装纵缝拉杆。单车道摊铺的混凝土路面，按设计要求在侧模预留孔中插入拉杆；一次摊铺双车道路面时，除在侧模孔中插入拉杆外，还需在中间纵缝部位，使用拉杆插入机在 1/2 板厚处插入拉杆，插入机每次移动的距离应与拉杆间距相同。

4. 三辊轴整平机作业

（1）三辊轴整平机按作业单元分段整平，作业单元长度宜为 20~30m，振捣机振实与三辊轴整平两道工序之间的时间间隔不宜超过 15min。

（2）三辊轴滚压振实料位高差宜高于模板顶面 5~20mm，过高时铲除，过低时则及时补料。

（3）三辊轴整平机在一个作业单元长度内，采用前进振动、后退静滚方式作业，宜分别进行 2~3 遍。最佳滚压遍数应经过试铺确定。

（4）在三辊轴整平机作业时，设专人处理轴前料位的高低情况，过高时，辅以人工铲除，轴下有间隙时，使用混凝土找补。

（5）滚压完成后，将振动辊轴抬离模板，用整平轴前后静滚整平，直到平整度符合要求，表面砂浆厚度均匀为止。

（6）表面砂浆厚度宜控制在 (4 ± 1) mm，三辊轴整平机前方表面过厚、过稀的砂浆必须刮除丢弃。

5. 整平饰面

采用 3~5m 刮尺，在纵、横两个方向进行精平饰面，每个方向不少于两遍。也可采用旋转抹面机密实精平饰面两遍。刮尺、刮板、抹面机、抹刀饰面的最迟时间不得迟于表 7-27 规定的铺筑完毕允许最长时间。

四、轨道摊铺机铺筑

轨道式（也称为轨模式）摊铺机施工是一种机械化方法。由支承在平底型轨道上的摊铺机将混凝土拌合物摊铺在基层上，摊铺机的轨道与模板是连在一起的。轨道式摊铺机施工工序包括机械选型与配套、施工准备、混凝土的拌和与运输、摊铺与振捣、表面修整、养护及接缝施工等。有些工序与其他铺筑方法类似，已在前面做过介绍，此处不再赘述。

（一）机械选型与配套

机械选型以摊铺机为第一主导机械，以搅拌机为第二主导机械。应根据路面车道数或设计宽度按表 7-35 的技术参数选择。最小摊铺宽度不得小于单车道 3.75m。

轨道摊铺机的基本技术参数表　　　　表 7-35

项　目	发动机功率（kW）	最大摊铺宽度（m）	摊铺厚度（mm）	摊铺速度（m/min）	整机质量（t）
三车道轨道摊铺机	33~45	11.75~18.3	250~600	1~3	13~38
双车道轨道摊铺机	15~33	7.5~9.0	250~600	1~3	7~13
单车道轨道摊铺机	8~22	3.5~4.5	250~450	1~4	≤7

轨道摊铺机按布料方式不同，可选用刮板式、箱式和螺旋式。其他设备可参照表7-29配套。

（二）铺筑作业

1. 轨模安装

轨道与模板同时安装，轨道固定在侧模模板上，然后统一调整定位，形成的轨模既是路面边模，又是摊铺机的行走轨道，见图7-3。侧模和轨道应有足够的强度和刚度，精确控制轨道高程。

2. 布料

（1）使用轨道摊铺机前部配备的螺旋布料器或可上下左右移动的刮板布料，料堆不得过高过大，亦不得缺料。可使用挖掘机、装载机或人工辅助布料。螺旋布料器前的拌合物应保持在面板以上100mm左右，布料器后宜配备松铺高度控制刮板。也可使用有布料箱的轨道摊铺机精确布料，箱式轨道摊铺机的料斗出料口关闭时，装进拌合物并运到布料位置后，轻轻打开料斗出料口，待拌合物堆成"堤状"，左右移动料斗布料。

（2）轨道摊铺时的适宜坍落度按振捣密实情况宜控制在20～40mm之间。不同坍落度时的松铺系数 K 可参考表7-36确定，并按此计算出松铺高度。

松铺系数 K 与坍落度 S_L 的关系　　　　　表7-36

坍落度 S_L（mm）	5	10	20	30	40	50	60
松铺系数 K	1.30	1.25	1.22	1.19	1.17	1.15	1.12

（3）当施工钢筋混凝土路面时，宜选用（两台）箱形轨道摊铺机分两层两次布料，可在第一层布料完成后，将钢筋网片安装好，再进行表面第二层布料，然后一次振实；也可两次布料两次振实，中间安装钢筋网。采用双层两遍摊铺钢筋混凝土路面时，下部混凝土的布料与摊铺长度应根据钢筋网片长度和第一层混凝土凝结情况而定，且不宜超过20m。

3. 摊铺

（1）刮板式摊铺机作业：刮板能前后左右移动、旋转，推向任意方向自由摊铺，见图7-4。其特点是质量轻、易操作、好掌握、使用普遍，但摊铺能力较小。

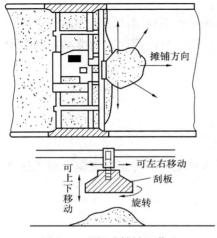

图7-4　刮板式摊铺机作业

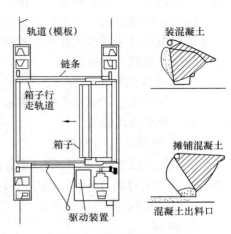

图7-5　箱式摊铺机作业

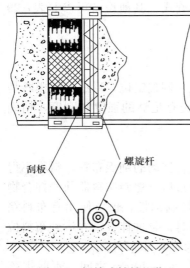

图 7-6 螺旋式摊铺机作业

(2) 箱式摊铺机作业：混凝土卸在箱子内，箱子在机械前行时能够横向移动。同时，箱子的下端按松铺高度刮平混凝土，见图 7-5。其特点是摊铺均匀、准确，作业能力强。

(3) 螺旋式摊铺机作业：正反旋转的螺旋杆把混凝土摊开，后有刮板，准确调整混凝土高度，见图 7-6。其特点是摊铺能力大。

4. 振实作业

(1) 轨道摊铺机应配备振捣棒组，振捣方式有斜插连续拖行及间歇垂直插入两种，当面板厚度超过 150mm，坍落度小于 30mm 时，必须插入振捣；连续拖行振捣时，宜将作业速度控制在 0.5～1.0m/min 之间，并随着坍落度的大小而增减。间歇振捣时，当一处混凝土振捣密实后，将振捣棒组缓慢拔出，再移动到下一处振实，移动距离不宜大于 500mm。

(2) 轨道摊铺机应配备振捣机对混凝土表面进行振捣和修整。振捣机前设一道刮梁，补充初平缺陷，使混凝土达到正确高度。后设一道弧面振动梁把振动力传至混凝土全部厚度。振动梁的振捣频率宜控制在 50～100Hz，偏心轴转速调节到 2500～3500r/min。刮板过后，混凝土高度为松铺高度，且表面平整。振动梁过后，混凝土厚度为面层厚度，如图 7-7 所示。

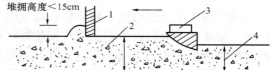

图 7-7 振捣机的构造
1—整平梁；2—松铺厚度；
3—振动梁；4—面层厚度

5. 整平饰面

(1) 往复式整平滚筒前的混凝土堆积物应涌向横坡高的一侧，保证路面横坡高端有足够的料找平。

(2) 及时清理因整平推挤到路面边缘的余料，以保证整平精度和整平机械在轨道上的作业行驶。

(3) 轨道摊铺机上宜配备纵向或斜向抹平板。纵向抹平板随轨道摊铺机作业行进可左右贴表面滑动并完成表面修整；斜向修整抹平板作业时，抹平板沿斜向左右滑动，同时随机身行进，完成表面修整。

6. 精平饰面操作要求

与三辊轴机组铺筑整平饰面的要求相同。

五、小型机具铺筑

(一) 机械选型与配套

小型机具性能应稳定可靠，操作简易，维修方便，机具配套应与工程规模、施工进度相适应。选配的成套机械、机具应符合表 7-37 的要求。

(二) 摊铺、振实与整平

1. 摊铺

(1) 混凝土拌合物摊铺前，应对模板的位置及支撑稳固情况，传力杆、拉杆的安设等进行全面检查。修复破损基层,并洒水润湿。用厚度标尺板全面检测板厚,与设计值相符,方可开始摊铺。

小型机具施工配套机械、机具配置 表 7-37

工作内容	主要施工机械机具	
	机械机具名称、规格	数量、生产能力
钢筋加工	钢筋据断机、折弯机、电焊机	根据需要定规格和数量
测量	水准仪、经纬仪	根据需要定规格和数量
加设模板	与路面厚度等高 3m 长槽钢模板、固定钢钎	数量不少于 3d 摊铺用量
搅拌	强制式搅拌楼,单车道≥25(m^3/h) 双车道≥50(m^3/h)	总搅拌生产能力及搅拌楼数量,根据施工规模和进度由计算确定
	装载机	2~3m^3
	发电机	≥120kW
	供水泵和蓄水池	单车道≥100m^3,双车道≥200m^3
运输	5~10t 自卸车	数量由匹配计算确定
振实	手持振捣棒,功率≥1.1kW	每 2m 宽路面不少于 1 根
	平板振动器,功率≥2.2kW	每车道路面不少于 1 个
	振捣整平梁,刚度足够, 2 个振动器功率≥1.1kW	每车道路面不少于 1 个振动器 每车道路面不少于 1 根振动梁
	现场发电机功率≥30kW	不少于 2 台
提浆整平	提浆滚杠直径 15~20mm, 表面光滑无缝钢管,壁厚≥3mm	长度适应铺筑宽度,一次摊铺单车道面 1 根,双车道路面 2 根
	叶片式或圆盘式抹面机	每车道路面不少于 1 台
	3m 刮尺	每车道路面不少于 2 根
	手工抹刀	每米宽路面不少于 1 把
真空脱水	真空脱水机有效抽速≥15L/s	每车道路面不少于 1 台
	真空吸垫尺寸不小于 1 块板	每台吸水机应配 3 块吸垫
抗滑构造	工作桥	不少于 3 个
	人工拉毛齿耙、压槽器	根据需要定数量
切缝	软锯缝机	根据需要定数量
	手推锯缝机	根据进度定数量
磨平	水磨石磨机	需要处理欠平整部位时
灌缝	灌缝机具	根据需要定规格和数量
养护	洒水车 4.5~8.0t	按需要定数量
	压力式喷洒机或喷雾器	根据需要定规格和数量
	工地运输车 4~6t	按需要定数量

(2) 专人指挥自卸车,尽量准确卸料。

(3) 人工布料应用铁锹反扣,严禁抛掷和搂耙。人工摊铺混凝土拌合物的坍落度应控制在 5~20mm 之间,拌合物松铺系数宜控制在 $K=1.10~1.25$ 之间,料偏干,取较高值；反之，取较低值。

(4) 因故造成 1h 以上停工或达到 2/3 初凝时间，致使拌合物无法振实时，在已铺筑好的面板端头设置施工缝，废弃不能被振实的拌合物。

2. 插入式振捣棒振实

(1) 在待振横断面上，每车道路面应使用 2 根振捣棒，组成横向振捣棒组，沿横断面连续振捣密实，并应注意路面板底、内部和边角处不得欠振或漏振。

(2) 振捣棒在每一处的持续时间，以拌合物全面振动液化、表面不再冒气泡和泛水泥浆为限，不宜过振，也不宜少于 30s。振捣棒的移动间距不宜大于 500mm，至模板边缘的距离不宜大于 200mm。避免碰撞模板、钢筋、传力杆和拉杆。

(3) 振捣棒插入深度宜离基层 30～50mm，振捣棒应轻插慢提，不得猛插快拔，严禁在拌合物中推行和拖拉振捣棒振捣。

(4) 振捣时，辅以人工补料，随时检查振实效果、模板、拉杆、传力杆和钢筋网的移位、变形、松动、漏浆等情况，并及时纠正。

3. 振动板振实

(1) 在振捣棒已完成振实的部位，可开始振动板纵横交错两遍全面提浆振实，每车道路面配备 1 块振动板。

(2) 振动板移位时，重叠 100～200mm，振动板在一个位置的持续振捣时间不应少于 15s。振动板须由两人提拉振捣和移位，不得自由放置或长时间持续振动。移位控制以振动板底部和边缘泛浆厚度 3±1mm 为限。

(3) 缺料的部位，辅以人工补料找平。

4. 振动梁振实

(1) 每车道路面宜使用 1 根振动梁。振动梁应具有足够的刚度和质量，底部焊接或安装深度 4mm 左右的粗集料压实齿，保证(4±1)mm 的表面砂浆厚度。

(2) 振动梁垂直路面中线沿纵向拖行，往返 2～3 遍，使表面泛浆均匀平整。在振动梁拖振整平过程中，缺料处使用混凝土拌合物填补，不得用纯砂浆填补；料多的部位应铲除。

5. 整平饰面

(1) 每车道路面配备 1 根滚杠（双车道两根）。振动梁振实后，拖动滚杠往返 2～3 遍提浆整平。第一遍应短距离缓慢推滚或拖滚，以后应较长距离匀速拖滚，并将水泥浆始终赶在滚杠前方。多余水泥浆应铲除。

(2) 拖滚后的表面宜采用 3m 刮尺，纵横各 1 遍整平饰面，或采用叶片式或圆盘式抹面机往返 2～3 遍压实整平饰面。抹面机配备每车道路面不宜少于 1 台。

(3) 在抹面机完成作业后，应进行清边整缝，清除粘浆，修补缺边、掉角。使用抹刀将抹面机留下的痕迹抹平，当烈日曝晒或风大时，加快表面的修整速度，或在防雨篷遮阴下进行。精平饰面后的面板表面应无抹面印痕，致密均匀，平整度应达到规定要求。

(三) 真空脱水工艺

真空脱水工艺是指混凝土路面摊铺后，随即使用真空泵及真空垫等专用吸水装置，将新铺筑路面混凝土中多余水分吸除的一种面层施工工艺。

1. 技术要求

小型机具施工三、四级公路混凝土路面，应优先采用在拌合物中掺外加剂，无掺外加剂条件时，应使用真空脱水工艺，该工艺适用于面板厚度不大于240mm的混凝土面板施工。

使用真空脱水工艺时，混凝土拌合物的最大单位用水量可比不采用外加剂时增大$3\sim12kg/m^3$；拌合物适宜坍落度：高温天气$30\sim50mm$，低温天气$20\sim30mm$。

2. 真空脱水机具

（1）要求真空度稳定，有自动脱水计量装置，有效抽速不小于15L/s的脱水机。

（2）要求真空度均匀、密封性能好、脱水效率高、操作简便、铺放容易、清洗方便的真空吸垫。每台真空脱水机应配备不少于3块吸垫。

3. 真空脱水作业

（1）脱水前，应检查真空泵空载真空度不小于0.08MPa，并检查吸管、吸垫连接后的密封性，同时应检查随机工具和修补材料是否齐备。

（2）吸垫铺放应采取卷放，避免皱折；边缘应重叠已脱水的面板$50\sim100mm$。

（3）开机脱水，真空度应逐渐升高，最大真空度不宜超过0.085MPa。脱水量应经过脱水试验确定，但剩余单位用水量和水灰比不得大于表7-4和表7-6最大值的规定。

（4）最短脱水时间不宜短于表7-38的规定。当脱水达到规定时间和脱水量要求后（双控），先将吸垫四周微微掀起$10\sim20mm$，继续抽吸15s，以便吸尽作业表面和吸管中的余水。

最短脱水时间（min） 表7-38

面板厚度 h (mm)	昼夜平均气温 T（℃）					
	3～5	6～10	11～15	16～19	10～25	>25
18	26	24	22	20	18	17
22	30	28	26	24	22	21
25	35	32	30	27	25	24

4. 精平表面、抗滑构造与切缝施工

（1）真空脱水后，采用振动梁、滚杠或叶片、圆盘式抹面机重新压实精平$1\sim2$遍。

（2）真空脱水整平后的路面，采用硬刻槽方式制作抗滑构造。

（3）真空脱水混凝土路面切缝时间可比规定时间适当提前。

六、碾压混凝土路面铺筑

碾压混凝土路面是指水泥和水的用量较普通混凝土显著减少的水泥混凝土拌合物经摊铺、碾压后成型的路面。碾压铺筑工艺流程为：碾压混凝土拌和→运输→卸入沥青摊铺机→沥青摊铺机摊铺→打入拉杆→钢轮压路机初压→振动压路机复压→轮胎压路机终压→抗滑构造处理→养护→切缝→填缝。碾压混凝土路面接缝、抗滑构造施工及养护在本章第五节论述。

（一）机械选型与配套、基准线设置和松铺系数

1. 机械选型与配套

宜选用预压密实度高的沥青摊铺机，根据路面摊铺宽度可选用$1\sim2$台。自重$10\sim12t$振动压路机$1\sim2$台；$15\sim25t$轮胎压路机1台；$1\sim2t$小型振动压路机1台。其他施工设

备可参照表 7-29 选配。

2. 基准线设置要求

与滑模摊铺机施工的要求相同。

3. 松铺系数

碾压混凝土路面铺筑松铺系数根据混凝土配合比、施工机械由试铺确定。采用高密实度摊铺机时，松铺系数宜控制在 1.05～1.15 之间。

(二) 摊铺作业

1. 湿润基层与摊铺速度

摊铺前洒水湿润基层，摊铺作业应均匀、连续，摊铺过程中不得随意变换速度或停顿。摊铺速度按式 (7-11) 计算确定，并宜控制在 0.6～1.0m/min 范围内。

$$V = \frac{MK}{60bh} \tag{7-11}$$

式中，V 为摊铺速度(m/min)；M 为搅拌机产量(m^3/h)；b 为摊铺宽度 (m)；h 为成形后的路面厚度 (m)；K 为效率系数，一般为 0.85～0.95，搅拌机为 1 台时选低值，多台时可取高值。

螺旋分料器转速应与摊铺速度相适应，保证两边缘料位充足。

2. 拉杆设置、弯道铺筑和表面检查

(1) 拉杆设置与摊铺同步进行，并根据设计间距设醒目的定位标记，保证准确打入拉杆。

(2) 铺筑弯道路段时，及时调整左右两侧分料器的转速，保证两侧供料均衡；弯道超高路面摊铺应确保超高部位的供料充足。

(3) 摊铺过后，立即对所摊铺混凝土表面进行检查，局部缺料部位，应及时补料。局部粗料集中的部位，采用湿筛砂浆进行弥补。

(三) 碾压

碾压段长度以 30～40m 为宜。直线段碾压时，压路机从外侧向路中心碾压；平曲线有超高路段，由低侧向高侧、自内向外碾压，压完全宽为完成碾压 1 遍。碾压作业应均匀、速度稳定，并按初压、复压和终压三个阶段进行。

1. 初压

采用钢轮压路机或振动压路机静压，静压重叠量宜为 1/4～1/3 钢轮宽度，初压遍数宜为 2 遍。

2. 复压

采用振动压路机振动碾压，重叠量宜为 1/3～1/2 振动碾压宽度。振动压路机起步、倒车和转向均应缓慢柔顺，严禁振动压路机中途急停、急拐、紧急起步及快速倒车。复压遍数按检测达到规定压实度进行控制，一般宜为 2～6 遍。

3. 终压

采用轮胎压路机静压。终压遍数以弥合表面微裂纹和消除轮迹为停压标准，一般宜为 2～8 遍。

4. 碾压注意事项

初压、复压和终压作业应密切衔接配合、一气呵成，中间不应停顿、等候和拖延，也不得相互干扰。宜尽量缩短全部碾压作业完成时间。如有局部晒干和风干迹象，要及时喷雾。压实后及时覆盖表面，并洒水养护。

（四）铺筑质量控制

碾压混凝土路面铺筑质量除应符合表7-26、表7-43和表7-44的规定外，尚应符合下列要求：

（1）严格控制VC值、松铺系数、离析和碾压遍数，保证碾压作业完成后的整个混凝土路面板厚度一致、均匀密实，密实度必须达到配合比设计的规定值。板厚和匀质性可用钻芯检验。

（2）碾压成型后的面板应达到公路等级所规定的平整度。

（3）碾压终了后的面板表面不应有可见微裂纹或轮迹。

七、钢筋混凝土和连续配筋混凝土路面铺筑

钢筋混凝土路面是在普通混凝土路面板内设置纵、横向钢筋或钢筋网形成的混凝土路面结构，它能提高混凝土路面的整体强度，防止路面板产生的裂缝不断扩张。连续配筋混凝土路面则是沿路面板纵向配置连续钢筋网的混凝土路面，除与其他路面交接处、邻近构造物处设置胀缝以及因施工需要设置施工缝外，不再设置任何横向接缝。钢筋混凝土路面和连续配筋混凝土路面具有传荷能力和抗变形能力强、使用寿命长等特点，适用于高速公路、一级公路的面层及桥头引道等需要使用的场合。

铺筑钢筋混凝土路面和连续配筋混凝土路面前，应按设计图纸准确放样钢筋网设置位置、路面板块、地梁和接缝位置等。按照有关规范的要求加工与安装钢筋网、边缘补强钢筋和角隅补强钢筋。

（一）路面铺筑

1. 布料

（1）机械化铺筑必须配备相应的布料设备，可在本节普通混凝土滑模摊铺机铺筑中关于布料设备选配所列6种布料机械中选用适宜的一种。安装完毕的钢筋网，不得被混凝土或机械压垮、压坏或发生变形。摊铺好的拌合物上严禁任何机械碾压。

（2）采用滑模摊铺机、箱式轨道摊铺机和三辊轴机组摊铺时，钢筋混凝土路面可进行两次布料，以便在其中摆放间断钢筋网。连续配筋混凝土路面采用钢筋网预设安装，整体一次布料。

（3）混凝土卸在料斗或料箱内，再由机械从侧边运送到摊铺位置。钢筋网上的拌合物堆不宜过分集中，要尽快布匀。

（4）坍落度相同时的布料松铺高度，宜比相应机械施工方式普通混凝土路面大10mm左右。

2. 摊铺

钢筋混凝土路面混凝土铺筑可用铺筑普通混凝土的方法进行，摊铺作业除应符合本节中普通混凝土相应铺筑方式的有关规定外，尚应符合下列规定：

（1）拌合物的坍落度可比相应铺筑方式普通混凝土路面（表7-3、表7-4）的规定大10～20mm。

（2）振捣棒组横向间距宜比普通混凝土路面适当加密。采用插入振捣时，振捣棒组不能碰撞和扰动钢筋。插入振捣时不得拖行振捣棒组，应依次逐条分别振捣。振捣棒组应轻插慢提，不得猛插急提。

（3）用滑模或轨道摊铺机摊铺钢筋混凝土路面时，适当增大振捣频率或减速摊铺。拌合物坍落度相同时，钢筋混凝土路面的振捣密实持续时间比普通混凝土路面的规定时间延长5～10s。

（4）在一块钢筋网连续面板内，避免摊铺中断，每块板内不应留施工缝，必须摊铺到达横缝位置或钢筋网片的端部，方可停止。加强对机械设备的维修保养，将故障率降到最低。

（5）摊铺被迫中断时，必须设置横向施工缝，纵向钢筋应保持连续，穿过接缝，并应用1倍数量的长度不小于2m的纵向钢筋作加密处理，横向施工缝距最近横缝的距离不应小于5m。

（二）连续配筋混凝土路面的端部锚固结构施工

1. 测量放样

施工前按设计图纸对锚固结构位置、尺寸进行测量放样。

2. 端部锚固结构施工

按设计尺寸和配筋要求完成测量放样施工，确保锚固效果。

（1）地梁施工按设计位置和尺寸开挖地槽，并尽量避免扰动和超挖两侧基层、垫层及路基，尺寸较规矩、超挖较少时，可不设侧模，否则应设侧模。拆模后回填超挖部位并夯实路基和垫层，基层采用贫混凝土修复。岩石路基上可直接将钢筋锚固在岩基中。地梁钢筋与路面钢筋相焊接，地梁混凝土采用振捣棒分层振实，并与面板浇筑成整体。地梁与路面混凝土合拢温度宜控制在20～25℃，或在当地年平均气温时合拢。

（2）宽翼缘工字钢梁施工按设计枕垫板尺寸在基层上挖槽，再安装钢筋骨架，并浇筑钢筋混凝土枕垫板。枕垫板表面预留与工字钢梁的焊接锚固钢筋，并铺设滑动隔离层。安装并焊接宽翼缘工字钢后，再摊铺面板。应确保搁置在枕垫板上的连续配筋混凝土路面板端部可自由滑动，面板端部与工字钢槽内连接部位应以胀缝填缝料填塞。

八、钢纤维混凝土路面铺筑

钢纤维混凝土是在混凝土拌和过程中，加入适量的短钢纤维，从而提高混凝土的强度。钢纤维混凝土路面的抗裂性、耐磨性和抗疲劳性优于普通混凝土路面。

钢纤维混凝土路面铺筑类似于普通混凝土的路面铺筑。钢纤维混凝土路面和桥面的厚度、平面尺寸和钢纤维掺量等应符合设计图纸和现行《公路水泥混凝土路面设计规范》的规定。

（一）布料与摊铺

钢纤维混凝土路面的布料与摊铺除应满足滑模、轨道和三辊轴机组摊铺普通混凝土路面的规定外，尚应符合下列规定。

1. 布料与摊铺方式

所采用的各种机械布料与摊铺方式，应保证面板内钢纤维分布的均匀性及结构连续性，在一块面板内的浇筑和摊铺不得中断。

2. 松铺高度

布料松铺高度应通过试铺确定。拌合物坍落度相同时，宜比相同机械施工方式的普通混凝土路面松铺高度高10mm左右。

3. 拌合物

钢纤维混凝土拌合物应与所选定的摊铺方式相适应,其工作性宜符合本章第一节的有关要求。

(二) 振捣与整平

(1) 所采用的振捣机械和振捣方式除保证钢纤维混凝土密实性外,尚应保证钢纤维在混凝土中分布的均匀性。

(2) 除满足各交通等级路面平整度要求外,整平后的面板表面不得裸露上翘的钢纤维,表面下10～30mm深度内的钢纤维应基本处于水平分布状态。

(3) 采用滑模摊铺机、轨道摊铺机铺筑钢纤维混凝土路面时,振捣棒组的振捣频率不宜低于10000r/min,振捣棒组底缘要严格控制在面板表面位置,不得将振捣棒组插入路面钢纤维混凝土内部振捣。

(4) 采用三辊轴机组摊铺钢纤维混凝土路面时,不得将振捣棒组插入路面钢纤维混凝土内部振捣,也不得使用人工插捣。可采用大功率平板式振捣器振捣密实,再采用振动梁压实整平。振动梁底面应设凸棱以利表层钢纤维和粗集料压入。然后用三辊轴整平机将表面滚压平整。再用3m以上刮尺、刮板或抹刀纵横向精平表面。

(三) 施工的特殊工艺要求

(1) 钢纤维混凝土拌合物从出料到运输、铺筑完毕的允许最长时间不宜超过表7-39的规定。在浇筑和摊铺过程中严禁因拌合物干涩而加水,但可喷雾防止表面水分蒸发。

钢纤维混凝土拌合物从出料到运输、铺筑完毕允许最长时间　　　　表7-39

施工气温 (℃)	到运输完毕允许最长时间 (h)		到铺筑完毕允许最长时间 (h)	
	滑模、轨道	三辊轴机组	滑模、轨道	三辊轴机组
5～9	1.25	1.0	1.5	1.25
10～19	0.75	0.5	1.0	0.75
20～29	0.5	0.35	0.75	0.5
30～35	0.35	0.25	0.50	0.35

注:施工气温指施工时间的日间平均气温,使用缓凝剂延长凝结时间,本表数值可增加0.20～0.35h。

(2) 钢纤维混凝土路面的板长宜为6～10m,钢纤维掺量较大,可用大值;掺量小,取小值。面板长宽比应符合设计要求。

第五节　接缝、抗滑构造施工及养护

一、接缝施工

(一) 纵缝施工

1. 纵向施工缝

当一次铺筑宽度小于路面和硬路肩总宽度时,则设纵向施工缝,位置应避开轮迹,并重合或靠近车道线,构造可采用平缝加拉杆型。当所摊铺的面板厚度大于等于260mm时,也可采用插拉杆的企口型纵向施工缝。采用滑模施工时,纵向施工缝的拉杆可用摊铺机的侧向拉杆装置插入。采用固定模板施工方式时,应在振实过程中,从侧模预留孔中手工插入拉杆。

2. 纵向缩缝

当一次铺筑宽度大于 4.5m 时，应采用假缝拉杆型纵缝，即锯切纵向缩缝，纵缝位置按车道宽度设置，并在摊铺过程中用专用的拉杆插入装置插入拉杆。

3. 拉杆设置

钢筋混凝土路面、桥面和搭板的纵缝拉杆可由横向钢筋延伸穿过接缝代替。钢纤维混凝土路面切开的假纵缝可不设拉杆，纵向施工缝应设拉杆。插入的侧向拉杆应牢固，不得松动、碰撞或拔出。若发现拉杆松脱或漏插，应在横向相邻路面摊铺前，钻孔重新植入。当发现拉杆可能被拔出时，宜进行拉杆拔出力（握裹力）检验。

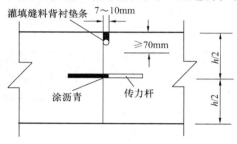

图 7-8 横向施工缝构造示意图

（二）横向施工缝的设置

每天摊铺结束或摊铺中断时间超过 30min 时，应设置横向施工缝，其位置宜与胀缝或缩缝重合，确有困难不能重合时，施工缝应采用设螺纹传力杆的企口缝形式。横向施工缝应与路中心线垂直。横向施工缝在缩缝处采用平缝加传力杆型，见图 7-8。在胀缝处其构造与胀缝相同，见图 7-10。

（三）横向缩缝施工

1. 缩缝布置

普通混凝土路面横向缩缝宜等间距布置，不宜采用斜缝。不得不调整板长时，最大板长不宜大于 6.0m，最小板长不宜小于板宽。

2. 传力杆的设置

在中、轻交通的混凝土路面上，横向缩缝可采用不设传力杆假缝型，如图 7-9（a）所示。

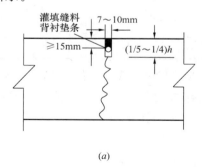
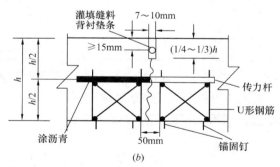

图 7-9 横向缩缝构造
（a）假缝型；（b）假缝加传力杆型

在特重和重交通公路、收费广场、邻近胀缝或路面自由端的 3 条缩缝应采用假缝加传力杆型。缩缝传力杆的施工方法可采用前置钢筋支架法或传力杆插入装置（DBI）法，支架法的构造见图 7-9（b）。钢筋支架应具有足够的刚度，传力杆应准确定位，摊铺之前在基层表面放样，并用钢钎锚固，宜使用手持振捣棒振实传力杆高度以下的混凝土，然后机械摊铺。传力杆无防粘涂层一侧应焊接，有涂料一侧应绑扎。用 DBI 法置入传力杆时，应在路侧缩缝切割位置作标记，保证切缝位于传力杆中部。

（四）胀缝设置与施工

1．胀缝设置原则

普通混凝土路面、钢筋混凝土路面和钢纤维混凝土路面的胀缝间距视集料的温度膨胀性大小、当地年温差和施工季节综合确定。高温施工，可不设胀缝；常温施工，集料温缩系数和年温差较小时，可不设胀缝；

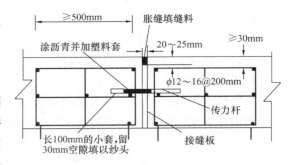

图7-10 胀缝构造示意图

集料温缩系数或年温差较大，路面两端构造物间距大于等于500m时，宜设一道中间胀缝；低温施工，路面两端构造物间距大于等于350m时，宜设一道胀缝。邻近构造物、平曲线或与其他道路相交处的胀缝按设计文件和现行《公路水泥混凝土路面设计规范》的规定执行。

2．胀缝构造

普通混凝土路面的胀缝应设置胀缝补强钢筋支架、胀缝板和传力杆，胀缝构造如图7-10。钢筋混凝土和钢纤维混凝土路面可不设钢筋支架。胀缝宽20～25mm，使用沥青或塑料薄膜滑动封闭层时，胀缝板及填缝宽度宜加宽到25～30mm。传力杆一半以上长度的表面应涂防粘涂层，端部戴活动套帽，套帽材料与尺寸要符合本章第一节原材料技术要求的规定。胀缝板应与路中心线垂直，缝壁要垂直，缝隙宽度要一致，缝中完全不连浆。

3．胀缝施工方法

胀缝应采用前置钢筋支架法施工，也可采用预留一块面板，高温时再铺封。前置法施工，应预先加工、安装和固定胀缝钢筋支架，并在使用手持振捣棒振实胀缝板两侧的混凝土后再摊铺。宜在混凝土未硬化时，剔除胀缝板上部的混凝土，嵌入（20～25）mm×20mm的木条，整平表面。胀缝板应连续贯通整个路面板宽度。

（五）拉杆、胀缝板、传力杆及其套帽、滑移端设置精度

拉杆、胀缝板、传力杆及其套帽、滑移端设置精度应符合表7-40的要求。

传力杆及胀缝板安装精度技术要求   表7-40

项　　目	技术要求（mm）	测　量　位　置
传力杆端上下左右偏斜偏差	≤10	在传力杆两端测量
传力杆在板中心上下左右偏差	≤20	以板面为基准测量
传力杆沿路面纵向前后偏位	≤30	以缝中心线为准
拉杆深度偏差及上下左右偏斜偏差	≤10	以板厚和杆端为基准测量
拉杆端及在板中上下左右偏差	≤20	杆两端和板面测量
拉杆沿路面纵向前后偏位	≤30	纵向测量
胀缝传力杆套帽长度不小于100mm	≤10	以封堵帽端起测
缩缝传力杆滑移端长度大于1/2杆长	≤20	以传力杆长度中间起测
胀缝板倾斜偏差	≤20	以板底为准
胀缝板的弯曲和位移偏差	≤10	以缝中心线为准

注：胀缝板不允许混凝土连浆，必须完全隔断。

（六）切缝施工

贫混凝土基层、各种混凝土面层、加铺层、桥面和搭板的纵、横向缩缝均应采用切缝法施工。切缝作业应符合下列规定：

1. 横向缩缝

（1）横向缩缝的切缝方式有横向硬切缝、软硬结合切缝和全部软切缝三种，切缝方式的选用由施工期间该地区路面摊铺完毕到切缝时的昼夜温差确定，参照表 7-41 选用。

气温与防止断板应采用的切缝技术　　表 7-41

昼夜温差① (℃)	切 缝 方 式	缩 缝 切 深
<10	硬切缝，最长时间不得超过 24h	1/5～1/4 板厚
10～15	软硬结合切缝，每隔 1～2 条提前软切缝，其余用硬切缝补切	软切深度不小于 60mm；不足者应硬切补深到 1/3 板厚，已断开的缝不补切
>15	宜全部软切缝，抗压强度约为 1～1.5MPa，人可行走，软切缝不宜超过 6h	软切缝深大于等于 60mm，未断开的接缝，硬切补深到不小于 1/4 板厚

①注意降雨后刮风引起路面温度骤降，面板温差在表中规定范围内，应按表中方法提前切缝。

（2）对分幅摊铺的路面应在先摊铺的混凝土板横向缩缝已断开的部位作标记，在后摊铺的路面上对齐已断开的横向缩缝提前软切缝。

（3）有传力杆缩缝的切缝深度为 1/4～1/3 板厚，最浅不得小于 70mm；无传力杆缩缝的切缝深度为 1/5～1/4 板厚，最浅不得小于 60mm。

2. 纵向施工缝

高速公路和一级公路及路基高度大于等于 10m 的高边坡、软基及填挖交界路段、桥头搭板、桥面板的纵向施工缝，在上半部涂满沥青，然后硬切缝，并填缝。二级及二级以下公路一般路段的纵向施工缝在上半部涂满沥青后，可不切缝。

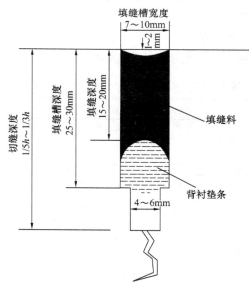

图 7-11　缩缝切缝、填缝（槽）、
　　　　　垫条细部构造

3. 纵向缩缝

对已插入拉杆的纵向假缩缝，切缝深度不小于 1/4～1/3 板厚，最浅切缝深度不小于 70mm，纵、横缩缝宜同时切缝。

4. 缩缝宽度及填缝槽

缩缝切缝宽度宜控制在 4～6mm，切缝时锯片晃度不应大于 2mm。可先用薄锯片锯切到要求深度，再使用 6～8mm 厚锯片或叠合锯片扩宽填缝槽，填缝槽深度宜为 25～30mm，宽度宜为 7～10mm，见图 7-11。

5. 变宽度路面

在变宽度路面上，宜先切缝划分板宽。匝道上的纵缝宜避开轮迹位置。横缝应垂直于每块面板的中心线。变宽度路面缩缝，允许切割成小转角的折线，相邻板的横向缩缝切口必须对齐，允许偏差不得大于 5mm。

（七）灌缝

混凝土板养护期满后，应及时灌缝。

1. 灌缝技术要求

（1）清缝：先采用切缝机清除接缝中夹杂的砂石、凝结的泥浆等，再使用压力大于等于 0.5MPa 的压力水和压缩空气彻底清除接缝中的尘土及其他污染物，确保缝壁及内部清洁、干燥。缝壁检验以擦不出灰尘为灌缝标准。

（2）灌缝：使用常温聚氨酯和硅树脂等填缝料时，按规定比例将两组分材料按 1h 所需灌缝量混合均匀，并应随拌随用。使用加热填缝料时，将填缝料加热至规定温度。加热过程中应将填缝料熔化、搅拌均匀，并保温使用。

（3）灌缝质量控制：灌缝的形状系数宜控制在 2 左右，灌缝深度宜为 15～20mm，最浅不得小于 15mm，见图 7-11。先挤压嵌入直径 9～12mm 多孔泡沫塑料背衬垫条，再灌缝。灌缝顶面热天与板面齐平，冷天填为凹液面，中心低于板面 1～2mm。填缝必须饱满、均匀、厚度一致并连续贯通，填缝料不得缺失、开裂和渗水。

（4）灌缝料养护：常温施工式填缝料的养护期，冬季宜为 24h，夏季宜为 12h；加热施工式填缝料的养护期，冬季宜为 2h，夏季宜为 6h。在填缝料养护期内封闭交通。

2. 胀缝填缝

在填缝前，凿去接缝板顶部嵌入的木条，涂胶粘剂后，嵌入胀缝专用多孔橡胶条或灌进适宜的填缝料，当胀缝的宽度不一致或有啃边、掉角等现象时，必须灌缝。

（八）碾压混凝土接缝施工注意事项

1. 横向施工缝

横向施工缝宜设置为"台阶式"。其施工工序如下：

（1）在施工终点处设纵向斜坡，作为压路机碾压过渡段。碾压结束后，将平整度合格部位以外斜坡刨除。

（2）第二天摊铺开始，后退 150～200mm 切割施工缝，切割深度宜为 80～100mm，将切缝外侧混凝土刨除，形成台阶。

（3）涂刷水泥浆后，纵向连接摊铺新路面，硬化后切施工缝。

2. 胀缝

在邻近构造物、小半径平曲线两端和凹形竖曲线纵坡变换处应至少各设 2 条胀缝。其余路段可不设置胀缝。胀缝形式可为混凝土枕垫式（图 7-12）或钢板枕垫式（图 7-13）两种。

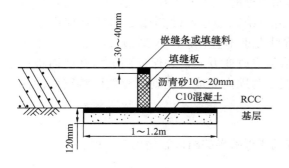

图 7-12　混凝土枕垫式胀缝

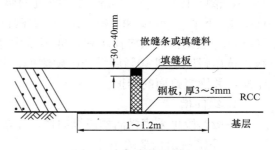

图 7-13　钢板枕垫式胀缝

3. 拉杆、面板尺寸和切缝

碾压混凝土路面纵向缩缝中应设拉杆，面板尺寸可与普通混凝土路面相同，也可略大，但最大不宜超过 6m×8m。纵、横向缩缝应采用硬切缝，硬切缝及填缝要求与普通混凝土路面相同。

（九）钢筋混凝土接缝施工注意事项

设接缝的钢筋混凝土路面在摊铺面板时，每张钢筋网片边缘 100mm 须作标记，以便准确对位切纵、横缩缝。纵、横向接缝部位的传力杆、拉杆、钢筋网表面应涂防锈涂层或包裹防锈塑料套管。

二、抗滑构造施工

混凝土路面在铺筑完毕或经过精平表面之后，应该用纹理制作机形成构造深度，即进行抗滑构造施工，达到防滑的效果。在混凝土表面无波纹水迹时开始制作。过早或过晚开始均会影响纹理质量。

（一）抗滑构造技术要求

各交通等级混凝土面层竣工时的表面抗滑技术要求应符合表 7-44 的规定。构造深度应均匀，不损坏路面结构的边棱，且耐磨抗冻，亦不影响路面和桥面的平整度。

（二）抗滑构造施工

1. 拉毛施工

摊铺完毕或精平表面后，宜设钢支架拖挂 1～3 层叠合麻布、帆布或棉布，洒水湿润后作拉毛处理。布片接触路面的拖行长度以 0.7～1.5m 为宜，细度模数偏大的粗砂，拖行长度取小值，偏细中砂，取大值。人工修整表面时，宜使用木抹。用钢抹修整过的光面，必须再拉毛处理，以恢复细观抗滑构造。

2. 塑性拉槽的构造

当日施工进度超过 500m 时，抗滑构造制作宜选用拉毛机械施工，没有拉毛机时，可采用人工拉槽方式。在混凝土表面泌水完毕 20～30min 内应及时进行拉槽。拉槽深度为 2～3mm，槽宽 3～5mm，槽间距 15～25mm。可施工等间距和非等间距的抗滑槽，考虑减小噪声时，宜采用后者。

3. 重交通混凝土路面的硬刻槽

特重和重交通混凝土路面宜采用硬刻槽，凡使用圆盘、叶片式抹面机精平后的混凝土路面、钢纤维混凝土路面必须采用硬刻槽方式制作抗滑沟槽。可采用等间距刻槽，其几何尺寸与上面所述相同。为降低噪声宜采用非等间距刻槽。尺寸宜为：槽深 3～5mm，槽宽 3mm，槽间距在 12～24mm 之间随机调整。路面结冰地区，硬刻槽的形状宜使用上宽（6mm）下窄（3mm）的梯形槽。硬刻槽机重量宜重不宜轻，一次刻槽最小宽度不小于 500mm；硬刻槽时不应掉边角，亦不得中途抬起或改变方向，并保证硬刻槽到达面板边缘。抗压强度达到 40% 后可开始硬刻槽，并宜在两周内完成。硬刻槽后随即将路面冲洗干净，并恢复路面的养护。

4. 纵向槽

一般路段可采用横向槽或纵向槽，在弯道或要求减噪的路段宜使用纵向槽。

5. 不需抗滑构造的条件

年降雨量小于 250mm 地区的各级公路混凝土路面，可不拉毛和刻槽。年降雨量为

250~500mm 的地区，当组合坡度小于 3‰时，可不拉毛与刻槽；组合坡度大于等于 3‰时，宜执行表 7-44 中抗滑构造一般路段的规定。高寒和寒冷地区混凝土路面的停车带边板和收费站广场，可不制作抗滑沟槽。

6. 碾压混凝土路面

面层抗滑构造可采用硬刻槽或缓凝裸露集料法制作，三、四级公路和基层可不作抗滑处理。

7. 钢纤维混凝土路面

使用硬刻槽方式制作抗滑沟槽，不得使用粗麻袋、刷子和扫帚制作抗滑构造。

8. 抗滑构造的恢复

新建路面或旧路面抗滑构造不满足要求时，可采用硬刻槽或喷砂打毛等方法加以恢复。

三、混凝土路面养护

（一）养护方式选择

混凝土面板抗滑构造软拉制作完毕后应立即养护。机械摊铺的各种水泥混凝土路面宜采用喷洒养护剂及保湿覆盖的方式养护。在雨期或养护用水充足的情况下，也可采用保湿膜、土工布、麻袋、草袋、草帘等洒水湿养护方式，不宜使用围水养护方式。

（二）路面养护

1. 养护剂养护

混凝土路面采用喷洒养护剂方式养护时，要喷洒均匀，养护剂喷洒剂量、成膜厚度应足以形成完全封闭的薄膜，喷洒后的表面不得有颜色差异。喷洒时间宜在表面混凝土泌水完毕后进行，喷洒高度宜控制在 0.5~1m。使用一级品养护剂时，最小喷洒剂量不得少于 $0.30kg/m^2$，合格品的最小喷洒剂量不得少于 $0.35kg/m^2$。不得使用易被雨水冲刷掉或对混凝土强度、表面耐磨性有影响的养护剂。单独采用一种养护剂养护时，保水率应达到 90%以上。达不到上述要求时，可采用两种养护剂各喷洒一层或喷一层养护剂再加覆盖的方法。

2. 覆盖养护

覆盖养护宜使用保湿膜、土工布、麻袋、草袋、草帘等覆盖物保湿养护，并及时洒水，保持混凝土表面在养护期间始终处于潮湿状态，并由此确定每天洒水遍数。

覆盖塑料薄膜的初始时间，以不压坏细观抗滑构造为准。薄膜厚度（韧度）要合适，宽度大于覆盖面 600mm。两条薄膜对接时，搭接宽度不小于 400mm，薄膜在路面上应加细土或砂盖严实，并防止被钢筋刮烂及被风吹破或掀走。养护期间需始终保持薄膜完整盖满。

昼夜温差大于 10℃的地区或日平均温度小于等于 5℃施工的混凝土路面应采取保温保湿养护措施。

（三）养护时间与养护期保护

1. 养护时间

根据混凝土弯拉强度增长情况而定，当其达到设计弯拉强度的 80%或以上时，可停止养护。一般养护天数宜为 14~21d，不应少于 14d。掺粉煤灰的水泥混凝土路面，最短养护时间不宜少于 28d，低温天气适当延长。

2. 养护期保护

混凝土板在养护期间和填缝前，严禁人、畜、车辆通行，在达到设计强度40%，撤除养护覆盖物后，行人方可通行。在路面养护期间，搭建临时便桥，路面达到设计弯拉强度后，方可开放交通。

第六节 特殊季节施工、安全生产与施工环保

混凝土路面铺筑期间，应收集月、旬、日天气预报资料，遇有影响混凝土路面施工质量的天气时，应暂停施工或采取必要的防范措施，制订特殊气候的施工方案。

混凝土路面施工如遇到现场降雨、强风天气（风力大于6级，风速在10.8m/s以上）、高温天气（现场气温高于40℃或拌合物摊铺温度高于35℃）及低温天气（摊铺现场连续5昼夜平均气温低于5℃，夜间最低气温低于-3℃），必须停工。

施工单位需根据机械化施工特点，做好安全生产和施工环保工作。施工前，施工单位对员工进行安全生产教育，树立安全第一的思想，落实安全生产责任制度是非常必要的。施工期间，加强施工环保的教育，增强环保意识，并加强施工场地环境卫生管理、监督和检查。

一、雨期施工

（一）防雨准备

1. 材料防雨

地势低洼的搅拌场、水泥仓、备件库及砂石料堆场，应按汇水面积修建排水沟或预备抽排水设施。搅拌楼的水泥和粉煤灰罐仓顶部通气口、料斗及不得遇水部位应有防潮、防水覆盖措施，砂石料堆应防雨覆盖。

2. 新铺路面防雨

雨期施工时，在新铺路面上，应备足防雨篷、帆布和塑料布或薄膜。防雨篷支架宜采用可推行的焊接钢结构，并具有人工饰面拉槽的足够高度。

（二）防雨水冲刷

1. 遭遇阵雨的措施

摊铺中遭遇阵雨时，立即停止铺筑混凝土路面，并紧急使用防雨篷、塑料布或塑料薄膜等覆盖尚未硬化的混凝土路面。

2. 冲刷路面的处理

被阵雨轻微冲刷过的路面，视平整度和抗滑构造破损情况，采用硬刻槽或先磨平再刻槽的方式处理。对被暴雨冲刷后，路面平整度严重劣化或损坏的部位，尽早铲除重铺。

3. 雨后措施

降雨后开工前，及时排除车辆内、搅拌场及砂石料堆场内的积水或淤泥。排除运输便道的积水，并进行必要的修整。摊铺前扫除基层上的积水。

二、风天施工

风天应采用风速计在施工现场定量测风速或观测自然现象，确定风级，并按表7-42的规定采取防止塑性收缩开裂的措施。

刮风天水泥混凝土路面防止塑性收缩开裂措施　　　　表 7-42

风　力	相应自然现象	风速（m/s）	防止路面塑性收缩开裂措施
1级软风	烟能表示风向，水面有鱼鳞波	≤1.5	正常施工，喷洒一遍养护剂，原液剂量 0.30kg/m^2
2级轻风	人面有感，树叶沙沙响，风标转动，水波显著	1.6～3.3	加厚喷洒一遍养护剂，剂量0.45kg/m^2
3级微风	树叶和细枝摇晃，旗帜飘动，波峰破碎，产生飞沫	3.4～5.6	路面摊铺完成后，立即喷洒第一遍养护剂，拉毛后，再喷洒第二遍养护剂，两遍剂量共 0.60kg/m^2
4级和风	吹起尘土和纸片，小树枝摇动，水波出白浪	5.7～7.9	除拉毛前后喷两遍养护剂外，还需覆盖塑料薄膜，两遍剂量共 0.60kg/m^2
5级清劲风	有叶小树开始摇动，大浪明显，波峰起白沫	8.0～10.7	使用抹面机械抹面，加厚喷一遍剂量 0.45kg/m^2 的养护剂并覆盖塑料薄膜或麻袋、草袋，使用钢刷做细观抗滑构造，使用硬刻槽机刻出宏观抗滑构造，无机械抹面措施时，应停止施工
6级强风	大树枝摇动，电线呼呼响，出现长浪，波峰吹成条纹	10.8～13.8	无法正常操作，路面来不及采取任何防裂养护或抹面措施就开裂了，必须停止施工

三、高温和低温季节施工

施工现场的气温高于30℃，拌合物摊铺温度在30～35℃，同时，空气相对湿度小于80％时，混凝土路面的施工应按高温季节施工的规定进行。

当摊铺现场连续5昼夜平均气温不低于5℃（低于5℃则停止施工），夜间最低气温在−3～5℃（低于−3℃则停止施工）之间，混凝土路面的施工应按低温季节施工规定的措施进行。

（一）高温天气铺筑混凝土路面的措施

1. 选择适宜的施工时段

当现场气温大于等于30℃时，避开中午高温时段施工，可选择在早晨、傍晚或夜间施工，夜间施工应有良好的操作照明，并确保施工安全。

2. 采取遮盖措施

砂石料堆应设遮阳篷，自卸车上的混凝土拌合物应加遮盖。可使用防雨篷作防晒遮荫篷，在每日气温最高和日照最强烈时段遮荫。

3. 改进混合料拌和方法

抽用地下冷水或采用冰屑水拌和，拌合物中宜加入允许最大掺量的粉煤灰或磨细矿渣，但不宜掺硅灰。拌合物中掺足够剂量的缓凝剂、高温缓凝剂、保塑剂或缓凝（高效）减水剂等。

4. 加快施工各环节的衔接

尽量压缩搅拌、运输、摊铺、饰面等各工艺环节所耗费的时间。

5. 控制拌合物温度

高温天气施工时，混凝土拌合物的出料温度不宜超过 35℃，并应随时监测气温、水泥、拌和水、拌合物及路面混凝土温度。必要时加测混凝土水化热。

6. 覆盖保湿养护

在采用覆盖保湿养护时，加强洒水，并保持足够的湿度。

7. 提早切缝防止断板

切缝应视混凝土强度的增长情况或按 250℃·h 计，宜比常温施工适当提早切缝，以防止断板。特别是在夜间降温幅度较大或降雨时，应提早切缝。

（二）低温天气铺筑混凝土路面的措施

1. 掺早强剂或促凝剂

拌合物中应优选和掺加早强剂或促凝剂。

2. 合理选用水泥

应选用水化总热量大的 R 型水泥或单位水泥用量较多的 32.5 级水泥，不宜掺粉煤灰。

3. 控制拌合物温度

搅拌机出料温度不得低于 10℃，摊铺混凝土温度不得低于 5℃。在养护期间，始终保持混凝土板最低温度不低于 5℃。否则，采用热水或加热砂石料拌和混凝土，热水温度不得高于 80℃，砂石料温度不宜高于 50℃。

4. 加强保温保湿覆盖养护

可先用塑料薄膜保湿隔离覆盖或喷洒养护剂，再采用草帘、泡沫塑料垫等保温覆盖初凝后的混凝土路面。遇雨雪必须再加盖油布、塑料薄膜等。

5. 测温

随时检测气温、水泥、拌和水、拌合物及路面混凝土的温度，每工班至少测定 3 次。

6. 严防路面受冻

混凝土路面或桥面弯拉强度未达到 1.0MPa 或抗压强度未达到 5.0MPa 时，严防路面受冻。

7. 合理确定养护和拆模时间

低温天气施工，路面或桥面覆盖保温保湿养护天数不得少于 28d，拆模时间应符合表 7-33 的规定。

四、安全生产与施工环保

（一）安全生产

施工过程中，应制订搅拌楼、发电（机）站、运输车、滑模摊铺机、轨道摊铺机、沥青摊铺机、三辊轴机组等大型机械设备及其辅助机械（具）的安全操作规程，并在施工中严格执行。

1. 搅拌楼

在搅拌楼的拌和锅内清理粘结混凝土时，无电视监控的搅拌楼必须有两人以上方可进行，一人清理，一人值守操作台。有电视监控的搅拌楼，必须打开电视监控系统，关闭主电机电源，并在主开关上挂警示红牌。搅拌楼机械上料时，在铲斗及拉铲活动范围内，人员不得逗留和通过。

2. 交通安全

(1) 现场必须做好交通安全工作，交通繁忙的路口应设立标志，并有专人指挥。夜间施工，路口、模板及基准线桩附近应设置警示灯或反光标志，设专人管理灯光照明。

(2) 机械停放在通车道路上，周围必须设置明显的安全标志，正对行车方向应提前200m引导车辆转向，夜间应以红灯示警。

(3) 车辆倒退时应鸣笛，并有人指挥和查看车后。

3. 施工机械

施工中，布料机、滑模摊铺机、轨道摊铺机、沥青摊铺机、三辊轴机组、拉毛养护机等机械设备严禁非操作人员登机。夜间施工，在布料机、摊铺机、拉毛养护机上均应有照明设备和明显的示警标志。

4. 操作人员

施工中严禁所有机械设备的机手擅离操作台，严禁用手或工具触碰正在运转的机件。现场操作人员必须按规定配戴防护用具。使用有毒、易燃的燃料、填缝料、外加剂、水泥或粉煤灰时，其防毒、防火、防尘等应按有关规定严格执行。

5. 机电设备

应有专人负责保养、维修和看管，施工现场的电机、电线、电缆应尽量放置在无车辆、人、畜通行部位，确保用电安全。

6. 防火防盗

所有施工机械、电力、燃料、动力等的操作部位，严禁吸烟和有任何明火。摊铺机、搅拌楼、储油站、发电站、配电站等重要施工设备上应配备消防设施，确保防火安全。停工或夜间必须有专人值班保卫，严防原材料、机械、机具及零件等失窃。

(二) 施工环保

1. 生产生活场地卫生

在搅拌场、生活区、路面施工段应经常清理环境，保持卫生，排除积水，并及时整治运输道路和停车场地，做到文明施工。

2. 污染物处理排放

(1) 搅拌楼、运输车辆和摊铺机的清洗污水不得随处排放，每台搅拌楼宜设置清洗污水的沉淀池或净化设备，车辆应在有污水沉淀或净化设备的清洗场进行清洗。

(2) 废弃的水泥混凝土、基层残渣和所有机械设备的修理残渣和油污等废弃物应分类集中堆放或掩埋。

3. 材料和设备存放

搅拌场原材料和施工现场临时堆放的材料均应分类、有序堆放。施工现场的钢筋、工具、机械设备等应摆放整齐。

第七节 质量控制与检查验收

施工质量的控制、管理与检查应贯穿整个施工过程，对每个施工环节严格控制把关，对出现的问题，立即进行纠正直至停工整顿。

各级公路各种混凝土路面铺筑方式的施工均应建立健全质量检测、管理和保证体系。

按铺筑进度做出质检仪器和人员数量动态计划。施工中按计划落实质检仪器和人员，对施工各阶段的各项质量指标做到及时检查、控制和评定，以达到所规定的质量标准，确保施工质量及其稳定性。

施工全过程的质量动态检测、控制和管理内容包括施工准备，铺筑试验路段和施工过程中的各项技术指标的检验，出现施工技术问题的报告、论证和解决措施等。

一、铺筑试验路段

1. 试铺要求

二级及二级以上公路混凝土路面工程，使用滑模、轨道、碾压、三辊轴机组机械施工时，在正式摊铺混凝土路面前，必须铺筑试验路段。试验路段长度不短于200m，高速公路、一级公路宜在主线路面以外进行试铺。路面厚度、摊铺宽度、接缝设置、钢筋设置等均应与实际工程相同。

2. 试铺目的

（1）通过试拌检验搅拌楼性能及确定合理搅拌工艺，检验适宜摊铺的搅拌楼拌和参数，包括上料速度，拌和容量，搅拌均匀所需时间，新拌混凝土坍落度、振动黏度系数、含气量、泌水性、VC值和生产使用的混凝土配合比等。

（2）通过试铺检验主要机械的性能和生产能力，检验辅助施工机械组配的合理性，检验路面摊铺工艺和质量，模板架设固定方式或基准线设置方式，摊铺机械（具）的适宜工作参数（包括松铺高度、摊铺速度、振捣时间与频率、滚压遍数、碾压遍数、压实度、中间和侧向拉杆置入情况等），检验整套施工工艺流程。

（3）使工程技术及工作人员熟悉并掌握各自的操作要领，按施工工艺要求检验施工组织形式和人员编制。建立混凝土原材料、拌合物、路面铺筑全套技术性能检验手段，熟悉检验方法。检验通信联络和生产调度指挥系统。

3. 试铺总结

试铺中，施工人员应认真做好记录，监理工程师或质量监督部门应监督检查试验段的施工质量，及时与施工单位商定并解决问题。试验段铺筑后，施工单位应提出试验路段总结报告，上报监理工程师和业主批复，取得正式开工认可。

二、施工质量管理与检查

（一）施工中的质量管理

1. 开工要求

混凝土路面铺筑必须得到正式开工令后方可开工。

2. 施工单位自检

施工单位应随时对施工质量进行自检。自检项目和频率：原材料应按表7-23的规定进行，拌合物应按表7-26的规定进行，混凝土路面应按表7-43的定进行。当施工、监理、监督人员发现异常情况，应加大检测频率，找出原因，及时处理。高速公路、一级公路利用计算机实行动态质量管理，并宜按有关规范的要求进行。

3. 拌合物质量控制

每台搅拌楼所生产的拌合物，除应满足所用施工机械的可摊铺性外，还应着重控制拌合物的匀质性和各质量参数的稳定性。现场混凝土路面铺筑的关键设备如摊铺机、压路机、布料机、三辊轴整平机、刻槽机、切缝机等的操作应规范稳定。

混凝土路面的检验项目、方法和频率　　表 7-43

项次	检查项目	检验方法和频率	
		高速公路、一级公路	其他等级公路
1	弯拉强度	每班留 2～4 组试件，日进度＜500m 取 2 组；≥500m 取 3 组；≥1000m 取 4 组，测 f_{cs}、f_{min}、C_v	每班留 1～3 组试件，日进度＜500m 取 1 组；≥500m 取 2 组；≥1000m 取 3 组，测 f_{cs}、f_{min}、C_v
	钻芯劈裂强度	每车道每 3km 钻取 1 个芯样，硬路肩为 1 个车道，测平均 f_{cs}、f_{min}、C_v、板厚 h	每车道每 3km 钻取 1 个芯样，硬路肩为 1 个车道，测平均 f_{cs}、f_{min}、C_v、板厚 h
2	板厚度	路面摊铺宽度内每 100m 左右各 2 处，连接摊铺每 100m 单边 1 处，参考芯样	路面摊铺宽度内每 100m 左右各 1 处，连接摊铺每 100m 单边 1 处，参考芯样
3	3m 直尺平整度	每半幅车道 100m，2 处 10 尺	每半幅车道 100m，2 处 10 尺
	动态平整度	所有车道连续检测	所有车道连续检测
4	抗滑构造深度	铺砂法：每幅 200m，2 处	铺砂法：每幅 200m，1 处
5	相邻板高差	尺测：每 200m 纵横缝 2 条，每条 3 处	尺测：每 200m 纵横缝 2 条，每条 2 处
6	连接摊铺纵缝高差	尺量：每 200m 纵向工作缝，每条 3 处，每处间隔 2m，3 尺，共 9 尺	尺量：每 200m 纵向工作缝，每条 2 处，每处间隔 2m，3 尺，共 6 尺
7	接缝顺直度	20m 拉线测：每 200m，6 条	20m 拉线测：每 200m，4 条
8	中线平面偏位	经纬仪：每 200m，6 点	经纬仪：每 200m，4 点
9	路面宽度	尺测：每 200m，6 处	尺测：每 200m，4 处
10	纵断高程	水准仪：每 200m，6 点	水准仪：每 200m，4 点
11	横坡度	水准仪：每 200m，6 个断面	水准仪：每 200m，4 个断面
12	断板率	数断板面板块占总块数比例	数断板面板块占总块数比例
13	脱皮裂纹露石缺边掉角	量实际面积，并计算与总面积比	量实际面积，并计算与总面积比
14	路缘石顺直度和高度	20m 拉线测：每 200m，4 处	20m 拉线测：每 200m，2 处
15	灌缝饱满度	尺测：每 200m 接缝测 6 处	尺测：每 200m 接缝测 4 处
16	切缝深度	尺测每 200m，6 处	尺测每 200m，4 处
17	胀缝表面缺陷	每条观察填缝及啃边断角	每条观察填缝及啃边断角
18	胀缝板连浆	每块胀缝板安装时测量	每块胀缝板安装时测量
	胀缝板倾斜	尺量：每块胀缝板每条两侧	尺量：每块胀缝板每条两侧
	胀缝板弯曲和位移	尺量：每块胀缝板每条 3 处	尺量：每块胀缝板每条 3 处
19	传力杆偏斜	钢筋保护层仪：每车道 4 根	钢筋保护层仪：每车道 3 根

注：1. 路面钻芯劈裂强度应换算为实际面板弯拉强度进行质量评定；
　　2. 钢纤维混凝土弯拉强度试验按现行《公路水泥混凝土路面施工技术规范》的规定进行。

4. 平整度、弯拉强度和板厚自检的特殊规定

混凝土路面除应按表 7-43 规定的检查项目和频率检测外，其中平整度、弯拉强度和板厚三大关键质量指标的自检要求尚应符合下列规定：

（1）平整度：用 3m 直尺检测平整度作为施工过程中质量控制检测项目，用平整度仪检测动态平整度作为二级及二级以上公路交工验收时工程质量的评定依据。平整度合格标准应符合表 7-44 的规定。

各级公路混凝土路面铺筑质量要求 表7-44

项次	检查项目		允许值	
			高速公路、一级公路	其他等级公路
1	弯拉强度① (MPa)		100%符合现行施工规范的规定	
2	板厚度 (mm)		代表值≥-5；极值≥-10；C_v值符合设计规定	
3	平整度	σ (mm)	≤1.2	≤2.0
		IRI (m/km)	≤2.0	≤3.2
		3m直尺最大间隙 Δh (mm)	≤3（合格率应≥90%）	≤5（合格率应≥90%）
4	抗滑构造深度 (mm)	一般路段	0.70～1.10	0.50～0.90
		特殊路段②	0.80～1.20	0.60～1.00
5	相邻板高差 (mm)		≤2	≤3
6	连接摊铺纵缝高差 (mm)		平均值≤3；极值≤5	平均值≤5；极值≤7
7	连接顺直度 (m)		≤10	
8	中线平面偏位 (mm)		≤20	
9	路面宽度 (mm)		≤±20	
10	纵断高程 (mm)		±10	±15
11	横坡度 (%)		±0.15	±0.25
12	断板率 (‰)		≤2	≤4
13	脱皮印痕裂纹露石缺边掉角 (‰)		≤2	≤3
14	路缘石顺直度和高度 (mm)		≤20	≤20
15	灌缝饱满度 (mm)		≤2	≤3
16	切缝深度 (mm)		≥50	≥
17	胀缝表面缺陷		不应有	不宜有
18	胀缝板连浆 (mm)		≤20	≤30
	胀缝板倾斜 (mm)		≤20	≤25
	胀缝板弯曲和位移 (mm)		≤10	≤15
19	传力杆偏斜 (mm)		≤10	≤13

①路面钻芯劈裂强度应换算为实际面板弯拉强度进行质量评定；
②特殊路段指高速公路、一级公路的立交、平交、变速车道等处；其他公路系指急弯、陡坡、交叉口或集镇附近。

（2）弯拉强度：从搅拌楼生产的拌合物中随机取样，并按现行《公路工程水泥混凝土试验规程》规定的标准方法检测混凝土路面弯拉强度，检测频率宜符合表7-43的规定。弯拉强度应采用三参数评价：平均弯拉强度合格值、最小值和统计变异系数。各级公路弯拉强度合格标准规定应符合现行《公路水泥混凝土路面施工技术规范》的要求，统计变异系数应符合设计规定。检测小梁弯拉强度后的断块宜测抗压强度，作为混凝土强度等级的参考。

（3）板厚：在面层摊铺前通过基准线或模板严格控制板厚，检验标准为：行车道横坡低侧面板厚度和厚度平均值两项指标均应满足设计厚度允许偏差的要求。同时，板厚统计变异系数应符合设计规定。

（二）质量检验评定标准

在混凝土路面铺筑过程中，路面各项技术指标的质量检验评定标准应符合表7-44的规定。

施工单位的质检结果应按表7-44的规定，以1km为单位进行整理。对于滑模、轨道、碾压和三辊轴机组机械铺筑混凝土路面的关键工序宜拍摄照片或进行录像，作为现场记录保存。

三、交工质量检验

（一）申请交工验收

混凝土路面完工后，施工单位应提交全线检测结果、施工总结报告及全部原始记录等齐全资料，申请交工验收。

（二）质量问题处理

1. 弯拉强度不足

路面混凝土弯拉强度采用小梁标准试件和路面钻芯取样圆柱体劈裂强度折算的弯拉强度综合评定。当弯拉强度不足时，每千米每车道应取 3 个以上芯样。二级及二级以下路面混凝土弯拉强度可按公式（7-12）或式（7-13）计算，满足则可通过；不满足时，应通过试验得到各自工程的统计公式，试验组数不宜小于 10 组。

石灰岩、花岗岩碎石混凝土：

$$f_c = 1.868 f_{sp}^{0.871} \tag{7-12}$$

式中　f_c——混凝土标准小梁弯拉强度（MPa）；

f_{sp}——混凝土直径 150mm 圆柱体的劈裂强度（MPa）。

玄武岩碎石混凝土：

$$f_c = 3.035 f_{sp}^{0.423} \tag{7-13}$$

高速公路、一级公路应通过试验得到各自工程的统计公式，试验组数不宜小于 15 组。弯拉强度确实不足时，重新铺筑。

2. 平整度不合格及板厚不足

对平整度不合格的部位进行处理，并硬刻槽恢复抗滑构造。板厚不足时，应判明区段，返工重铺。

四、工程施工总结

1. 建立施工资料档案

施工单位根据国家竣工文件编制规定，提出施工总结报告、质量测试报告或采用新材料新技术研究报告，连同竣工图表，形成完整的施工资料档案。

2. 施工总结报告

施工总结报告包括工程概况、设计图纸及变更、基层、原材料、施工组织、机械及人员配备、施工工艺、进度、工程质量评价、工程预决算等。

3. 施工质量管理与测试报告

施工质量管理与测试报告包括施工组织设计、质量保证体系、试验段铺筑报告、施工质量达到或超过现行规范规定情况、原材料和混凝土检测结果、施工中路面质量自检结果、交工复测结果、工程质量评价、原始记录相册和录像资料等。

4. 试验总结报告

首次采用滑模、轨道、碾压、三辊轴机组施工或首次铺筑钢筋混凝土路面、钢纤维混凝土路面等路面结构时，应同时提交试验总结报告。

复 习 思 考 题

1. 水泥混凝土路面对路基、基层、垫层、排水和路肩有哪些要求？
2. 路用混凝土有哪些技术要求？

3. 水泥混凝土路面对各种原材料有哪些技术要求？
4. 如何计算水泥混凝土配合比的参数？如何进行配合比调整？
5. 水泥混凝土路面施工包括哪些准备工作？
6. 混凝土拌和的技术要求包括哪些内容？
7. 混凝土拌合物的运输有哪些技术要求？
8. 滑模摊铺机铺筑混凝土路面的施工工艺是什么？
9. 三辊轴机组铺筑混凝土路面的技术要求是什么？
10. 用轨道式摊铺机施工，何为第一主导机械？何为第二主导机械？铺筑作业包括哪些内容？
11. 用小型机具铺筑混凝土路面对摊铺、振实与整平工艺有哪些技术要求？
12. 什么是碾压混凝土、钢筋混凝土、连续配筋混凝土和钢纤维混凝土路面？
13. 纵缝施工有哪些技术要求？横向缩缝与施工缝施工有哪些技术要求？
14. 胀缝的设置应遵循哪些原则？
15. 切缝与灌缝施工有哪些技术要求？
16. 混凝土路面抗滑构造施工包括哪些内容？
17. 混凝土路面养护有哪些方法？

参 考 文 献

[1] 中华人民共和国行业标准. JTG F10—2006 公路路基施工技术规范. 北京：人民交通出版社，2006.
[2] 中华人民共和国行业标准. JTJ 034—2000 公路路面基层施工技术规范. 北京：人民交通出版社，2000.
[3] 中华人民共和国行业标准. JTG F40—2004 公路沥青路面施工技术规范. 北京：人民交通出版社，2004.
[4] 中华人民共和国行业标准. JTG F30—2003 公路水泥混凝土路面施工技术规范. 北京：人民交通出版社，2003.
[5] 中华人民共和国行业标准. JTJ/T 037.1—2000 公路水泥混凝土路面滑模施工技术规程. 北京：人民交通出版社，2000.
[6] 张润. 路基路面施工及组织管理. 北京：人民交通出版社，2002.
[7] 邓学均. 路基路面工程(第二版). 北京：人民交通出版社，2005.
[8] 罗竟，邓廷权. 路基工程现场施工技术. 北京：人民交通出版社，2004.
[9] 雏应. 路基路面施工百问. 北京：人民交通出版社，2004.
[10] 文德云. 路基路面施工技术. 北京：人民交通出版社，2006.
[11] 孙大权. 公路工程施工方法与实例. 北京：人民交通出版社，2003.
[12] 华学礼，潘威. 公路工程施工质量控制技术. 北京：人民交通出版社，2007.
[13] 孙江. 公路路面基层施工. 北京：人民交通出版社，2001.
[14] 尹如军，吕西方. 公路路面设计与施工. 郑州：黄河水利出版社，2005.
[15] 中华人民共和国行业标准. JTG D30—2004 公路路基设计规范. 北京：人民交通出版社，2004.
[16] 中华人民共和国行业标准. JTG D50—2006 公路沥青路面设计规范. 北京：人民交通出版社，2006.
[17] 中华人民共和国行业标准. JTG D40—2002 公路水泥混凝土路面设计规范. 北京：人民交通出版社，2002.
[18] 中华人民共和国行业标准. JTJ 052—2000 公路工程沥青及沥青混合料试验规程. 北京：人民交通出版社，2000.
[19] 中华人民共和国行业标准. JTG B01—2003 公路工程技术标准. 北京：人民交通出版社，2004.
[20] 李嘉. 公路设计百问. 北京：人民交通出版社，2003.